史良法学文库 拾肆

主编◎曹义孙

知识产权法原理与案例

ZHISHI CHANQUANFA YUANLI YU ANLI

沈世娟 杨伟红／著

中国政法大学出版社

声　　明　　1. 版权所有，侵权必究。

　　　　　　2. 如有缺页、倒装问题，由出版社负责退换。

图书在版编目（CIP）数据

知识产权法原理与案例/沈世娟，杨伟红著. —北京：中国政法大学出版社，2018.10
ISBN 978-7-5620-8636-9

Ⅰ.①知… Ⅱ.①沈…②杨… Ⅲ.①知识产权法—研究 Ⅳ.①D913.04

中国版本图书馆 CIP 数据核字（2018）第 236336 号

出 版 者	中国政法大学出版社
地　　址	北京市海淀区西土城路 25 号
邮寄地址	北京 100088 信箱 8034 分箱　邮编 100088
网　　址	http://www.cuplpress.com（网络实名：中国政法大学出版社）
电　　话	010-58908586（编辑部）58908334（邮购部）
编辑邮箱	zhengfadch@126.com
承　　印	固安华明印业有限公司
开　　本	720mm×960mm　1/16
印　　张	26.5
字　　数	430 千字
版　　次	2018 年 10 月第 1 版
印　　次	2018 年 10 月第 1 次印刷
定　　价	79.00 元

前 言

近几年,知识产权诉讼案件大幅度增长,一方面是基于知识产权保有量的大幅增加,另一方面是基于人们知识产权维权意识的普遍提高。面对大量的知识产权诉讼业务,需要知识产权实务人员的专业知识和技能与之相匹配。本著作结合知识产权诉讼中的突出问题展开,对知识产权实务人员来说,既具有专业指导价值,又具有实务指导意义,是国家社科基金项目"知识产权诉讼技术事实查明机制研究"(批准号 15BFX135)的研究成果。

本著作与国内同类型作品相比,具备以下特色。

(1)选题围绕知识产权诉讼中的热点和难点。知识产权部门法涉及面比较广,但在司法实务中纠纷产生的点比较集中,如专利法争议焦点主要集中于创造性、修改超范围、权利要求解释、等同原则、外观设计侵权等相关问题的事实认定和法律适用方面;商标法争议焦点主要集中在不良影响条款、企业名称权与商标权冲突、商标混淆理论、商标合理使用、驰名商标保护等相关问题的事实认定和法律适用方面;反不正当竞争法争议焦点主要集中在一般条款、商业秘密、商业混淆、警告函等相关问题的事实认定和法律适用方面。选题具有针对性,有利于知识产权实务人员解决实际问题。

(2)各主题内容编排兼具一定的广度和深度。每个主题包括法律要点、案情简介、法律条文、法理分析、国内典型案例介绍以及总结。法律要点是对相关主题司法实践经验的高度概括和总结;案情简介部分呈现了诉讼的整个过程,便于知识产权实务人员借鉴诉讼经验和技巧,并对不同主题的诉讼实务有全面的认知;法律条文仅罗列主要条款,便于对照理解;法理分析包括条文解读、国内学术研究成果介绍、国外立法例和典型案例，能帮助拓展知识面，使知识产权实务人员对该主题的立法背景和理论前沿有一定的了解；国内典型案例部分通过对最新的、具有代表性的案例进行介绍，使读者深刻理解法律条文，并融会贯通；总结部分对主题进行全面的梳理，具有画龙点睛的作用。

（3）涉外展会知识产权保护。基于其重要性，该部分内容单独成章，围绕一起发生在美国展会的典型案例展开，包括四个方面：常州市菲思特国际贸易有限公司 CES 遭遇记；部分国家展会知识产权保护措施介绍；企业境外参展知识产权指引；以及境外展会专利侵权防范与应对策略，旨在帮助企业以更高的姿态参与国际展会和贸易活动。

目 录
CONTENTS

前　言 ··· 001

第一章　专利法 ·· 001
　第一节　专利权权属认定 ·· 001
　第二节　发明创造性判定 ·· 019
　第三节　《专利法》第 33 条立法宗旨和法律适用 ··············· 040
　第四节　专利等同原则适用规则 ······································· 067
　第五节　专利权利要求解释规则 ······································· 096
　第六节　专利间接侵权行为认定 ······································· 110
　第七节　外观设计专利侵权判定 ······································· 129
　第八节　专利无效宣告制度 ··· 153

第二章　商标法 ·· 172
　第一节　商标法"不良影响"条款法律适用 ······················· 172
　第二节　企业名称权与商标权冲突问题 ······························ 190
　第三节　商标混淆理论 ·· 203
　第四节　商标合理使用 ·· 216
　第五节　侵害商标权损害赔偿责任 ···································· 229
　第六节　驰名商标保护 ·· 247

第三章　版权法 ·· 274
　第一节　作品独创性等问题 ··· 274

第二节　著作权许可协议根本违约 …………………………………… 285
　　第三节　著作权侵权举证责任分配 …………………………………… 295

第四章　反不正当竞争法 ………………………………………………… 304
　　第一节　商业秘密秘密性和保密性认定 ……………………………… 304
　　第二节　商业秘密客户名单保护 ……………………………………… 322
　　第三节　有一定影响的商业标识保护 ………………………………… 339
　　第四节　反不正当竞争法一般条款法律适用 ………………………… 355
　　第五节　基于警告函引起的确认不侵害知识产权诉讼 ……………… 370
　　第六节　被控侵权人合法来源抗辩 …………………………………… 384

第五章　涉外展会知识产权保护 ………………………………………… 400
　　第一节　常州市菲思特国际贸易有限公司 CES 遭遇记 …………… 400
　　第二节　部分国家展会知识产权保护规制措施 ……………………… 402
　　第三节　企业境外参展知识产权指引 ………………………………… 408
　　第四节　境外参展专利侵权风险防范与应对策略 …………………… 413

第一章 专利法

第一节 专利权权属认定

—— [2016] 苏民终924号

一、法律要点

因原始取得专利权产生的权属争议主要有两类：一类是基于职务发明创造引起的纠纷，另一类是基于技术开发合同引起的纠纷。前者的纠纷处理以双方存在劳动关系为基础，必须是本职工作或明确的工作任务完成的发明创造，对于将职务发明创造以第三人名义申请专利的，由于第三人没有充分证据证明其研发过程，其权属的取得就不具有正当性。后者的纠纷处理遵循双方约定，没有约定的，由完成者享有研发成果的专利权。

二、案情介绍

江苏徕兹智能装备科技股份有限公司（以下简称徕兹公司）成立于2010年12月2日，原名称为江苏徕兹光电科技有限公司，2014年10月27日变更为现企业名称，其经营范围包括光电技术研发、技术咨询、技术服务、技术转让；电子产品、仪器仪表、自动化设备、光电传感器的生产销售等。2010年12月2日徕兹公司与杜某签订劳动合同，该劳动合同约定的期限为5年，从2010年12月2日至2015年12月1日，徕兹公司安排杜某担任总工程师职务，给付杜某月基本工资15 000元，其余各类津贴、奖金等5000元~10 000元不等，按照徕兹公司绩效考核标准及公司经营状况确定。杜某认可其自2010年12月徕兹公司成立起即在徕兹公司工作，但其陈述双方直至2011年

12月才签订劳动合同，期限5年；事实上其在2013年公历年底即离开了徕兹公司，但徕兹公司为其支付工资及社保费用直至2014年3月底。杜某也认可其在徕兹公司工作期间担任总工程师职务，负责徕兹公司所有的研发、生产管理工作。

徕兹公司提交了一份2012年5月4日常州市人才开发资金申请表（一），该申请表的申请人为杜某，所在单位为徕兹公司，职务是总工程师。该申请表载明杜某的专长为"光电传感器与智能控制系统设计"，该申请表"技术业务情况"中称：……（杜某）自2007年从清华大学博士后出站后创业，组建技术团队深圳博时雅科技有限公司并投入激光测距仪技术开发和产业化工作，公司研发的"基于双晶振混频方式的激光测距仪"和双激光管内外光路校准方式突破国际壁垒，实现了样机和小批量试产；2009年组建的广州北才光电科技有限公司于2010年并入徕兹公司后继续从事"基于液晶光阀原理相位测量的校准方法及测距装置"的技术研究，并实现了样机、小批量试产和客户意向订单；自2009年起从事脉冲式测距仪及其高精度校准算法研究，现已完成工程样机设计，部分电路指标达到国际领先水平；拥有多项国家发明专利技术。基于该申请表，常州市人力资源和社会保障局给予了杜某市人才开发资金资助12.4万元，其中安家费10万元、市政府专项资助2.4万元。另，该申请表中"家庭主要成员"显示杜某璋系杜某的父亲。杜某对该申请表及其中所填内容的真实性予以认可，也认可杜某璋系其父亲。

2012年12月12日下午，徕兹公司包括乔某文、杜某在内的共12人参加了"HLD25项目"立项会议，会议主要商讨确定HLD25参数、初步确定各项负责人、时间进度、项目流程和技术难点等问题。根据徕兹公司就上述立项会议形成的会议纪要，"HLD25项目"所采用的技术方案为"双发双收"，量程范围为"0.2m~35m"，杜某为该项目的硬件负责人之一。同时，包括乔某文、杜某在内的参加上述"HLD25项目"立项会议的12人签署了《关于HLD25立项专题会议保密承诺书》，该承诺书载明：徕兹公司在2012年12月12日下午3:00于公司三楼会议室召开"手持式激光测距仪HLD25"的立项专题会议，其中涉及公司总工程师杜某介绍的企业正在验证和发展的"一种用于激光测距仪的双发双收技术方案"，即用双波长激光器（或者双激光管）发射和用双APD接收信号来实现测距的技术方案，杜某简要阐述了双收双发方案的实现方式，与其他国际专利的区别，对徕兹公司现有及未来产品性能的大幅提升有着里程碑式的意义,鉴于以上,作为参加会议的人员,作如下承诺:①对在本次会议上所获得的包括但不限于关于上述研讨的技术细节承担保密责任,履行保守公司秘密的义务,不在任何情况下以任何方式向任何人提及、泄露或者传播;②不进行任何有损于所服务企业的声誉和利益的活动;③会议记录作为附件,具有同等保密级别……杜某陈述,上述"HLD25"中,"H"代表"Hand-held"(手持),"L"代表"Laser"(激光),"D"代表"Distancemeter"(距离),"25"是指25米。而徕兹公司则认为"HLD25"仅是项目代号,该项目的研发定位是"双发双收"技术方案,其中的"25"也并非代表量程为25米,因为会议纪要中已将量程定位为0.2米~35米。

2013年3月8日,徕兹公司向国家知识产权局提出了名称为"基于双发双收相位测量的校准方法及其测距装置"的发明专利申请,申请号为201310073631.1,该申请载明的发明人为杜某、乔某文等4人,该申请已于2014年9月10日公布,该发明专利申请所涉技术领域为光电测距领域,公布的权利要求书共有8项权利要求。

2014年6月6日,杜某向国家知识产权局提出了名称为"一种相位测量的校准装置及测量装置"的实用新型专利申请,申请号为201420301526.9(以下简称涉案专利),该专利申请时同时载明"同样的发明创造已同日申请发明专利"。2014年8月1日,涉案专利申请的申请人和发明人均由杜某变更为杜某璋。2014年10月1日,涉案专利申请获得授权,该专利所涉技术领域为光电测距技术领域,其权利要求书共有8项权利要求。上述实用新型专利说明书载明:本实用新型提供一种相位测量的校准装置,该装置为双光路发送双光路接收的校准装置。另在该专利说明书的多个具体实施例中,均有"本实施例提供一种相位测量的校准装置,该相位测量的校准装置采用双发双收校准"的说明。且在"实施例一"中载明:……本实施例中,第一光波发射装置与第二光波发射装置均包括驱动器、发光装置,其中,发光装置在驱动器的驱动下发射光波,该发光装置可以为激光二极管、发光二极管或其他的发光器件。本实施例中,第一光波发射装置与第二光波发射装置为激光光波发射装置发射激光。

另,前述201310073631.1专利申请说明书及涉案专利说明书中均涉及对"APD"的解释,系Avalanche Photodiode的缩写,指雪崩二极管。徕兹公司认为涉案专利与前述201310073631.1专利申请内容一致,而杜某则认为前述

201310073631.1专利申请是采用双波长发射和滤光片来实现光路校准的，而涉案专利是以两个独立的激光器和两个独立的传感器来实现校准的，整个光路中无需滤光片，所以在实现原理上是不一致的。

2014年6月6日，杜某还向国家知识产权局提出了名称为"一种相位测量的校准方法、装置及测量装置"的发明专利申请，申请号为201410251075.7。2014年8月7日，该发明专利申请的申请人和发明人均由杜某变更为杜某璋，该发明专利申请于2014年8月13日公布。杜某陈述，该发明申请专利系201420301526.9实用新型专利申请时所称的"同样的发明创造已同日申请发明专利"中的"发明专利"。

杜某陈述，其父亲杜某璋毕业于北京邮电学院（今北京邮电大学）无线电专业，在徕兹公司成立之前，其父亲即已从事激光测距技术的开发工作和进行知识产权申请。涉案专利系杜某璋研发，因杜某拟申请常州市"龙城英才计划"奖励，而杜某名下并无以其自己为专利权人的专利，故杜某璋将涉案专利技术的专利申请权转让给了杜某，因此，涉案专利最初是由杜某作为专利申请人的；而涉案专利申请时将发明人填写为杜某则是笔误，因为杜某是涉案专利申请时的经办人，专利代理机构以为杜某是涉案专利的发明人而将发明人填写为"杜某"。在涉案专利申请后至授权前，因不符合政府奖励政策，杜某璋又将涉案专利要了回去，故涉案专利的专利权人又变成了杜某璋；关于发明人的笔误，则在本案诉讼尚未形成的2014年7月22日，即已提出更正为杜某璋的请求。因此，涉案专利的申请人和发明人均已于2014年8月1日由杜某变更为杜某璋。

针对杜某的上述陈述，徕兹公司陈述：据徕兹公司了解，杜某璋从事的是铝压铸模方面的工作，没有从事过激光测距仪的研发工作。杜某进入徕兹公司工作之前，在常州市天宁区一家单位工作，该单位享受了常州市"领军型创新创业企业"的待遇，并因此享受了政府100万的创业资金，后因杜某和该单位产生矛盾，故杜某个人未能享受到安家费等待遇。杜某至徕兹公司工作后，徕兹公司帮助杜某在常州市钟楼区享受到了安家费、住房补贴等共计12.4万元的资金资助，也即徕兹公司提交的2012年5月4日常州市人才开发资金申请表（一）中所涉的12.4万元。常州市领军型创新创业人才项目后更名为常州市"龙城英才计划"，杜某不可能再重复享受"龙城英才计划"的奖励，也不可能存在为享受"龙城英才计划"的奖励而借用其父亲杜某璋的技术申请涉案专利的问题；申请专利时除了需要提供发明人名称还需要提供发明人身份证号等信息，不可能存在发明人填写笔误的问题，且杜某就涉案专利的发明人进行著录项目变更时，所谓的"错填"仅是其单方陈述，国家知识产权局并未就此进行实质性审查。

针对徕兹公司的上述陈述，杜某又补充称：其从徕兹公司离职后并非以个人名义申请"龙城英才计划"，而是以其同学的名义组成团队申请，但其是该团队中的一员，因其名下无专利权，故才借用其父亲研发的技术申请涉案专利。

一审法院认为：杜某自2010年12月徕兹公司成立起即在徕兹公司工作，杜某虽称其在2013年年底即已离开徕兹公司，但至2014年3月，徕兹公司仍在为杜某支付工资和社保费用，故应当认定杜某在徕兹公司工作至2014年3月底。杜某在徕兹公司工作期间，担任徕兹公司的总工程师，2012年12月12日，徕兹公司就涉及"一种用于激光测距仪的双发双收技术方案"的"HLD25项目"召开立项会议时，也明确杜某为该项目的硬件负责人之一。涉案专利属光电测距技术领域，从其权利要求书及说明书的内容来看，与徕兹公司在2013年3月8日提出的201310073631.1专利申请的技术内容密切相关。涉案专利采用了"HLD25项目"立项时所称的双发双收技术，即用双波长激光器（或者双激光管）发射和用双APD接收信号来实现测距的技术方案，涉案专利与杜某在徕兹公司工作期间承担的本职工作有关。涉案专利系由杜某在2014年6月6日提出申请，同时载明杜某为涉案专利的发明人，杜某申请涉案专利时距其从徕兹公司离职尚不满一年。综上，根据《中华人民共和国专利法》（简称《专利法》）第6条和《中华人民共和国专利法实施细则》（简称《专利法实施细则》）第12条第1款的规定，涉案专利应属于杜某为执行徕兹公司的任务所完成的职务发明创造。

杜某辩称杜某璋是涉案专利真正的发明人，因杜某申请政府奖励之需，杜某璋才将涉案专利的申请权转让给了杜某，而涉案专利在申请时将发明人记载为杜某则是笔误，后因不符合政府奖励政策要求，杜某璋又将涉案专利申请权要了回去，杜某也要求对发明人署名的笔误进行了更正，因此涉案专利的申请人和发明人才于2014年8月1日由杜某变更为杜某璋。对此，一审法院认为，第一，本案中没有证据证明杜某璋具有与涉案专利技术相关的技术背景，更没有证据证明涉案专利技术系由杜某璋研发完成，而杜某却具有与涉案专利技术相关的技术背景，且涉案专利与杜某在徕兹公司工作期间的本职工作有关。第二，杜某称其为享受常州市"龙城英才计划"奖励之需从其父亲杜某璋处受让了涉案专利的申请权，对杜某的这一陈述，也没有证据予以证明，而事实上杜某在常州已享受过相关的政府奖励。第三，杜某称因其是涉案专利申请时的经办人，专利代理机构以为其是发明人而将发明人记载为"杜某"，杜某的这一陈述也不符合情理。发明人是对发明创造的实质性特点作出创造性贡献的人，是专利申请时涉及的重要当事人之一，发明人的记载非由专利代理机构决定，杜某作为涉案专利当时的申请人，应比任何人都关注发明人的记载情况；杜某所提交的其于2014年7月22日作出的声明称"因在专利申请时错填发明人杜某，请求更正为杜某璋"，这也仅是杜某的单方陈述，不能证明涉案专利申请时将发明人记载为杜某系错填或笔误。综上，本院对被告杜某的上述辩称意见不予采信。

涉案专利属于杜某为执行徕兹公司的任务所完成的职务发明创造，申请专利的权利应当属于徕兹公司。涉案专利最初由杜某申请，后涉案专利的申请人和发明人虽不当变更为杜某的父亲杜某璋，但不能改变涉案专利为杜某执行徕兹公司的任务时而完成的职务发明创造的性质，涉案专利的专利权应当属徕兹公司所有。

关于杜某所提的即使涉案专利属于职务发明创造，徕兹公司作为用人单位应当给予实际发明人奖励和合理报酬的答辩意见，对于给予职务发明创造的发明人奖励、支付报酬的问题，是职务发明创造的权属确定之后的问题。

对于徕兹公司主张的4万元维权费用，徕兹公司未能提供相应的费用支出依据，也缺乏需要由杜某、杜某璋承担的法律依据，故对徕兹公司的该部分诉讼请求不予支持。

综上，依照《专利法》第6条，《专利法实施细则》第12条第1款，《民事诉讼法》第64条第1款、第144条之规定，一审法院判决如下：（1）确认专利号为201420301526.9、名称为"一种相位测量的校准装置及测量装置"实用新型专利权归徕兹公司所有。（2）驳回徕兹公司的其他诉讼请求。一审案件受理费800元，由杜某负担。

杜某璋不服一审判决，向二审法院提起上诉，请求撤销一审判决，依法改制或发回重审，并由徕兹公司承担本案的诉讼费用。主要理由为：涉案专利是由其本人作出，其是广东省聘请的高级工程师，在涉案专利之前已经从事激光测距技术的开发工作和进行知识产权申请,其有独立开发涉案专利技术的能力。涉案专利申请公告和权属证书上面登记的发明人和申请人均是杜某璋,本身就是其为专利申请权人的初始证据。一审认定其没有涉案专利所涉技术相关的技术背景,并以没有证据证明涉案专利申请系由其独立完成为由,否定杜某璋专利申请权人的身份明显与事实不符。

徕兹公司答辩称:一审法院认定事实清楚,适用法律正确,请求驳回上诉,维持原判。

杜某未提交书面答辩意见。

二审法院认为:《最高人民法院关于适用〈中华人民共和国民事诉讼法〉的解释》第90条规定:"当事人对自己提出的诉讼请求所依据的事实或者反驳对方诉讼请求所依据的事实,应当提供证据加以证明,但法律另有规定的除外。在作出判决前,当事人未能提供证据或者证据不足以证明其事实主张的,由负有举证证明责任的当事人承担不利的后果。"

本案二审中,杜某璋主张其系涉案专利技术方案的完成人,即发明人,故涉案专利应作为其个人发明创造,与杜某及徕兹公司间的工作关系无涉。为此,其提供了涉案专利申请公告和权属证书,以其上记载的申请人和发明人内容来证明其观点。对此二审法院认为:

首先,国家知识产权局在受理专利申请、授权专利时,并不对专利申请文件中记载的发明人身份和申请人身份作实质性审查,而是根据相应申请记载内容直接予以登记并公告,即专利申请文件中的发明人及申请人身份完全取决于提出申请方的自我陈述。故在发生专利权属争议时,专利申请公告和权属证书上记载的发明人和申请人不能当然地直接作为证明发明人身份及专利权归属的依据。

其次,本案中除杜某璋及杜某的相关陈述外,杜某璋从未提交其就涉案专利技术方案进行研发的相关记录,以佐证其系涉案专利的发明人。

最后,反观徕兹公司提供的其生产的产品、已申请的专利、研发项目记录等证据,杜某作为徕兹公司的总工程师,任职期间参与了与涉案专利技术有关的徕兹公司的相关研发工作,而其在离职后不满一年内又以申请人和发明人的身份提出了涉案专利申请。虽然此后,杜某又以专利代理机构填写错误为由,将涉案专利的发明人变更为杜某璋,但该所谓填写错误仍属于当事人的自我陈述。故在杜某璋与杜某系父子关系的情形下,结合杜某在徕兹公司的任职情况，本院难以确认杜某璋系涉案专利的发明人。

综上所述，一审判决认定事实清楚，判决结果正确，应予维持。

三、法律条文

《专利法》（2009 年）

第六条　执行本单位的任务或者主要是利用本单位的物质技术条件所完成的发明创造为职务发明创造。职务发明创造申请专利的权利属于该单位；申请被批准后，该单位为专利权人。

第八条　两个以上单位或者个人合作完成的发明创造、一个单位或者个人接受其他单位或者个人委托所完成的发明创造，除另有协议的以外，申请专利的权利属于完成或者共同完成的单位或者个人；申请被批准后，申请的单位或者个人为专利权人。

《专利法实施细则》（2010 年）

第十二条第一款　专利法第六条所称执行本单位的任务所完成的职务发明创造，是指：

（一）在本职工作中作出的发明创造；

（二）履行本单位交付的本职工作之外的任务所作出的发明创造；

（三）退休、调离原单位后或者劳动、人事关系终止后 1 年内作出的、与其在原单位承担的本职工作或者原单位分配的任务有关的发明创造。

第十三条　专利法所称发明人或者设计人，是指对发明创造的实质性特点作出创造性贡献的人。在完成发明创造过程中，只负责组织工作的人、为物质技术条件的利用提供方便的人或者从事其他辅助工作的人，不是发明人或者设计人。

四、法理分析

（一）专利权属争议

专利权属争议，包括专利申请权归属争议和专利权归属争议。专利申请权是指专利申请文件提交给国家知识产权局，该申请被受理并获得申请号后享有的权益，这种权益是一种可期待的利益，如果符合专利授权条件，就转变为专利权。在专利权属争议中，争议焦点主要围绕以下方面展开：

1. 诉讼时效的适用

专利权属争议引发的原因一般有两种：一种是侵权引起的权属纠纷，譬如将单位的职务发明成果或者他人的技术成果擅自申请了专利。另一种是由于违反合同引起的权属纠纷，譬如当事人双方签订了技术委托开发合同或技术合作开发合同，由于一方违约或违反法律规定将技术成果申请了专利。专利权属纠纷的大量增加引发了理论界和实务界对相关基础理论的审视，其中包括诉讼时效是否适用于专利权属纠纷的争议。《中华人民共和国民法总则》（以下简称《民法总则》）第188条规定，向人民法院请求保护民事权利的诉讼时效期间为3年。法律另有规定的，依照其规定。此处的民事权利指哪些？通常认为，诉讼时效的客体是指请求权。《德国民法典》最先对请求权作了定义："请求他人作为或者不作为的权利（请求权），受消灭时效的约束。"明确了诉讼时效的适用对象为请求权。

诉讼时效也称为消灭时效，是指一定期间不行使权利，致其请求权消灭的法律事实。诉讼时效本身为权利行使的一种限制，时效经过后，消灭的是请求权而不是权利本身。诉讼时效存在的理由或价值取向，一般认为有以下几点：保护债务人，避免因时日久远造成举证困难；尊重现有秩序，维护法律平和；权利之上睡眠者，不值得保护。

2. 诉讼时效的法律效力

《最高人民法院关于适用〈中华人民共和国民事诉讼法〉若干问题的意见》第153条规定："当事人超过诉讼时效期间起诉的，人民法院应予受理。受理后查明无中止、中断、延长事由的，判决驳回其诉讼请求。"时效完成后，权利人实体权利和起诉权都在，但是请求人民法院保护的权利消灭。但是，《最高人民法院关于审理民事案件适用诉讼时效制度若干问题的规定》第1条第1款规定："当事人可以对债权请求权提出诉讼时效抗辩，但对下列债权请求权提出诉讼时效抗辩的，人民法院不予支持"；第3条规定："当事人未提出诉讼时效抗辩，人民法院不应对诉讼时效问题进行释明及主动适用诉讼时效的规定进行裁判"；以及第22条规定："诉讼时效期间届满，当事人一方向对方当事人作出同意履行义务的意思表示或者自愿履行义务后，又以诉讼时效期间届满为由进行抗辩的，人民法院不予支持。"上述司法解释的相关规定，已经被《民法总则》第192条、193条吸收。根据上述规定，可以得知，我国诉讼时效的法律效力已由胜诉权消灭主义转为抗辩权产生主义。

3. 专利权属纠纷属于确认之诉

《中华人民共和国物权法》（以下简称《物权法》）第33条规定："因物权的归属、内容发生争议的，利害关系人可以请求确认权利。"确认物权是否适用诉讼时效，比较有代表性的观点认为，物权确认不适用诉讼时效，理由是物权确认之诉是为了解决物权的存在、归属等问题，是在权利发生争议的情况下要求公权力介入以确认自己与被告之间存在或不存在某种法律关系的权属争议纠纷。《民法总则》第196条规定："下列请求权不适用诉讼时效的规定：（一）请求停止侵害、排除妨碍、消除危险；（二）不动产物权和登记的动产物权的权利人请求返还财产；（三）请求支付抚养费、赡养费或者扶养费；（四）依法不适用诉讼时效的其他请求权。"知识产权是与物权类似的权利，属于绝对权、对世权，当知识产权的归属或内容发生争议时，其诉讼时效同样应当参考物权诉讼时效的规定。在目前的司法实践中，专利权属争议被作为确认之诉对待，不受诉讼时效限制。

（二）职务发明创造认定

在西方国家，职务发明称为雇员发明，是指劳动者在履行其作为雇员的职责中完成的发明创造。世界各国对职务发明创造权利归属的法律制度设计不尽相同，归纳起来主要有发明人优先和雇主优先两种。

（1）发明人优先。在这种制度设计的模式下，职务发明专利的原始权利归职务发明人，雇主享有专利实施权。采取此种专利立法模式的典型国家有美国和德国。美国《专利法》并未明确划分职务发明与非职务发明，专利申请只能由实际发明人提出，在无合同约定的情况下，发明人始终是发明权的所有人。雇主与雇员之间就发明创造产生的权利和利益关系主要是依合同解决。德国采取专门立法的方式对职务发明作出了详细的规定，德国《雇员发明法》规定："如果雇员完成的发明创造是在雇用期间作出的，并且源于其在私人企业或者公共机构的工作任务，或者在本质上基于企业或者政府机构的经验或活动，就属于职务发明。否则，属于非职务发明。"

（2）雇主优先。职务发明的专利权归雇主所有，职务发明人具有分享该专利权行使所得报酬的权利。法国和英国采取此种模式。法国雇员完成的发明创造中符合下列两个条件之一的就属于职务发明：一是雇员在履行发明创造职责的过程中完成的发明创造属于职务发明；二是雇员完成的发明创造不是在其履行自己的工作职责中作出的，而是在雇主明确交给其的研究开发任务中作出的，属于职务发明。法国《专利发明法》还规定了"合同约定优先原则"，即对雇员完成的一切发明创造，不管该发明创造是雇员在履行工作职责还是在履行雇主交付的任务过程中完成的，只要合同约定了专利权的权利归属，则从其合同。

我国《专利法》在界定职务发明时，采用了"执行本单位的任务"或者"主要利用本单位的物质技术条件"的判定标准，符合上述两个条件之一的发明创造即属于职务发明创造，否则为非职务发明创造。本单位的物质技术条件包括"资金、设备、零部件、原材料和不对外公开的技术资料"。现行《专利法》关于"主要是利用本单位的物质技术条件"所完成的发明创造为职务发明创造的规定，在实际操作中则难以把握。而关于"退休、调离原单位后或者劳动、人事关系终止后一年内作出的与其在原单位承担的本职工作或者原单位分配的任务有关的发明创造"为职务发明的规定，单位职工要将符合上述要件的发明创造专利权归属转化为非职务发明则非常容易，只需在一年后再申请专利即可。总体而言，我国《专利法》对单位职工的发明创造专利权的归属仍然强调的是单位优先，几乎将职工的发明创造都囊括进了职务发明创造，对职工非职务发明创造构成要件要求很高，不利于充分调动职工的发明创造积极性。在司法实践中，法院对本职工作和本职工作之外的任务的认定，一般需与技术研究密切联系，一定程度上维护了职工的权益。

（三）股东派生诉讼权

股东派生诉讼是指当公司的合法权益受到他人侵害，特别是受到有控制权的股东、母公司、董事和管理人员等的侵害而公司怠于行使诉权时，符合法定条件的股东以自己的名义为公司的利益对侵害人提起诉讼，追究其法律责任的诉讼制度。股东派生诉讼制度源于英美衡平法，后来为一些大陆法系国家所接受，成为两大法系在保护少数股东利益上的一个共同的制度选择。

诉讼的前置程序。股东具备了提起派生诉讼的原告资格，并不等于股东在公司遭受不当行为侵害时可立即代表公司提起派生诉讼。公司法的一条基本理念是公司具有独立于股东的法律人格，因此公司一旦受到损害，首先应由公司决定是否追究侵害人的责任。只有公司拒绝或怠于行使其诉权来维护自己的利益时，才允许股东提起派生诉讼。《中华人民共和国公司法》第151条第1款、第2款和第3款对股东派生诉讼的原告适格、被告适格、前置程序和紧急情况均作出了明确的规定。第三人将属于职务发明创造的成果擅自申请专利,侵犯了公司的合法权益,给公司造成了损失,符合条件的股东在公司拒绝或怠于行使诉权时,有权提起诉讼。

2018年3月16日笔者进入无讼网,输入关键词"专利权权属"和"职务发明"共有797个结果,其中2017年有90个结果。说明因职务发明创造产生的专利权权属争议,依然是企业面临的一个大问题。笔者从我国司法实践中选取了若干典型案例,论述这一问题。

(1)用人单位与职工之间存在劳动关系,是认定职务发明创造的前提。陈某汉与郑州豫兴耐火材料有限公司(简称豫兴公司)专利权属纠纷案[2013]郑知民初字第251号,陈某汉系某高校退休职工,其与豫兴公司签有《聘用陈某汉教授为技术指导的协议》,陈某汉按照协议约定为豫兴公司技术改进的研究、设计提供指导工作,并实际参与采用环形气流上喷预混燃烧回流加热的顶燃式热风炉等项目的改进和研究工作,且以陈某汉为发明人之一豫兴公司向国家知识产权局申请了专利,陈某汉在豫兴公司的试验物资咨询单、试验费用申报单、领料单、出差报销单、工资表上签字,豫兴公司向陈某汉发放工资至2012年4月30日。豫兴公司与陈某汉的聘用协议约定,豫兴公司从2008年1月1日起聘用陈某汉到豫兴公司工作,可以认定陈某汉与豫兴公司存在劳动关系,陈某汉在豫兴公司工作的时间为2008年1月1日至2012年4月30日。故陈某汉认为其与豫兴公司系技术合作关系的抗辩理由不能成立,涉案专利系职务发明创造。

(2)离职一年内作出的与原单位承担的本职工作或者原单位分配的任务有关的发明创造,属于职务发明创造。余某群、深圳市驰卡技术有限公司(简称驰卡公司)与深圳市创自技术有限公司(简称创自公司)专利权权属纠纷案[2017]粤民终1871号,余某群于2010年9月9日开始入职创自公司,工作岗位为结构工程师,具体承担的本职工作就是研发纸币识别器产品。2012年年中,余某群转任创自公司的工程部经理,双方当事人对此后余某群的具体工作说法不一,但根据创自公司的经营范围和产品,以及余某群的自述,余某群的工作应当仍然与"纸币识别器"有关。2013年5月7日,余某群与创自公司签订了《离职协议》和《保密与竞业限制协议》。《离职协议》的主要内容为余某群于2013年3月提出离职申请,经双方协商于2013年5月7日正式解除劳动关系,余某群在离职后,任何时候都不得泄露创自公司的技术与商业秘密。诉争专利也是一种纸币识别装置,主要发明点是在机器主体的入钞口处增加了防尘挡门,以避免灰尘从纸币入口处进入纸币识别器内部影响识别器的正常使用和识别精度。因此诉争专利所要解决的技术问题与余某群在创自公司从事研发工作所涉及的技术领域是相同的,两者存在密切的关联关系,即诉争专利属于与余某群在创自公司承担的本职工作有关的发明创造。诉争专利虽然载明发明人为温某波、余某群,但是余某群、驰卡公司并未提供案外人温某波从事与纸币识别器相关的行业从业经验或学历证明,亦未举证证明其对诉争专利的实质性特点作出过创造性贡献。一审法院认为,涉案专利是与余某群在创自公司承担的本职工作和分配的工作任务有关的发明创造,属于职务发明创造的一种情况,创自公司应当为专利权人。二审法院维持了一审判决。

(3)基于公司的小规模,以及管理分工的概括性,对管理人员作出的与公司经营范围相同的产品的研发成果,认定为职务发明创造。汪某洪与杭州图强工程材料有限公司(简称图强公司)专利权权属纠纷案[2014]民提字第90号,再审法院认为,关于汪某洪的离职时间,养老保险费的缴纳与劳动合同关系的成立不具有一一对应关系,汪某洪关于"如果汪某洪不签名,图强公司将无法通过2000年年检,汪某洪应图强公司的请求在报告上签名是一种善意的行为,不能证明汪某洪当时仍在图强公司任职"的解释符合情理,但涉案专利申请日仍然在汪某洪离职1年内。关于汪某洪在图强公司承担的本职工作,图强公司在2001年以前是一家小公司,没有严格地区分技术人员和管理人员以及没有专门的研发投入这一事实,可以进一步认定,汪某洪在图强公司的工作职责与工作内容不仅仅是宏观上的领导与管理,还包括负责具体的技术工作。图强公司的经营范围为锚杆产品的生产与销售,故对锚杆产品的质量改进和技术研发属于汪某洪的本职工作范畴。诉争专利系名为"组合式锚杆"的发明专利,诉争专利与汪某洪在图强公司承担的本职工作具有关联性。

(4)当事人提出的专利申请权权属争议,如属于已经公开的技术,应当驳回诉讼请求。西门子(深圳)磁共振有限公司(简称西门子公司)与上海联影医疗科技有限公司(简称联影公司)专利申请权权属纠纷再审案[2016]沪民再11号,2008年12月26日,余某某等人完成了涉案无线槽技术的发明报告。2009年6月8日,西门子公司知识产权委员会审核认为涉案无线槽技术不具备作为发明提交的条件。2010年6月出版的《电气电子工程师学会应用超导会刊》第20卷第3期刊登了由余某某等人署名的涉案论文。2011年12月28日,联影公司向国家知识产权局提出45号案专利申请。由此可见,联影公司系在涉案论文公开发表后向国家知识产权局提出45号案专利申请。涉案论文的公开发表,使得涉案无线槽技术成了所属领域技术人员普遍知悉和容易获得的技术方案,鉴定报告亦作出了45号案专利申请所体现的技术方案属于公知技术的结论。据此可以认定45号案专利申请技术方案的来源系已被公开的技术方案,而对于已被公开的无线槽技术,西门子公司既不享有专有的知识产权,亦不具有禁止他人使用的权利。因此,西门子公司关于45号案专利申请的申请权归其所有的主张依法不能成立。再审法院维持了上海市高级人民法院[2015]沪高民三(知)终字第26号民事判决。

（5）将被控职务发明创造成果以他人名义申请专利的,如果能够证明他人与被控职务发明人之间具有利害关系,且他人没有从事研发的任何基础资料,应当认定为职务发明创造。南京麦澜德医疗科技有限公司（简称麦澜德公司）、南京伟思医疗科技股份有限公司（简称伟思公司）专利权权属纠纷再审案[2017]最高法民申4145号,再审法院认为,在专利授权程序中,国家专利行政管理部门对申请文件中记载的发明人并不进行实质性审查,专利证书上关于发明人的记载并非具有绝对的证明效力。发明人、原申请人杨某在一审诉讼程序中对诉争专利的发明过程、专利申请情况、专利申请权转让麦澜德公司的过程等作出的陈述,或无证据予以证实,或无法得到事实的印证,且杨某的前后陈述还存在严重矛盾的情况。伟思公司自2011年起开始对一次性阴道电极项目进行投入与研发,形成了《伟思知识产权规划》《阴道电极立项文件》《阴道电极技术报告》和《设计开发计划书》等技术文件,并就低成本、一次性使用的阴道电极产品提出了阴道电极套的技术方案。史某怀、杨某嘉、周某在伟思公司分别担任研发部经理、产品部经理和高级结构工程师,从事技术工作。2013年成立的麦澜德公司的数名股东均为杨某嘉、周某的亲友,史某怀、杨某嘉、周某在麦澜德公司成立后不久就离开了伟思公司到麦澜德公司任职。诉争专利申请权由杨某转让给麦澜德公司后,答复国家知识产权局审查意见通知书等专利申请的相关事宜,均由史某怀负责跟进并顺利完成。综合以上事实,可以认定诉争专利的实际发明人为史某怀、杨某嘉、周某,其以杨某的名义申请诉争专利是为了规避法律,将诉争专利利益输送给与伟思公司构成同业竞争的麦澜德公司。诉争专利系史某怀、杨某嘉、周某为执行伟思公司的任务而完成的职务发明创造,专利权应归属于伟思公司。二审判决认定事实与适用法律正确,驳回麦澜德公司的再审申请。

(6)公司股东有派生诉讼权利,但该权利的享有必须有事实依据。当事人就发明创造成果归属进行约定的,其他主体无权变更。余某中与余某阵等专利权权属纠纷案〔2015〕高民(知)终字第33号,余某中与余某阵于2009年底即达成了"塑封捆钞机项目"合作投资开发意向,并由余某阵出面与贠某订立了技术开发协议,余某中、余某阵共同投资用于项目研制。2010年5月9日,余某阵与贠某签订了《技术开发委托合同》,根据《技术开发委托合同》第12条的特别约定,与该合同有关的知识产权权利归甲方即余某阵所有。2010年10月,余某中、余某阵出资设立了银海世纪公司,银海世纪公司成立后即接手了该项目的全部后续工作。2011年3月7日,银海世纪公司股东王某飞从贠某处将全部设计图纸取走,并出具收条,收条注明:"今收北航贠某老师捆钞机三维、二维图纸一套,本套图纸原理及流程双方已确认,图纸未经甲方审定。"2011年4月14日,银海世纪公司与江南航天公司签订了《样机制造和图纸完善合同》。该合同约定银海世纪公司委托江南航天公司在现有图纸基础上和参考机(已运至江南航天公司)基础上完成塑封捆钞机完善设计、样机试制、修改和定型工作;江南航天公司负责完成图纸完善设计和定型工作;与本项目有关的知识产权归银海世纪公司所有。此后,江南航天公司与余某阵一起完成了图纸完善设计工作并制造了3台样机。2012年3月9日,银海世纪公司(乙方)于江南航天公司(甲方)签订了《战略合作框架协议》并约定:因本产品而产生的知识产权归乙方所有。但考虑到甲方的贡献,乙方同意在后续拟申请的专利中,将甲方列为共同专利权申请人并与甲方共同申报相关专利。2012年9月20日,余某阵、银海世纪公司与江南航天公司作为共同申请人,以"纸币塑封包装机及其包装方法"为名称申请了发明专利,国家知识产权局于2014年4月16日对该申请予以授权公告,专利号为ZL2012103527154。余某中认为上述专利应当由银海世纪公司享有,一审法院驳回了其诉讼请求,二审法院予以维持。本案中,余某中作为银海世纪公司的股东,在其认为银海世纪公司的专利权受到余某阵的侵害时,为维护银海世纪公司的利益,依据上述规定行使股东权利提起股东派生诉讼,其行为并无不当。相关法律并未规定股东提起派生诉讼的前提是书面请求监事会(监事)或董事会(执行董事)提起诉讼。二审法院认为,根据《专利法》第 8 条的规定，余某中与余某阵合作完成的发明创造，其申请专利的权利以及后续由此产生的专利权，由余某中和余某阵共有。其他主体之间的协议，无权变更该事实。根据案情，本案成果应当由余某中与余某阵共有。

（7）依据技术委托开发协议产生的技术成果，按照约定应当由实际的委托人享有，所谓实际委托人是指履行了支付研发费用等合同义务的当事人。江苏鸿联钢杆有限公司与查某法、张某影、李某福专利权权属纠纷案［2014］苏知民终字第 0048 号，2005 年 8 月 28 日，鸿联公司作为委托方（甲方）、国防科技大学航天与材料工程学院作为受托方（乙方），双方签订了关于"系列复合材料芯铝绞线及金具研制"的技术开发合同一份（简称第一份委托开发合同），查某法在甲方法定代表人一栏签字，张某影在甲方鸿联公司委托代理人一栏签字，李某福在甲方鸿联公司联系人一栏签字。2005 年 8 月 28 日后，查某法、张某影、李某福共同作为委托方（甲方）、国防科技大学航天与材料工程学院作为受托方（乙方），双方签订了关于"系列复合材料芯铝绞线及金具研制"的技术开发合同一份（简称第二份委托开发合同）。2007 年 4 月 6 日，申请人国防科技大学、查某法、李某福、张某影共同向国家知识产权局申请名称为"耐热、低膨胀倍容量复合材料芯铝绞线及制备方法"的发明专利，授权公告日为 2009 年 4 月 22 日，专利权人为国防科技大学、查某法、李某福、张某影。涉案专利授权后，查某法为了生产涉案专利产品，专门成立了鸿泽澜线缆有限公司。2010 年 6 月 2 日，查某法、李某福、张某影共同作为转让方，案外人常州鸿泽澜线缆有限公司（以下简称鸿泽澜公司）作为受让方，双方签订了专利转让协议一份，协议约定查某法、李某福、张某影自愿将涉案专利作价 750 万元转让给鸿泽澜公司。国防科技大学参与涉案专利研发的有关工作人员于 2013 年 7 月 2 日向一审法院邮寄了书面材料一份，其主要内容为：国防科技大学航天与材料工程学院与鸿联公司签订了"系列复合材料芯铝绞线及金具研制"的技术开发合同，2008 年 1 月，应鸿联公司法定代表人查某法的要求，国防科技大学航天与材料工程学院又与查某法、李某福、张某影签订了一份"系列复合材料芯铝绞线及金具研制"的技术开发合同，代替 2005 年 8 月 28 日与鸿联公司签订的技术开发合同；至 2006 年年底，与鸿联公司签订的原合同款项已全部支付给国防科技大学航天与材料工程学院。一审法院认为，涉案第一份委托开发合同合法有效，根据该合同约定，涉案专利权利人应为鸿联公司及国防科技大学。二审法院认为，现有证据表明与国防科技大学合作的合同相对方是鸿联公司，故本案中实际得到履行的合同应为第一份委托开发合同，李某福、张某影依据第二份委托开发合同主张涉案专利的专利权没有事实依据。

（8）专利权转让合同的效力受合同法调整，当事人主张合同显失公平的应当在除斥期间提起撤销之诉，且转让费为0元不能证明合同就显失公平。能极电源（深圳）有限公司、王某龙专利权权属纠纷案［2016］粤民终1510号，王某龙于2008年3月进入能极公司工作，担任首席设计师和工程师，是能极公司股东，并在工作期间主导研发了大功率模块电源及其散热结构以及大功率模块电源系统。能极公司于2009年7月3日就该研发成果向国家知识产权局提出了专利申请，王某龙为发明人，专利申请人（专利权人）为能极公司。2011年6月15日，能极公司与王某云（王某龙妹妹）签订了《专利申请权转让合同》，将涉案发明专利"大功率模块电源及其散热结构"的专利申请权转让给王某云，转让费为0元。该合同上加盖了能极公司的合同专用章，保管能极公司总经理刘某明私章的财务吴某在该合同上加盖了刘某明的个人章。本案争议焦点之一是涉案《专利申请权转让合同》是否有效，是否为双方当事人的真实意思表示的问题。法院认为，从举证责任角度分析，能极公司应承担提供证据证明该合同的签订并非其真实意思表示的举证证明责任。保管能极公司当时法定代表人刘某明私章的员工吴某，明知刘某明与王某龙关系不好，仍然在诉争合同上加盖刘某明的私章，其事后还能升任为能极公司的法定代表人。因此，法院认为能极公司关于王某龙骗取上述盖章的主张缺乏证据予以证实。能极公司还主张，该合同约定了零转让费，内容显失公平。经查，本案专利的发明人是王某云的哥哥王某龙，王某龙对本案专利有技术贡献，合同虽然约定了零转让费，但是也约定了合同签订生效后，能极公司有权继续实施并免交使用费，能极公司二审中对其享有该合同权利并不否认，因此，双方的权利义务是对等的，不存在显失公平之处。况且，根据《合同法》第54条关于在订立合同时显失公平的，当事人一方有权请求人民法院或者仲裁机构变更或者撤销，能极公司因没有在签订诉争合同之后的除斥期间提起撤销之诉，故不能再在本案中以合同内容显失公平为由请求确认合同无效。

总结我国法律规定和司法实践经验，处理专利权属纠纷要注意以下几点：

1. 关于因职务发明创造引起的专利权属争议

首先,单位与职工之间的聘用关系,取决于单位是否有支付工资的行为,以及职工工作是否受单位的管理,对于单位为职工支付社会保险与否,不影响劳动关系存在与否的认定。对于已经退休的人员,如果单位聘请其从事技术研发工作,符合上述条件的,从事的发明创造成果也属于聘用单位所有。其次,职工工作内容对主张职务发明创造的影响。如果职工的工作职责或工作内容与研发没有关系,其取得的技术成果,不应当认定为职务发明创造。尽管我国《专利法》及《专利法实施细则》没有将本职工作和执行本单位的任务限定为与技术研究相关的工作,但实务中一般以此作为认定职务发明创造的条件。且该事项的证明责任应当由单位承担,如果单位不能证明职工的工作内容为技术研发,其技术成果的归属应当按照有利于职工权益进行解释。在［2017］粤民终 1871 号案中余某群工作岗位调整后的内容应当由单位举证,本案对该事实的认定欠合理。再次,已经公告或公布的发明人、申请人、专利权人的信息仅是法律事实的初步证据。国家知识产权局在审查相关信息时,并不进行实质审查,公布或公告的信息不具有绝对的效力。当第三人提出具有优势证明力的证据,证明发明创造系第三人完成时,法院就会作出确认权属为该第三人的有利判决。因此,单位在进行研发时要注意保管好研发资料,而职工出于侥幸心理以他人名义申请专利也会得不偿失。最后,对于将职务发明创造申请专利的,单位不仅可以请求法院确认专利权属,还可以依据单位与职工之间的保密协议,向法院提出侵权之诉,要求职工承担侵权责任。

2. 关于因委托开发或合作开发引起的专利权属争议

这类争议,掌握基本的宗旨,就是技术成果的归属遵循双方的约定,没有约定的,完成者享有研发成果。需要注意的是,当协议发生变更时,只有签订协议的所有当事人取得意思一致的变更,才具有法律效力,部分主体擅自变更协议内容,不具有法律效力。合同是否真实,不仅仅看形式要件,还要看双方是否实际履行了合同义务。在［2014］苏知民终字第 0048 号权属争议案中,第二份开发协议并没有真实履行,委托方没有按照协议约定支付研发费用,受托方也没有按照约定交付研发成果,双方仅仅是想利用该份合同转移研发成果。所以研发成果的归属,应当按照第一份合同来确认。

本节案例专利权属争议系因为职务发明创造引起的,职务发明人杜某将职务发明成果以杜某璋的名义申请专利,即使已经授权,也没有正当性。

第二节 发明创造性判定

——[2017] 京行终 3850 号

一、法律要点

创造性既是发明和实用新型专利授权的条件，也是其无效宣告的理由，与新颖性判定相比，创造性判定更具主观性，也是最难掌握的。创造性是指与现有技术相比，该发明具有突出的实质性特点和显著的进步，该实用新型具有实质性特点和进步。美国通过案例确立了判定创造性的标准即非显而易见性，是指申请专利的发明创造，对于在相同领域具有一般技术水平的人而言，不是显而易见的。我国对创造性的判断采用的是"三步法"判断标准，与美国的 TSM（教导、启示、激发）判断准则具有相似之处。

在创造性判定中，无论是最接近现有技术的确认，还是另一份（或一份以上）对比文件的启示，都必须考虑其所属的技术领域，技术启示应当是相同或相关技术领域，如果将该对比文件公开的技术特征应用到其他技术领域存在技术启示的障碍，就是非显而易见的。

二、案情介绍

涉案专利系名称为"一种直捻机"的发明专利，专利号为 201110155811.5，申请日为 2011 年 6 月 10 日，授权公告日为 2013 年 7 月 24 日，专利权人为宜昌经纬纺机有限公司（以下简称经纬公司）。本专利授权公告时的权利要求书如下：

一种用于将外纱和内纱加捻成纱线的直捻机，其包括：一机架①以及分别安装在所述机架①上的电机②、锭子③、外纱张力器④、内纱张力器⑤、匀捻器⑥、超喂装置⑦以及卷取装置⑧，所述电机②用于驱动所述锭子③使得外纱转动形成气圈，所述锭子③包括锭杆⑨、储纱盘⑩等部件，外纱依次通过所述外纱张力器④、所述锭子③进入所述匀捻器⑥，其特征在于：所述外纱张力器④包括固定在所述机架①上的第一导纱辊⑪、安装于所述机架①上的电磁张力器⑫以及与所述电磁张力器⑫连接的第二导纱辊⑬，所述电磁张力器⑫与控制装置⑭连接，在所述电机②驱动所述锭子③使得外纱转动形成气圈后，所述控制装置⑭通过所述电磁张力器⑫控制外纱张力大小，使得外纱包围所述储纱盘⑩的包缠角α逐渐减小到0度；所述直捻机还包括与所述控制装置⑭相连的外纱张力检测传感器⑮，纱线依次通过所述外纱张力器④、所述外纱张力检测传感器⑮、所述锭子③进入所述匀捻器⑥，所述控制装置⑭根据所述外纱张力检测传感器⑮检测的外纱张力数值来控制所述电磁张力器⑫，以调节外纱张力的大小，使得外纱包围所述储纱盘⑩的包缠角α逐渐减小到0度，以达到减小气圈的效果。

一种如权利要求1所述的用于将外纱和内纱捻线成纱线的直捻机，其特征在于：所述电磁张力器⑫是磁滞制动器。

针对本专利，卓郎（江苏）纺织机械有限公司（以下简称卓郎公司）于2013年12月31日向专利复审委员会提出无效宣告请求，其主要理由是：本专利不符合《专利法》第22条第3款、第26条第3款的规定，同时提交了如下证据：

证据1-1：公开日期为2011年3月30日、公开号为CN101994173A的中国发明专利申请公开说明书复印件，共13页；

证据1-2：公开日期为2011年6月2日、公开号为US2011/0126506A1的美国专利说明书复印件及相关中文译文，共10页；

证据1-3：由中国纺织机械器材工业协会发行的《纺织机械》期刊2002年第4期登载的标题为《JWK2511型帘子线直捻机的开发与生产实践》一文的复印件，共6页；

证据1-4：本专利在实质审查过程中专利权人针对第二次审查意见通知书的意见陈述书复印件，共4页。

2014年5月23日，卓郎公司再次提起无效宣告请求，其理由是：本专利不符合《专利法》第22条第3款和第26条第3款、第4款的规定，并提交了如下证据：

证据2-1：经大不列颠及北爱尔兰联合王国的公证员莎拉·伊丽莎白·托马斯于2014年1月21日公证的公证书复印件、附加证明复印件、由我国驻英国大使馆出具的认证书复印件以及相关中文译文，共14页；

证据2-2：经大不列颠及北爱尔兰联合王国的公证员莎拉·伊丽莎白·托马斯于2014年1月21日公证的公证书复印件、附加证明复印件、由我国驻英国大使馆出具的认证书复印件以及相关中文译文，共12页；

证据2-3：经大不列颠及北爱尔兰联合王国公证员莎拉·伊丽莎白·托马斯于2014年1月21日公证的公证书的复印件、附加证明复印件、由我国驻英国大使馆出具的认证书的复印件以及相关中文译文，共14页；

证据2-4：经大不列颠及北爱尔兰联合王国公证员莎拉·伊丽莎白·托马斯于2014年1月21日公证的公证书的复印件、附加证明复印件、由我国驻英国大使馆出具的认证书的复印件以及相关中文译文，共9页；

证据2-5：经德意志联邦共和国公证员DR.LorenzBülow公证的第B0014/2014号公证书的复印件、由我国驻慕尼黑总领事馆出具的认证书的复印件以及相关中文译文，共86页；

证据2-6：经德意志联邦共和国公证员FrankSeifert公证的第122/2014号公证书的复印件、由我国驻慕尼黑总领事馆出具的认证书的复印件以及相关中文译文，共9页；

证据2-7：经卢森堡公证员AlexWeber于2013年12月4日公证的公证书的复印件、由我国驻卢森堡大使馆出具的认证书的复印件以及相关中文译文，共4页；

证据2-8：经韩国首尔WOOIN法律和公证处公证的第2014-1260号公证书的复印件、由我国驻大韩民国大使馆出具的认证书的复印件以及相关中文译文，共11页；

证据2-9：经瑞典布罗斯的公证员JanElgmark于2014年1月16日公证的公证书的复印件、由我国驻哥德堡总领馆出具的认证书的复印件以及相关中文译文，共5页；

证据2-10：经卢森堡公证员AlexWeber于2013年12月4日公证的公证书的复印件、由我国驻卢森堡大使馆出具的认证书的复印件以及相关中文译文，共4页；

证据2-11：经荷兰伊帕民事法律公证员F. R. J. Wassink公证的2014/230号公证书的复印件、由我国驻荷兰大使馆出具的认证书的复印件以及相关中文译文，共9页；

证据2-12：公开日期为2011年3月30日、公开号为CN101994173A的中国发明专利申请公开说明书复印件，共13页；

证据2-13：由中国纺织机械器材工业协会发行的《纺织机械》期刊2002年第4期登载的标题为《JWK2511型帘子线直捻机的开发与生产实践》一文

的复印件，共6页。

经查，证据2-12公开了一种直捻机，并具体公开了以下技术内容：一种直捻机，用于将外纱和内纱加捻成纱线，其包括一机架以及分别安装于所述机架上的电机、锭子、外纱张力器、内纱张力器、匀捻器、超喂装置以及收卷装置（即卷取装置），电机带动锭子转动，锭子3用于驱动外纱91转动形成气圈，锭子3包括锭杆、锭盘等部件。锭子3的一侧还设有开口35（对应于储纱盘的出口），其与过丝孔连通，从而将外纱从过丝孔内引出，为了避免开口35磨损，在开口35内设有磁件351。外纱依次通过所述外纱张力器、锭杆进入匀捻器。证据2-12还公开了外纱张力器在现有技术中可以是电磁式纱线张力器。

卓郎公司主张：（1）权利要求1中保护的"包缠角α逐渐减小到0度"在说明书中没有充分公开，本领域技术人员不知道采用什么样的技术手段使a角逐渐减小到0度，也没有说明为何0度最节能，故本专利不符合《专利法》第26条第3款的规定。（2）权利要求1记载了技术特征"纱线依次通过所述外纱张力器、所述外纱张力检测传感器、所述锭子进入所述匀捻器"，但是本领域技术人员并不清楚外纱张力检测传感器的具体设置方式，而通常情况下纱线并不直接通过张力检测传感器。因此权利要求1不清楚，不符合《专利法》第26条第4款的规定。此外，权利要求1中使用了"等"字，也使得保护范围不清楚。（3）证据2-1至证据2-11均表明2011年2月15日~17日在德国科隆举办了2011年轮胎科技展览会，欧瑞康苏拉公司参加了该展览会，并展出了AllmaCC4这一产品，播放了AllmaCC4产品的宣传视频。所述视频中显示外纱线的包缠角逐渐减小到0度，机器的耗能也随之降低。证据2-1至证据2-11构成完整的证据链表明了AllmaCC4这一产品和AllmaCC4产品的宣传视频在本专利申请日之前公开。因此，权利要求1相对于证据2-12、AllmaCC4产品的宣传视频和常规技术手段的结合不具备创造性。

经形式审查合格，专利复审委员会于2014年7月8日受理了上述无效宣告请求，并将无效宣告请求书及证据副本转给了经纬公司，要求其在指定期限内答复，同时成立合议组对本案进行审查。

专利复审委员会定于2014年8月21日对本案举行口头审理。在口头审理过程中确认了以下事实：

卓郎公司明确其无效理由为：本专利公开不充分，不符合《专利法》第26条第3款的规定；权利要求1不清楚，不符合《专利法》第26条第4款的规定；权利要求1、2不具备创造性，不符合《专利法》第22条第3款的规定。卓郎公司当庭提交了证据2-1至证据2-11的原件，经纬公司核实后对所有证据的真实性无异议。

关于《专利法》第26条第3、4款的无效理由，卓郎公司坚持书面意见。

关于创造性，卓郎公司主张权利要求1相对于证据2-12和证据2-1至2-11中AllmaCC4产品的宣传视频以及常规技术手段的结合不具备创造性。证据2-1至证据2-11都指向同一个事实，即2011年2月15日~17日在德国科隆举办了2011年轮胎科技展览会，欧瑞康苏拉公司参加了该展览会，并展出了AllmaCC4这一产品，该公司的代表Wolfgang（证据2-5）通过公开演讲向公众播放了AllmaCC4产品的宣传视频，该视频由证据2-6的证人拍摄制作，并且包含该演讲视频的DVD光盘也在演讲前交给过展览会承办方。证据2-8中有一张照片，是证人现场参观AllmaCC4产品时拍摄的，该照片显示参观现场也在播放AllmaCC4产品的宣传视频。具体的产品结构在所述视频中有显示，可以看到通过控制外纱张力包缠角逐渐减小到0度，机器的耗能也随之降低。并且该产品在展会期间获了奖，评审团的两位评委（证据2-4、2-11的证人）也出具了证言证明此事。由此，证据2-1至2-11能证明AllmaCC4产品的宣传视频在申请日前公开，属于现有技术。证人都在国外，由于路途遥远不能出庭作证，但是这些证人分布在不同国家、在不同公司供职，其证言均经公证认证，应当予以认可。从属权利要求2的附加技术特征被证据2-13公开，也不具备创造性。

经纬公司认为，对2011年2月15日至17日在德国科隆举办了2011年轮胎科技展览会以及欧瑞康苏拉公司参加了该展览会这些事实没有异议，但是，不能确定展会上欧瑞康苏拉公司向公众演讲时播放的视频就是证据2-1至2-11中的DVD光盘中的内容。证据2-5是演讲者自己的证言，由于证人没有出庭作证，不能证明其证言内容的真实性。证据2-1、2-2、2-3中的证人是展览会的承办方，不能确定其是否当天在现场听过演讲内容。证据2-6的证人是基于委托关系进行的拍摄，该证人没有参加展会，没有见证视频的播放。证据2-4、2-11的证人是展会的评委，属于特定人群，不能代表公众。证据2-

7至证据2-10的证人只能证明在展会上看到了AllmaCC4产品,但是机器设备内部的结构是看不见的,不能证明该产品和本专利相同。因此,本专利权利要求1、2具备创造性。同时,本专利符合《专利法》第26条第3、4款的规定,权利要求1中记载的"外纱依次通过……外纱张力检测传感器"不是指接触,仅是描述外纱的路径。

在口审过程中,专利复审委员会和双方当事人当庭拆开了证据2-1、2-2、2-5、2-6的光盘,一起观看了光盘内容,其中证据2-1与证据2-5中的DVD光盘内容一致,包括幻灯片、内附AllmaCC4产品的宣传视频和动画演示,在幻灯片第35页显示了AllmaCC4产品的宣传视频,第18页显示了动画演示。证据2-6的光盘也包含有相同内容的AllmaCC4产品的宣传视频。该视频显示外纱线的包缠角逐渐减小到0,能耗曲线上显示能量消耗随之减低。经纬公司认为,从AllmaCC4产品的宣传视频中看不到机器的内部结构,看不出具有外纱张力检测装置和控制装置,也看不出外纱的存储角逐渐变小到0度是通过调节外纱张力实现的。卓郎公司认为,外纱张力检测装置在外纱张力器的内部,在视频1分07秒处显示有外纱张力器,并附有文字"controlling-theouteryarn",可以确定视频隐含公开了外纱张力器内部有控制装置,本领域技术人员通过观看视频,能从整个过程看出是通过控制纱线张力实现的包缠角和气圈直径的减小。而控制装置靠外纱检测装置的检测数据来控制外纱张力是公知常识,因此,必然具有外纱张力检测装置。在证据2-5的PPT中文译文的第32页也有结构图,第34页具有文字"由于对纱线张力的在线监测获得的较高的处理安全性",由于AllmaCC4产品的宣传视频和该PPT一起演讲使用,可以证明所述视频中显示的AllmaCC4产品是通过调节外纱张力来调节包缠角和气圈直径。证据2-8中的证人证言也提到"通过增加张力使得气圈直径大幅度减小",佐证了上述事实。双方在口审过程中充分发表了意见,并当庭封存了拆开观看的所有光盘。

专利复审委员会于2015年7月20日对本专利再次举行口头审理,对相关联的事实再次听证。在口审过程中,卓郎公司认为,欧瑞康苏拉公司在2011年2月15日~17日在德国科隆举办的轮胎科技展览会上展出了AllmaCC4产品,并在展会现场播放了AllmaCC4产品的宣传视频,展示其内部结构,该公司的代表Wolfgang在展览会上通过演讲也播放了上述视频,均证明本专利的技术方案属于现有技术。经纬公司认为,证据2-1至2-11均为证人证言,所有的证人只能对其亲历的事实进行证明,就证据中 AllmaCC4 产品的宣传视频是否为演讲时播放的视频,只有证据 2-5 的证人是亲历者,但该证人没有出庭接受质询,其证言不能被采信。卓郎公司认为,证人均在国外,因路途遥远、交通不便可以不出庭作证。卓郎公司还提出,上次口审时当庭交专利复审委员会留存的部分证据的原件有误,重新提交了证据 2-1 中涉及 DVD 光盘的公证书原件、以及证据 2-2、2-3、2-4、2-6、2-11 的原件。经纬公司重新核实后对证据 2-1 至 2-11 公证书本身的真实性无异议,但对证人证言的真实性仍然有异议。专利复审委员会当庭拆开重新提交的证据 2-1、2-6 中的 DVD 光盘组织双方当事人观看,观看完毕当庭封存。双方就上述问题和其他无效理由充分发表了各自意见。

2015 年 8 月 31 日,专利复审委员会作出第 26919 号无效宣告请求审查决定(简称被诉决定)。专利复审委员会在被诉决定中认定:

(一)审查基础

被诉决定以本专利的授权公告文本作为审查基础。

(二)关于证据

1. 关于证据 2-1 至证据 2-11

(1)证据的真实性和译文准确性。证据 2-1 至证据 2-11 均是涉及 AllmaCC4 产品及宣传视频在 2011 年德国科隆的轮胎科技展览会上向公众展出和播放的域外形成的证据,均经过所在国的公证和我国驻该国使领馆的认证。经纬公司对上述证据本身的真实性和译文准确性没有异议,经核实,对上述证据的真实性和中文译文的准确性予以认可。

(2)AllmaCC4 产品的宣传视频是否在本专利申请日之前公开。证据 2-1、2-3 是对同一个证人 MarkFenner 的证人证言的公证认证书,证据 2-1 还内附 DVD 光盘,证据 2-3 包含展会指南。该证人是 UKIP 传媒及项目管理有限公司的会议主管。该证人称,UKIP 传媒及项目管理有限公司是 2011 年 2 月 15 日至 17 日在德国科隆举办的 2011 年轮胎科技展览会的承办方,欧瑞康苏拉公司参加了上述展会,UKIP 传媒及项目管理有限公司的视频负责人 AndyBradley(即证据 2-2 的证人)在展会上拍摄了欧瑞康苏拉公司参展的现场视频。欧瑞康苏拉公司的代表 Wolfgang 于 2011 年 2 月 15 日下午作演讲,演示了幻灯片、AllmaCC4 产品的宣传视频和动画演示,可从证据 2-1 所附的 DVD 光盘中看到所述幻灯片、视频和动画演示。口审当庭专利复审委员会及双方当事人一起观看了证据2-1中的光盘，包含有幻灯片、AllmaCC4产品的宣传视频和动画演示，其中在幻灯片第18页展示动画演示，第35页展示AllmaCC4产品的宣传视频。该证人还称，证据2-1提到的"所附参展商列表"，对应证据2-3中的展览指南，其中有展商列表。证据2-3在举证期限内只提交了扉页，用于证明展会日期的真实性。在口审当庭提交的证据2-3的原件中有整本展览指南，其中显示有欧瑞康苏拉公司的展台号为8000（第12页），该公司的Wolfgang于2011年2月15日下午做演讲（第18页）。该证人称，AllmaCC4机器的节能率高达50%，获得最佳轮胎供应商的创新卓越奖项，并提供了评委名单（其中证据2-4、证据2-11涉及的证人在名单中），以及部分展会观众的名单（包括证据2-7至证据2-10涉及的证人）。

证据2-5是对证人Wolfgang的证人证言的公证认证书，内附DVD光盘。该证人是欧瑞康苏拉公司的代表。该证人称，2011年2月15日下午，Wolfgang在德国科隆举办的2011年轮胎科技展览会上代表欧瑞康苏拉公司做演讲，介绍了AllmaCC4产品，展示了幻灯片，共38页，内附AllmaCC4产品的宣传视频和动画演示，这些内容包含在所附的DVD光盘中，并于2011年2月4日提交给展会承办方。口审当庭专利复审委员会及双方当事人观看了所附光盘，其内容与证据2-1的光盘内容相同。幻灯片共38页，第15页显示气圈直径减小能节能40%，第18页通过动画演示了包缠角下降到0度的过程，能耗下降达到50%，第35页展示AllmaCC4产品的宣传视频，显示外纱的包缠角逐渐减小到0度。

证据2-6是对证人BernerhardLingg的证言的公证认证书，内附DVD光盘。该证人是德国Silberstern股份有限公司的雇员，该证人称2010年12月20日，接到指令给AllmaCC4产品录制用于2011轮胎科技展的宣传片，按照欧瑞康苏拉公司的要求完成录制工作，于2011年2月交付欧瑞康苏拉公司。在宣传片中展示了AllmaCC4产品的优势，气圈直径由大变小，储纱盘上没有储纱。口审当庭各方当事人观看了证据2-6所附的光盘，其内容涉及欧瑞康苏拉公司的AllmaCC4产品的宣传视频，视频内容与证据2-1、证据2-5光盘中的AllmaCC4产品的宣传视频的内容相同。

证据2-2是对证人AndyBradley的证人证言的公证认证书，内附DVD光盘。该证人是UKIP传媒及项目管理有限公司的视频负责人，该证人称，所附光盘是在2011年2月15日~17日2011年轮胎科技展览会上现场拍摄得到的。

口审当庭各方当事人观看了光盘，其内容涉及在展览会现场欧瑞康苏拉公司正在展出运行的 AllmaCC4 产品。证据 2-4 是对证人 AdamGavine 的证人证言的公证认证书，该证人是国际轮胎技术杂志的编辑，该证人称，欧瑞康苏拉公司 AllmaCC4 产品参展并获奖，该产品通过触摸屏上的控制按钮就能减小气圈直径并减少耗能。

证据 2-11 是对证人 HJVoortman 出具的证人证言的公证认证书，该证人是 VMIHolland 有限责任公司 CEO，该证人称其和其他评委一起阅读了欧瑞康苏拉公司的材料，该材料是欧瑞康苏拉公司为 2011 年 2 月 15 日~17 日的轮胎科技展览会而向 UKIP 传媒及项目管理有限公司提交的，材料中说明 AllmaCC4 产品是该公司的最新发明，通过控制气圈来减小气圈直径并减少耗能，评审团投票决定欧瑞康苏拉公司获得创新奖。证据 2-7 至证据 2-10 均涉及参观了 2011 年德国科隆轮胎科技展览会的观众出具的证人证言的公证认证书，证据 2-8、2-9 中还附有参观照片。证据 2-7 的证人 KlausHasenack 是 CordAG 公司的采购主管，该证人称，2011 年 2 月 15 日在德国科隆轮胎科技展上曾参观欧瑞康苏拉公司的展位，看到 AllmaCC4 机器的展出，从该展台所展示的宣传片和动画演示来看，该机器通过减小气圈直径而获得节能的效果。证据 2-8 至 2-10 系证人证言。

判断 AllmaCC4 产品的宣传视频是否在申请日前公开需要证实：①欧瑞康苏拉公司参加了 2011 年 2 月 15 日~17 日在德国科隆举行的 2011 年轮胎科技展览会，并展出了 AllmaCC4 产品。②欧瑞康苏拉公司的代表 Wolfgang 在该展览会上进行了演讲，并在演讲过程中播放了 AllmaCC4 产品的宣传视频，该视频就是证据 2-1、2-5、2-6 所附的 DVD 光盘中关于 AllmaCC4 产品的宣传视频。

对于待证事实①，经纬公司并无异议。证据 2-1 至 2-11 涉及展览会的承办方、欧瑞康苏拉公司的代表、宣传视频的制作方和展览会的评委、观众等各方证人，他们的证言以及承办方提供的展览会指南、展览会现场视频和观众提供的照片，能够证明欧瑞康苏拉公司的确参加了上述展览会，展出了 AllmaCC4 产品，且该产品获得展览会的创新奖。

对于待证事实②，首先，证据 2-5 的证人即演讲者 Wolfgang 本人称，2011 年 2 月 15 日下午，在展览会上进行了公开演讲，并将演讲的 DVD 光盘（包括幻灯片、幻灯片内附的 AllmaCC4 产品的宣传视频和动画演示）于展会召开前交给了展会承办方。与之对应，证据2-1、2-3的证人即上述展览会承办方的主管，提供了与证据2-5相同的DVD光盘，也称Wolfgang于2011年2月15日在展会上演讲了上述内容，并提供展会指南，上面印有会议日程"2011年2月15日下午欧瑞康苏拉公司的Wolfgang进行演讲"。因此，证据2-1、2-3、2-5能够相互印证，证明欧瑞康苏拉公司的代表Wolfgang于2011年2月15日下午在展览会上进行公开演讲。其次，证据2-5、证据2-1、证据2-6包含相同内容的AllmaCC4产品的宣传视频，如前文所述，证据2-1中的视频是证据2-5的证人在演讲前的2011年2月4日提供给承办方的，证据2-6的证人属于独立的第三方公司，其录制了AllmaCC4产品的宣传视频，在参展前的2011年2月交付欧瑞康苏拉公司。证据2-1、2-5、2-6的三位证人对AllmaCC4产品的特点描述一致，与上述证据中AllmaCC4产品的宣传视频的内容相对应。因此，证据2-1至证据2-11能够证明AllmaCC4产品的宣传视频在本专利申请日前已被公开，构成本专利的现有技术。

经纬公司认为，所有的证人均未出席口审，不能证明欧瑞康苏拉公司的代表Wolfgang在展览会上演讲的视频就是证据2-1、2-5、2-6中的AllmaCC4产品的宣传视频。对此专利复审委员会认为，卓郎公司在举证能力范围内提供了来自不同国家、具有不同职业的证人的证言和相应的证据，这些证人包括展会的承办方、参展商、观众、评委，各证人证言之间对相关事实的描述一致，具有高度的可信性。尽管证人未出庭接受质证，但多份证人证言能够相互得到印证，对AllmaCC4产品特点的描述与证据2-5、2-1、2-6中的AllmaCC4产品的宣传视频内容一致。在没有更强反证的情况下，对证人证言应当予以采信。

2. 关于证据2-12、证据2-13

证据2-12是中国专利文献，证据2-13是国内期刊，均属于公开出版物，且公开日期在本专利的申请日之前，经纬公司对上述证据的真实性无异议，上述证据构成本专利的现有技术。

（三）关于创造性

《专利法》第22条第3款规定，创造性，是指与现有技术相比，该发明具有突出的实质性特点和显著的进步，该实用新型具有实质性特点和进步。

第一章 专利法

1. 关于权利要求 1 的创造性

卓郎公司主张：权利要求 1 相对于证据 2-12 与证据 2-1 至 2-11 中的 AllmaCC4 产品的宣传视频以及常规技术手段的结合不具备创造性。

将本专利权利要求 1 与证据 2-12 公开的上述技术方案对比，两者的区别在于权利要求 1 进一步限定了外纱张力器的结构以及通过外纱张力器、外纱张力检测传感器和控制装置将包缠角逐渐减少到 0 度。即证据 2-12 没有公开"外纱张力器包括固定在机架上的第一导纱辊、安装于机架上的电磁张力器以及与电磁张力器连接的第二导纱辊；电磁张力器与控制装置连接。在外纱转动形成气圈后，控制装置通过电磁张力器控制外纱张力大小，使得外纱包围储纱盘的包缠角 α 逐渐减小到 0 度；直捻机还包括与所述控制装置相连的外纱张力检测传感器，纱线依次通过外纱张力器、外纱张力检测传感器、锭子进入所述匀捻器，控制装置根据外纱张力检测传感器检测的外纱张力数值来控制电磁张力器，以调节外纱张力的大小，使得外纱包围储纱盘的包缠角 α 逐渐减小到 0 度，以达到减小气圈的效果"。基于上述区别可以确定，本专利相对证据 2-12 实际要解决的技术问题是如何减小外纱线的包缠角和气圈直径，从而实现节能。

经纬公司认为，所述视频中看不出外纱张力检测传感器、控制装置，也看不出是通过调节外纱张力的方法使包缠角逐渐减小到 0 度。对此专利复审委员会认为：关于外纱张力器的结构，证据 2-12 公开了内纱张力器 5 设置有两个导辊（参见证据 2-12 的说明书 [0042] 段、附图 7-8），本领域技术人员容易想到将外纱张力器也设置两个导辊。证据 2-12 还公开了外纱张力器可以是电磁式张力器。而电磁张力器连接导辊、导辊和电磁张力器安装在机架上是本领域的常规技术手段。

关于包缠角和气圈大小的调节，经纬公司认为，本专利的发明点在于通过调节外纱张力将包缠角逐渐减小到 0 度，具体如何调节采用现有技术已有的技术手段即可。经查，在证据 2-5 的 AllmaCC4 产品的宣传视频第 42 秒至 1 分 29 秒这一段连续内容中，通过图像、图像上的文字内容和曲线图显示：气圈较大时能耗较大；然后"控制外纱"（有文字显示），气圈变小，外纱在储纱盘上的包缠角逐渐减小为 0 度；小气圈则能耗小。根据这段视频，本领域技术人员能够清楚地看到，通过控制外纱（因此具有控制装置）可影响包缠角和气圈大小，最终包缠角逐渐减小到 0，气圈直径最小。对于"控制外纱",视频中没有明示是控制外纱张力,但本领域技术人员知晓增大外纱张力会减小外纱在存储盘上的包缠角,即"控制外纱"来影响包缠角的常规技术手段是"控制外纱张力",视频1分07秒处显示的"控制外纱"的文字也是在外纱张力器处。因此,本领域技术人员能够从该视频中得到教导,通过控制装置与电磁张力器连接来控制和调节外纱张力,并影响包缠角度和气圈。至于外纱张力检测传感器,通过检测张力来控制张力是本领域的常规技术手段,而控制张力必然要先对张力进行检测,检测张力则需要有检测传感器,使得纱线依次通过外纱张力器、外纱张力检测传感器。在此基础上,本领域技术人员为了解决减小纱线气圈直径的技术问题,容易想到将其证据2-1至证据2-11中AllmaCC4产品的宣传视频公开的技术手段用于证据2-12,从而通过控制外纱张力减小外纱包缠角度,减小气圈直径,实现节能。

综上所述,在证据2-12的基础上结合证据2-1至证据2-11中AllmaCC4产品的宣传视频和本领域的常规技术手段得到本专利权利要求1的技术方案,对本领域技术人员而言是显而易见的,其不具有突出的实质性特点和显著的进步,不符合《专利法》第22条第3款关于创造性的规定。

2. 关于从属权利要求2的创造性

从属权利要求2进一步限定所述电磁张力器是磁滞制动器。卓郎公司认为其附加技术特征被证据2-13公开,经纬公司对此无异议,但坚持在权利要求1具备创造性的基础上权利要求2也具备创造性。经查,证据2-13公开了一种直捻机,其中外纱采用电磁式张力器,内纱采用磁滞式张力控制,与外纱张力相配(参见证据2-13第3页右栏第5节)。可见电磁式张力器和磁滞式张力控制均属于现有技术,在此基础上本领域技术人员容易想到电磁张力器是磁滞制动器。因此,在其引用的权利要求1不具备创造性的基础上,从属权利要求2也不具备创造性,不符合《专利法》第22条第3款的规定。

鉴于本专利的权利要求1、2均不具备创造性应被无效,故专利复审委员会不再对其他无效理由和证据组合方式进行评述,并决定:宣告本专利权全部无效。

经纬公司不服专利复审委员会作出的被诉决定并向北京知识产权法院提起诉讼,请求撤销被诉决定。

北京知识产权法院认为,本案据以认定为本专利最接近现有技术的是卓郎公司于无效请求程序中提交的证据2-12，该技术方案与本专利权利要求1相比，未披露外纱张力器的结构以及通过外纱张力器、外纱张力检测传感器和控制装置将包缠角逐渐减少到0度的技术特征。卓郎公司主张，该技术特征恰好被欧瑞康苏拉公司于2011年2月15日在德国科隆举行的2011年轮胎科技展览会上参展的AllmaCC4产品所公开，该产品即具有通过减小气圈来实现节能的技术效果。对于上述事实，卓郎公司通过证据2-1至证据2-11予以佐证，专利复审委员会根据本案实际情况，对上述证据的采信并无不当，其作出的被诉决定认定事实清楚，适用法律正确，程序合法。经纬公司的相关诉讼请求及理由缺乏事实及法律依据。北京知识产权法院依照《中华人民共和国行政诉讼法》第69条的规定，判决驳回宜昌经纬纺机有限公司的诉讼请求。

经纬公司不服原审判决并向北京市高级人民法院提起上诉，请求撤销原审判决和被诉决定。经纬公司的主要上诉理由为：专利复审委员会采信证据2-1至证据2-11，认定AllmaCC4产品的宣传视频在本专利申请日前已被公开，并据此宣告本专利无效，在程序上和证据上存在重大瑕疵，原审判决维持被诉决定，在法律适用及事实认定上存在错误。

专利复审委员会与卓郎公司服从原审判决。

二审法院经审理查明，原审法院查明事实清楚，证据采信得当，且有本专利授权公告文本、被诉决定、经纬公司两次提出无效宣告请求时提交的证据及当事人陈述、笔录等证据在案佐证，证据充分，对原审法院查明的事实予以确认。

二审法院认为：

《中华人民共和国行政诉讼法》（以下简称《行政诉讼法》）第33条规定："证据包括：（一）书证；（二）物证；（三）视听资料；（四）电子数据；（五）证人证言；（六）当事人的陈述；（七）鉴定意见；（八）勘验笔录、现场笔录。以上证据经法庭审查属实，才能作为认定案件事实的根据。"第37条规定："原告可以提供证明行政行为违法的证据。原告提供的证据不成立的，不免除被告的举证责任。"第43条规定："证据应当在法庭上出示，并由当事人互相质证。对涉及国家秘密、商业秘密和个人隐私的证据，不得在公开开庭时出示。"《最高人民法院关于行政诉讼证据若干问题的规定》第13条规定："根据行政诉讼法第三十一条第一款第（四）项的规定，当事人向人民法院提供证人证言的，应当符合下列要求：（一）写明证人的姓名、年龄、性别、职业、住址等基本情况；（二）有证人的签名，不能签名的，应当以盖章等方式证明；（三）注明出具日期；（四）附有居民身份证复印件等证明证人身份的文件。"第16条规定："当事人向人民法院提供的在中华人民共和国领域外形成的证据，应当说明来源，经所在国公证机关证明，并经中华人民共和国驻该国使领馆认证，或者履行中华人民共和国与证据所在国订立的有关条约中规定的证明手续。当事人提供的在中华人民共和国香港特别行政区、澳门特别行政区和台湾地区内形成的证据，应当具有按照有关规定办理的证明手续。"

本案中，专利复审委员会认定本专利的现有技术依据的是卓郎公司于无效请求程序中提交的证据2-12，本专利权利要求1具有如下区别技术特征：本专利权利要求1中外纱张力器的结构以及通过外纱张力器、外纱张力检测传感器和控制装置将包缠角逐渐减少到0度的技术特征。卓郎公司进一步主张，上述区别技术特征恰好被欧瑞康苏拉公司于2011年2月15日在德国科隆举行的2011年轮胎科技展览会上参展的AllmaCC4产品所公开，该产品即具有通过减小气圈来实现节能的技术效果。为证明其上述主张，卓郎公司通过证据2-1至证据2-11予以佐证，专利复审委员会亦采信了该证据支持了卓郎公司的上述主张。而经纬公司认为上述证据不应被采信。经审查，卓郎公司提交的证据2-1至证据2-11均属于域外形成证据，其对上述证据进行公证认证系解决证据合法性的问题，而非证明证言内容的真实性，故上述证据所证明事实是否属实尚需结合案情综合判断。凡是知道案件事实的人都有出庭作证的义务，但证人出庭义务也存在例外情形，如证人在因年迈体弱或者行动不便，或因路途遥远、交通不便，或因自然灾害等不可抗力或者其他意外事件等特殊原因，确实无法出庭时，可以通过提交书面证言的方式对待证事实予以证明。本案中，卓郎公司向专利复审委员会提交的证据2-1至证据2-11涉及来自多个国家的证人。上述证人同时出庭作证确有困难，故专利复审委员会根据本案实际情形对上述证人出具的书面证言予以认定并无不当。此外，经纬公司提出欧瑞康苏拉公司与卓郎公司存在长期合作关系，而证据2-7至证据2-10的证人都是欧瑞康苏拉公司大客户的负责人，故提出对上述证人证言的真实性存疑的主张。经审查，经纬公司的上述主张属于独立的抗辩理由，经纬公司应当对此承担举证责任。尽管卓郎公司并未否认证据2-7至证据2-10的证人是欧瑞康苏拉公司大客户的负责人，但在无相反证据的情况下，在案证据尚不足以说明上述证人证言的内容不真实。因此，经纬公司全部上诉理由均不能成立，本院不予支持。

综上，经纬公司的上诉主张均缺乏事实及法律依据，其上诉请求本院不予支持。原审判决认定事实清楚，适用法律正确，依法应予维持。依据《行政诉讼法》第89条第1款第（一）项之规定，判决如下：驳回上诉，维持原判。

三、法律条文

《专利法》（2009年）

第二十二条 授予专利权的发明和实用新型，应当具备新颖性、创造性和实用性。

新颖性，是指该发明或者实用新型不属于现有技术；也没有任何单位或者个人就同样的发明或者实用新型在申请日以前向国务院专利行政部门提出过申请，并记载在申请日以后公布的专利申请文件或者公告的专利文件中。

创造性，是指与现有技术相比，该发明具有突出的实质性特点和显著的进步，该实用新型具有实质性特点和进步。

实用性，是指该发明或者实用新型能够制造或者使用，并且能够产生积极效果。

本法所称现有技术，是指申请日以前在国内外为公众所知的技术。

四、法理分析

我国创造性判定的立法规定及判断标准。在专利获得要件和专利无效理由中，创造性是最重要的，同时也是最难掌握的。"创造性"是指与现有技术相比，该发明具有突出的实质性特点和显著的进步，该实用新型具有实质性特点和进步。根据我国《专利审查指南》（2010年），判断发明是否具有突出的实质性特点，就是要判断对本领域的技术人员来说，要求保护的发明相对于现有技术是否显而易见。如果要求保护的发明相对于现有技术而言是显而易见的，则不具有突出的实质性特点；反之，如果对比的结果表明要求保护的发明相对于现有技术而言是非显而易见的，则具有突出的实质性特点。在评价发明是否具有显著的进步时，主要应当考虑发明是否具有有益的技术效果。

判断要求保护的发明相对于现有技术是否显而易见，应按照以下三个步骤进行：（1）确定最接近的现有技术。确定最接近的现有技术时，应考虑技术领域与发明相同或相近的现有技术。最接近的现有技术，可以是与发明所要解决的技术问题、技术效果或者用途最接近和/或公开了发明的技术特征最多的现有技术，或者虽然与要求保护的发明技术领域不同，但能够实现发明的功能，并且公开发明的技术特征最多的现有技术。（2）确定发明的区别特征和发明实际解决的技术问题。首先应当分析要求保护的发明与最接近的现有技术相比有哪些区别特征，然后根据该区别特征所能达到的技术效果确定发明实际解决的技术问题。作为一个原则，发明的任何技术效果都可以作为重新确定技术问题的基础，只要本领域的技术人员从该申请说明书所记载的内容中能够得知该技术效果即可。（3）判断要求保护的发明对本领域的技术人员来说是否显而易见。即现有技术中是否给出了将上述区别特征应用到该最接近的现有技术以解决发明实际存在的技术问题的启示，这种启示会使本领域的技术人员在面对所述技术问题时，有动机改进该最接近的现有技术并获得要求保护的发明。如果现有技术存在这种技术启示，则发明是显而易见的，不具有突出的实质性特点。所述区别特征为公知常识；或者所述区别特征为与最接近的现有技术相关的技术手段，该技术手段在该其他部分所起的作用与该区别特征在要求保护的发明中为解决该重新确定的技术问题所起的作用相同；或者所述区别特征为另一份对比文件中披露的相关技术手段，该技术手段在该对比文件中所起的作用与该区别特征在要求保护的发明中为解决该重新确定的技术问题所起的作用相同。上述三种情形，都属于具有技术启示。

专利复审委员会在无效宣告程序创造性判定时，应当遵循行政法的基本原则，以及专利无效审查中的特有原则。其中对当事人权益影响比较大的行政法的基本原则有，正当法律程序原则以及依职权审查原则。（1）正当法律程序原则。该原则源于美国行政法，是指行政主体作出影响行政相对人权益的行政行为，应当遵循正当法律程序，除非有法定保密的要求，事先应当告知相对人，向相对人说明行政行为的根据、理由，听取相对人的陈述、申辩，事后为相对人提供相应的救济途径等。如果行政机关作出严重影响行政相对人合法权益的行政行为，还应当依据相对人的申请或依法主动举行听证（口头听证），通过当庭质证、辩论，得以确认据以作出行政行为的证据的真实性、关联性和合法性。《专利审查指南》第四部分第三章第4.4.2节口头审理规定，专利复审委员会根据当事人的请求或者案情需要可以决定对无效宣告请求进行口头审理。即便根据案情不需要进行口头审理，但是专利复审委员会应当通过通知书等形式给当事人至少一次对对方当事人提交的证据、理由进行质证、辩论的机会。同时，专利复审委员会在作出专利权无效的决定时，应当说明无效的理由，不能作笼统的结论性评价。特别是对创造性的判定，技术启示的分析应当层次分明，必须是在区别技术特征、解决的技术问题、技术效果等内容的基础上，进行综合评价发明相对于现有技术而言是否是显而易见的。（2）依职权审查原则。在无效程序中，依职权审查原则是对请求原则的补充。无效宣告程序是基于当事人的请求而启动的，专利复审委员会一般围绕当事人请求的范围和提出的理由、证据进行审查，但在特定的情形下，审查范围不受限制。《专利审查指南》第四部分第三章第4.2节规定，专利复审委员会可以在7种情形下依职权进行审查，如专利权存在请求人未提及的明显不属于专利保护客体的缺陷，专利复审委员会可以引入相关的无效宣告理由进行审查；专利复审委员会可以依职权认定技术手段是否为公知常识，并可以引入技术词典、技术手册、教科书等所属技术领域中的公知常识性证据等。依职权审查的依据必须有法律的明确规定，否则有违请求原则，不利于维护专利权人的合法权益。

专利授权程序中对创造性的审查，同样应当遵循正当法律程序，向相对人说明不具有创造性的根据、理由，听取相对人的陈述、申辩，事后为相对人提供相应的救济途径如复审程序、行政诉讼等。

美国"非显而易见性"的立法变迁。美国于1790年制定的第一部专利法规定，由国务卿、司法部长和国防部长组成的委员会，审查发明是否"足够重要和足够实用"。而后，法院在司法判例中，逐渐创立并完善了"非显而易见性"标准。在1850年的Hotchkiss一案中，最高院认为专利技术与现有技术的区别是表面的，缺乏独创性或者创造性，因而不应当获得专利。1952年《专利法》将判例中形成的"非显而易见性"标准作了法典化的规定，即第103条"专利获得要件：客体之非显而易见性"。该条规定，有关的发明，尽管与本法第102条所说方式加以披露或描述的技术不同，但如果申请专利的客体与现有技术之间的不同是这样一种程度，即在该客体所处的技术领域中一般技术水平的人员看来，该客体作为一个整体，在有效的申请日以前是显而易见的，则不能获得专利。在1966年Graham一案中，关于"非显而易见性"的判定，最高法院确立了Graham检验要素，具体而言是指：现有技术的范围、现有技术与权利要求之间的区别、相关领域中的一般技术水平等三个要素。在此基础上，判断发明是否是显而易见的。在 1986 年的 Deminski 案中，关于现有技术的范围始得以确认，只要有关的参考技术属于发明人从事努力的领域，或与发明人要解决的问题具有合理的关联，不论该项技术是新是旧，也不论发明人是否知道，都属于现有技术的范围。且抵触申请也属于现有技术的范围。相关技术领域中的一般技术水平，是通过一般技术水平的人员来确定的，是假象的技术人员，类似于侵权法中的"理性的人"。

此外，法院在司法实践中还运用了其他辅助性因素来判断非显而易见性，如商业性成功、长期存在但未能解决的问题、商业性默认等。商业性默认是指，发明人的主要竞争者愿意花钱获得专利许可，或者为了避免侵权而在该专利的外围从事发明，则表明该专利具有非显而易见性。但如果专利权人以很低的许可费引诱他人签订许可合同，则不表明该发明具有显而易见性[1]。

1982 年成立的联邦巡回上诉法院在司法实践中形成了"教导、启示、激发"（teaching，suggestion，motivation，TSM）的判定准则，根据该准则，如果在现有技术和发明所要解决的问题中，或者在一般水平的技术人员的知识中，存在某种启发，教导发明人将现有技术结合起来，那么该发明就是显而易见。TSM 规则使得发明创造性的判定客观化、明确化，避免了判断时的后见之明，可操作性强，成为专利局、法院判定发明是否显而易见的主要准则。然而，2007 年最高法院在"KSR"一案中，否定了"TSM"判定准则。最高法院认为，关于显而易见的分析，不能局限于公式化的教导启示、激发等感性字词，也不能过于强调公开文献的重要性和已授予专利的表面内容。过多地考虑技术之外的因素，如现有技术的启示，从而忘记从技术发展的本身来判断相关的发明是否具有非显而易见性，有可能背离专利制度促进技术发展的宗旨。最高法院告诫，要发现新的事实，要运用技术常识去判定非显而易见性的问题，不能因为惧怕"事后诸葛亮"就拒绝发现新的事实，拒绝运用技术常识。

几个问题的说明。关于创造性判定的法律性质。美国《审查指南》中所述："简要地说，创造性判断的关键在于决定发明作出时本领域技术人员知晓什么，根据现有技术本领域技术人员将会有理由预测能做什么。"前者是事实问题，后者是法律问题。关于创造性的判定，必须要说明理由。美国《审查指南》规定，当认定不具备创造性时，审查员必须确保书面记录对包括现有

---

[1] 李明德：《美国知识产权法》（第 2 版），法律出版社 2003 年版，第 57 页。

技术状态和所用对比文件教导有关的事实的认定。在某些情况下,明确地认定本领域技术是如何理解现有技术的教导或本领域技术人员已知道或将会做什么是很重要的,也应当记载一旦阐述了事实认定后,审查员必须提供认定不具备创造性的理由。虽然不需要说明现有技术的文献教导或者指示了所有的权利要求,然而,审查员必须解释为什么现有技术与发明申请之间的区别相对于本领域技术人员而言是显而易见的,支持显而易见的认定的关键是清楚地阐明为什么发明申请是显而易见的理由。最高法院表示,认定显而易见不能只是通过结论性的陈述来支持,相反,必须要有附理由的详细分析来支持显而易见性的法律结论。关于公知常识的引入。美国《审查指南》规定,审查员可以依职权引入公知常识进行创造性判断,但这种判断应当谨慎地做出。审查员依职权引入公知常识应当遵守以下规则:只有所认定的事实确定是公知的,或者是能够立即地毫无疑问地表明是公知的本领域的普通常识,审查员才允许不用书面证据而依职权判断创造性;如果当事人对依职权认定的事实或者认为的普通常识提出异议,审查员必须提供充分的证据支持其认定。

我国司法实践的典型案例。

(1) 发明专利和实用新型专利的创造性标准不同,因此技术比对时所考虑的现有技术领域也应当有所不同。实用新型专利创造性标准要求较低,因此在评价其创造性时所考虑的现有技术领域范围应当较窄,一般应当着重比对实用新型专利所属技术领域的现有技术。但是在现有技术已经给出了明确的技术启示,促使本领域技术人员到相近或者相关的技术领域寻找有关技术手段的情形下,也可以考虑相近或者相关技术领域的现有技术。

赵某红、张某一及第三人邹某豪与国家知识产权局专利复审委员会专利无效行政纠纷案(见[2011]知行字第19号)。赵某红、张某一系发明名称为"握力计"实用新型专利权的专利权人,邹某豪系无效宣告请求人。证据7(昭60-207640号日本公开特许公报及其中文译文)公开了一种体力测定器,是在涉案专利申请日之前公开的日本专利文件,任何人在我国国内通过因特网查询日本特许厅的官方网站都可以获得该文件,属于《专利审查指南》第四部分第八章第2.2.2节中的第(1)种情形,该证据不需办理相关的证明手续。证据2系授权公告号为CN2234609Y的中国实用新型专利说明书,公开了一种手提式数字显示电子秤,其授权公告日为1996年9月4日。专利复审委员会认为，涉案专利权利要求 1~5 相对于证据 7 和证据 2 的结合不具备创造性，权利要求 6 相对于证据 7、证据 2 和公知常识的结合也不具有创造性。基于上述理由，专利复审委员会于 2008 年 11 月 6 日作出第 12613 号无效宣告请求审查决定，宣告涉案专利权全部无效。值得注意的是，2008 年 3 月 3 日，在另一起无效案件中，专利复审委员会针对涉案专利曾经作出第 11088 号决定，认定涉案专利与证据 2 "属于不同的技术领域，且两者的发明目的以及传感器受力方向均存在差异，本领域技术人员不能轻易想到将其他技术领域中的传感器运用到本领域"。一审法院经审理认为，被诉决定认定事实清楚，适用法律正确，审理程序合法，应予维持。二审法院认为，判断实用新型专利权是否具有创造性，一般着重于考虑该实用新型专利所属的技术领域。本案中，涉案专利要求保护的是一种握力计，所要解决的技术问题是提供一种检测精确、结构简单、操作方便的握力计，而证据 2 公开的是一种手提式数字显示电子秤，是一种测重力的装置，二者的发明目的以及传感器受力方向均存在差异，属于不同的技术领域，本领域技术人员不能轻易地想到将其他技术领域中的传感器运用到本领域中。而且，专利复审委员会作出的第 11088 号决定亦已明确认定本专利与证据 2 "属于不同的技术领域"，在第 11088 号决定的效力未经任何法定程序被否定的情况下，专利复审委员会针对同样的情况作出不同的判断，有悖不得反复无常的依法行政原则。因而，被诉决定以证据 7 和与涉案专利不属于同一技术领域的证据 2 的结合否定本专利的创造性，属认定事实错误。一审判决认定本专利与证据 2 属于相同技术领域并在此基础上判决维持被诉决定错误。二审法院撤销一审判决，撤销被诉无效决定，要求专利复审委员会重新作出无效决定。专利复审委员会向最高院提出再审请求。最高院认为，技术领域的确定，应当以权利要求所限定的内容为准，一般根据专利的主题名称，结合技术方案所实现的技术功能、用途加以确定。专利在国际专利分类表中的最低位置对其技术领域的确定具有参考作用。相近的技术领域一般指与实用新型专利产品功能以及具体用途相近的领域，相关的技术领域一般指实用新型专利与最接近的现有技术的区别技术特征所应用的功能领域。涉案专利技术功能属于测力装置，具体用途为测人手的握力。由于技术领域范围的划分与专利创造性要求的高低密切相关，考虑到实用新型专利创造性标准要求较低，因此在评价其创造性时所考虑的现有技术领域范围应当较窄，一般应当着重比对实用新型专利所属技术领域的现有技术。但是在现有技术已经给出了明确的技术启示，促使本领域技术人员到相近或者相关的技术领域寻找有关技术手段的情形下，也可以考虑相近或者相关技术领域的现有技术。所谓明确的技术启示是指明确记载在现有技术中的技术启示或者本领域技术人员能够从现有技术中直接、毫无疑义地确定的技术启示。本案中，涉案专利权利要求1的技术方案与最接近的现有技术证据7（一种体力测定器）公开的内容相比，区别技术特征在于测力传感器不同，测力传感装置为涉案专利的相关技术领域。为了评价测力传感器的创造性，专利复审委员会考虑了证据2（手提式数字显示电子秤，用于测重力），将其测力传感器与涉案专利的传感器进行比对。虽然握力计和电子秤都是测力装置，但二者具有不同的特定用途。同时，重力和人手的握力相比较，施力对象不同，施力方向也不同，重力单纯向下，人手的握力不是单纯向下而是从四周向中心，所以二者不属于相同技术领域。但涉案专利与手提式数字显示电子秤功能相同，用途相近，二者测力传感器的测力原理基本相同，可以将手提式数字显示电子秤视为涉案专利的相近技术领域。但是，由于现有技术并未给出明确的技术启示，专利复审委员会在评价涉案专利的创造性时考虑手提式电子秤的测力传感器属于适用法律错误。最高法院驳回专利复审委员会的再审申请。

（2）相对于最接近的现有技术，区别技术特征与现有技术的相应特征所起的作用不同，现有技术或公知常识没有教导或启发，也没有证据表明本领域技术人员容易想到将区别技术特征用于现有技术实现这一功能，发明是非显而易见的，具有创造性。

江苏长海复合材料股份有限公司与国家知识产权局专利复审委员会行政争议案（［2017］京73行初6038号），常州纽兰德复合材料有限公司（简称纽兰德公司）系专利号为201010148769.×、名称为"非织造网格布经纱上胶机"专利权人，江苏长海复合材料股份有限公司（简称长海公司）系无效宣告请求人，专利复审委作出维持专利权的第32343号无效宣告请求审查决定（被诉决定）。权利要求1保护一种非织造网格布经纱上胶机，证据2公开了一种浆纱机，以证据2作为最接近的现有技术。一审法院认为，权利要求1中的定位导纱辊组件对纱线起到了定位和导向的作用，证据2中的纱线导向由前后导辊来完成，前张紧辊仅起到提高纱线张力的作用，并没有起到导向的作用，同时也没有证据表明前张紧辊同时起到了定位的作用。据此，前张紧辊同权利要求1所述定位导纱辊组件的具体结构及所起的作用均不相同，前张紧辊不能相当于权利要求1中的定位导纱辊组件，权利要求1所述定位倒纱辊组件的辊筒与上胶辊组件的辊筒相靠接亦未被证据2公开。证据3中公开的上胶装置仅包括上胶辊和储胶槽，其上胶辊的辊筒外表面上设置沟槽的作用仅在于储存胶液，并没有提及沟槽具有导纱的作用。本专利权利要求1中的多个齿槽用于容纳纱线，从而对纱线进行定位和导向。在证据3没有给出将这些凹槽用于定位和导向纱线的技术启示的情况下，没有证据表明本领域技术人员容易想到将这些凹槽具体选择为弧形以用于定位和导向纱线。不能认定证据3给出了在辊筒上设置凹槽来定位和导向纱线的教导。综上，一审法院认可专利复审委关于本专利权利要求1相对于证据2结合现有技术或/和公知常识具备创造性的认定，且在权利要求1具备创造性的基础上，从属权利要求2-7也具备《专利法》第22条第3款规定的创造性。

本节案例中，相对于最接近的现有技术证据2-12，本专利权利要求1具有如下区别技术特征：外纱张力器的结构以及通过外纱张力器、外纱张力检测传感器和控制装置将包缠角逐渐减少到0度的技术特征。上述技术特征已经被欧瑞康苏拉公司于2011年2月15日在德国科隆举行的2011年轮胎科技展览会上参展的AllmaCC4产品所公开，该产品即具有通过减小气圈来实现节能的技术效果，上述事实由卓郎公司通过证据2-1至证据2-11予以佐证。本领域技术人员为了解决减小纱线气圈直径的技术问题，容易想到将其证据2-1至证据2-11中AllmaCC4产品的宣传视频公开的技术手段用于证据2-12，从而通过控制外纱张力减小外纱包缠角度，减小气圈直径，实现节能。权利要求1的技术方案，对本领域技术人员而言是显而易见的。

第三节 《专利法》第33条立法宗旨和法律适用

——［2010］知行字第53号

一、法律要点

我国专利法律制度关于专利文件修改的立法处于不断修正和调整中，导致司法实践中法律适用不统一，产生这一问题的症结是修改条款立法宗旨的空白。《专利法》第 33 条，不仅赋予了专利申请人完善其申请文件的机会和权利，同时也课以其义务，以平衡社会公众及竞争者利益。专利申请人应当对申请文件的修改符合法律要求承担举证责任中的结果责任，并达到"排除合理怀疑"的证明标准；基于专利权的垄断性和专利授权程序的单方参与性，专利申请人获得的行政法利益不能够获得信赖保护，一事不再理不当限制了第三人的无效宣告请求权。

二、案情介绍

本专利是 99800780.3 号发明专利申请的分案申请，其申请日为 1999 年 5 月 18 日，最早的优先权日为 1998 年 5 月 18 日，精工爱普生株式会社（简称精工爱普生）。本专利授权公告的权利要求书包括 42 项权利要求。

针对本专利权，佛山凯德利办公用品有限公司（简称凯德利公司）于 2006 年 1 月 17 日向专利复审委员会提出了无效宣告请求，其理由是本专利不符合《专利法》第 22 条第 2、3 款的规定，请求宣告本专利全部无效。

针对上述无效宣告请求，精工爱普生于 2006 年 3 月 1 日和 20 日两次提交了内容相同的意见陈述书，并对本专利权利要求书进行了修改。

专利复审委员会于 2006 年 4 月 27 日举行了口头审理。

针对本专利权，郑某俐于 2007 年 6 月 15 日向专利复审委员会提出了无效宣告请求，其理由是本专利不符合《专利法》第 33 条和第 26 条第 4 款的规定，请求宣告本专利全部无效，并提交了本专利的分案原申请 99800780.3 的公开说明书作为证据。2007 年 7 月 3 日，郑某俐向专利复审委员会提交了意见陈述书，认为本专利授权权利要求还不具备《专利法》第 22 条第 2、3 款规定的新颖性和创造性，同时提交了相关证据。

针对本专利权，深圳市易彩实业发展有限公司（简称易彩公司）于 2007 年 10 月 31 日以与凯德利公司完全相同的理由和证据向专利复审委员会提出了无效宣告请求。

针对上述无效宣告请求，精工爱普生于 2007 年 9 月 18 日提交了意见陈述书和权利要求书修改替换页，上述修改的权利要求书与其于 2006 年 3 月 1 日提交的权利要求书内容相同。针对郑某俐的无效宣告请求，精工爱普生还提交了在本专利实质审查阶段答复第一次审查意见通知书时所提交的意见陈述书，以证明本专利在实质审查阶段所作的修改未超出原始公开的范围，符合

《专利法》第 33 条的规定。

2008 年 3 月 25 日，专利复审委员会举行了口头审理。

专利复审委员会认为：（1）本专利是 99800780.3 号发明专利申请的分案申请，而 99800780.3 号发明专利申请是进入中国国家阶段的国际申请 PCT/JP99/02579，即 99800780.3 号发明专利申请的申请文件相当于是 PCT/JP99/02579 号国际申请的中文翻译件。本专利权利要求 1 和 40 中的"存储装置"以及权利要求 8、12 和 29 中的"记忆装置"均由实质审查阶段修改而来。在申请日提交的 PCT/JP99/02579 号国际申请文件及 99800780.3 号发明专利申请的说明书和权利要求书中并没有"存储装置"和"记忆装置"的文字记载，而仅有"半导体存储装置"的文字记载。"存储装置"是用于保存信息数据的装置，除半导体存储装置外，其还包括磁泡存储装置、铁电存储装置等多种不同的类型。本专利原说明书和权利要求书中针对的是半导体存储装置，不涉及其他类型的存储装置，也不能直接且毫无疑义地得出墨盒装有其他类型的存储装置。因此，本领域技术人员并不能从原说明书和权利要求书记载的"半导体存储装置"中直接且毫无疑义地确定出"存储装置"……（4）鉴于本专利已不符合《专利法》第 33 条之规定，故对其他的无效理由及证据不再进行评述。据此，专利复审委员会于 2008 年 4 月 15 日作出第 11291 号决定，宣告本专利全部无效。

精工爱普生不服专利复审委员会第 11291 号无效宣告请求审查决定（简称第 11291 号决定），在法定期限内向中华人民共和国北京市第一中级人民法院起诉称，第 11291 号决定在审查程序和认定事实上存在严重错误，请求人民法院依法予以撤销。其主要理由是：（1）第 11291 号决定违反正当程序。（2）第 11291 号决定中相关认定背离客观事实。原告在实质审查阶段答复第一次审查意见通知书时已经将"存储装置"解释为"7（b）所示的'半导体存储装置 61'"，将"记忆装置"解释为"指说明书及附图中记载的电路板及设置在其上的半导体存储装置"。（3）第 11291 号决定对"存储装置"的解释观点与北京市高级人民法院相关判例中对功能性限定特征的解释标准相违背。（4）从属权利要求 4、34 中相关附加技术特征以及权利要求 8 的技术方案，均未超出原说明书公开的范围。

专利复审委员会答辩称：（1）关于审查程序。本案的审查程序符合《专利审查指南》第四部分第三章第 4.5 节关于案件合并审理的规定。（2）关于

《专利法》（2000年修正）第33条。①应当以"原说明书和权利要求书记载的范围"作为认定申请人的修改是否符合《专利法》第33条规定的基础，申请人在意见陈述书中对权利要求所作的解释不能作为认定事实的依据；②《专利审查指南》第二部分第二章第3.2.1节明确规定，"对于权利要求中所包含的功能性限定的技术特征，应当理解为覆盖了所有能够实现所述功能的实施方式"；③关于有关权利要求的具体意见，坚持决定中的相关意见。综上，第11291号决定认定事实清楚，适用法律法规正确，审理程序合法，请求人民法院维持该决定。

北京市第一中级人民法院一审认为：关于本专利权利要求1、8、12、29、40的修改是否符合《专利法》第33条的规定。本专利权利要求中修改而来的"存储装置"和"记忆装置"是清楚的术语，本领域技术人员公知"存储装置"不限于"半导体存储装置"，"记忆装置"也不等同于"电路板及设置在其上的半导体存储装置"。专利申请人在实质审查阶段将"半导体存储装置"修改为"存储装置"将保护范围扩大到所有类型的存储装置。"记忆装置"在原说明书和权利要求书中并未记载，本领域技术人员不能从原说明书和权利要求书中直接明确认定"记忆装置"为"电路板及设置在其上的半导体存储装置"。据此，第11291号决定认定本专利权利要求1、8、12、29、40不符合《专利法》第33条的规定并无不当……据此，第11291号决定对权利要求4、8、34不符合《专利法》第33条的规定的认定并无不当。依据《行政诉讼法》第54条第（一）项之规定，北京市第一中级人民法院于2008年12月20日作出［2008］一中行初字第1030号行政判决：维持专利复审委员会第11291号决定。一审案件受理费100元，由精工爱普生承担。

精工爱普生不服一审判决，向北京市高级人民法院提起上诉称：（1）根据专利权利要求解释中公认的"禁止反悔原则"，本案应当根据上诉人在实质审查阶段为了获得授权而对技术术语的解释来确定其含义，即将"存储装置"解释为"图7（b）中所示的'半导体存储装置61'"，将"记忆装置"解释为"指说明书及附图中记载的电路板及设置在其上的半导体存储装置"。（2）第11291号决定对"存储装置"的解释观点与北京市高级人民法院相关判例中对功能性限定特征的解释标准相违背。（3）从属权利要求4、34中相关附加技术特征在原说明书附图6（a）、附图26等图中均有反映，并未超出原始公开的范围。对于权利要求8的技术方案，上诉人在答复第一次审查意见通知书时也进行了解释，因此，本专利符合《专利法》第33条的规定。专利复审委员会、凯德利公司、郑某俐、易彩公司服从一审判决。

北京市高级人民法院经审理查明的事实与一审法院一致。另查明：2002年11月8日，国家知识产权局就本专利申请发出第一次审查意见通知书。针对该通知书，精工爱普生于2003年5月9日提交了意见陈述书，对原权利要求作出修改，将原权利要求23修改为新权利要求1。针对审查员提出的"修改超范围"的问题，精工爱普生在意见陈述书中第2.2项指出："权利要求23涉及附图6和附图7，申请人解释，'存储装置'是指图7（b）所示的'半导体存储装置61'"；在意见陈述书中第3.1项指出："申请人首先希望解释，该权利要求及其后的权利要求中所述的'记忆装置'是指说明书及附图中记载的电路板及设置在其上的半导体存储装置"。

北京市高级人民法院认为：确定修改是否超范围的标准在于该修改是否"超出原说明书和权利要求书记载的范围"以及是否"超出原申请公开的范围"，即本领域的普通技术人员在阅读了原说明书和权利要求书后，是否能够从该文件记载的内容中毫无疑义地确定所修改的内容。在判断修改是否超范围时，还要关注修改后的技术方案是否构成新的技术方案。此外，申请人在专利授权过程中的意见陈述可以作为其修改是否超范围的参考，但该意见陈述不能作为修改是否超范围唯一的判断依据。

（一）关于本专利权利要求1、40中"存储装置"的修改是否违反《专利法》第33条规定的问题

对技术术语及特征的理解应当从本领域技术人员的角度出发，考虑该技术术语或特征所使用的特定语境。本案中，本专利权利要求1、40中的"存储装置"和权利要求8、12、29中的"记忆装置"均由实质审查阶段修改而来。本专利原始公开文本中相关权利要求记载有"半导体存储装置"及"存储装置"的内容。本专利原说明书已经载明本专利所解决的技术问题在于"打印设备必需带到厂家，并且记录控制数据的存储装置必须更换"，而且背景技术也记载了"其中在一个墨盒上设置了半导体存储装置和连接到存储装置的一个电极"。此外，原说明书其他部分均使用"半导体存储装置"的表述。本领域的技术人员通过阅读原权利要求书及说明书是可以毫无疑义地确定本专利申请人在说明书中是在"半导体存储装置"的意义上使用"存储装

置"的。另外，无论是修改前还是修改后的技术方案，"存储装置"实际上是在"半导体存储装置"的意义上使用的，并未形成新的技术方案，本领域的技术人员也不会将其理解为新的技术方案。本专利权利人在实质审查阶段答复通知书的意见陈述书中对"存储装置"作出了明确的限定，即对于"存储装置"，意见陈述书记载"申请人解释，'存储装置'是指图7（b）所示的'半导体存储装置61'"，且原说明书第1页倒数第2段记载"其中在一个墨盒上设置了半导体存储装置和连接到存储装置的一个电板"，表明"存储装置"为"半导体存储装置"的简称。

判断修改是否超范围的主体是本领域的技术人员，他应当是具备专业知识背景的普通技术人员，能够理解所属领域的技术内容。"存储装置"虽然有其普遍的含义，不仅包括半导体存储装置，还包括磁泡存储装置、铁电存储装置等多种不同类型，但在本专利所属特定的打印机墨盒领域，在背景技术中已经明确其所指为"半导体存储装置"的前提下，本领域的技术人员不会将其理解为作为上位概念的"存储装置"。一审判决及第11291号决定关于"存储装置"的理解有误，予以纠正。精工爱普生关于"存储装置"的修改符合《专利法》第33条规定的上诉主张有事实和法律依据，应予支持，专利复审委员会应当就此重新作出审查决定……

综上所述，一审判决及第11291号决定部分事实认定错误，适用法律不当，应予撤销。北京市高级人民法院于2009年10月13日作出［2009］高行终字第327号行政判决，判决如下：（1）撤销北京市第一中级人民法院［2008］一中行初字第1030号行政判决；（2）撤销专利审委员会第11291号决定；（3）专利复审委员会重新就名称为"墨盒"、专利号为00131800.4的发明专利权作出无效宣告请求审查决定。一审案件受理费100元，由专利复审委员会负担；二审案件受理费100元，由专利复审委员会负担。

郑某俐不服上述二审判决，向本院申请再审称，二审判决认定事实不清，适用法律错误，请求依法撤销二审判决，维持一审判决。其主要理由是：（1）二审判决关于本专利的原始公开文本（99800780.3号发明专利申请公开说明书）是在"半导体存储装置"的意义上使用"存储装置"的事实认定错误。本专利原始公开文本的75项权利要求中没有提及墨盒上有"存储装置"，其说明书第1页第24~27行中出现了两次"存储装置"，均出现在对现有技术的介绍部分中。第一个"存储装置"（说明书第1页第24行）理应指打印装置上的存储装置，究竟是何种存储装置并无说明，但其与本专利安装在墨盒上的"半导体存储装置"没有任何关联。第二个"存储装置"（说明书第1页第27行）可以理解为对说明书第1页第26行中的"半导体存储装置"的简称。这是在一句话中出现的先全称后简称的情况，这种形式的简称只能在该句话中适用，不能仅据此将简称的范围扩大。（2）本专利的修改因扩大了保护范围应予认定无效，二审判决将本专利的保护范围进行限缩解释是错误的。二审判决关于《专利法》第56条的适用错误。该条有关"发明或者实用新型专利权的保护范围以其权利要求的内容为准"的规定，不仅指出权利要求的内容才构成专利保护的范围，也告知申请人应对申请保护的内容进行选择，清楚地写入权利要求。"为准"的另一层含义是，如果权利要求的概念与说明书中的相应概念在理解上有冲突时，应以权利要求中的概念内容为准。因为对权利要求中每一个术语概念的内涵和外延理解不同，会致使整体保护范围发生变化，故必须优先认定权利要求中的概念才能体现"为准"。该条有关"说明书及附图可以用于解释权利要求"的含义是指，说明书及附图的地位只是为便于理解权利要求方案而给出的例子和说明。本专利独立权利要求1和40中的"存储装置"概念无须解释、非常清楚，是涵盖了声、光、磁、电的作为上位概念的存储装置。要将这种清楚的上位概念理解为具体下位概念的条件是，说明书中必须有明确定义，定义其为半导体存储装置。在说明书中没有给出明确定义的情况下，将其理解为上位概念是正确的，是维护权利要求严肃性的合法做法。二审判决将说明书中清楚的术语概念解释为与权利要求中此术语概念的上位概念相同，违反了《专利法》第56条的规定。（3）在专利权无效行政纠纷案件中，不能用专利权人在授权确权程序中的意见陈述对权利要求概念的含义进行解释。专利授权文本是向公众公开的，而专利审查过程中的意见陈述并没有出现在公开文本中。公众得到专利授权文本的公开信息后，公开的权利要求范围会对其要进行的后续行为产生影响。公众对权利要求的理解是基于权利要求中的文字意义，如果这种文字的真正意义要参照公众看不到的意见陈述，对公众是不公平的，反而会产生说明书对公众进行误导的严重问题。因此，用专利审查意见陈述书的内容对专利授权公开文本的权利要求中的明确概念进行解释的做法不可取。

精工爱普生答辩称，二审判决认定本专利独立权利要求1和40及其从属权利要求中记载的"存储装置"的技术特征，不存在修改超范围的情形，内容符合事实，于法有据，申请再审人的再审请求及其理由缺乏事实和法律依据，依法应予驳回。其主要理由是：（1）本专利授权文本中记载的"存储装置"应解释为半导体存储装置。本专利原始公开文本的权利要求 2 和说明书的现有技术部分所记载的"存储装置"术语，均系半导体存储装置的简称，根据同一术语在同一专利中应当具有相同含义的解释原则，"存储装置"在本专利中应仅指半导体存储装置。（2）专利侵权程序中适用的权利要求解释标准与专利确权程序中适用的权利要求解释标准应该保持统一。（3）专利审查档案应该作为解释本专利权利要求 1 和 40 中记载的"存储装置"的依据。根据《最高人民法院关于审理侵犯专利权纠纷案件应用法律若干问题的解释》第 3 条的规定，专利审查档案不仅可以用作解释权利要求的依据，具有与说明书及附图、权利要求书中的相关权利要求同等的解释效力，而且具有优先于"工具书、教科书等公知文献以及本领域普通技术人员的通常理解"的解释效力。（4）按照《专利法》第 33 条的立法本意，修改超范围所导致的无效，应当是超出原始公开范围的那部分修改方案无效，不应当导致未超出原始公开范围的原有技术方案也一并被认定无效。本案中，在按照法定的、正确的权利要求解释方法能够将本专利中的"存储装置"解释为未超出原始公开范围的"半导体存储装置"的情况下，第 11291 号决定将"存储装置"解释为超出原始公开范围的各种存储装置，并以此宣告本专利全部无效，这种做法已完全背离了《专利法》第 33 条的立法本意。

专利复审委员会陈述意见称，二审判决事实认定不清，法律适用不当，应予撤销，专利复审委员会第 11291 号决定应予维持。其主要理由为：（1）二审判决对"半导体存储装置"与"存储装置"的含义的事实认定错误。根据专利复审委员会提交的证据的记载，存储器包括半导体存储器、磁芯存储器、光电存储器等。根据所属领域技术人员的理解，"半导体存储装置"与"存储装置"含义不同，"半导体存储装置"仅为"存储装置"之一种。（2）二审判决对于《专利法》第 33 条的立法本意理解有误。该条的立法本意在于保障先申请原则。鉴于以申请日区分现有技术的规定的存在，专利申请人不能在确定申请日之后再将申请文件所载明的技术方案内容作出变化。本专利申请的第一次审查意见通知书并未涉及"半导体存储装置"。而且，含有"半导体存储装置"这一技术特征的技术方案，在本专利的原申请中已经得以授权。专利申请人将"半导体存储装置"主动修改为"存储装置"，体现了其具有

"半导体存储装置"和"存储装置"二者含义不同的意思表示，否则上述修改缺乏实际意义。然而专利权人在无效程序中又主张"半导体存储装置"与"存储装置"的保护范围一致，可见修改的过程反映出反悔的存在，那么应当认定将"半导体存储装置"修改为"存储装置"的情形属于反悔。在这种情况下，不应再通过权利要求的解释而认定其符合《专利法》第33条的规定……就本案而言，说明书中的表述对"存储装置"和"半导体存储装置"加以区分，结合该分案申请所属母案的情况以及当事人主动修改的情况，客观上应当认定为"存储装置"和"半导体存储装置"含义不同。二审判决将"存储装置"解释为"半导体存储装置"的简称，这一解释在说明书中没有任何依据，也与本领域技术人员的普遍理解不同，显然损害了专利权的公示作用，使得社会公众对于专利权的保护范围缺乏预期。

专利复审委员在再审法院审查过程中提交了《计算机组成和结构》（王爱英主编，清华大学出版社1995年第2版）一书。该书为清华大学计算机系列教科书之一，其第231页第7.1.1节"存储器分类"部分记载了如下内容："按构成存储器的器件和存储介质主要可分为：磁芯存储器、半导体存储器、光电存储器、磁膜、磁泡和其他磁表面存储器以及光盘存储器等。"

再审法院审查认为，针对本专利的无效宣告请求提起于2006年，应当适用2000年修正后的《专利法》以及《专利法实施细则》的规定。结合申请再审人的申请再审理由、被申请人的答辩和意见陈述及本案的听证情况，本案的争议焦点集中在本专利权利要求1和40中关于"存储装置"的修改是否符合《专利法》第33条的规定。对这一问题，可以分解如下：二审判决对于本专利原始公开说明书中使用的"存储装置"含义的解释是否正确；本专利权利要求1和40中关于"存储装置"的修改是否违反《专利法》第33条的规定；专利申请文件的修改限制与专利保护范围的关系；专利申请文件的修改限制与禁止反悔原则的关系。

（一）二审判决对于本专利原始公开说明书中使用的"存储装置"含义的解释是否正确

二审判决认定本专利的原始公开说明书是在"半导体存储装置"的意义上使用"存储装置"，"存储装置"为"半导体存储装置"的简称。根据本院查明的事实，本专利原始公开文本涉及"存储装置"的部分有三处：一是权利要求书的权利要求2中"所述多个触点在装、拆所述墨盒的过程中在不同的时间连接到所述外部存储装置";二是说明书第 1 页第 23~24 行中"打印设备必须带到厂家,并且记录控制数据的存储装置必须更换";三是说明书第 1 页第 26~27 行中的"其中在一个墨盒上设置了半导体存储装置和连接到存储装置的一个电极"。此外,在精工爱普生针对国家知识产权局第一次审查意见通知书提交的意见陈述书中,第 2.2 项记载有"权利要求 23 涉及附图 6 和附图 7,申请人解释,'存储装置'是指图 7(b)所示的'半导体存储装置 61'"。关于本专利原始公开说明书中使用的"存储装置"含义的解释,本院分析评判如下:

第一,关于本专利原始公开说明书中第一处和第三处"存储装置"用语的字面含义。首先,关于第一处"存储装置"。权利要求 2 中并未出现独立的"存储装置"用语,而是使用了"所述外部存储装置"的称谓。结合权利要求 1 所提及的"从所述外部控制装置经所述触点访问所述半导体存储装置"的表述,显然权利要求 2 中的"所述外部存储装置"是权利要求 1 中提及的"所述半导体存储装置"的代称。其次,关于第三处"存储装置"。根据本院查明的事实,说明书第 1 页第 26~27 行中"其中在一个墨盒上设置了半导体存储装置和连接到存储装置的一个电极"这一中文译文不确切,应该翻译为"其中在一个墨盒上设置了半导体存储装置和连接到它的一个电极"。因此,此处所谓的"存储装置"一词实际上系误译所致,在本专利的原国际申请文件中并不存在。

第二,关于本专利原始公开说明书中第二处"存储装置"用语的字面含义。首先,关于"存储装置"的字面含义。对于所属领域普通技术人员而言,"存储装置"是用于保存信息数据的装置,是包含磁芯存储器、半导体存储器、光电存储器、磁膜、磁泡和其他磁表面存储器以及光盘存储器等的上位概念。这一含义是清楚、明确的。其次,关于此处"存储装置"的上下文。说明书第 1 页第 23~24 行中"打印设备必须带到厂家,并且记录控制数据的存储装置必须更换"是说明书中第一次出现独立使用的"存储装置"用语。在使用这一用语之前,说明书介绍了现有技术,指出"既改善油墨特性又改善打印头的驱动方法时,就可以提高打印设备的打印质量",但是在应用这一技术成果时,"考虑到成本、劳动力和其他因素时,这个成果应用到已经从厂家运输的打印设备实际上是不可能的",并没有涉及存储装置的类型。在第一次使用独立的"存储装置"用语之后,说明书才以示例的方式提出日本第

2594912号专利采用了半导体存储装置。可见，此处说明书的上下文没有明确或者隐含排除其他类型的存储装置，也未对"存储装置"给出不同于通常理解的特殊限定。最后，说明书发明目的部分的内容对"存储装置"含义的影响。说明书对发明目的的介绍较为简单，虽然在发明目的部分明确提及了半导体存储装置的数据丢失等问题，但是在说明书的上下文没有明确或者隐含排除其他类型的存储装置，也未对"存储装置"给出不同于通常理解的特殊限定的情况下，仅凭这一点尚不足以认定此处的"存储装置"是指"半导体存储装置"。因此，对于所属领域的普通技术人员而言，此处的"存储装置"用语应该理解为作为通常含义的泛指而非特指半导体存储装置。

第三，关于精工爱普生在意见陈述书中对"存储装置"的解释应该如何理解。精工爱普生在答复国家知识产权局第一次审查意见通知书的意见陈述书中指出，"权利要求23涉及附图6和附图7，申请人解释，'存储装置'是指图7（b）所示的'半导体存储装置61'"。首先，关于意见陈述书的作用。通常情况下，申请人在审查档案中的意见陈述可以作为理解说明书以及权利要求书含义的参考，其参考价值的大小则取决于该意见陈述的具体内容及其与说明书和权利要求书的关系。其次，精工爱普生在意见陈述书中对"存储装置"作出的解释的特点。从该解释的内容来看，精工爱普生结合附图，将"存储装置"这一上位概念解释为"半导体存储装置"这一下位概念。当将某一上位概念解释为被该上位概念所包含的下位概念时，可能存在两种理解：一是这种解释仅仅是一种示例，即表示该下位概念属于该上位概念；二是这种解释是一种特指，即该上位概念等同于该下位概念。因此，精工爱普生在意见陈述书中对"存储装置"作出的解释究竟具有何种含义，尚需结合解释的缘由、修改过程、本专利原始公开说明书等综合判断。再次，精工爱普生在意见陈述书中对"存储装置"作出解释的缘由。在意见陈述书中，精工爱普生将原权利要求23修改为新的权利要求1。原权利要求23中并未有"存储装置"这一特征，而是在本次修改时引入新的权利要求1的，精工爱普生需要对此作出解释，以说明其由来。从这个角度而言，精工爱普生通过意见陈述对"存储装置"一词作出特指性定义的可能性不大。又次，精工爱普生对"存储装置"一词的修改过程。在本专利的原始公开文件中，除了说明书中出现过一次独立使用的"存储装置"用语外，在权利要求书和说明书的其他部分通篇使用的都是半导体存储装置的用语。其中，原始公开文件的权利要求书中使用"半导体存储装置"的地方多达 10 余处。而在修改后的新权利要求书中，则相应地修改为"存储装置"，且使用多达 8 次。显然，这种有意修改表明，精工爱普生本身认为"存储装置"与"半导体存储装置"具有不同的含义。最后，本专利的原始公开说明书对"存储装置"一词的使用。前已述及，本专利的原始公开说明书中存在将"存储装置"作为泛指性的上位概念的用法。仅仅根据精工爱普生在意见陈述中的解释即将"存储装置"理解为特指半导体存储装置，说服力不足。因此，精工爱普生在意见陈述书中对"存储装置"的解释应理解为包含半导体存储装置的上位概念而不是特指性的半导体存储装置。

综上，本专利的原始公开说明书所提及的第一处"存储装置"是"所述半导体存储装置"的代称，第二处"存储装置"是包含半导体存储装置的上位概念，第三处"存储装置"实际上系误译所致，精工爱普生在意见陈述书中对"存储装置"的解释并非特指半导体存储装置。二审判决认定本专利的原始公开说明书是在"半导体存储装置"的意义上使用"存储装置"，"存储装置"为"半导体存储装置"的简称，认定事实不妥，本院对此予以纠正。申请再审人关于二审判决对于"存储装置"含义的认定错误的申请再审理由成立。

（二）本专利权利要求 1 和 40 中关于"存储装置"的修改是否违反《专利法》第 33 条的规定

《专利法》第 33 条规定："申请人可以对其专利申请文件进行修改，但是，对发明和实用新型专利申请文件的修改不得超出原说明书和权利要求书记载的范围，对外观设计专利申请文件的修改不得超出原图片或者照片表示的范围。"判断本专利权利要求 1 和 40 中关于"存储装置"的修改是否违反《专利法》第 33 条的规定，需要正确理解《专利法》第 33 条的含义。

第一，关于《专利法》第 33 条的立法目的。正确理解《专利法》第 33 条的含义，需要结合该条的立法目的。《专利法》第 33 条包括两层含义：一是允许申请人对专利申请文件进行修改，二是对专利申请文件的修改进行限制。之所以允许申请人对专利申请文件进行修改，其主要理由在于：一是申请人的表达和认知能力的局限性。申请人将自己抽象的技术构思形诸语言文字，体现为具体的技术方案时，由于语言表达的局限，往往有词不达意或者言不尽意之处。同时，申请人在撰写专利申请文件时，由于对现有技术以及发明创造等的认知局限，可能错误理解发明创造。在专利申请的过程中，随着对现有技术和发明创造等的理解程度的提高，特别是审查员发出审查意见通知书之后，申请人往往需要根据对发明创造和现有技术的新的理解对权利要求书和说明书进行修正；二是提高专利申请文件质量的要求。专利申请文件是向公众传递专利信息的重要载体，为了便于公众理解和运用发明创造，促进发明创造成果的运用和传播，客观上需要通过修改提高专利申请文件的准确性来实现。在允许申请人对专利申请文件进行修改的同时，《专利法》第33条也对专利申请文件的修改进行了限制，即发明和实用新型专利申请文件的修改不得超出原说明书和权利要求书记载的范围。这一限制的理由在于：一是通过将修改限制在原说明书和权利要求书记载的范围之内，促使申请人在申请阶段充分公开其发明，保证授权程序顺利开展；二是防止申请人将申请时未完成的发明内容随后补入专利申请文件中，从而就该部分发明内容不正当地取得先申请的利益，保证先申请原则的实现；三是保障社会公众对专利信息的信赖，避免给信赖原申请文件并以此开展行动的第三人造成不必要的损害。可见，《专利法》第33条的立法目的在于实现专利申请人的利益与社会公众利益之间的平衡，一方面使申请人拥有修改和补正专利申请文件的机会，尽可能保证真正有创造性的发明创造能够取得授权和获得保护，另一方面又防止申请人对其在申请日时未公开的发明内容获得不正当的利益，损害社会公众对原专利申请文件的信赖。对《专利法》第33条含义的理解，必须符合这一立法目的。

第二，关于"修改不得超出原说明书和权利要求书记载的范围"的理解。基于前述立法目的，对于"原说明书和权利要求书记载的范围"，应该从所属领域的普通技术人员的角度出发，以原说明书和权利要求书所公开的技术内容来确定。凡是原说明书和权利要求书中已经披露的技术内容，都应理解为属于原说明书和权利要求书记载的范围。既要防止对记载的范围作过宽的解释，乃至涵盖了申请人在原说明书和权利要求书中未公开的技术内容，又要防止对记载的范围作过窄的解释，对申请人在原说明书和权利要求书中已披露的技术内容置之不顾。从这一角度出发，原说明书和权利要求书记载的范围应该包括如下内容：一是原说明书及其附图和权利要求书以文字或者图形等明确表达的内容；二是所属领域普通技术人员通过综合原说明书及其附图和权利要求书可以直接、明确推导出的内容。只要所推导出的内容对于所属领域的普通技术人员而言是显而易见的，就可认定该内容属于原说明书和权利要求书记载的范围。与上述内容相比，如果修改后的专利申请文件未引入新的技术内容，则可认定对该专利申请文件的修改未超出原说明书和权利要求书记载的范围。由此可见，判断对专利申请文件的修改是否超出原说明书和权利要求书记载的范围，不仅应考虑原说明书及其附图和权利要求书以文字或者图形表达的内容，还应考虑所属领域的普通技术人员综合上述内容后显而易见的内容。在这个过程中，不能仅仅注重前者，对修改前后的文字进行字面对比即轻易得出结论；也不能对后者作机械理解，将所属领域的普通技术人员可以直接、明确推导出的内容理解为数理逻辑上唯一确定的内容。

第三，关于本案"存储装置"的修改是否违反《专利法》第33条的规定的具体判断。《专利法》第33条所称的原说明书和权利要求书是指申请日提交的说明书和权利要求书；对于分案申请，是指申请日提交的原申请的说明书和权利要求书；对于国际申请，是指原始提交的国际申请的说明书、权利要求书及附图。由于本专利是99800780.3号发明专利申请的分案申请，99800780.3号发明专利申请是进入中国国家阶段的国际申请（PCT/JP99/02579），判断本案"存储装置"的修改是否违反《专利法》第33条的规定，应以PCT/JP99/02579号国际申请记载的内容为准。根据PCT/JP99/02579号国际申请及其中文翻译件（99800780.3号发明专利申请公开说明书）的记载，既改善油墨特性又改善打印头的驱动方法可以提高打印设备的打印质量，但是这个成果难以应用到从厂家运输的打印设备上，因为打印设备必须带到厂家，而且记录控制数据的存储装置必须更换。为此，现有技术提出了在墨盒上设置半导体存储装置和连接到它的一个电极，同时在打印设备的主体上设置一组电极，读出存储在半导体存储装置中的数据，并且按照这些数据控制记录操作的技术方案。由于该打印设备存在接触不好、数据丢失等技术问题，本专利申请提出在墨盒侧壁安装电路板，电路板外面设置触点，触点可以连接到外部控制装置上，从而实现外部控制装置通过触点访问半导体存储装置的技术效果。对所属领域的普通技术人员而言，通过综合该原始专利申请公开说明书、权利要求书和附图，很容易联想到可以用其他存储装置替换半导体存储装置，并推导出该技术方案同样可以应用于使用非半导体存储装置的墨盒的方案。精工爱普生在提出分案申请时主动将原权利要求书中的"半导体存储装置"修改为"存储装置"。修改后，新的独立的权利要求1和

40 与所属领域的普通技术人员综合该原始专利申请公开说明书、权利要求书和附图的记载能够直接、明确地推导出的内容相比,并未引入新的技术内容。因此,关于本专利独立权利要求 1 和 40 中"存储装置"的修改并未超出原专利申请文件记载的范围,符合《专利法》第 33 条的规定……

综上,虽然二审判决对于"存储装置"含义的认定不妥,申请再审人的部分申请再审理由成立,但是二审判决关于精工爱普生对"存储装置"的修改符合《专利法》第 33 条的裁判结果是正确的,应予维持。郑某俐的再审申请不符合《行政诉讼法》第 63 条第 2 款、《最高人民法院关于执行〈中华人民共和国行政诉讼法〉若干问题的解释》第 72 条规定的再审条件,依据《最高人民法院关于执行〈中华人民共和国行政诉讼法〉若干问题的解释》第 74 条的规定,裁定如下:驳回郑某俐的再审申请。

三、法律条文

《专利法》(2009 年)

第三十三条 申请人可以对其专利申请文件进行修改,但是,对发明和实用新型专利申请文件的修改不得超出原说明书和权利要求书记载的范围,对外观设计专利申请文件的修改不得超出原图片或者照片表示的范围。

《专利法实施细则》(2010 年)

第五十一条 发明专利申请人在提出实质审查请求时以及在收到国务院专利行政部门发出的发明专利申请进入实质审查阶段通知书之日起的 3 个月内,可以对发明专利申请主动提出修改。

实用新型或者外观设计专利申请人自申请日起 2 个月内,可以对实用新型或者外观设计专利申请主动提出修改。

申请人在收到国务院专利行政部门发出的审查意见通知书后对专利申请文件进行修改的,应当针对通知书指出的缺陷进行修改。

四、法理分析

对专利文件进行修改,有两种情形,一种是对专利申请文件的修改,还有一种是对专利公告文件的修改,前者处于审查授权程序阶段,后者处于无效宣告程序阶段。第一种情形,申请人对专利申请文件进行修改,一方面是为了满足专利授权的条件,另一方面是为了更好地保护技术方案。由于专利授权遵循先申请原则,为了防止申请人把申请日之后的技术方案加入到申请文件中,各国法律都规定"修改不得超出原申请文件(原说明书和原权利要求书)范围"。[1]第二种情形,专利权人对专利公告文件进行修改,目的非常单一,就是确保专利授权符合实质要件。

对不符合《专利法》第33条规定的修改,俗称为"修改超范围"。近年来,因修改是否超范围产生的争议越来越多。2018年5月17日进入网站 http://openlaw.cn/检索,输入关键词"专利"和"修改超范围"共检索到380个裁判文书结果,其中2001年前只有2份裁判文书,从2009年开始每年达到两位数,2017年数量最多达到51份,其中一审文书179份,二审文书173份,再审文书13份。该数据一定程度上说明了"法三十三条"对当事人权益的影响正逐步体现,也说明了专利审查部门、各级人民法院对该条款的适用存在一定的偏差。本节针对第一种情形下的修改问题进行探讨。

我国专利申请文件修改条款的法律依据及历史变迁、专利申请文件修改的法律制度主要体现在《专利法》《专利法实施细则》和《专利审查指南》等规范性文件中。

(一) 我国法律制度的历史变迁

我国专利文件的修改制度是逐步完善起来的,其历史变迁主要体现在以下几个方面:

1.《专利法》相关变化

1984年的《专利法》第33条规定,申请人可以对其专利申请文件进行修改,但是不得超出原说明书记载的范围。1992年、2000年与现行2008年《专利法》第33条的内容完全一致。

修改范围和内容由最初的"原说明书记载的范围"调整为"原说明书和权利要求书记载的范围",说明立法者对专利申请文件中说明书和权利要求书的法律意义和法律性质有了根本性的认识。对于专利申请人而言,在申请日提交的权利要求书和说明书是一个整体。

2.《专利法实施细则》和《专利审查指南》相关变化

1985年、1992年、2001年和2010年的《专利法实施细则》在内容上没

---

[1] 参见《专利法》(2009年)第33条的规定,申请人可以对其专利申请文件进行修改,但是,对发明和实用新型专利申请文件的修改不得超出原说明书和权利要求书记载的范围。

有区别。仅对专利申请文件修改的时机和方式进行了规范，一方面保障当事人有充裕的、适当的主动修改时间，另一方面保障审查机关不做无用功、提高审查效率。

《专利审查指南》具体指导审查员的审查业务，对修改行为的规范更具体。国家知识产权局共颁布了1993年、2001年、2006年和2010年的《专利审查指南》，但1993年的在官网上已经无法查询。

（1）2001年与2010年的《专利审查指南》比较（横线为2001年的内容，括号内为2010年的内容）。[1]

第一，允许的修改。说明书中发明内容有关发明解决技术问题的修改，"修改后的内容<u>应在原说明书中有记载或者能从原说明书记载的内容直接导出</u>"（不应超出原说明书和权利要求书记载的范围）；说明书发明内容有关发明有益效果的修改，"只有在某或某些技术特征在原始申请文件中已清楚地公开（清楚地记载），而其有益效果没有被清楚地提及，但所属技术领域的技术人员可以<u>直接地、毫无困难地</u>（直接地、毫无疑义地）从原始申请文件中推断出这种效果的情况下，才允许对发明的有益效果作合适的修改"。

第二，不允许的修改。如果申请的内容通过增加、改变和/或删除其中的一部分，致使所属技术领域的技术人员看到的信息与原申请<u>公开</u>（记载）的信息不同，而且又不能从原申请公开的信息中直接地、<u>毫无疑异地</u>（毫无疑义地）<u>导出</u>（确定），那么，这种修改就是不允许的。

这里所说的申请内容，是指原说明书（及其附图）和权利要求书<u>公开</u>（记载）的内容，不包括任何优先权文件的内容。

第三，不允许的增加。为使公开的发明清楚或者使权利要求完整而补入既不能从原说明书（包括附图）和/或权利要求书中<u>直接明确地导出</u>也不能由<u>所属技术领域技术人员的常识直接获得的信息</u>（直接地、毫无疑义地确定的信息）；补入了所属技术领域的技术人员不能直接从原始申请中导出的有益效果。

第四，不允许的改变。改变说明书中的某些特征，使得改变后反映的技术内容完全不同于原申请<u>公开</u>（记载）的内容或者超出了原说明书和权利要求书记载的范围。

---

[1] 参见《专利审查指南》第二部分第八章发明专利实质审查程序第5节。

第五，不允许的删除。从权利要求中删除一个与说明书公开（记载）的技术方案有关的技术术语。

（2）2006年与2010年的《专利审查指南》比较（横线为2006年的内容，括号内为2010年的内容）。

2006年的《专利审查指南》在内容方面已经接近于2010年的《专利审查指南》。

两个年份《专利审查指南》的共同点。都对"原说明书和权利要求书记载的范围"进行了解释，即"包括原说明书和权利要求书文字记载的内容和根据原说明书和权利要求书文字记载的内容以及说明书附图能直接地、毫无疑义地确定的内容"。其他具体的修改规则也基本相同。

两个年份《专利审查指南》的不同点。首先，2010年把"修改的要求"明确区分为三个部分，包括修改的内容与范围、主动修改的时机和答复审查意见通知书时的修改方式三个部分，更具有逻辑性和层次性。其次，关于答复审查意见通知书的修改，有一段表述："但是，当出现下列情况时，由于不利于节约审查程序（无），即使修改的内容没有超出原说明书和权利要求书记载的范围，也不能被视为是经审查员同意的修改，因而不能被接受"。例如，申请人主动将原权利要求中的技术特征"螺旋弹簧"修改为"弹性部件"，尽管原说明书中记载了"弹性部件"这一技术特征，但由于这种修改扩大了请求保护的范围，因而不能被允许。

（二）我国法律制度变迁总结

主要有以下几点：首先，《专利审查指南》对修改行为的规范越来越重视，内容越来越丰富；其次，对重要的概念进行解读，以便执法者掌握统一的标准；再次，对申请文件修改这一命题缺乏根本的认知和统一的指导思想。这一点可以从一些文字的表述变化中予以判断，如从"公开"到"记载"、从"直接地、毫无困难地""直接地、毫无疑异地"到"直接地、毫无疑义地"、从"推导/导出"到"确定"，不过在2010年的《专利审查指南》中，依然可以看到"导出"的踪影；最后，三个版本的皆规定，答复审查意见通知书时，即使修改的内容没有超出原说明书和权利要求书记载的范围，由于不利于节约审查程序，不予接受。

但有一点值得注意，现有法律条款中并没有明确要求修改的内容需要唯一确定。

（三）国外相关法律制度介绍

各国的政治、经济和文化发展水平决定着该国专利法律制度的立法思想和发展水平，专利申请文件修改的立法理念及规定亦不例外。相关法律制度的介绍如下：

1. 欧洲相关规定

《欧洲专利公约》第123条规定：（1）欧洲专利申请或欧洲专利可以在欧洲专利局的各项程序中根据实施细则而修改。无论如何，应当给予申请人至少一次机会主动修改该申请。（2）欧洲专利申请或欧洲专利经修改后，不得包含超出（原始）提交时的申请内容的客体。

欧洲《专利审查指南》规定，申请内容的总体变化（无论增加、改变或删除）导致本领域的技术人员看到的信息不能直接地且毫无疑义（directly and unambiguously derivable）地从原始申请中导出，甚至在考虑了隐含公开的内容后也不能导出时，认为修改超范围。

上述法律体现的修改立法思想在于：不允许申请人通过增加在原始申请中没有披露的主题来改善其处境，因为这样会赋予其不正当的利益，并且会损害第三方在原始申请内容的基础上建立的法律安全性。

2. 日本相关规定

日本《专利法》第17条第2款第3项规定，对申请文件的修改，应当保持在随请求书最初提交的说明书、权利要求书或附图所记载事项的范围内。《审查指南》进一步解释，"最初说明书等记载的事项"不仅包括说明书等明示记载的事项，还包括即使未明示记载但根据该最初说明书等的记载而自明的事项。

《实用新型发明审查基准》还给出了判断修改超范围时需要考虑的5个基本因素，即：不得超出原始记载的内容；原始申请的内容不仅包括记载事项，还包括根据原始申请的记载而自明的事项；自明的事项是指接触它的本领域技术人员依照申请时的技术常识便清楚其含义；周知/惯用技术仅能够凭借而不允许添加，可修改的限于自明的事项；自明事项有时依赖于原始申请中的多项记载，如发明要解决的问题、具体实施例、说明书与附图的记载。[1] 强

---

[1] 杜鹃、黄非："中欧日美有关修改范围法律规定的比较研究"，载《中国发明与专利》2010年第12期。

调结合申请文件的上下文，从所属领域的技术人员的角度进行综合分析，整体判定，参照申请时的公知常识或惯用技术等，将申请内容与之进行合理的结合，在此基础上判定。

3. 美国相关规定

美国《专利法》第 132 条规定，修改不应在发明的公开中引入新的内容，并且规定，不得在再公告申请中引入新内容。美国专利商标局专利审查程序手册第 2163.07 节规定，对申请所作的能够得到原始说明书支持的修改不是新内容。例如，实施例仅公开了一种特定的粘结性涂敷方法，若根据原说明书的记载，所属技术领域的技术人员能够清楚地判断只要各层被粘接，具体如何被粘接并不重要，则该实施例记载的方法已足够支持"粘结性涂敷"这一上位概念，因此，允许将权利要求中的技术特征修改为"粘结性涂敷"。

（四）国外司法实践经验介绍

1. 欧盟将"排除合理疑问的证明标准"与"直接地、确定地得到"修改标准相结合

欧盟 T383/88 号案例，[1]该案有两处修改：第一，原始权利要求中的"碳酸盐"被修改成上位概念"盐"，申请人提交了一位专家证人的宣誓书和一本教科书；第二，原始申请文件中的具体溶剂二甲苯被修改成上位概念"惰性溶剂"，并删除了与反应温度和时间相关的一些具体特征。上诉委员会首先阐述了判断修改是否允许的标准，即针对修改如果所属领域的技术人员存在些许怀疑，对未经修改的文件的解释，不同于修改后的文件，则这样的修改是不能被允许的，上诉委员会认为"修改超范围标准"等同于"排除合理疑问"的证明标准。对于第 1 处修改，专家的资质过高，不是所属领域的普通技术人员，一个人出具的证言也不能证明公知常识。此外，教科书中给出的信息仅仅涉及本发明中"盐"的笼统概念，没有具体说明本案中涉及的化学反应。申请人提交的证据不能证明所属领域的技术人员在阅读原始申请文件时会将碳酸盐概括为盐，申请人未能按照上述严格的证明标准履行其证明责任，故其要承担举证不能的不利后果，即第 1 处修改不能被允许。对于第 2 处修改，上诉委员会认为修改信息明显属于化学工作者的基本知识，即

---

[1] E. Standard of Proof for Allowing Amendments and Corrections, *Case Law of the Boards of Appeal of the European Patent Office*, ed. 5 (2006), p. 280.

本发明中涉及的化学反应不取决于对特定溶剂的选择，只要是惰性溶剂就可以，同时，该化学反应也不取决于具体的反应温度和时间，只要发生理想的反应即可。因此，上诉委员会认为其掌握有足够的公知常识证明所属领域的技术人员由原始申请文件会立即明白：二甲苯溶剂、反应温度、时间等具体特征仅仅是更笼统、更上位化的反应条件的典型例子，其对于制备本发明的化合物不是必需的。因此，对于此处修改无需当事人举证，上诉委员会即认定该修改应当被允许。此后上诉委员会的大量判决都援引了该判例中建立的"排除合理疑问"标准。

2. 日本将技术问题、技术方案和技术效果作为一个整体进行判定是否修改超范围

案例1。[1] 权利要求1为："一种床，包括：方管状的床架，其具有头侧框架和脚侧框架……"，在答复的过程中，申请人指示删去"方管状的"这一限定表述，修改为"一种床，包括：床架，其具有头侧框架和脚侧框架……"中国审查员认为修改超范围而不予接受。本案的发明点在于通过设置专用大腿支撑机构而实现单独支撑的功能，床架的形状与本发明要解决的问题并无关系。

针对同样的修改，日本审查员认为"在删除的特征本来并没有技术上的意义，且明显不会由于该删除而导致追加了新技术内容的情况下，则该修改未超出原始申请记载的范围"，即在能够明确所删除的特征并非实施本发明的必要技术特征，而是"任意的附加性特征"的情况下，亦即从本发明所要解决的技术问题、所采取的技术方案以及所达到的技术效果来看，删除该"任意的附加性特征"，与本发明所要解决的技术问题并无关系，也并不增加新的技术方案，不妨碍上述技术问题的解决和技术效果的实现，则可以进行这样的删除。例1中无论是采用方管形的床架还是圆管形或其他形状的床架，均可实现本发明，对本领域的技术人员来说是显而易见的，因此"方管状的"属于任意的附加性特征，删除并不被认为是超范围。

案例2。"一种硅晶片清洗装置……混合气体以 2mm 以下的间隔喷射到硅晶片上"，该下划线的部分为答复审查意见过程中申请人要求增加的特征。本

---

[1] 毛立群、杨楷："中、日两国'修改超范围'判断标准的实务比较研究"，载《全面实施国家知识产权战略，加快提升专利代理服务能力——2011年中华全国专利代理人协会年会暨第二届知识产权论坛论文集》。

案在说明书中记载有"混合气体喷嘴与晶片之间的间隔大约为 1mm，但该间隔越小越好。若上述间隔超过 2mm，氢自由基会消失，将无法充分进行氢封端处理"。

在日本的审查实践标准下，则可认为"2mm 以下"这一技术特征虽然没有明确的文字明示记载，但本领域的技术人员根据说明书的相关记载"若上述间隔超过 2mm，氢自由基会消失，将无法充分进行氢封端处理"，参照申请日时的技术常识，并不会采用 2mm 以上的技术方案，"2mm 以下"这一技术特征是虽未明确记载但等于记载在说明书等文件上的自明的事项，因此这样的修改并没有超出最初提交的说明书和权利要求书。

五、我国司法实践典型案例分析

尽管《专利法》《专利法实施细则》和《专利审查指南》对专利申请文件的修改，既作出了原则性的规定，也从积极和消极两个方面列举了大量的示例，但对于"修改超范围"的法律适用分歧依然很大，学者们对该问题的探讨也越来越多。朱理[1]对最高人民法院从 2010 年到 2015 年受理的 11 件案件进行了专门分析。本节从不同视角对 2 个典型案例进行分析。

（一）"墨盒"案例分析

本案[2]涉及名称为"墨盒"的发明专利，专利申请人将权利要求中的"半导体存储装置"修改为"存储装置"。专利复审委员会（简称复审委）认为，本专利原说明书和权利要求书中针对的是半导体存储装置，不涉及其他类型的存储装置，本领域的技术人员并不能从原说明书和权利要求书记载的"半导体存储装置"直接且毫无疑义地确定出"存储装置"，不符合《专利法》第 33 条的规定，因此宣告本专利全部无效。一审法院维持了复审委的决定。二审法院认为，"存储装置"虽然有其普遍的含义，但在本专利所属特定的打印机墨盒领域，在背景技术中已经明确其所指的为"半导体存储装置"的前提下，本领域的技术人员不会将其理解为作为上位概念的"存储装置"。在实质审查阶段精工爱普生为了获得授权而通过对技术术语的解释来确定其

---

[1] 朱理："专利文件修改超范围的判断标准及其救济方案——以最高人民法院的判例为研究基础"，载《专利代理》2016 年第 5 期。

[2] 参见 [2010] 知行字第 53 号。

含义，即"存储装置"解释为"图7（b）中所示的'半导体存储装置61'"。二审法院认为一审判决及无效宣告决定关于"存储装置"的理解有误，予以纠正，复审委应当就此重新作出审查决定。

该案系最高人民法院公报案例，在再审程序中，最高院在该判决书中明确了以下几点：第一，"原记载范围"的解释。包括根据原记载直接、明确导出的内容，只要导出的内容是所属领域普通技术人员显而易见的，不能仅仅对修改前后的文字进行字面对比，也不能将直接、明确推导出的内容理解为数理逻辑上唯一确定的内容。第二，"修改超范围"的判断。对所属领域的普通技术人员而言，通过综合该原始专利申请文件，很容易联想到可以用其他存储装置替换半导体存储装置，修改未引入新的技术内容，符合《专利法》第33条的规定。第三，修改限制与禁止反悔原则的关系。法律的明确规定以及其他同等重要的原则也限制着禁止反悔原则的适用，如果申请人的修改符合《专利法》第33条的规定，禁止反悔原则在该修改范围内应无适用余地。

1. 该案肯定的方面

最高人民法院的相关认定：第一，明确《专利法》第33条的立法目的。实现先申请制下专利申请人与社会公众之间的利益平衡。修改既可以补正瑕疵，也可以调整保护的范围，同时防止申请日未提交的发明内容获得不当利益。第二，"原记载范围"的理解。应当包括原记载明确表达的内容，以及所属领域普通技术人员通过原记载直接、明确推导出的内容。关于推导的内容，只要对所属领域的普通技术人员而言是显而易见的即可。反对对修改前后的文字进行字面对比得出结论，或作机械理解，将直接、明确推导出的内容理解为数理逻辑上唯一确定的内容。

2. 案件值得商榷的方面

（1）二审法院对"存储装置"含义的认定。关于技术术语含义解释的规则，《专利审查指南》[1]已经作出了明确的规定。在本案中，对于所属领域的普通技术人员而言，"存储装置"的通常含义是指用于保存信息数据的装

---

[1]《专利审查指南》（2010年）第二部分第二章第3.2.2节，权利要求的用词应当理解为相关技术领域通常具有的含义，特定情况下，如果说明书指明了某词具有特定的含义，并且所使用该词的权利要求的保护范围由于说明书对该词的说明而限定得足够清楚，这种情况是允许的。

置，是包含磁芯存储器、半导体存储器等的上位概念。专利申请人将原始申请文件中的"半导体存储装置"修改为"存储装置"，是在提交分案申请时主动进行的修改，虽然专利申请人在实质审查阶段答复通知书的意见陈述中对"存储装置"作出了明确的限定，但该限定不能代替说明书的限定，本案申请人没有在说明书中专门界定"存储装置"不同于通常的含义。因此，"存储装置"应按照通常的意义理解。

（2）把直接、确定导出的内容用"显而易见"限定。"非显而易见性"是判断发明创造性的标准，将"显而易见"适用于《专利法》第33条，容易产生歧义和误解。直接、确定导出的内容应当是隐含公开的内容，本领域的普通技术人员凭其知识水平、认知能力，能够直接确定地获得，与创造性判定没有任何关联。"显而易见"词语在该处的使用，是司法人员把修改范围与等同特征或等同原则保护范围相混淆，但两者的立法精神是不相同的。

（3）修改不超过范围，没有用《专利法》第26条第4款检测。根据《专利审理指南》[1]的规定，"存储装置"是"半导体存储器"的上位概念，修改扩大了权利要求的保护范围。所谓修改不超范围，就是指修改得到了说明书的支持，或者说得到了原说明书和原权利要求书的支持。即所属技术领域的技术人员用常规手段可以用其他存储装置替换半导体存储装置，不仅能解决相同的技术问题，实现本发明的目的，还能够获得相同的技术效果，仅有如此，修改才能既得到说明书的支持，又同时满足《专利法》第33条的规定。

（二）"后换挡器支架"案例分析

本案[2]涉及名称为"后换挡器支架"的发明专利，第一处修改是将权利要求1中第一连接结构和第二连接结构的"圆的螺栓孔"修改为"圆形孔"，第二处修改是增加了权利要求2，其区别技术特征为"定位结构8c是通过压制形成"，以及其他修改。复审委认为，对机械领域的技术人员而言，圆形孔包括圆形螺栓孔、圆形销孔等在内的多种具有圆形形状的加工孔，不能

---

[1]《专利审查指南》（2010年）第二部分第二章第3.2.1节，对于用上位概念概括的权利要求，应当审查这种概括是否得到说明书的支持。如果说明书给出的信息不充分，所属技术领域的技术人员用常规的实验或者分析方法不足以把说明书记载的内容扩展到权利要求所述的保护范围时，审查员应当要求申请人作出解释，说明所属技术领域的技术人员在说明书给出信息的基础上，能够容易地将发明或者实用新型扩展到权利要求的保护范围。

[2] 参见[2013]行提字第21号。

因为附图显示的孔为圆形的就认定"圆形孔"和"圆形螺栓孔"或"螺栓孔"是相同的含义；模压和压制为不同含义的技术术语，对本领域的技术人员来说，原说明书中的"模压"和本专利权利要求 2 以及说明书中"压制"表达的是不同的信息，修改不符合《专利法》第 33 条的规定，宣告专利权全部无效。一审法院认为，将"圆的螺栓孔""圆形螺栓孔"或"螺栓孔"概括修改为"圆形孔"，删除了原申请文件中始终作为发明的必要技术特征加以描述的"用于螺栓穿过"的技术特征，上述修改内容不能从原申请记载的信息中直接地、毫无疑义地确定；对所属领域的技术人员而言，压制属于模压的上位概念，两者含义不同。一审判决维持无效宣告决定。二审判决驳回上诉，维持原判。

再审法院认为，在原申请文本中，8a 和 8b 实质上由两个技术特征共同限定：一是圆形孔；二是供螺栓穿过，对本领域的普通技术人员而言，"圆形孔"与"圆的螺栓孔"具有不同的技术含义。原说明书中记载"螺栓孔 8a 和 8b 可以用其他任何形式的结构代替"，"其他任何形式的结构"范围宽泛且不确定，不能据此认定其记载了圆形孔，更不能证明"圆形孔"与"圆的螺栓孔"具有相同的技术含义。模压是指在压力加工过程中，使用模具或者模具类似物进行加工；而压制是指用压的方法进行制造，其并不必然涉及模具的使用，还包括锻压、冲压等技术手段。对本领域的普通技术人员而言，压制属于模压的上位概念，含义不同。再审撤销二审和一审判决，撤销无效宣告决定，要求专利复审委会重新作出复审决定。

1. 该案件肯定的方面

与"墨盒"案基本相同，要求判定修改是否超范围，应当综合考虑所属技术领域的技术特点及其普通技术人员的知识水平和认知能力、技术方案的内在联系等因素，以正确确定"原记载范围"。

2. 该案值得商榷的方面

一审法院认为，既然是"必要技术特征"，就不应当修改，该观点有待商榷。所谓"必要技术特征"[1]具有相对性，解决的技术问题不同，"必要技

---

[1] 《专利审查指南》（2010 年）第二部分第二章第 3.1.2 节，必要技术特征是指，发明或者实用新型为解决其技术问题所不可缺少的技术特征，其总和足以构成发明或者实用新型的技术方案，使之区别于背景技术中所述的其他技术方案。

术特征"也就不同；撰写水平不同，权利要求中的必要技术特征也会有差别；是否是必要技术特征，与修改是否超范围没有必然的联系。

同样最高人民法院也认为，在适用《专利法》第33条时应当区分"发明点"和"非发明点"，并建议设置"回复程序"解决该问题。关于"发明点"和"非发明点"，以及"非必要技术特征"或"任意的附加性特征"的区别对待，不具有正当性。上述概念不是法律概念，界定不规范，即便是"必要技术特征"，也仅仅是一个理想化的法律概念。这个概念具有相对性，解决的技术问题不同，必要技术特征就有所区别。专利保护范围是以技术方案为基础的，各个技术特征都影响着权利要求保护的范围，因此对各个技术特征的修改不应当区分是否属于某特定技术问题的必要技术特征，而应当从修改内容对技术问题的解决以及技术效果的影响等方面进行综合判断。

最高人民法院建议设置"回复程序"，允许专利申请人和专利权人放弃不符合法律的修改内容，将专利申请和授权文本再修改回到申请日提交的原始文本的状态。就授权文本而言，如果因为法院判决和行政机关决定不同，就允许改回去，将会出现以下问题：一是改回去之后是否需要重新进行审查，有没有可能出现其他不符合授权的情形？二是允许改回去是在什么程序中执行？三是允许改回去对公众的信赖权如何保障？该建议显然不具有合理性和可操作性。

六、《专利法》第33条的立法宗旨

尽管我国《专利法》《专利法实施细则》和《专利审查指南》就专利申请文件的修改进行了规定，但由于缺少明确的指导思想，导致对相关条款的表述和解释出现反复，不当地限制了专利申请人的正当权益。

1. 赋予修改权利的正当性

发明创造属于技术的范畴，用文字或图形把复杂的技术表现出来，不是一件简单的事情，如果要形成具有法律意义的文书，更加需要一定的经验和技巧。一是要满足公众对技术信息的理解和利用，如权利要求"清楚、简要"、说明书"清楚、完整、能够实现"；二是申请人为自己寻求一个合理的、适当的权利保护范围，如权利要求保护范围与说明书公开范围一致；三是满足专利授权的条件，符合"新颖性、创造性"等要求。可以这么说，专利申请文件的撰写，没有最好，只有更好。因此，允许申请人在申请日后对申请文件进行修改，就具有了正当性。

2. 限制修改权利的必要性

尽管赋予申请人修改申请文书的权利具有一定的正当性，但如不加以限制，会导致整个专利法律制度运行的混乱。

（1）遵循先申请原则。我国专利授权采用先申请原则，而先申请的判断基础又是以申请日为准，因此，申请日提交的申请文件就具有了法律意义。申请人不能在申请日后，将原文件中没有的技术内容补入原申请文件，否则将侵害竞争对手、其他第三人的利益，破坏法的安定性。

（2）遵循程序节约原则。申请文件的完善是无止境的。《专利法实施细则》第51条第3款规定，申请人收到审查意见通知书后对专利申请文件进行修改的，应当针对通知书指出的缺陷进行修改。该条款也间接说明，对于主动修改，申请人具有较大的自主权，可以在遵循修改原则及其他原则的基础上，重新要求合适的专利保护范围。程序节约原则，不仅仅是为了实现行政效率，更是为了促进专利申请早日公开和授权，促进科学技术进步和社会发展，符合专利制度的立法目的。因此，对于主动修改，不能以牺牲程序节约原则为代价，作为一种权衡，对主动修改的时间和次数进行限制也就具有了一定的必要性。

因此，《专利法》第33条的立法宗旨应当是：申请人可以对专利申请文件进行修改，但不得获取不当利益，以维护先申请原则、法的安定性以及程序节约原则。

3. 立法完善

基于前文分析，借鉴国外的立法经验，建议进行以下修改：

（1）《专利法》第33条"记载"恢复为"公开"。就汉字的理解而言，"公开"表述更能体现专利申请文件修改的立法宗旨，"记载"更多地局限于具有逻辑关系的文字对应关系的修改，而该种修改，通过补正就可以解决。

（2）《专利法实施细则》第51条通过增加第1款并对原第2款进行修改。具体如下：①申请人有一次主动修改专利申请文件的机会。②发明专利申请人可以自申请日起2个月内主动提交修改文件，申请人主动提出实质审查请求或申请专利优先审查的，提交主动修改文件的日期不晚于该日期。

上述修改，既保障了申请人主动修改的权益，同时又避免了审查文本的不确定性耽误文献公开以及影响审查效率。

（3）《专利审查指南》对《专利法》第 33 条的解释。可以参考《专利审查指南》关于"对比文件公开的技术内容"的解读，[1]具体如下：

原说明书和权利要求书公开的范围包括原说明书和权利要求书文字记载的内容和所属技术领域的技术人员根据原说明书和权利要求书隐含的且可直接地、毫无疑义地确定的内容。

此处，"直接地、毫无疑义地确定的内容"不是文字对应关系，其适用应当遵循《专利法》第 33 条的立法宗旨。专利审查指南中的示例，应当吸收经典案例，并区分主动修改和根据审查意见通知书进行的修改两类情形。

第四节 专利等同原则适用规则
—— [2015] 民三终字第 1 号

一、法律要点

等同原则是对字面侵权的补充，有力维护了专利权人的利益，但与专利公示制度相冲突，适用应当严格和谨慎，并且通过禁止反悔原则和现有技术抗辩进行限制。等同原则判定标准包括实质性相同的判定标准和联想容易性判断标准，实质性相同是指权利要求记载的技术特征与被控侵权物之间的"非实质性"差异，我国采用"手段-功能-效果"三一致标准，对与专利技术不具有相同技术发明思想的方案，应当排除等同范围。联想容易性判断标准，是指"本领域的普通技术人员无需创造性劳动就能够联想到"的特征。等同特征的判定属于事实问题，但法官应当基于案情作出独立的判断，规范适用等同原则。

二、案情介绍

涉案专利为英国伊莱利利工业公司（又称礼来公司）1991 年 4 月 24 日申请的名称为"制备一种噻吩并苯二氮杂化合物的方法"的第 91103346.7 号中

---

[1] 参见《专利审查指南》（2010 年）第二部分第三章第 2.3 节，对比文件。

国发明专利申请，授权公告日为 1995 年 2 月 19 日。1998 年 3 月 17 日，涉案专利的专利权人变更为英国伊莱利利有限公司；2002 年 2 月 28 日专利权人变更为伊莱利利公司。

涉案专利授权公告的权利要求 1 为一种制备 2-甲基-10-（4-甲基-1-哌嗪基）-4H-噻吩并 [2, 3, -b] [1, 5] 苯并二氮杂，或其酸加成盐的方法，所述方法包括：(a) 使 N-甲基哌嗪与下式化合物反应，式中 Q 是一个可以脱落的基团，或 (b) 使下式的化合物进行闭环反应。

2001 年 7 月，中国医学科学院药物研究所（简称医科院药物所）和常州华生制药有限公司（简称华生公司）向国家药品监督管理局（简称国家药监局）申请奥氮平及其片剂的新药证书。2003 年 5 月 9 日，医科院药物所和华生公司获得国家药监局颁发的奥氮平原料药和奥氮平片《新药证书》，华生公司获得奥氮平和奥氮平片《药品注册批件》。新药申请资料中《原料药生产工艺的研究资料及文献资料》记载了制备工艺，即加入 4-氨基-2-甲基-10-苄基-噻吩并苯并二氮杂、盐酸盐、甲基哌嗪及二甲基甲酰胺搅拌，得粗品，收率 94.5%；加入 2-甲基-10-苄基-（4-甲基-1-哌嗪基）-4H-噻吩并苯并二氮杂、冰醋酸、盐酸搅拌，然后用氢氧化钠中和后得粗品，收率 73.2%；再经过两次精制，总收率为 39.1%。从反应式分析，该过程就是以式四化合物与甲基哌嗪反应生成式五化合物，再对式五化合物脱苄基，得式一化合物。2003 年 8 月，华生公司向青岛市第七人民医院推销其生产的"华生-奥氮平"5mg-新型抗精神病药，其产品宣传资料记载，奥氮平片的主要成分为奥氮平，其化学名称为 2-甲基-10-（4-甲基-1-哌嗪基）-4H-噻吩并苯并二氮杂。

2003 年 9 月 29 日，伊莱利利公司向江苏省南京市中级人民法院（以下简称南京中院）起诉华生公司侵害本案涉案专利权，该院于 2008 年 4 月 7 日作出 [2004] 宁民三初字第 029 号民事判决，驳回伊莱利利公司的诉讼请求。伊莱利利公司不服，提起上诉。江苏高院于 2011 年 12 月 19 日作出 [2008] 苏民三终字第 0241 号终审判决，撤销一审判决，判令华生公司停止使用涉案专利权利要求 1 中的方法 (a) 生产奥氮平，并赔偿伊莱利利公司经济损失人民币 50 万元。

前案二审中，根据查明案件事实的需要及伊莱利利公司的申请，江苏高院委托上海市科技咨询服务中心就华生公司向国家药监局申报备案资料中记载的奥氮平的制备工艺进行技术鉴定。鉴定内容为两项：①通过实验，重复华生公司备案资料中记载的生产奥氮平的中试工艺，以确定该生产工艺是否真实可行。②如果该生产工艺真实可行，则该生产工艺与伊莱利利公司涉案专利的相应技术特征是否相同或者属于以基本相同的手段、实现基本相同的功能、达到基本相同的结果，本领域的技术人员不通过创造性劳动就能联想到的特征。

2011年8月25日，上海市科技咨询服务中心出具［2010］鉴字第19号《技术鉴定报告书》。该鉴定报告称，按华生公司备案的"原料药生产工艺的研究资料及文献资料"中记载的工艺进行实验操作，可以实现化合物Ⅰ（中间体）（2-［2-硝基苯胺基］-5-甲基噻吩-3-腈）的制备，收率相比该备案资料中记载的工艺略有降低；继续按步骤实验，能够得到化合物Ⅱ（中间体）（2-［2-硝基苯-（N-苄基）胺］-5-甲基噻吩-3-腈），但收率相比备案资料中记载的工艺降低16%~18%；继续按步骤制备化合物Ⅲ，实验现象和结果与备案资料的记载有显著差异；继续制备化合物Ⅳ（中间体）和最终产物Ⅴ时，其实验现象和结果均与备案资料中记载的工艺不符，不能获得原料药奥氮平。鉴定结论为：华生公司备案资料中记载的生产原料药奥氮平的关键反应步骤缺乏真实性，该备案的生产工艺不可行。

经质证，伊莱利利公司认可该鉴定报告，华生公司对该鉴定报告亦不持异议，但是其坚持认为采取两步法是可以生产出奥氮平的，只是因为有些内容涉及商业秘密没有写入备案资料中，故专家依据备案资料生产不出来。

2013年7月25日，礼来公司向江苏高院诉称，礼来公司拥有涉案91103346.7号方法的发明专利权，涉案专利方法制备的药物奥氮平为新产品。华生公司使用落入涉案专利权保护范围的制备方法生产药物奥氮平并面向市场销售，侵害了礼来公司的涉案方法发明专利权。为此，礼来公司提起本案诉讼，请求法院判令：（1）华生公司赔偿礼来公司经济损失人民币151 060 000元、礼来公司为制止侵权所支付的调查取证费和其他合理开支人民币28 800元；（2）华生公司在其网站及《医药经济报》刊登声明，消除因其侵权行为给礼来公司造成的不良影响；（3）华生公司承担礼来公司因本案发生的律师费人民币1 500 000元；（4）华生公司承担本案的全部诉讼费用。

华生公司认为其未侵害涉案专利权，理由是：2003年至今，华生公司一直使用2008年补充报批的奥氮平备案生产工艺，该备案文件已于2010年9月8日获国家药监局批准，具备可行性。在礼来公司未提供任何证据证明华生公司的生产工艺的情况下，应以华生公司2008年奥氮平备案工艺作为认定侵权与否的比对工艺。

上述 2010 年《药品补充申请批件》所附的《奥氮平药品补充申请注册资料》中 5.1 原料药生产工艺的研究资料及文献资料章节中 5.1.1 的说明内容为:"根据我公司奥氮平原料药的实际生产情况,在不改变原来申报生产工艺路线的基础上,对奥氮平的制备工艺过程做了部分调整变更,对工艺进行优化,使奥氮平各中间体的质量得到进一步的提高和保证,其制备过程中的相关杂质得到有效控制……由于工艺路线没有变更,并且最后一步的结晶溶剂亦没有变更,故化合物的结构及晶型不会改变。"

江苏高院于 2014 年 10 月 14 日作出[2013]苏民初字第 0002 号民事判决:(1)常州华生制药有限公司赔偿礼来公司经济损失及为制止侵权支出的合理费用人民币计 350 万元;(2)驳回礼来公司的其他诉讼请求。案件受理费人民币 809 744 元,由礼来公司负担 1 619 50 元,常州华生制药有限公司负担 647 794 元。礼来公司、常州华生制药有限公司均不服,提起上诉。

礼来公司二审中提交了以下申请:

财产保全申请:请求本院查封、扣押或者冻结华生公司价值人民币 152 588 800 元的财产;

证据保全申请:请求本院保全华生公司 2003 年至 2011 年度的财务账册、业务合同、税务及统计报表、对外宣传资料、本案被诉侵权期间生产的奥氮平产品;

调查取证申请:请求本院向江苏省发展和改革委员会或者国家发展和改革委员会调取截至 2012 年度华生公司提交的奥氮平定价、调价的全部申请文件;向各省药品集中采购平台的管理部门卫生行政部门调取本案被诉侵权期间华生公司奥氮平的全部采购数量和价格数据;

追加前案证据申请:请求本院追加前案华生公司 2003 年备案工艺资料(5.1 原料药生产工艺的研究资料及文献资料)作为本案证据;

司法鉴定申请:请求本院对华生公司 2008 年备案工艺相比涉案专利是否具有减少副反应产物的技术效果进行司法鉴定;

专家辅助人出庭申请:请求本院准许礼来公司研究实验室研究人员 LiuBin 出庭就相关问题发表意见。

二审法院经审查认为,本案中,尚无证据表明存在华生公司转移、隐匿财产的行为或者其他使判决难以执行的情形,亦无证据表明礼来公司申请保全的证据存在灭失或者今后难以取得的情形，对于礼来公司的财产保全和证据保全申请，本院未予准许；礼来公司在起诉状中明确其主张的 151 060 000 元人民币损害赔偿额是以华生公司在前案提交的《奥氮平停产给华生造成的损失评估》中自认的潜在销售收入为依据计算得出的，本案尚无向有关部门调取华生公司奥氮平采购数量和价格数据资料的必要，对于礼来公司的调查取证申请，本院未予准许；礼来公司申请追加的华生公司 2003 年备案工艺资料，前案判决明确记载了相关内容，礼来公司和华生公司在前案中对该记载均无异议，在本案中亦未主张该记载有误，故在本案审理过程中涉及华生公司 2003 年备案工艺的内容，以前案判决的相关记载为准，本院对礼来公司的追加前案证据申请予以准许；等同特征的构成涉及技术手段、功能和效果等多种因素的比较，对于礼来公司单独比较技术效果的司法鉴定申请，本院未予准许；为准确查明本案所涉技术事实，根据《中华人民共和国民事诉讼法》第 79 条、《最高人民法院关于适用〈中华人民共和国民事诉讼法〉的解释》（以下简称《民事诉讼法司法解释》）第 122 条之规定，本院对礼来公司的专家辅助人出庭申请予以准许，其专家辅助人经本院通知于 2015 年 4 月 22 日到庭参加了诉讼，代表礼来公司接受法庭和各方当事人询问，并就本案所涉技术问题发表了意见。

华生公司二审中向本院提交了以下申请：

调查勘验申请：请求本院对华生公司奥氮平生产现场、设备、工艺技术、生产记录、备案文件等进行调查和勘验；

证人出庭申请：请求本院准许［2014］司鉴定第 02 号《技术鉴定报告》的鉴定专家组成员徐某、李某出庭作证。

二审经审查认为，本案被诉侵权期间为 2003 年 9 月 29 日至 2011 年 4 月 24 日，华生公司现在的生产现场不能直接对应被诉侵权期间其奥氮平生产现场的情况，对于华生公司的勘验申请，本院未予准许；华生公司在本案一审中提交了批生产记录、生产规程、补充申请注册资料等证据证明其实际使用的奥氮平生产工艺，礼来公司对此存在质疑，为准确确定被诉侵权技术方案，本院对华生公司的备案文件调查申请予以准许；为准确查明本案所涉技术事实，根据《民事诉讼法司法解释》第 117 条之规定，本院对华生公司的证人出庭申请予以准许，其证人经本院通知于 2015 年 4 月 10 日到庭参加了诉讼，就［2014］司鉴定第 02 号《技术鉴定报告》相关问题接受了法庭和各方当事人的询问。另外，因礼来公司对上述《技术鉴定报告》的形成过程存在质疑，出具该报告的江苏省科技咨询中心工作人员周某作为证人当庭就相关问题接受了礼来公司的询问。

礼来公司二审提交了以下证据：

证据1：2007年10月23日前案一审庭审笔录复印件。

证据2：2009年4月13日华生公司向前案二审法院提交的民事答辩状复印件。

证据3：2009年4月17日前案二审庭审笔录复印件。

证据4：2009年5月31日礼来公司向前案二审法院提交的《2009年4月17日庭后代理意见》复印件。

证据1~4拟证明华生公司始终承认其使用的是同一技术生产奥氮平，华生公司在本案中的不侵权抗辩与前案相同，前案法院已经审理。

证据5：华生公司已被宣告全部无效的第03136388.1号专利说明书复印件。

证据6：国家知识产权局专利复审委员会针对华生公司第03136388.1号专利作出的第11065号无效宣告请求审查决定打印件。

证据7：国家知识产权局专利复审委员会针对涉案专利作出的第16258号无效宣告请求审查决定打印件。

证据5~7拟证明华生公司所称的其生产工艺与涉案专利的不同点为相关技术领域的公知常识，其不侵权主张不成立。

华生公司对礼来公司提交的上述证据的质证意见为：对上述证据的关联性均不予认可。

华生公司在二审中提交了以下证据：

证据1：江苏省科技咨询中心2015年3月5日出具的［2014］司鉴字第02号《技术鉴定报告》，拟证明华生公司2008年向国家药监局备案的奥氮平生产工艺是可行的，且不落入涉案专利权的保护范围。

证据2：上海市高级人民法院［2006］沪高民三（知）终字第11号民事判决书打印件，拟证明华生公司奥氮平生产工艺与涉案专利方法不相同也不等同。

证据3：最高人民法院［2009］民提字第84号民事判决书复印件，拟证明华生公司奥氮平生产工艺是可行的。

证据4：北京市高级人民法院［2011］高民终字第1711号民事判决书打印件，拟证明本案赔偿数额不应当以华生公司生产的奥氮平产品销量为基础计算。

证据5：国家食品药品监督管理局药品审评中心《申请药品生产现场检查通知书》复印件。

证据6：江苏省食品药品监督管理局药品注册处《药品生产现场检查通知书》复印件。

证据7：江苏省食品药品监督管理局药品注册处《委托对常州华生制药有限公司进行生产现场检查和产品抽样的函》复印件。

证据8：华生公司《药品注册生产现场检查申请表》复印件。

证据9：《药品注册生产现场检查报告》复印件。

证据5~9拟证明华生公司实际使用的奥氮平生产方法与其向国家食品药品监督管理局药品评审中心申报的方法一致，且不落入涉案专利权的保护范围。

礼来公司对华生公司提交的上述证据的质证意见为：对证据1的真实性和关联性均不予认可，认为该鉴定报告系华生公司单方委托鉴定，鉴定过程违反相关程序性要求，鉴定时间过长，不应采信；对证据2的真实性认可，关联性不予认可；对证据3的关联性不予认可；对证据4的真实性认可，但认为不能证明其拟证明事项；对证据5~9的关联性不予认可。

二审法院经审理，对双方当事人提交的上述证据作出如下认证：

礼来公司提交的证据1~4为前案相关诉讼材料，可以核对查实，华生公司未对其真实性和合法性提出质疑，前案与本案系针对同一专利的侵权行为分别提起的诉讼，本院对证据1~4的真实性、合法性和关联性均予确认。证据5~7为华生公司无效专利和涉案专利相关的说明书及无效宣告审查决定，可以核对查实，华生公司未对其真实性和合法性提出质疑，本院对证据5~7的真实性和合法性予以确认。华生公司认为其实际生产工艺与证据5、6所涉专利不同，亦无证据表明华生公司的实际生产工艺即为证据5、6所涉专利方法，本院对证据5、6的关联性不予认可。证据7可以用于解释涉案专利的权利要求，本院对证据7的关联性予以确认。对于礼来公司提交的证据1~4、证据7的证明力，本院将在判理部分一并论述。

华生公司提交的证据1为上海市方达（北京）律师事务所委托江苏省科

技咨询中心就华生公司 2008 年向国家药监局备案的奥氮平生产工艺的可行性、与涉案专利的技术比对所作的技术鉴定报告，其鉴定专家组的两名成员及鉴定机构工作人员出庭就鉴定报告的相关问题接受了询问，本院对证据 1 的真实性、合法性和关联性予以确认。证据 2~4 为人民法院作出的专利侵权判决书，可以核对查实，但是其具体内容均不涉及本案被诉侵权的技术方案，本院对证据 2~4 的真实性、合法性予以确认，关联性不予认可。证据 5~9 为华生公司 2008 年奥氮平备案工艺的相关文件，经核对，与本院依华生公司申请向药监部门调取的相关证据内容一致，本院对证据 5~9 的真实性、合法性、关联性予以确认。对于华生公司提交的证据 1、证据 5~9 的证明力，本院将在判理部分一并论述。

根据华生公司的申请，二审法院自国家食品药品监督管理总局（即国家药监局）、江苏省食品药品监督管理局（即江苏省药品监督管理局，以下简称江苏药监局）调取了以下证据：

调取证据 1：医科院药物所（京 99）药申临字第 082 号新药临床研究申请表。

调取证据 2：北京市卫生局针对医科院药物所奥氮平临床阶段所作的新药研制现场考核报告表，盖章日为 1999 年 11 月 9 日。

调取证据 3：医科院药物所和华生公司联合提交的［2001］京申产字第 019 号新药证书、生产申请表。

调取证据 4：江苏药监局针对华生公司奥氮平生产、证书阶段所作的新药研制现场考核报告表，盖章日为 2001 年 10 月 22 日。

调取证据 5：持有者为医科院药物所和华生公司的国药证字 H20030376 新药证书，颁发日为 2003 年 5 月 9 日。

调取证据 6：江苏药监局针对华生公司奥氮平所作的药品注册生产现场检查报告，受理号为 CXHB0800159，检查日期为 2009 年 8 月 25 日。

2015 年 10 月 23 日，本院组织双方当事人对上述证据进行了质证。礼来公司认可上述证据的真实性、合法性，对关联性不予认可；华生公司对上述证据的真实性、合法性、关联性均予以认可。

根据《最高人民法院关于知识产权法院技术调查官参与诉讼活动若干问题的暂行规定》第 2、10 条之规定，首次指派技术调查官出庭，就相关技术问题与各方当事人分别询问了专家辅助人、证人及鉴定人。

最高人民法院二审另查明：

1999年10月28日，华生公司与医科院药物所签订《技术合同书》，约定医科院药物所将其研制开发的抗精神分裂药奥氮平及其制剂转让给华生公司，医科院药物所负责完成临床前报批资料并在北京申报临床；验收标准和方法按照新药审批标准，采用领取临床批件和新药证书的方式验收；在其他条款中双方对新药证书和生产的报批作出了约定。

医科院药物所1999年10月填报的（京99）药申临字第82号《新药临床研究申请表》中，"制备工艺"栏绘制的反应路线如下（省略）。

1999年11月9日，北京市卫生局针对医科院药物所的新药临床研究申请作出《新药研制现场考核报告表》，"现场考核结论"栏记载："该所具备研制此原料的条件，原始记录、实验资料基本完整，内容真实"。

2001年6月，医科院药物所和华生公司共同向国家药监局提交《新药证书、生产申请表》（[2001]京申产字第019号）。针对该申请，江苏省药监局2001年10月22日作出《新药研制现场考核报告表》，"现场考核结论"栏记载："经现场考核，样品制备及检验原始记录基本完整，检验仪器条件基本具备，研制单位暂无原料药生产车间，现申请本品的新药证书。"

根据华生公司的申请，江苏药监局2009年5月21日发函委托江苏省常州市食品药品监督管理局药品安全监管处对华生公司奥氮平生产现场进行检查和产品抽样，江苏药监局针对该检查和抽样出具了《药品注册生产现场检查报告》（受理号CXHB0800159），其中"检查结果"栏记载："按照药品注册现场检查的有关要求，2009年7月7日对该品种的生产现场进行了第一次检查，该公司的机构和人员、生产和检验设施能满足该品种的生产要求，原辅材料等可溯源，主要原料均按规定量投料，生产过程按申报的工艺进行。2009年8月25日，按药品注册现场核查的有关要求，检查了70309001、70309002、70309003三批产品的批生产记录、检验记录、原料领用使用、库存情况记录等，已按抽样要求进行了抽样"。"综合评定结论"栏记载："根据综合评定，现场检查结论为：通过"。

在国家药监局2010年9月8日颁发给华生公司的《药品补充申请批件》所附的《奥氮平药品补充申请注册资料》中，5.1"原料药生产工艺的研究资料及文献资料"之5.1.2"工艺路线"中绘制的反应路线如下（省略）。

2015年3月5日，江苏省科技咨询中心受上海市方达（北京）律师事务所委托出具［2014］司鉴字第02号《技术鉴定报告》，其"鉴定结论"部分记载："（1）华生公司2008年向国家药监局备案的奥氮平制备工艺是可行的。（2）对比华生公司2008年向国家药监局备案的奥氮平制备工艺与礼来公司第91103346.7号方法专利，两者起始原料均为仲胺化物，但制备工艺路径不同，具体表现在：①反应中产生的关键中间体不同；②反应步骤不同：华生公司的是四步法，礼来公司是二步法；③反应条件不同：取代反应中，华生公司采用二甲基甲酰胺为溶媒，礼来公司采用二甲基亚砜和甲苯的混合溶剂为溶媒。"

在二审庭审中，礼来公司明确其在本案中要求保护涉案专利权利要求1中的方法（a）。

二审法院认为，本案的争议焦点在于：（1）本案是否为重复诉讼；（2）本案是否已过诉讼时效；（3）华生公司奥氮平制备工艺是否落入涉案专利权的保护范围；（4）损害赔偿额和诉讼费用承担如何确定。

最高人民法院认为，《关于审理侵犯专利权纠纷案件应用法律若干问题的解释》第7条规定："人民法院判定被诉侵权技术方案是否落入专利权的保护范围，应当审查权利人主张的权利要求所记载的全部技术特征。被诉侵权技术方案包含与权利要求记载的全部技术特征相同或者等同的技术特征的，人民法院应当认定其落入专利权的保护范围；被诉侵权技术方案的技术特征与权利要求记载的全部技术特征相比，缺少权利要求记载的一个以上的技术特征，或者有一个以上技术特征不相同也不等同的，人民法院应当认定其没有落入专利权的保护范围。"本案中，华生公司被诉生产销售的药品与涉案专利方法制备的产品相同，均为奥氮平，判定华生公司奥氮平制备工艺是否落入涉案专利权的保护范围，涉及以下三个问题：

（一）关于涉案专利权的保护范围

《专利法》第56条第1款规定："发明或者实用新型专利权的保护范围以其权利要求的内容为准，说明书及附图可以用于解释权利要求。"本案中，礼来公司要求保护涉案专利权利要求1中的方法（a），该权利要求采取开放式的撰写方式，其中仅限定了参加取代反应的三环还原物及N-甲基哌嗪以及发生取代的基团，其保护范围涵盖了所有采用所述三环还原物与N-甲基哌嗪在Q基团处发生取代反应而生成奥氮平的制备方法，无论采用何种反应起始物、溶剂、反应条件，均在其保护范围之内。基于此，判定华生公司奥氮平制备工艺是否落入涉案专利权的保护范围,关键在于对两个技术方案反应路线的比对,而具体的反应起始物、溶剂、反应条件等均不纳入侵权比对的范围,否则会不当限缩涉案专利权的保护范围,损害礼来公司的合法权益。

(二)关于华生公司实际使用的奥氮平制备工艺

《专利法》第57条第2款规定:"专利侵权纠纷涉及新产品制造方法的发明专利的,制造同样产品的单位或者个人应当提供其产品制造方法不同于专利方法的证明。"在本案中,双方当事人对奥氮平为《专利法》中所称的新产品不持异议,华生公司应就其奥氮平制备工艺不同于涉案专利方法承担举证责任。具体而言,华生公司应当提供证据证明其实际使用的奥氮平制备工艺反应路线未落入涉案专利权的保护范围,否则,将因其举证不能而承担推定礼来公司侵权指控成立的法律后果。

本案中,华生公司主张其自2003年至今一直使用2008年向国家药监局补充备案的工艺生产奥氮平,并提交了其2003年和2008年奥氮平批生产记录(一审补充证据6)、2003年、2007年和2013年生产规程(一审补充证据7)、《药品补充申请批件》(一审补充证据12)等证据证明其实际使用的奥氮平制备工艺。如前所述,本案的侵权判定关键在于两个技术方案反应路线的比对,华生公司2008年补充备案工艺的反应路线可见于其向国家药监局提交的《奥氮平药品补充申请注册资料》,其中5.1"原料药生产工艺的研究资料及文献资料"之5.1.2"工艺路线"图显示该反应路线为:先将"仲胺化物"中的仲氨基用苄基保护起来,制得"苄基化物"(苄基化),再进行闭环反应,生成"苄基取代的噻吩并苯并二氮杂"三环化合物(还原化物)。"还原化物"中的氨基被N-甲基哌嗪取代,生成"缩合物",然后脱去苄基,制得奥氮平。本院认为,现有在案证据能够形成完整的证据链,证明华生公司自2003年至涉案专利权到期日期间一直使用其2008年补充备案工艺的反应路线生产奥氮平,主要理由如下:

首先,华生公司2008年向国家药监局提出了奥氮平药品补充申请注册,在其提交的《奥氮平药品补充申请注册资料》中,明确记载了其奥氮平制备工艺的反应路线。针对该补充申请,江苏省药监部门于2009年7月7日和8月25日对华生公司进行了生产现场检查和产品抽样,并出具了《药品注册生产现场检查报告》(受理号CXHB0800159),该报告显示华生公司的"生产过程按申报的工艺进行",三批样品"已按抽样要求进行了抽样",现场检查结论为"通过"。也就是说，华生公司2008年补充备案工艺经过药监部门的现场检查，具备可行性。基于此，2010年9月8日，国家药监局向华生公司颁发了《药品补充申请批件》，同意华生公司奥氮平"变更生产工艺并修订质量标准"。对于华生公司2008年补充备案工艺的可行性，礼来公司专家辅助人在二审庭审中予以认可，江苏省科技咨询中心出具的[2014]司鉴字第02号《技术鉴定报告》在其鉴定结论部分也认为"华生公司2008年向国家药监局备案的奥氮平制备工艺是可行的"。因此，在无其他相反证据的情形下，应当推定华生公司2008年补充备案工艺即为其取得《药品补充申请批件》后实际使用的奥氮平制备工艺。

其次，一般而言，适用于大规模工业化生产的药品制备工艺步骤繁琐、操作复杂，其形成不可能是一蹴而就的。从研发阶段到实际生产阶段，其长期的技术积累过程通常是在保持基本反应路线稳定的情况下，针对实际生产中发现的缺陷不断优化调整反应条件和操作细节。华生公司的奥氮平制备工艺受让于医科院药物所，双方于1999年10月28日签订了《技术转让合同》。按照合同约定，医科院药物所负责完成临床前报批资料并在北京申报临床。在医科院药物所1999年10月填报的（京99）药申临字第82号《新药临床研究申请表》中，"制备工艺"栏绘制的反应路线显示，其采用了与华生公司2008年补充备案工艺相同的反应路线。针对该新药临床研究申请，北京市卫生局1999年11月9日作出了《新药研制现场考核报告表》，确认"原始记录、实验资料基本完整，内容真实"。在此基础上，医科院药物所和华生公司按照《技术转让合同》的约定，共同向国家药监局提交了新药证书、生产申请表（[2001]京申产字第019号）。针对该申请，江苏省药监局2001年10月22日作出了《新药研制现场考核报告表》，确认"样品制备及检验原始记录基本完整"。通过包括前述考核在内的一系列审查后，2003年5月9日，医科院药物所和华生公司获得国家药监局颁发的奥氮平原料药和奥氮平片《新药证书》。由此可见，华生公司自1999年即拥有了与其2008年补充备案工艺反应路线相同的奥氮平制备工艺，并以此申报新药注册，取得新药证书。因此，华生公司在2008年补充备案工艺之前使用反应路线完全不同的其他制备工艺生产奥氮平的可能性不大。

最后，国家药监局2010年9月8日向华生公司颁发的《药品补充申请批件》"审批结论"栏记载："变更后的生产工艺在不改变原合成路线的基础上，仅对其制备工艺中所用溶剂和试剂进行调整"，即国家药监局确认华生公司 2008 年补充备案工艺与其之前的制备工艺反应路线相同。华生公司在一审中提交了其 2003 年、2007 年和 2013 年的生产规程，2003 年、2008 年的奥氮平批生产记录，华生公司主张上述证据涉及其商业秘密，一审法院组织双方当事人进行了不公开质证，确认其真实性和关联性。本院经审查，华生公司 2003 年、2008 年的奥氮平批生产记录是分别依据 2003 年、2007 年的生产规程进行实际生产所做的记录，上述生产规程和批生产记录均表明华生公司奥氮平制备工艺的基本反应路线与其 2008 年补充备案工艺的反应路线相同，只是在保持该基本反应路线不变的基础上对反应条件、溶剂等生产细节进行了调整，不断优化，这样的技术积累过程是符合实际生产规律的。

综上，二审法院认为，华生公司 2008 年补充备案工艺真实可行，2003 年至涉案专利权到期日期间华生公司一直使用 2008 年补充备案工艺的反应路线生产奥氮平。

（三）关于礼来公司的侵权指控是否成立

对比华生公司奥氮平制备工艺的反应路线和涉案的方法专利，二者的区别在于反应步骤不同，关键中间体不同。具体而言，华生公司的奥氮平制备工艺使用的三环还原物的胺基是被苄基保护的，由此在取代反应之前必然存在苄基化反应步骤以生成苄基化的三环还原物，相应的在取代反应后也必然存在脱苄基反应步骤以获得奥氮平。而涉案专利的反应路线中并未对三环还原物中的胺基进行苄基保护，从而不存在相应的苄基化反应步骤和脱除苄基的反应步骤。

《最高人民法院关于审理专利纠纷案件适用法律问题的若干规定》第 17 条第 2 款规定："等同特征，是指与所记载的技术特征以基本相同的手段，实现基本相同的功能，达到基本相同的效果，并且本领域普通技术人员在被诉侵权行为发生时无需经过创造性劳动就能够联想到的特征。"本案中，就华生公司奥氮平制备工艺的反应路线和涉案方法专利的区别而言，首先，苄基保护的三环还原物中间体与未加苄基保护的三环还原物中间体为不同的化合物，两者在化学反应特性上存在差异，即在未加苄基保护的三环还原物中间体上，可脱落的 Q 基团和胺基均可与 N-甲基哌嗪发生反应，而苄基保护的三环还原物中间体由于其中的胺基被苄基保护，无法与 N-甲基哌嗪发生不期望的取代反应，取代反应只能发生在 Q 基团处；相应地，涉案专利的方法中不存在取代反应前后的加苄基和脱苄基反应步骤。因此,两个技术方案在反应中间物和反应步骤上的差异较大。其次,由于增加了加苄基和脱苄基步骤,华生公司的奥氮平制备工艺在终产物收率方面会有所减损,而涉案专利由于不存在加苄基保护步骤和脱苄基步骤,收率不会因此而下降。故两个技术方案的技术效果如收率高低等方面存在较大差异。最后,尽管对所述三环还原物中的胺基进行苄基保护以减少副反应是化学合成领域的公知常识,但是这种改变是实质性的,加苄基保护的三环还原物中间体的反应特性发生了改变,增加反应步骤也使收率下降。而且加苄基保护为公知常识仅说明华生公司的奥氮平制备工艺相对于涉案专利方法改进有限,但并不意味着两者所采用的技术手段是基本相同的。

综上,华生公司的奥氮平制备工艺在三环还原物中间体是否为苄基化中间体以及由此增加的苄基化反应步骤和脱苄基步骤方面,与涉案专利方法是不同的,相应的技术特征也不属于基本相同的技术手段,达到的技术效果存在较大差异,未构成等同特征。因此,华生公司奥氮平制备工艺未落入涉案专利权的保护范围。

综上所述,华生公司奥氮平制备工艺未落入礼来公司所有的涉案专利权的保护范围,一审判决认定事实和适用法律存在错误,依法予以纠正。

最高人民法院 2016 年 5 月 31 日作出 [2015] 民三终字第 1 号民事判决:(1) 撤销江苏省高级人民法院 [2013] 苏民初字第 0002 号民事判决;(2) 驳回礼来公司的诉讼请求。一、二审案件受理费各人民币 809 744 元,由礼来公司负担 323 897 元,常州华生制药有限公司负担 1 295 591 元。

三、法律条文

《专利法》(2009 年)

第五十九条 发明或者实用新型专利权的保护范围以其权利要求的内容为准,说明书及附图可以用于解释权利要求的内容。

《最高人民法院关于审理专利纠纷案件适用法律问题的若干规定》(2001 年)

第十七条 专利法第五十九条第一款所称的"发明或者实用新型专利权的保护范围以其权利要求的内容为准,说明书及附图可以用于解释权利要求的内容",是指专利权的保护范围应当以权利要求记载的全部技术特征所确定的范围为准，也包括与该技术特征相等同的特征所确定的范围。

等同特征，是指与所记载的技术特征以基本相同的手段，实现基本相同的功能，达到基本相同的效果，并且本领域普通技术人员在被诉侵权行为发生时无需经过创造性劳动就能够联想到的特征。

《最高人民法院关于审理侵犯专利权纠纷案件应用法律若干问题的解释》（2009年）

第五条　对于仅在说明书或者附图中描述而在权利要求中未记载的技术方案，权利人在侵犯专利权纠纷案件中将其纳入专利权保护范围的，人民法院不予支持。

第六条　专利申请人、专利权人在专利授权或者无效宣告程序中，通过对权利要求、说明书的修改或者意见陈述而放弃的技术方案，权利人在侵犯专利权纠纷案件中又将其纳入专利权保护范围的，人民法院不予支持。

第七条　人民法院判定被诉侵权技术方案是否落入专利权的保护范围，应当审查权利人主张的权利要求所记载的全部技术特征。

被诉侵权技术方案包含与权利要求记载的全部技术特征相同或者等同的技术特征的，人民法院应当认定其落入专利权的保护范围；被诉侵权技术方案的技术特征与权利要求记载的全部技术特征相比，缺少权利要求记载的一个以上的技术特征，或者有一个以上技术特征不相同也不等同的，人民法院应当认定其没有落入专利权的保护范围。

第十四条　被诉落入专利权保护范围的全部技术特征，与一项现有技术方案中的相应技术特征相同或者无实质性差异的，人民法院应当认定被诉侵权人实施的技术属于专利法第六十二条规定的现有技术。

四、法理分析

（一）等同理论

等同理论，又称等同侵权或依据等同理论的侵权，是相对于字面侵权而言。字面侵权是就权利要求书的文字而言的，是指被控侵权的产品或方法与某一专利的权利要求书相对比，被控侵权的产品或方法具备了权利要求书的每一个技术要素，或者说权利要求书中的每一个技术要素都可以在被控侵权产品中找到。所谓等同侵权，是指被控侵权产品中的一个或几个技术要素虽然与权利要求书的技术要素不一样，但是二者的区别是非实质性的。字面侵权和等同侵权都属于直接侵权。等同理论的适用具有一定的合理性，一方面是维护专利制度促进技术发展的宗旨，避免他人以不重要的和非实质性的变化规避专利权，另一方面是受制于文字语言描述技术的局限性，防止侵权人利用这种局限性规避专利权。当然，等同理论的适用，使得专利权的保护范围扩大到权利要求的字面含义以外，具有很大的不确定性，有悖于法定的权利要求书的双重功能：界定发明和通告公众。

等同理论的适用，无论是适用于整体的发明，还是适用于具体的技术要素，都与权利要求的保护范围相关。一般来说权利要求的保护范围有以下三种理论：第一种是中心限定原则。按照这种解释方式，专利所包含的是某一发明或技术创意，权利要求书所描述的仅仅是该发明的一个体现或一个事例。只要被控侵权的产品或方法具有同样的技术创意，法庭就应该扩大权利要求的范围。第二种是周边限定原则。按照这种解释方式，专利申请人通过对具体技术要素的描述，已经划定了受保护发明的周边范围。而法庭的作用就是将具体技术要素中模糊不清的地方解释清楚。应用这种解释方式有利于公众清楚了解权利要求的范围，权利要求具有界定发明和公示作用。第三种是主题内容限定原则。应用这种原则最典型的是《欧洲专利公约》第69条的规定："由欧洲专利或欧洲专利申请所赋予的保护程度，应由权利要求的措辞来确定。但是，说明书和附图可用于解释权利要求。"事实上，第三种解释方式是前两种解释方式的折中产物，我国《专利法》采取的也是这一原则。美国在历史上曾经采用过中心限定原则，但从19世纪末到20世纪初逐步过渡到了周边限定原则，"逐一技术要素"适用原则，就是权利要求保护范围的周边限定原则。美国最高法院明确指出：对于界定专利发明的范围来说，权利要求中的每一个技术要素都是重要的。因而，必须将等同理论适用于权利要求中的每一个技术要素，而不是适用于整个发明。

美国等同理论的适用和判例。美国的等同理论及具体判断标准是在司法实践的过程中逐步确立的。美国"华纳"案审理历程。自1950年"格拉夫"案后，美国最高法院在将近50年的时间里，没有受理过等同理论的案件，在此期间，联邦地方法院和巡回法院在一系列的判决中，就如何适用等同理论产生了分歧，判决也不尽相同，有时候甚至相反。美国最高法院于1997年对"华纳"一案作出判决，澄清了相关问题。原告希尔顿化学公司与被告华纳公司都是生产颜料的企业，他们的产品包括用于食品、药品及化妆品的颜料，该颜料的生产需要使用昂贵而浪费很大的"盐析"工艺,以纯化颜料。希尔顿公司完成了一系列薄膜过滤发明,并申请了专利。其中一项专利的权利要求为:一项用于纯化颜料的方法……其改进部分包括:在水溶条件下……通过使用孔径在 5 至 15 埃米的薄膜进行外在过滤,从而使杂质从所述的颜料中分离出来,其外在过滤的流体静力压强大约为 200 英镑/平方英寸至 400 英镑/平方英寸之间,PH 值大约为 6.0 至 9.0 之间。希尔顿公司在专利申请的权利要求书中没有提到具体的 PH 值范围,但在专利审查的过程中,专利审查员发现,另有一项专利披露了 PH 值为 9 以上的外在过滤方法。因此,发明人在权利要求书中加入了"PH 值大约为 6.0 至 9.0 之间"的内容。把 PH 值的上限定位为 9.0 是为了区别于现有技术,对此原告和被告均无争议,但权利要求中多了一个 PH 值的下限,成为原告与被告争论的焦点,也构成了本案判决的一个关键因素。初审法院判定,希尔顿公司的专利有效,华纳公司的等同侵权成立。据此,初审法院下达永久禁令,禁止华纳公司在低于流体静力压强 500 英磅/平方英寸和 PH 值在 9.0 以下的范围内使用外在过滤法。被告不服,向联邦巡回上诉法院提起上诉。联邦巡回上诉法院采取了十二名庭审法官全体出席的方式,听审了"华纳"一案。多数意见肯定了地方法院的判决,并就等同理论、禁止反悔等问题作出了论断,多数意见还认为,等同理论应当由陪审团适用。持反对意见的尼斯法官认为,应当将等同理论适用于权利要求中的每一个技术要素,而不是适用于整体的被控侵权的产品或方法。只要没有超出具体技术要素的等同物,就不会扩大权利要求的范围。最高法院在"华纳"一案的判决中,赞同尼斯法官的"逐一技术要素"的适用原则,即解释权利要求的周边限定原则。联邦巡回上诉法院多数意见所阐释的等同理论,是从整体上判定被控侵权的技术与专利发明是否存在实质性不同。最终,最高法院推翻了巡回法院的判决,将案件发回重审。[1]

"方式-功能-效果"三一致与"实质性相同"。在美国的专利侵权诉讼中,法院适用等同理论时普遍使用"方式-功能-效果"三一致的判定标准。关于这个检测标准,最高法院在 1878 年的"墨菲"一案中有如下表述:从专利法的角度来看,某一物的实质性等同物,就是与该物本身相同的东西。如果两件发明物以实质上相同的方式发挥着相同的功能,达到实质上相同的效

---

[1] Warner Jenkinson Co. Inc. V. Hilton Davis Chemical Co, 117 S. Ct. 1040 (1997).

果,他们就是相同的,而不论其在名称上、形式上和形状上有什么不同。在"逐一技术要素"的前提下,"三一致"方法可以用来检测权利要求中某一技术要素与被控侵权发明中的某一技术要素是否存在"方式-功能-效果"上的三一致性。但是,如果抛开了"逐一技术要素"的前提,结果必然是对权利要求覆盖的发明和被控侵权的产品或方法进行"整体"上的比较。在"华纳"案中,联邦巡回上诉法院就是由此分析原告的专利方法和被告的方法,得出了等同侵权的结论,但最后被最高法院推翻。[1]

(二) 逆向等同原则

是指虽然被诉的技术方案直接落入了权利人权利要求的字面范围,但是,实际上这一技术方案与专利权利要求的技术方案的发明技术思想有着本质的不同,侵权指控就不能成立的规则。随着技术的发展和更新,会发生权利要求的字面意思所覆盖的范围中的某些部分已经完全偏离了原有发明的技术方案的原则和思想的现象,在这种情况下,法律再支持专利权人对表面相同但是实质不同的发明的技术方案拥有垄断的权利,必将严重损害创造者的创新积极性,妨碍社会的技术进步。因此,对这种情况应当适用逆向等同原则的来进行纠正,以防止专利权人过分垄断技术方案而妨碍技术进步,损害社会公共利益。美国法院有早期案例,在判定侵权不成立时适用相反等同原则。通常认为逆向等同原则起源于1898年的Boyden Power Brake Co. v. Westinghouse一案。从表面上来看,Westinghouse专利的保护范围覆盖了Boyden的装置,然而Boyden装置的具体组合关系已经与专利有着本质的不同,从而使它跳出了专利的保护范围。在1950年的Grave案中,Boyden案中关于逆向等同原则的观点得到了美国联邦最高法院的引用。在其他地区,逆向等同原则也得到确认和适用。例如,我国台湾地区的"经济部智慧财产局"在其编写的《专利侵害鉴定要点》(2004年)的"逆均等论"部分中指出可以适用逆向等同,判定未落入专利权的字面范围,防止任意扩大专利的保护范围。另外,日本也设有逆向等同原则。可见,在东亚的大陆法系的国家或者地区也采纳了逆向等同原则来作为等同原则的一种制约,从而对那些字面等同但实质不同的技术方案能作出合适的裁判。

等同原则扩大了专利权的保护范围,是为了防止他人通过对技术特征的

---

[1] Machine Co. V. Murphy, 97 U. S. 120 (1878).

简单改变而规避专利侵权。但是，等同原则同时又对专利法的可预测性造成了消极的影响。且由于等同原则理论复杂，法律规定比较抽象，适用标准不统一，给公众评估侵权风险，把握专利权的保护范围带来了较大的难度。1995年 Herbert Markman v. Westview Instrumenis Inc. 案之后，美国专利诉讼的重点发生了转移，专利权利要求的解释原则逐渐取代了等同原则，等同原则的重要性迅速消减。

德国等同原则的适用和判例。德国等同原则采用目的解释论，借助"路边缘石型材"案确立了等同原则，包括积极要件和消极要件。在等同原则的适用上，德国判例确立了两个重要条件：一是权利要求的等同解释必须顾及权利要求的公示性，二是其扩张解释的等同范围应具有专利性。相应地，依据前者建立了积极的等同原则适用标准，依据后者建立了消极的等同原则适用标准。积极判定标准包括三个构成要件：①同一效果性。是指被控侵权物中所采用的替代手段（即技术特征或技术要素）虽然与权利要求中记载的相应手段不同，但对于解决专利发明的相同技术问题而言具有相同或实质相同的技术效果。同一效果性着眼于技术问题与技术效果的同一性。对同一效果性的判断不可避免地涉及被控侵权物中替代手段与专利技术中相应技术手段的功能对比问题。②联想容易性。是指本领域的普通技术人员在专利申请日（或优先权日），根据专利说明书披露的内容，并借助自己的专业知识、技能和经验以及专利申请日（或优先权日）可入手的现有技术就能够联想到被控侵权物中的替代手段，并且也能认识到被控侵权物中的等同替代手段具有同一的效果，即被控侵权物具有同一的技术效果。这一要件的判断，只要其基于普通的技术知识就能联想到等同的替代手段即可。③基于发明技术思想的实质含义的等同解决手段。基于发明技术思想的实质含义的等同解决手段，是指具有"同一效果性"和"联想容易性"的替代手段应当是本领域普通技术人员基于对权利要求所保护的技术思想的实质含义的思考而容易被认为是与该实质含义相对应的等价解决方式。如果被控侵权的技术方案与受保护的技术方案虽然解决了相同的技术问题，也具有基本相同的技术效果，但是放弃了受保护的技术方案所追求的具有决定意义的优点的，则二者并不等值。等值判断是适用等同原则的第三步，它实际上涉及被控侵权物中所采用的替代手段能否在客观上被视为专利技术思想的等效手段的问题。在德国专利法中，只有完成了同一效果性、联想容易性和基于发明技术思想的实质含义的等同解决手段这"三步曲",适用等同侵权原则的积极要件才是完整的。[1]

"路边缘石型材"案。原告是一项德国专利的专利权人,该专利的文件公布于1982年9月19日。涉案专利提供了一种确保雨水能够安全排走的成型镶边石,它能排除人行街道表面上的积水。这一发明的优点在于,人行街道表面的大部分的雨水能够通过横向水道安全排出。被告(某小镇)修建了一条街道,采用的是普通的人行街道边石,但被原告指控侵权。德国联邦地区法院支持了原告的诉讼请求,判决被告侵权。联邦上诉法院推翻了一审判决并驳回了原告的诉讼请求。原告上诉至德国联邦最高法院。联邦最高法院撤销了联邦上诉法院的判决,发回重审。联邦最高法院认为,判断是否构成等同不应当局限在"制作方法是否相同"上,而应当包括"相同效果"和"等价手段"。不应当因侵权人没有使用与专利技术相同的制作方法就判定不存在侵权,因为专利法并未以"发明的制作方法"相同作为专利侵权认定的标准。相同效果、等同手段都是认定专利侵权时应当考虑的。认定是否构成专利侵权的关键是,该领域的普通技术人员在理解权利要求内容含义的基础上是否能够得知被控客体中采用的替代手段对解决该发明的任务来说是具有相同的效果的。如果能,则构成侵权;如果不能,则不构成侵权。也就是,将"等同效果"纳入到"等同"的范畴里面。

美国和日本专利法的等同侵权原则中都有禁止反悔的规则,德国法上也确立了禁止反悔的规则作为等同侵权的消极要件。

(三)禁止反悔原则

禁止反悔原则是对等同理论的限制,是指在专利审查的过程中,专利申请人为满足专利获得要件而放弃的内容,不能在侵权诉讼中以适用等同理论的方式重新纳入受保护的范围。在两者的关系上,最高法院确立了一项新的规则,即在有关禁止反悔的适用中,专利权人有举证的义务,说明权利要求修改的原因,以及不适用禁止反悔的理由。在此基础上,由法院考虑禁止反悔是否适用,等同理论是否适用。最高法院指出,缩小权利要求的范围,仅表明哪些东西不在权利要求的范围之内,但并不表明已经准确地描述了权利要求的范围。与此相对应,缩小权利要求范围,并不意味着专利权人放弃了所有的不可预见的等同物。至于那些因为无关紧要的原因而作出的修改,更

---

[1] 杨志敏:"德国法院对专利等同原则的适用及其启示",载《法商研究》2011年第4期。

不能因为修改而放弃了发明的等同物。所以，即使专利权人修改权利要求，缩小了权利要求的范围，仍然可以适用等同理论，而不能将权利要求的范围限定在字面含义之内。最高法院回顾了"华纳"一案，指出专利权人不仅有义务说明修改的目的与专利权的获得要件无关，因而不适用禁止反悔原则，专利权人还有义务说明相关的修改没有放弃争议的特定等同物。在作出修订的时候，本领域中的技术人员不可能期望，权利要求的撰写会将争议的等同物，以字面的方式包括在其中。

（四）现有技术抗辩

在德国专利法中，现有技术抗辩的具体含义是指在专利等同原则的适用中，法院允许被告提出被控等同侵权物相当于专利申请日（或优先权日）时的现有技术不具有专利性的抗辩性主张。也就是说，如果被诉的等同侵权物仅仅属于专利申请日之前公知技术的直接实施，或者属于相对于申请日之前的公知技术但又在不具备创造性的范围内的实施，那它就并未落入专利的等同保护范围之内。在德国，现有技术的范围包括已知现有技术的范围，加上从现有技术延伸出来的不具备创造性的范围，利用专利权的效力不能够及于现有技术范围的被诉的侵权物的原则来评价对权利要求的等同解释，为防止将保护范围不适当地扩大，德国的做法是，直接将相对于现有技术而言不具备专利条件的被诉的等同侵权物排除到想要扩张的专利等同保护范围之外。

（五）我国专利法中等同侵权的立法规定和司法实践

我国现行专利法及其实施细则中，并没有明确规定等同原则。《专利法》第56条规定："发明或者实用新型专利权的保护范围以其权利要求的内容为准，说明书及附图可以用于解释权利要求。"该条可以视为等同原则的基本法律依据。2001年最高人民法院发布了《关于审理专利纠纷案件适用法律问题的若干规定》，第一次正式提出专利侵权判定中等同原则的理解与适用问题，后来2009年《关于审理侵犯专利权纠纷案件应用法律若干问题的解释》第7条又作出了补充。上述司法解释的出台对于我国专利侵权中等同原则的适用具有重要的意义。2017年7月20日，国家知识产权局发布了《关于严格专利保护的若干意见》（以下简称《若干意见》），《若干意见》在第二部分"充分履行政府监管职责，加大打击专利侵权假冒力度"第八项"切实提升侵权判定水平"中，明确规定"严格执行发明和实用新型专利侵权判定的全面覆盖原则，积极适用等同侵权判定原则，合理适用现有技术和现有设计抗辩原则",在行政文件中明确把"等同侵权判定原则"提升到了一定的高度。由于我国的等同侵权判定原则缺乏规范化、体系化,造成司法、行政案件处理中等同侵权判定的任意性,权利要求保护范围不确定,损害了社会公众利益。等同原则在我国从确立到普遍应用的这一过程,类似于该原则在美国从1853年第一起案例适用后近150年的"繁荣"阶段。

笔者2017年9月7日访问无讼网,输入关键词"专利侵权"和"等同",选取最高人民法院审判的66个案例分析,当事人主张等同特征的97个,法院认定构成等同的有21个,概率不到22%;选取中级人民法院审理的31个案例,当事人主张等同特征的共计57个,法院认定构成等同的21个,概率达到37%。

(1)尽管被控侵权物与专利技术效果有一定的差异,但被控侵权的技术手段是本领域实现相同功能的常规技术手段,且技术效果的差异不影响发明目的,两者构成等同。福建侨龙专用汽车有限公司与亚太泵阀有限公司因侵害实用新型专利权纠纷再审案[2017]最高法民申4138号,最高人民法院认为,判断是否构成等同特征,应当对手段、功能、效果以及是否需要创造性劳动联想进行全面审查,既不能忽略其中任一要件,也要注意各要件之间的相互影响和关联,不能仅对某一要件孤立地进行审查。具体来说,手段是等同判断的考察起点和基础;而功能和效果作为技术特征的外部表现,是评价手段是否实现技术方案目的以及成效如何的标准和依据。同时,还要从本领域普通技术人员的角度出发,检验技术特征的替换是否属于其无需经过创造性劳动就能联想到的,如是否属于本领域的惯用技术手段等。本案中,将被诉侵权技术方案与涉案专利权利要求1确定的技术方案进行比对,区别在于前者以"液压油缸"替换了后者的"钢丝绳、绞盘"。从涉案专利说明书的记载来看,"绞盘安装在伸缩管支架靠近铰链的底部,并通过钢丝绳与伸缩管支架上滑动架连接……由于绞盘的作用,可使滑动架沿伸缩管支架运动"。可见,"钢丝绳、绞盘"这一传动手段的设置是为了实现滑动架沿伸缩管支架方向滑动的功能。根据一、二审法院现场勘验的结果,被诉侵权技术方案中的"液压油缸"采取了液压传动的方式,但也是为了实现滑动架沿伸缩管支架方向滑动而设置的技术手段。此外,根据福建侨龙公司提供的由北京理工大学出版社公开出版发行的《专业汽车结构与设计》一书的记载,"升降运动……驱动方式也可以采用液压传动或钢丝绳滑轮传动",可见,"钢丝绳、绞盘"

"液压油缸"均属于本领域实现上述作业的常规技术手段。在本案的手段、功能无实质差异的情况下，一、二审法院仅以"液压油缸"相对于"钢丝绳、绞盘"在某些具体效果上存在差别为由认定二者不构成等同，有所不当，且其中所叙述的某些效果与实现专利发明的目的没有直接关联。

（2）实用新型检索报告（现改为评价报告）属于事实，法院在认定涉案专利的新颖性和创造性时应当考虑，并作出自己的判断。本案根据全面覆盖原则，也不构成侵权。付某光与耿某杰、时某胜专利侵权纠纷案［2014］吉民三知终字第74号，付某光在起诉时出具了由国务院专利行政部门对涉案实用新型专利作出的检索报告。该检索报告分析意见认为付某光涉案实用新型专利的全部权利要求所保护的技术方案不具备实质性特点，不具有《专利法》第22条第3款规定的创造性。一审法院在综合分析涉案权利要求书、检索报告、对比文件、现有技术等文件的基础上认为，因为国务院专利行政部门对涉案实用新型专利作出的检索报告将（CN86206736U）实用新型专利申请说明书所体现的技术方案确定为与付某光涉案实用新型专利最接近的现有技术并不恰当，所以检索报告得出的付某光涉案实用新型专利请求保护的技术方案不具有创造性的结论不能成立，法院不应依据检索报告认定涉案实用新型专利请求保护的技术方案不具有创造性。一审法院认为，涉嫌侵权产品缺少权利要求记载的五个技术特征，法院应认定其没有落入付某光专利权的保护范围。关于被告主张等同侵权，因为涉嫌侵权产品所采用的技术方案的技术特征与权利要求记载的全部技术特征相比，缺少权利要求记载的一个以上的技术特征，该种情形不符合适用等同特征原则的前提条件。二审法院认为，因为国家知识产权局出具的《实用新型专利检索报告》，结论为"权利要求1保护的技术方案不具备实质性特点，不具有《专利法》第22条第3款规定的创造性"，所以其权利不受法律保护，因此维持原判。

（3）方法专利中，步骤变换，不改变发明目的，技术效果也没有实质性差别，构成等同侵权。陈某弟与浙江乐雪儿家居用品有限公司、何某华及第三人温某丹侵害发明专利权纠纷案［2013］民提字第225号，陈某弟系发明专利"布塑热水袋的加工方法"的专利权人，陈某弟以浙江乐雪儿家居用品有限公司（简称乐雪儿公司）生产、销售，何某华销售和许诺销售的布塑热水袋侵犯了其发明专利权为由，向法院提起诉讼。乐雪儿公司主张被诉侵权方法第6、7、8、10步分别与涉案专利权利要求1的第7、6、11、10步的内容相同，但顺序不同，因而未落入涉案专利权的保护范围。一审法院认为，对于上述四个步骤，按照被诉侵权方法的顺序与按照涉案专利权利要求的顺序进行加工，其技术特征及技术效果并无实质区别，且被诉侵权方法所具备的技术特征完全覆盖了涉案专利权利要求的全部必要技术特征，构成等同侵权。二审法院认为，被诉侵权方法的第6、7步和第8、10步虽然分别与涉案专利权利要求1第6、7步和第10、11步的步骤顺序不同，但其技术特征和技术效果无实质区别，构成等同侵权，维持一审判决。再审法院认为，方法专利的步骤顺序是否对专利权的保护范围起到限定作用，从而导致在步骤互换中限制等同原则的适用，关键要看这些步骤是否必须以特定的顺序实施以及这种互换是否会带来技术功能或者技术效果上的实质性差异。具体到本案中，涉案专利权利要求1的第6步是对热水袋口部与螺纹塞座复合层进行热粘合的步骤；第7步是对热水袋袋体进行修边的步骤。再审法院认为，这两个步骤的实施不具有先后顺序的唯一对应性，先修边还是先进行热粘合对于整个技术方案的实现没有实质性影响，且这两个步骤的互换在技术功能和技术效果上也没有产生实质性的差异，故被诉侵权方法调换后的步骤与涉案专利权利要求1的第6、7步属于相等同的技术特征。涉案专利权利要求1的第10步是将密封垫片和螺纹塞盖互相装配后旋入螺纹塞座中；第11步是充气试压检验。被诉侵权方法采用的是先充气试压检验，后将密封垫片和螺纹塞盖互相装配后旋入螺纹塞座的步骤。按照涉案专利权利要求1的第10、11步的步骤进行操作，在进行充气试压检验前，必须要从螺纹塞座中旋下螺纹塞盖后方能进行，与被诉侵权方法所采取的试压检验后再装配螺纹塞盖的步骤相比，这种操作步骤实质上是增加了充气试压检验的操作环节，导致操作时间延长，效率降低。故将第10、11步的步骤调换后，确实产生了如乐雪儿公司主张的减少操作环节、节约时间、提高效率的技术效果，因此这种步骤互换所产生的技术效果上的差异是实质性的，调换后的步骤与涉案专利权利要求1的第10、11步不构成等同技术特征。关于"空心棉软垫"与"保温层"是否构成等同的问题。保温层属于功能性限定的技术特征。最高人民法院《关于审理侵犯专利权纠纷案件应用法律若干问题的解释》第4条规定："对于权利要求中以功能或者效果表述的技术特征，人民法院应当结合说明书和附图描述的该功能或者效果的具体实施方式及其等同的实施方式，确定该技术特征的内容。"据涉案专利说明书中关于保温层的描述及附图中公开的内容来看，该保温层由人造保温棉等各种有关材料制作，位于内层和外层之间，将内层、外层完全覆盖并隔离开，可以达到如下技术效果：提高保温性能，慢慢散热降温，延长使用时间；克服灌入热水开始过烫的问题。再审法院认为，保温的主要原理是物理隔离减弱热对流和热传导。涉案专利设置保温层的目的就是通过控制内外层之间空气的热对流，阻断内外层之间因物理接触而产生的热传导来实现保温和防烫的效果。被诉侵权产品所设置的半块空心棉软垫在材质上与涉案专利保温层相同，在结构上也设置于内层和外层之间，在大小上虽然没有完全覆盖内层和外层，但其设置方式实质上起到了减弱热对流和热传导的作用，也能够实现保温和防烫的技术效果。虽然半块空心棉的保温和防烫效果与整块空心棉的效果会稍有差异，但本领域的技术人员基于对保温原理的认识，能够判断二者的差异是非实质性的，因此"空心棉软垫"与"保温层"构成等同。

（4）等同判断一般作为事实问题，可以由鉴定机构进行技术鉴定，但鉴定意见是否采信由法官根据案情进行判定。无效程序中对权利要求和技术方案的放弃，不代表对某个技术特征的放弃，不能适用禁止反悔原则。中誉电子（上海）有限公司与上海九鹰电子科技有限公司侵犯实用新型专利权纠纷案［2011］民提字第306号，田某、江某彦是名称为"一种舵机"、专利号为ZL200720069025的实用新型专利权人，田某、江某彦与中誉公司签订了《专利实施许可合同》，授予中誉公司涉案专利在中国境内的独占实施许可权，该许可合同在国家知识产权局备案。九鹰公司于2009年4月20日就涉案专利向专利复审委员会提出无效宣告请求，专利复审委员会于2009年7月22日作出第13717号无效宣告请求审查决定，宣告涉案专利的权利要求1~2，4~6无效，在权利要求3的基础上维持涉案专利权有效。2009年9月8日，田某、江某彦委托上海市知识产权司法鉴定中心就九鹰公司制造、销售的电子遥控飞机中的航模舵机与涉案专利的技术特征是否相同或者等同进行鉴定。鉴定结论为，九鹰公司制造、销售的电子遥控飞机中的航模舵机与涉案专利的技术特征等同。根据九鹰公司的申请，一审法院于2009年11月11日委托科学技术部知识产权事务中心就九鹰公司生产、销售的航模舵机的技术特征与涉案专利的权利要求3的技术特征是否相同或等同，以及九鹰公司生产、销售的航模舵机的技术特征是否属于现有技术进行鉴定。知产事务中心出具的《司法鉴定意见书》认为，被诉侵权产品的技术特征a、d、e分别与现有技术方案的技术特征 A′、D′、E′ 相同，被诉侵权产品的技术特征 b、c、f 分别与现有技术方案的技术特征 B′、C′、F′ 无实质性差异，被诉侵权产品的技术特征 g 与公知常识无实质性差异。一审法院认为，尽管被诉侵权产品的技术特征与涉案专利的技术特征对比，相同或等同，但被诉侵权产品的技术方案是一项现有技术与公知常识的简单组合，九鹰公司的现有技术抗辩成立，被诉侵权产品不构成对涉案专利权的侵权。上海市高级人民法院二审认为，权利要求 3 中的技术特征 C（在所述舵机驱动电路板上，印制有一条形的碳膜和银膜，且所述滑块底面上的电刷与该碳膜和银膜相接触）属于为维持专利权有效，限制性修改权利要求而增加的技术特征，适用禁止反悔原则，且现有技术抗辩成立，维持一审法院的判决。中誉公司不服二审判决，申请再审。再审法院认为，禁止反悔原则具有一定的适用条件，在一般情况下，只有权利要求、说明书修改或者意见陈述两种形式，才有可能产生对技术方案的放弃，进而导致禁止反悔原则的适用。在本案的无效程序中，维持权利要求 3 有效，删除其他权利要求，不存在删除或增加技术特征的请求，权利要求 3 的保护范围没有发生变化。中誉公司在专利授权和无效宣告程序中没有修改权利要求和说明书，在意见陈述中也没有放弃除"银膜"外将其他导电材料作为导流条的技术方案。因此，不应当基于权利要求 1~2 被宣告无效，而认为权利要求 3 的附加技术特征"银膜"不能再适用等同原则。关于现有技术抗辩，镀金铜条没有被对比技术公开，也不是本领域的普通技术人员基于公知常识能够从现有技术中直接或者毫无疑义得出的技术特征。因此，被诉侵权技术方案与现有技术方案具有实质性的不同，原二审判决依据知产事务中心的鉴定意见认定九鹰公司的现有技术抗辩成立，存在错误。

（5）等同原则确定等同的时间点应为申请日或优先权日，对于申请文件明确限定的技术特征，不能在判断等同时任意扩张。随着专利文件撰写水平的提高，等同原则的适用应当更加严格和谨慎，维护权利要求公示效力。孙某义与任丘市博成水暖器材有限公司、张某辉等侵害实用新型专利权纠纷 [2015] 民申字第 740 号，再审法院认为，等同原则的适用需考虑专利申请与专利侵权时技术的发展水平，防止对专利技术方案中某些技术特征以专利申请日后新出现的技术进行简单替换而规避侵权的情况，合理界定专利权的保护范围。孙某义在申请涉案专利时将其要求保护的技术方案限定为进水套的上表面呈锥面，不是平面，而锥面或平面均是涉案专利申请时，该领域的普通技术人员普遍知晓的技术方案，因此，专利权人将权利要求中该技术特征限定为锥面是将平面排除在涉案专利权的保护范围之外。鉴此，在侵权判定时，不能将技术特征"锥面"扩张到"平面"予以保护，否则将有损社会公众对专利权保护范围确定性和可预见性的信赖，从而损害社会公众的利益，动摇专利制度的基石。再审法院认为。一方面，随着专利制度的进一步普及和发展，专利权人的专利文件撰写水平不断提高，专利行政部门对专利申请文件的撰写要求更为严格，等同原则对于撰写水平较低的专利申请文件的保护作用在逐级减弱；另一方面，人民法院对等同原则的认识更为深刻，对等同原则的适用也更为严格和谨慎。故最高人民法院［2009］民申字第157号民事裁定对等同侵权的认定并不影响对本案侵权是否成立的判定。

总结我国专利等同原则的规定以及相关司法案例，借鉴国外成熟的立法和经验，适用等同侵权认定时应注意以下几个方面：第一，等同原则适用的轨迹与专利制度发展的历程具有天然的吻合性。用文字描述技术方案具有天然的不足，为了防止他人通过简单的技术替换规避专利字面侵权，充分保护专利权利人的利益，等同理论或等同原则应运而生。但是，等同原则在保护专利权人利益的同时，破坏了专利权保护公示制度，侵害了公众利益。所以，需要通过禁止反悔原则、现有抗辩、捐献原则等对等同原则的适用进行限制，防止把本身不具有专利性的技术方案，以及专利权人放弃的技术方案，纳入专利权利要求的保护范围。值得注意的是，随着专利制度的普及以及专利申请文书撰写水平的提高，等同原则的适用在专利侵权判定中要更加谨慎，对于改进型专利权，尤其应当慎用。这一思路在［2015］民申字第740号案中已经得到了体现，"锥面"或"平面"均是涉案专利申请时，该领域的技术人员普遍知晓的技术方案，申请人在申请文书中明确限定为"锥面"，是申请人技术选择的结果。当然，对于文字描述技术的天然缺陷，适用等同原则不会彻底解决，这个问题可以通过对权利要求的解释来解决，因此，可以期待权利要求的解释在今后的专利侵权认定中，将发挥越来越大的作用。第二，等同原则的适用标准。相比较而言，我国等同原则的适用标准比较抽象、复杂，有些法院适用时，就是仅仅把司法解释的内容重复一遍，并没有基于技术方案发明构思本身，对技术特征的等同进行符合逻辑的分析。具体而言，等同原则的判定标准包括实质性相同的判定标准和联想容易性判断标准。①实质性相同的判定标准。实质性相同是指权利要求记载的技术特征与被控侵权物之间的"非实质性"差异。德国采用"技术要素比较"基础上的"同一效果性"和"基于发明技术思想的实质含义的等同解决手段"（该内容与逆等同原则的作用殊途同归）相结合的标准。我国采用"手段-功能-效果"三一致标准，具体指替换技术特征上的"基本相同的手段"+"基本相同的功能"+"基本相同的技术效果"，其中"基本相同的功能+基本相同的效果"与德国的"同一效果性"要件是一致的，但是"基本相同的手段"不同于德国"基于发明技术思想的实质含义的等同解决手段"。德国在认定"基于发明技术思想的实质含义的等同解决手段"时，虽然其对比的对象也是基于技术特征的对比，但在进行具体判断时是从权利要求整体记载的技术方案出发并参考说明书进行认定的，以确保替换的技术特征不改变专利发明的技术思想。该内容与逆等同原则的作用殊途同归，对与专利技术不具有相同技术发明思想的方案，应当排除等同范围。如果仅做单一的技术特征比对，有可能出现用"手段-功能-效果"标准判断的等同技术方案，与专利技术的技术思路不同的结果，这在化工、合金等领域的表现尤为突出。因此，我国在坚持"手段-功能-效果"三一致判断标准的同时，有必要采用德国的"基于发明技术思想的实质含义"进行适当的校正。本节案例中［2015］民三终字第1号案，被控侵权技术不仅技术效果与涉案专利实质上不同，被控侵权技术采取加苄基保护步骤和脱苄基步骤的技术思路与涉案专利也不同，因此不构成等同。②联想容易性判断标准。德国强调本领域的普遍技术人员，依据自己的知识或简单的试验后就知道可置换和可实施。我国的置换要求是"本领域的普通技术人员无需创造性劳动就能够联想到"的特征，即把"置换的联想性"判断标准置于无创造性的范围内。这一要求比较高，无创造性是相对于创造性而言的，后者是专利授权的实质要件之一，由专业的审查员把握和执行该标准，不利于普通公众对专利保护范围的预期判断。既削弱了权利要求的警示功能，又破坏了专利权人与公众之间的利益平衡。第三，等同原则的判定主体。在美国，确认权利要求的解释属于法律问题，这是法官的职权。是否构成等同的认定属于事实问题，由陪审团负责。由于专利侵权涉及一些非常专门的技术领域中的问题，许多当事人并不要求陪审团参加审判，在这种情况下，法官不仅要确定权利要求的含义和范围，而且要判定是否有字面侵权和等同侵权的行为。这叫作"无陪审团的审判"。事实上，对于等同侵权由陪审团还是法官适用，美国的专利学术界和司法界都有相当激烈的争论。在我国的司法案例中，有法院对等同侵权和现有技术抗辩的判定问题，委托鉴定机构鉴定，并且直接适用鉴定意见，如上文［2011］民提字第306号案例中的一审法院。对于该案的审理，法官有让渡审判权的嫌疑。笔者以为，等同原则既涉及法律问题，如等同原则的适用标准，又涉及事实问题，如对技术特征在"手段-功能-效果"三一致方面的对比。由于等同原则属于法律问题还是事实问题，本身就有很大的争议，在处理专利侵权诉讼时，对于复杂的技术问题，法官也会面临技术上的障碍，为此可以借助于专家证词来理解专利文件。法庭可以通过特殊的庭审程序设计来提高专家意见的可采性，实践证明，有各方专家证人出庭，比较容易形成对专家的约束。法庭还可以要求专家证人提交详细说明科学依据的书面意见，专家证人意见、当事人质证意见都应当明确载入判决书，法庭对于专家证人意见是否采信及其相应的理由都应当在判决书中作出详细阐述。当前，广泛推广的技术调查官制度，也有利于对案件技术事实的查明。第四，禁止反悔原则和现有技术抗辩的适用。美国禁止反悔原则的适用，要求禁止反悔原则与专利获得要件相关。如果从权利要求中排除的内容与现有技术无关，则有可能获得等同理论的保护。在专利授权或无效宣告程序中，专利权人主动或应审查员的要求，可以通过修改技术特征对某权利要求的保护范围进行限制，也可以通过意见陈述对某权利要求进行限缩性解释。禁止反悔原则适用于导致专利权保护范围缩小的修改或者陈述。在［2011］民提字第306号案中，原审法院适用禁止反悔原则，就出现了错误。专利权人在无效程序中修改权利要求，并没有涉及有关任何技术特征的限缩性修改，删除的技术方案中也没有权利要求3中技术特征C"印制有一条形的碳膜和银膜"的上位概念，因此，不存在限缩性解释。根据德国和日本法的规定，适用现有技术抗辩的前提是等同侵权事实的存在，当专利权人请求法院认定被控侵权技术等同侵权时，法院首先对其行使请求权的事实进行审查，即被控侵权技术是否落入专利权的保护范围。只有侵权事实成立了，被告才可行使现有技术抗辩权。在现有技术抗辩中，德国法院采用的是"相对于现有技术不构成创造性"，日本包括"公知的技术和从公知技术容易推导出的技术"，这与专利有效性是一致的。我国《专利法》第22条规定，授予专利权的发明和实用新型，应当具备新颖性、创造性和实用性。创造性技术应具有突出的实质性特点，对所属技术领域的技术人员来说，相对于现有技术是非显而易见的。因此，对于在专利申请时公知的技术以及本领域的技术人员在申请日容易从公知技术中推导出的技术,本来就是任何人都不能取得专利权的,不能认定为属于等同保护的范围。对侵权技术的认定,我国现有技术抗辩规定的"与一项现有技术方案中的相应技术特征相同或者无实质性差异的",不利于保护公众利益,有失公允。

在本节的案例中,被控侵权技术不仅技术效果与涉案专利实质上不同,被控侵权技术采取加苄基保护步骤和脱苄基步骤的技术思路与涉案专利也不同,因此不构成等同。对于药品制备方法专利侵权纠纷,在无其他相反证据的情形下,应当推定被诉侵权药品在药监部门的备案工艺为其实际制备工艺;有证据证明被诉侵权药品的备案工艺不真实的,应当充分审查被诉侵权药品的技术来源、生产规程、批生产记录、备案文件等证据,依法确定被诉侵权药品的实际制备工艺。对于被诉侵权药品制备工艺等复杂的技术事实,可以综合运用技术调查官、专家辅助人、司法鉴定以及科技专家咨询等多种途径进行查明。

第五节 专利权利要求解释规则
—— [2013] 苏知民终字第 0129 号

一、法律要点

说明书及其附图和权利要求书是记载发明或实用新型并确定其保护范围的法律文件,专利权的保护范围以权利要求为准,解释权利要求时,应当把权利要求书、说明书作为一个整体,在完整的语境下,借助审查档案、公开文献及公知常识,明确权利要求的含义。专利授权确权程序与专利侵权程序需要遵循不同的权利要求解释规则,前者需遵循"最宽泛解释"规则,说明书应当公开完整的技术方案并支持权利要求,以维护权利获取的正当性;在专利侵权程序中,既不能通过权利要求的解释把包含专利所要克服的技术缺陷的技术方案解释为权利要求的范围,也不能通过权利要求的解释修改明确的权利要求;同一权利要求书中,不同的权利要求通常具有不同的保护范围。对权利要求的解释,不能违背专利法的立法精神,应当平等维护专利权人、被控侵权人以及社会公众等各方主体的合法利益。

二、案情介绍

原审原告黄某福于2005年12月23日向国家知识产权局提出了名称为"食品尾部的顶接装置"的实用新型专利申请,并于2007年1月3日获得专利授权,专利号为ZL200520146611.3,涉案专利尚在有效期内。涉案专利被授权后,专利权人将该专利独占许可给其参股的阳政精机(无锡)有限公司使用,包含该专利技术特征的机器销售价高,利润较为丰厚。

专利权人发现鼎海精机大丰有限公司(简称鼎海公司)未经许可,擅自在其"面包生产线"等机器的"顶接输送机"中使用了涉案专利技术。后常州悠乐优食品有限公司(简称悠乐优公司)购买了鼎海公司生产的"顶接输送机",并用于生产销售面包等食品。

黄某福认为鼎海公司、悠乐优公司的上述行为涉嫌构成对其专利权的侵犯,故向常州市中级人民法院提起诉讼。黄某福在案件的诉讼过程中申请法院调查取证,申请调取证据的主要内容为请求法院调取鼎海公司销售涉案机器的数量及价格。

一审法院经审查后依法准许了黄某福的前述申请,并于2013年3月25日书面通知鼎海公司于2013年4月1日前提交该公司自成立之日起至今的财务账册。鼎海公司以"负责人不在,在法院指定的期间提供来不及;财务账册属于企业的商业秘密,不可以向黄某福方即竞争方提供"为由未向法院提供前述材料。鼎海公司同时还表示"如果法院到该公司调查的话,该公司愿意配合"。

2013年4月2日下午,一审法院依法到鼎海公司调查其销售涉案机器的有关情况,鼎海公司提供了2011年度11、12月份(该公司的成立日期为2010年12月31日)、2012年度及2013年1、2月(2013年的财务资料未装订成册)的财务资料;鼎海公司称其公司建账时间系2011年11月份,此前未有财务账册;在法院调查鼎海公司的销售合同的过程中,该公司以"销售合同系公司的商业秘密,任何人都不能阅看"为由予以拒绝。

黄某福诉讼请求为:

(1)鼎海公司、悠乐优公司立即停止对ZL200520146611.3号实用新型专利权的侵害;

(2)鼎海公司赔偿黄某福经济损失300万元及维权合理费用6.96万元;

(3) 诉讼费由鼎海公司、悠乐优公司负担。

鼎海公司一审答辩称，涉案被控侵权产品所使用的技术特征与黄某福的涉案专利技术特征不相同，故不构成侵权。

悠乐优公司一审答辩称，其通过正常渠道向鼎海公司购买了涉案机器，其不知道也不可能知道涉案机器侵犯了他人的专利权。

经一审法院查明：

第一，涉案专利及专利权保护范围的情况。黄某福申请的专利号为ZL200520146611.3，目前，该专利尚在有效期内。涉案专利共8项权利要求，黄某福明确其按权利要求1主张涉案权利保护范围。

涉案专利权利要求1的内容如下：一种食品尾部的顶接装置，包括：一机体，其上方设有食品成型装置；循环移位的输送带，架设于食品成型装置的下方；输送带其上皮带的下方设有一上平板，其具有一水平表面，其侧边连接一垂直架设带动上平板直向上、下移位的滑板，滑板侧下部连接一横向连杆；其特征在于，还包括：机体的内部设置有一具有容槽的基座，基座的左、右板面上至少设有第一组驱接孔；圆转盘侧表面中央连接一传动轴，另一侧表面上设有一偏圆中心线的凸轴梢；传动轴横向穿接入第一组驱接孔中，一连杆其上连接套活接于凸轴梢上，其下连接套活接于横向连杆，传动轴受动力驱动，使圆转盘旋转，连杆间歇性地上、下移位，带动滑板上、下直向间歇移位，上平板间歇性地将输送带的上皮带适时撑高，上皮带位于上死点时顶接成型食品的尾部。

第二，关于被控侵权产品与涉案专利的比对情况。2012年11月6日，一审法院根据黄某福的证据保全申请，依法在悠乐优公司查封了两台涉案机器，该两台机器机体上均标有"鼎海精机"的铭牌。鼎海公司认可前述机器系其销售给悠乐优公司的。黄某福、鼎海公司、悠乐优公司均认可前述机器系型号为DH-NH902的捏花机。

黄某福就涉案专利与被控侵权产品发表如下比对意见：型号为DH-NH902的被控侵权产品完全落入了涉案专利的保护范围。

黄某福还陈述鼎海公司产品样本上型号为DH-NH902G的捏花机与型号为DH-NH902的涉案机器内部结构一致，同时黄某福还表明其目前无法提供鼎海公司生产的型号为DH-NH902G的捏花机内部结构的有关证据。

鼎海公司就涉案专利与被控侵权产品发表如表1-1所示的比对意见：

表 1-1

	专利权	被控侵权专利产品
1	顶接装置，立式机器	成型和顶接装置一体，卧式机器
2	看不出定位基座的左右板面	能够明确定位基座的左右板面
3	其传动轴是横向穿接入第一组驱接孔	其传动轴是纵向穿接入第一组驱接孔
4	"间歇性""上死点""适时"词义描述不清；产品间歇性地上下位移	产品是形成连续地上下位移

悠乐优公司就涉案专利与被控侵权产品发表如下比对意见：被控侵权产品与黄某福涉案专利基本上相同。

且悠乐优公司明确表示，"如果被控侵权产品构成对黄某福关于涉案专利权的侵犯，悠乐优公司愿意停止使用涉案机器"。

另查明，黄某福为本案支出律师费 69 600 元。

一审法院认为：

第一，因黄某福系我国台湾地区居民，根据我国大陆法律的有关规定，本案应参照涉外民事案件的有关程序进行审理。后黄某福、鼎海公司、悠乐优公司三者达成一致选择适用法院地法即我国大陆法律解决本案争议。

第二，黄某福系涉案专利的专利权人，其专利权应依法受法律保护。专利号为 ZL200520146611.3，目前，前述专利尚在有效期内。其专利权应受法律保护，任何单位或者个人未经专利权人许可，都不得实施其专利，即不得为生产经营目的制造、使用、许诺销售、销售、进口其专利产品。

第三，被控侵权产品已落入涉案专利的保护范围。《中华人民共和国专利法》第 59 条第 1 款规定："发明或实用新型专利权的保护范围以其权利要求的内容为准，说明书及附图可以用于解释权利要求的内容。"

本案中，黄某福明确其按涉案专利权利要求 1 主张权利，故涉案专利权利要求 1 包含的所有技术特征应为黄某福主张涉案权利的保护范围。

经庭审比对，黄某福认为被控侵权产品包含涉案专利权利要求 1 的所有技术特征；悠乐优公司认为被控侵权产品与涉案专利权利要求 1 的所有技术特征基本相同。

鼎海公司认为被控侵权产品与涉案专利权利要求 1 不相同，具体体现为：

（1）被控侵权产品名称与涉案专利名称不相同；

（2）被控侵权产品的机体、成型装置、滑板、基座的左右板面位置与涉案专利不同，而且涉案专利对前述技术特征的具体位置的描述不是很清楚；

（3）被控侵权产品传动轴是纵向穿接入第一组驱接孔中的，而不是涉案专利权利要求中所述的横向穿接；

（4）涉案专利要求中所述的"传动轴受动力驱动，使圆转盘旋转，连杆间歇性地上、下移位，带动滑板上、下直向间歇移位，上平板间歇性地将输送带的上皮带适时撑高，上皮带位于上死点时顶接成型食品的尾部"的技术特征系功能性技术特征，被控侵权产品不具备"间歇移位"、被控侵权产品是连续地上下移位。

对此，一审法院认为，鼎海公司的上述比对意见不能成立，被控侵权产品与涉案专利相同，其已落入涉案专利的保护范围，主要理由如下：

（1）涉案专利的保护范围以其权利要求的内容为准，说明书及附图可以用于解释权利要求的内容。本案中，涉案专利说明书附图对机体、成型装置、滑板、基座的左右板面的位置标注明确，被控侵权产品均包含了前述技术特征，且其位置关系与涉案专利权利要求中所描述的位置关系一致；

（2）被控侵权产品传动轴是横向穿接入第一组驱接孔中的，而非鼎海公司所述的纵向穿接；

（3）涉案专利权利要求中所述的"传动轴受动力驱动，使圆转盘旋转，连杆间歇性地上、下移位，带动滑板上、下直向间歇移位，上平板间歇性地将输送带的上皮带适时撑高，上皮带位于上死点时顶接成型食品的尾部"是在涉案专利对具体结构进行描述的情况下，对具体结构实现的效果的进一步描述，其并不属于纯粹地通过功能进行限定的技术特征，且一审法院依职权拍摄的涉案机器的工作状态的录像表明被控侵权产品系"间歇性上、下移位"并非鼎海公司陈述的"连续性上、下移位"。

综上，鼎海公司陈述的以上不同点不能成立。

被控侵权产品所使用的技术特征与涉案专利权利要求1的技术特征相同。

综上，涉案被控侵权产品体现了涉案专利权利要求1的所有技术特征，其已落入涉案专利的保护范围，鼎海公司生产、销售涉案机器的行为构成对黄某福涉案专利权的侵犯。

悠乐优公司以生产经营为目的，使用了侵犯黄某福涉案专利权的产品，其行为亦构成对黄某福涉案专利权的侵犯。

另，由于黄某福未提供足够的证据证明型号为DH-NH902G的捏花机的内部结构，故黄某福提出的"型号为DH-NH902G的捏花机与型号为DH-NH902涉案机器的内部结构一致"的主张缺乏事实依据，不能成立。

一审法院判决如下：

（1）鼎海精机大丰有限公司、常州市悠乐优食品有限公司立即停止对黄某福专利号为ZL200520146611.3实用新型专利权的侵害。

（2）基于鼎海公司在一审法院调查其销售价格、数量未完全予以配合，同时黄某福的实际损失及鼎海公司侵权获利均无法确定的情况下，根据《专利法》第56条第1款之规定，鼎海精机大丰有限公司自判决生效之日起10日内赔偿黄某福经济损失人民币50万元（包括维权合理费用）。

（3）驳回黄某福的其他诉讼请求。同时，案件受理费30 800元，由鼎海精机大丰有限公司负担。

后鼎海公司不服一审法院的判决，向江苏省高级人民法院提起上诉，请求撤销一审判决，依法改判驳回黄某福的一审诉讼请求。

主要理由是：

（1）一审法院侵权比对错误。第一，说明书及附图可以解释权利要求，但不能扩大和改变专利权利的保护范围。而一审法院笼统地判断："涉案专利说明书附图对机体、成型装置、滑板、基座的左右板面的位置标注明确，被控侵权产品均包含了前述技术特征。"第二，认定被控侵权产品传动轴是横向穿接于第一组驱接孔中的，没有依据。第三，认定被控侵权产品存在间歇性上下移位，同样没有依据。

（2）上诉人不存在不配合法院调查取证的行为。

（3）侵权利润可以确定，被上诉人直到最后一次庭审才转而请求适用法定赔偿，一审法院同意该请求，违背法律。

且判赔50万元明显过高。

黄某福二审答辩称：一审判决认定事实清楚，判决结果正确，请求驳回上诉，维持原判。

本案二审的争议焦点为：（1）鼎海公司是否侵犯了黄某福涉案实用新型专利权；（2）如构成侵权，一审判决确定的民事责任是否适当。

二审庭审中，鼎海公司申请其员工马某峰出庭作证。

黄某福提出异议，理由是该证人系鼎海公司员工，与鼎海公司有利害关系。

二审法院认为，证人系鼎海公司员工，与鼎海公司有利害关系，其证言难以被采信；且根据《最高人民法院关于民事诉讼证据的若干规定》第54条第1款的规定，申请证人出庭作证，应当在举证期限届满前10日内提出，鼎海公司的申请也超过了规定期限，综上，二审法院对鼎海公司的申请不予准许。

黄某福和悠乐优公司没有提供新的证据。

一审法院查明的事实，均有充分的证据支持，二审法院予以确认。

二审法院认为：

1. 被控侵权产品落入了涉案专利权的保护范围

经比对，被控侵权产品完全具备了涉案专利权利要求1的所有技术特征，据此足以认定被控侵权产品落入了涉案专利权的保护范围。

鼎海公司上诉称，涉案权利要求对机体、成型装置、滑板、基座的左右板面的位置表述不清，对此不应使用附图进行解释。

本院认为，我国《专利法》第59条第1款明确规定："发明或者实用新型专利权的保护范围以其权利要求的内容为准，说明书及附图可以用于解释权利要求。"

说明书及附图使人能够直观地、形象地理解发明或者实用新型专利的每个技术特征和整体技术方案。

当事人对权利要求书的解释存在分歧时，人民法院应当结合说明书和附图对权利要求的范围作出准确解释。

因此，一审法院根据权利要求书并结合说明书及附图对涉案专利权利要求中涉及食品成型装置、顶接装置、输送带、上平板、滑板、连杆、基座、驱接孔、圆盘、传动轴、连接套等多种构件之间的位置关系进行解释并无不当。

就本案而言，结合专利说明书及附图，涉案权利要求对机体、成型装置、滑板、基座的左右板面等的位置表述清楚。

鼎海公司认为这种解释扩大和改变了专利权利的保护范围，缺乏事实和法律依据。

鼎海公司上诉认为，认定被控侵权产品传动轴是横向穿接于第一组驱接孔中的，没有依据。

对此本院认为，传动轴穿入驱接孔中，一根传动轴对应一个驱接孔，这是机械领域的常识，鼎海公司亦予认可。

故传动轴是横向还是纵向穿入驱接孔，只是相对于操作者的位置而言，对普通技术人员而言穿接方式是明确的、唯一的，不可能产生歧义。

故一审法院根据涉案专利权利要求的表述，认定传动轴是横向穿接于第一组驱接孔中的并无不当。

鼎海公司还上诉称，一审判决认定被控侵权产品存在间歇性上下移位，没有依据。

本院认为该主张亦不能成立。

根据涉案专利的权利要求和附图，可以看出驱使滑板移动的动力来自于圆转盘和连杆，滑板必然是上下移动的，即使"间歇性移位"这一表述不是最准确的，但在圆转盘和连杆的运动方式确定的情况下，滑板上下移位的方式也是唯一的，对普通技术人员而言是显而易见、没有歧义的。

被控侵权产品在圆转盘和连杆采用了与涉案专利同样结构的情况下，所导致的滑板上下移位的方式必然与涉案专利相同。

故鼎海公司坚持被控侵权产品的滑板不存在"间歇性上下移位"，对认定侵权与否没有实质性影响。

2. 一审判决确定的民事责任并无不当

首先，本案中没有充分的证据能够证明黄某福因侵权遭受的具体损失数额或者鼎海公司因侵权获取的利润数额，黄某福在一审庭审中请求适用法定赔偿，不违反我国法律规定；其次，一审法院酌定赔偿数额时综合考虑了涉案专利权类型、生产销售涉案侵权产品的时间、手段、涉案侵权产品的合理利润、黄某福为制止侵权支出的合理费用等因素。

综上，一审法院判令鼎海公司赔偿黄某福50万元，符合法律规定。综上所述，鼎海公司的上诉理由不能成立。一审判决认定事实清楚，适用法律正确，应予维持。依照《中华人民共和国民事诉讼法》第170条第1款第（一）项的规定，二审法院判决驳回鼎海精机大丰有限公司上诉，维持一审判决。二审案件受理费人民币8800元，由鼎海公司负担。

三、法律条文

《专利法》（2009年）

第二十六条第一款　申请发明或者实用新型专利的，应当提交请求书、说明书及其摘要和权利要求书等文件。

第五十九条第一款　发明或实用新型专利权的保护范围以其权利要求的内容为准，说明书及附图可以用于解释权利要求的内容。

《专利法实施细则》（2010年）

第二十条规定第一款　权利要求书应当有独立权利要求，也可以有从属权利要求。

第三款　从属权利要求应当用附加的技术特征，对引用的权利要求作进一步限定。

《专利审查指南》

第二部分第二章第1节　说明书和权利要求书是记载发明或实用新型及确定其保护范围的法律文件。

《最高人民法院关于审理侵犯专利权纠纷案件应用法律若干问题的解释》（2009年）

第二条　人民法院应当根据权利要求的记载，结合本领域普通技术人员阅读说明书及附图后对权利要求的理解，确定专利法第五十九条第一款规定的权利要求的内容。

第三条　人民法院对于权利要求，可以运用说明书及附图、权利要求书中的相关权利要求、专利审查档案进行解释。说明书对权利要求用语有特别界定的，从其特别界定。以上述方法仍不能明确权利要求含义的，可以结合工具书、教科书等公知文献以及本领域普通技术人员的通常理解进行解释。

《最高人民法院关于审理侵犯专利权纠纷案件应用法律若干问题的解释》（2016年）

第四条　权利要求书、说明书及附图中的语法、文字、标点、图形、符号等存有歧义，但本领域普通技术人员通过阅读权利要求书、说明书及附图可以得出唯一理解的，人民法院应当根据该唯一理解予以认定。

四、法理分析——专利权利要求的解释

一件专利申请文件通常包含请求书、说明书、说明书摘要、说明书附图、摘要附图及权利要求书。权利要求书应当以说明书为依据，清楚、简要地限定要求专利保护的范围。但由于语言表达的限制，申请人或者专利权人撰写

的权利要求有时候无法明确,这时候就需要对权利要求进行解释。关于权利要求的解释,既有立法规定,也有司法经验的总结,但仍然无法平息当事人对权利要求解释的争议。

国外关于权利要求解释的规定和司法实践。美国《专利法》并没有专利保护范围的规定,关于权利要求解释的规则是通过判例确定下来的。在专利侵权案件中,法院限制性地解释权利要求以确定其含义,而在专利审查、复审以及宣告无效的过程中,则适用不同于侵权诉讼中的解释方法——最宽合理解释。美国《专利审查指南》第2111节的规定,在专利审查过程中,待审专利权利要求应给出与说明书一致的最宽合理解释。在"马克曼案件"中,〔1〕法院为确定专利权利要求的范围,进行了审前听证。举行审前听证在专利侵权诉讼中已成为普遍的做法,该审前听证会被称为马克曼听证会(Markman heating)。美国最高法院认定专利权利要求的解释完全是一个法律问题,法官比陪审团更有可能对专利权利要求作出适当的解释,法官必须独自解释专利权利要求。美国法官在确定专利的保护范围时的直接依据还是权利要求,并非将权利要求和说明书及其附图混同。在理解专利技术时,说明书及其附图是必不可少的,但在确定保护范围时,还是应该紧紧围绕权利要求书作出判断。但联邦巡回上诉法院在关于权利要求解释的判例 Philips v. AWH Corp.〔2〕案中指出,"法院在对权利要求进行解释时严重依赖说明书作为明确权利要求含义的指南是完全正确的",即法院在解释权利要求时,不能只是在个别情况下根据说明书界定权利要求的含义,而是在任何时候都根据说明书阅读权利要求书,将权利要求书与说明书结合起来确定权利要求的含义。

值得注意的是,2018年10月10日,美国专利和商标局USPTO发布了关于专利审判与上诉委员会PTAB采用的权利要求解释标准的最新规则(Claim Construction Final Rule),对多方复审程序IPR、授权后复审程序PGR和商业方法复审程序CBM中采用的权利要求解释方法进行修改,使之与美国联邦法院和国际贸易委员会ITC的权利要求解释标准一致。也即在专利审查、复审和一些无效程序中,放弃了一直坚持的"最宽合理解释"标准。此次修订,使得在IPR程序中挑战专利有效性的成功率大大降低,对专利权人是非常有

---

〔1〕 Markman v. Westview Instruments, Inc, 517 U. S. 370 (1996).
〔2〕 415F. 3d 1303 (Fed. Cir. 2005).

利的。

日本《专利法》中有关于专利保护范围和权利要求解释的规定。1991年日本最高裁判所对lipase（脂酶）案件作出判决，lipase案判决书明确指出："本案诉讼的要旨应当根据权利要求的记载来确定，除非有特殊情况。专利说明书的详细描述，也只有在特殊的情况下予以考虑，例如，权利要求的记载不能通过单一且清楚的方式理解，或者与专利说明书中的描述相比，一眼看上去权利要求的记载有明显的错误"。日本最高裁判所通过该案对参考说明书和附图进行权利要求解释的条件进行了限定，提出了参考说明书的条件，即在一般情况下，并不考虑说明书，只有在特殊的情况下，才参考说明书。在该案判决后的1994年，日本《专利法》修改增加了现行法第70条的第2款"在上述情况，在解释专利权利要求范围记载的用语的含义时，应参考专利申请书附属的说明书以及附图"。该法条指出解释权利要求时应当参考说明书和附图。日本《专利法》第70条第2款涉及与侵权诉讼有关的权利要求的解释，在侵权案件中，参考说明书并不以是否存在"有没有明确的唯一的含义"为条件，而应该直接参考说明书的记载。有学者将此称之为"无前提条件说"，即并不以权利不清楚或具有特定术语作为前提。[1]

我国司法实践的典型案例。笔者2018年2月27日访问无讼网，输入关键词"权利要求解释"，共出现62个搜索结果，其中2017年裁判文书达到17份，为历史最多。在众多的案例中，笔者总结了五个权利要求解释规则。

第一，内部证据优于外部证据。中兴通讯股份有限公司与华为技术有限公司侵犯专利权纠纷申请再审一案［2014］民申字第148号，本案争议焦点之一即是对涉案专利权利要求1的"链型组网"特征的解释。最高法院认为，专利权利要求及其术语的解释，应该从本领域普通技术人员的角度出发，根据其阅读说明书及附图、专利审查档案后对权利要求的理解进行解释，说明书对权利要求用语有特别界定的，从其特别界定。采用上述方法仍不能明确权利要求的含义的，可以结合工具书、教科书等公知文献以及本领域普通技术人员的通常理解进行解释。根据涉案说明书的记载，涉案专利权利要求1的"链型组网"特征应该理解为基站控制器与两个以上基站之间存在单一级

---

[1] 张鹏："论权利要求保护范围解释的原则、时机和方法"，载国家知识产权局条法司编：《专利法研究2009》，知识产权出版社2010年版，第269页。

串联关系、每个基站不存在其他连接分支的组网方式，不包括树型组网中某个基站存在两个以上连接分支的所谓局部链状连接关系。

第二，不能把包含专利所要克服的技术缺陷的技术方案解释为权利要求的范围。福建省伟志兴体育用品有限公司与泰山体育产业集团有限公司、国家体育总局武术运动管理中心、福建体育职业技术学院侵犯实用新型专利权纠纷再审一案［2012］民提字第4号，本案争议焦点之一是对涉案专利权利要求1中"粘接在缓冲层上的地毯层"的解释。最高法院认为，在权利要求的解释过程中，应当注意专利的发明目的对权利要求解释的作用，不应把具有专利所要克服的现有技术缺陷或者不足的技术方案纳入保护范围。结合本专利的发明目的，由弹力层、多层板层、缓冲层、地毯层四层结构组成的武术地毯应该具有防滑作用，从而保证运动员在地毯上进行剧烈运动时的安全性。"粘接"应该理解为地毯各层之间的表面密切结合在一起的状态，而且粘接点应该能够传递结构应力。"粘接在缓冲层上的地毯层"，应该理解为缓冲层与其上的地毯层表面之间存在利用化学力、物理力或者两者兼有的力密切结合且存在能够传递结构应力的粘接点的状态。被诉侵权产品的地毯层则是直接放置在缓冲层上，其"地毯层"与"缓冲层"是可分离的、活动的，不存在密切结合且能够传递结构应力的粘接点。与专利权利要求1的技术方案相比，被诉侵权产品缺少这一技术特征。这一技术特征的缺乏，导致被诉侵权产品的技术方案无法保证实现专利技术方案要求的防滑效果，也不能实现专利的发明目的。因此，本案被诉侵权产品不落入专利权利要求1的保护范围。

第三，权利要求的解释不应当受时机限制。国家知识产权局专利复审委员会与纳幕尔杜邦公司专利确权纠纷案［2016］京行终5347号，本案的争议焦点是对涉案专利申请权利要求1中的术语"E-HFC-1234ze"的理解。即便权利要求已经很清楚，也应当在说明书的语境中对权利要求进行解释和理解。在该案中，说明书对权利要求中的术语E-HFC-1234ze的特别限定的含义记载不清楚，所属领域的技术人员根据说明书的记载无法确定该特别限定的具体含义。在此情况下，由于内部证据不足以确定权利要求的含义，应当借助外部证据来确定权利要求的含义。由于该术语在所属领域有公认的普通含义，故对该术语的理解应当采用其普通含义，即E-HFC-1234ze是指1,3,3,3-四氟丙烯结构中双键为E式构型的单一异构体。

第四，授权确权程序应当遵循最宽泛解释规则。最高人民法院在其作出的［2010］知行字第53-1号行政裁定书中已经明确，在专利授权确权程序中，说明书记载的内容对于理解权利要求的含义不可或缺。说明书是发明人的技术词典，发明人有权利在其说明书中对权利要求中的术语进行界定，即使该术语在本领域有普通含义，发明人也可以在说明书中重新进行界定。如果该术语在所属技术领域没有普通含义，在说明书中也没有特别限定，或者特别限定不清楚的，则可以对该术语作"最宽泛的解释"，并认定权利要求得不到说明书的支持。这就是专利授权程序中应当坚持的权利要求解释规则。

第五，权利要求区别解释规则。自由位移整装公司与常州市英才金属制品有限公司、上海健达健身器材有限公司专利权纠纷申请再审一案［2014］民申字第497号，本案的争议焦点之一为对"涉案专利权利要求1、2进行区别解释，将权利要求1中的一个解释为单个或者多个"。自由位移公司主张，权利要求2的附加技术特征为"绳索实质上由单根绳索组成"，根据权利要求的区别解释原则，权利要求1中的"一个绳索"并非"单根"，而是应当理解为一个或者多个。尽管我国现行的法律、法规以及司法解释中，尚未对权利要求的区别解释作出明确规定，但对不同权利要求进行区别解释，将不同的权利要求解释为具有不同的保护范围，在通常情形下是必要和合理的。考虑到权利人撰写不同权利要求的目的，尤其是在独立权利要求的基础上撰写从属权利要求，是为了限定出不同层次的保护范围，使得专利权的保护范围更为明确和立体。因此，通常情况下，应当推定不同的权利要求具有不同的保护范围。但是，由于申请人在撰写技巧、主观认识等方面的偏差，对于同一技术方案，有可能使用不同的技术术语，以不同的表述方式进行限定，却出现不同的权利要求的保护范围相同，或者实质相同的情形。在此种情形下，机械地进行区别解释，无疑是有悖于客观事实的。在该案中，对于本领域的技术人员而言，权利要求1中的"一个绳索"与权利要求2中的"单根绳索"并无实质性的区别，二者仅仅是表述方式不同而已。因此，对于自由位移公司有关根据权利要求的区别解释原则，应当将权利要求1中的"一个"解释为一个或者多个的申请再审理由，法院不予支持。

通过对上述案例的介绍和分析，我们不难发现，无论是在专利授权确权程序中，还是在专利侵权案件中，当事人之间或者当事人与专利局之间对权利要求的理解观点不同比较常见，因此，制定专利权利要求解释的规则就非常必要。尽管我国法律、法规以及司法解释对权利要求的解释进行了规定，但由于每个案件的特殊性，对权利要求的解释依然是专利案件的争议焦点。关于权利要求解释规则的建立要考虑以下几个方面：第一，要注意区分专利授权确权与专利侵权程序中的解释规则。这两个法律程序追求的价值不同，前者确保权利要求的范围与说明书公开的范围一致，后者确保权利要求的范围与公众的预期一致。在专利授权的确权程序中，对本领域的技术人员而言，应从最宽泛的范围理解权利要求，且权利要求应当得到说明书的支持，否则就应当予以驳回或宣告无效。在专利侵权程序中，对本领域技术人员而言，说明书、说明书附图等仅是帮助理解权利要求，既不能扩大权利要求的范围，也不应当缩小权利要求的范围，以维护权利要求的公示效力。第二，在对权利要求进行解释时，不能将现有技术缺陷纳入权利要求的范围。对权利要求技术术语的解释，需要结合发明所要解决的技术问题、所采取的技术手段和技术效果，以及申请文书的总体语境进行解释，对于明显属于发明所要解决的技术问题、达不到发明技术效果的技术方案，不能在解释权利要求时纳入权利要求的范围。第三，对权利要求进行解释，不应视为给权利人修改专利要求的机会。对权利要求进行解释，是为了确保权利要求范围明确、具体。当本领域的技术人员对权利要求相关表述的含义可以清楚确定，且说明书又未对权利要求的术语含义作特别界定时，应当以本领域的技术人员对权利要求的通常理解为准，而不应当以说明书记载的内容否定权利要求的记载，从而导致实质修改权利要求的结果，使得专利侵权诉讼程序对权利要求的解释成为专利权人额外获得的修改权利要求的机会。第四，明显的权利要求撰写错误应当允许权利人进行修改。如果本领域的技术人员阅读说明书及附图后可以立即获知，权利要求特定用语的表述存在明显错误，并能够根据说明书和附图的相应记载明确、直接、毫无疑义地修正权利要求中该特定用语的含义的，可以根据说明书或附图修正权利要求用语的明显错误。总之，对于权利要求的解释，要把权利要求书、说明书作为一个整体，既要遵循一定的语言文本的解释规则，又要维护《专利法》的立法精神和目的。

在本节案例中，被控侵权人主张被控侵权产品不具备"间歇移位"的特征、被控侵权产品是连续地上下移位，涉案权利要求1对应的技术特征是"连杆间歇性的上、下移位"，两者既不相同，也不等同，这就需要对"间歇移位"进行解释。一方面，"间歇移位"在涉案技术领域不具有特定含义，说明书也没有进行特别地界定，因此应把"间歇移位"放在整个技术方案中去理解其含义。上下移位中间是有时间差的，具有一定的间歇，如果这种间歇的时间差是前后一致的，表述为连续性地上下移位也是可行的。另一方面，在圆转盘和连杆的位置关系、连接关系和运动方式确定的情况下，连杆上下移位的方式就是唯一的、确定的。被控侵权产品在圆转盘和连杆采用了与涉案专利同样的结构、同样的运动原理的情况下，导致的连杆上下移位的方式必然与涉案专利相同。因此，字面表述的不同，不代表两者技术特征或技术方案的不同，通过权利要求的解释，可以得到明确的答案。

第六节　专利间接侵权行为认定

——［2016］沪 73 民初 405 号

一、法律要点

对专利间接侵权行为的认定必须严格以法律和司法解释为依据，否则就会滑入不当扩大专利权保护的深渊，影响正常的生产经营活动。相比较而言，用享有专利权的零部件生产产品，行为定性比较简单，而对不享有专利权的零部件、原材料生产享有专利权的产品的行为认定就比较复杂。间接侵权是一个学理概念，系共同侵权，我国司法解释对帮助和引诱实施侵犯专利权的间接侵权行为进行了规制，并严格限制其适用范围：一是帮助和引诱等侵权行为以直接侵权的成立为要件，二是间接侵权的工具必须是专门用于实施专利的，三是行为人明知专利权的存在，对于"明知"是指侵权工具"专门用于"实施专利而推定"明知"，四是间接侵权的行为仅为提供，不包括制造、使用和进口，五是行为人的客户是以生产经营为目的的。对侵犯专利方法行为的认定也相对比较复杂，"使用"专利方法和"使用"专利方法获得的产品的适用要从发明整体技术方案加以考虑。

二、基本案情

上海小糸车灯有限公司（简称小糸公司）系涉案"一种旋转式电磁执行机构及其车灯远近光切换装置"发明专利的专利权人，专利号为 2012103307281，申请日为 2012 年 9 月 7 日，公布日为 2013 年 1 月 16 日，授权公告日为 2015 年 9 月 2 日，该专利现行有效。原告调查发现常州星宇车灯股份有限公司（简称星宇公司）自 2013 年底起即开始依照原告公开的涉案专利生产车灯。

2016 年 5 月，原告在被告上海嘉安汽车销售有限公司（简称嘉安公司）购得一汽大众宝来 2016 款豪华型汽车一辆，发现该车前左、右大灯系被告星宇公司生产，并落入原告涉案专利保护范围。

原告认为，两被告侵害了其合法权益，遂诉至法院，请求判令：（1）被告星宇公司停止制造、销售侵犯原告专利权的车灯产品；（2）被告星宇公司销毁侵权产品，并销毁生产侵权产品的模具；（3）被告星宇公司支付原告发明专利临时保护期使用费人民币（以下币种同）200 万元，并赔偿原告经济损失 800 万元；（4）被告星宇公司赔偿原告因维权支付的合理费用共计 48.88 万元（其中购买侵权产品费用和公证费用 15.88 万元、律师费 33 万元）；（5）被告嘉安公司停止销售安装有侵权车灯产品的汽车。

被告星宇公司在答辩期内向本院提出了管辖权异议，本院于 2016 年 7 月 5 日作出民事裁定，驳回被告星宇公司对本案提出的管辖权异议。

星宇公司不服该裁定，上诉至上海市高级人民法院。

上海市高级人民法院于 2016 年 9 月 1 日作出［2016］沪民辖终 128 号民事裁定，驳回星宇公司的上诉。

庭审中，原告明确依据专利权利要求 1~5 确定保护范围。

被告星宇公司辩称：（1）原告没有证据证明星宇公司在涉案专利授权之日前存在生产侵权产品的行为；（2）在案证据不足以证明被控侵权产品系由星宇公司制造、销售；（3）被控侵权产品不落入涉案专利保护范围；（4）原告主张的赔偿缺乏事实和法律依据；（5）原告主张的购买汽车产品费用不合理，律师费亦过高，且部分律师费亦与本案缺乏关联性。

被告嘉安公司辩称：（1）即使涉案车灯构成侵权，亦属车辆中很小的零配件，嘉安公司销售整车产品，且具有合法来源，不应承担停止销售整车产品的责任；（2）嘉安公司销售的车辆具有合法来源，不需承担赔偿责任。

该专利权利要求 1 为："一种旋转式电磁执行机构，包括壳体，转子，定子，转轴和端盖，用于驱动车灯远近光切换装置的遮光板，其特征在于：所述的定子上设有定子绕组，定子和定子绕组固定安装在壳体的内部，构成一对可加电励磁的圆弧状定子磁极；所述的转子为圆心角小于半圆周的扇形永磁体，固定在所述的转轴上，置于所述定子的圆弧状磁极的磁场空间内，转子永磁体与所述的一对圆弧状定子磁极配合，形成有气隙的闭合磁路；所述转轴的两端分别连接一根沿转轴径向延伸的摆杆，所述车灯远近光切换装置的遮光板，固定连接在所述转轴两端的摆杆上，遮光板的摆动角与所述转子的转角相同；所述的一对圆弧状定子磁极排布在壳体内部，形成截面为半圆形的磁场空间；所述旋转式电磁执行机构的转子，通过设置在所述的端盖上的轴孔，可转动地固定在定子的圆弧状磁极的磁场空间内；在未加电状态，转子停留在永磁体与定子的一个磁极相对的初始位置；在加电状态，转子在定子绕组产生的磁场作用下，旋转至永磁体与定子的一对磁极相对的动作位置。"

专利权利要求2为："根据权利要求1所述的旋转式电磁执行机构，其特征在于所述转子的永磁体与所述转轴和摆杆注塑成型为一体化结构。"

专利权利要求3为："一种使用权利要求1或2所述的旋转式电磁执行机构的车灯远近光切换装置，包括遮光板、旋转式电磁执行机构和固定在车灯主体上的支架，其特征在于：所述旋转式电磁执行机构的转轴的两端，分别连接有一根沿转轴径向延伸的摆杆；所述旋转式电磁执行机构通过壳体固定连接到所述的支架上，通过支架连接到车灯主体上；所述的遮光板固定连接在所述的摆杆上，置于车灯的光轴线上，遮光板与光轴线之间的夹角可随转子的转角改变；所述遮光板的轮廓线在车灯光路上，投影形成随转子的转角改变的远近照明光形。"

专利权利要求4为："根据权利要求3所述的车灯远近光切换装置，其特征在于所述的遮光板与所述转轴和摆杆焊接连接成一体。"

专利权利要求5为："根据权利要求3所述的车灯远近光切换装置，其特征在于所述的远近光切换装置还包含一个涡卷弹簧和弹簧架组成的弹簧组件，所述的弹簧组件通过弹簧架固定在支架上，涡卷弹簧的自由端连接在所述的遮光板上，在未加电状态，通过摆杆和转轴传动，所述的转子在涡卷弹簧的作用下回复并保持在所述的初始位置。"

2016年5月19日，原告向上海市东方公证处申请办理保全证据公证，于当天下午在上海市嘉安公路×××号的"上海嘉安汽车销售有限公司"购买了汽车一台（厂牌型号：大众牌FV7142BBDBG；发动机号码：N37654、车辆识别代号/车架号码：LFV2A2157G×××××××），并取得《销售合同书》一份和

《机动车销售统一发票》一张。

其中销售合同书中列明的品牌为宝来1.4T自豪,销售发票标明的价款为153 800元。

完成购物后,原告委托代理人将上述汽车驾驶至上海市叶城路×××号的"上海小糸车灯有限公司"内,并指派该公司的工作人员从购得的车辆上卸下左右车前大灯各一个,由公证人员将前述卸下的左右车前大灯装箱密封并加封公证处封条。

经当庭拆封,两个车灯上均标有星宇图文注册商标和大众标识,以及型号和日期,分别为L18G941031、R18G941032(××××××××)。

各方当事人亦均确认两个车灯采用的技术特征相同,故仅比对一个车灯即可,亦确认与本案相关的是车灯中的旋转式电磁执行机构。

该机构包含壳体、转子、定子、转轴、遮光板等部件,定子上设有线圈,转子圆心角小于半圆周,固定于转轴上。

经比对被控侵权产品与涉案专利,原告认为与权利要求1、3相同,与权利要求2、4、5等同,被告星宇公司则认为存在以下差异:一是被控侵权产品不存在权利要求1中可拆卸的端盖;二是权利要求1中构成一对可加电励磁的圆弧状定子磁极、圆心角小于半圆周的扇形永磁体、截面为半圆形的磁场空间、圆弧状磁极的磁场空间技术特征定义不清,无法得到说明书支持;三是被控侵权产品中摆杆和遮光板一体设置,不同于权利要求1、3中两者系独立构件,相互系固定连接关系;四是被控侵权产品遮光板的摆动角不同于转子的转角,而权利要求1中两者相同;五是被控侵权产品中转子永磁体与转轴和摆杆并非注塑成型为一体化结构,不同于权利要求2中三者注塑成型为一体化结构;六是被控侵权产品遮光板与转轴和摆杆并非焊接连接成一体,不同于权利要求4中焊接连接成一体的结构;七是被控侵权产品弹簧架固定在壳体上,不同于权利要求5弹簧架固定在支架上。

另查明,星宇图文注册商标的申请人为被告星宇公司,专用期限为2009年11月14日至2019年11月13日。

18G941031、18G941032前照灯产品税前单价为1238.81元,税后金额为1449.41元。

在庭审中,被告星宇公司陈述被控侵权产品仅向大众汽车供货,且仅适用于大众宝来部分车型。

被告嘉安公司陈述庭前经与大众公司核实，宝来汽车车灯存在多个供应商。

原告向上海松沪律师事务所支付了律师费18万元、向上海三和万国知识产权代理事务所支付了专利诉讼代理费15万元，另支付了公证费5000元。

以上事实，有原告提供的发明专利证书、专利收费收据、商标注册信息网页打印件、[2016]沪东证经字第7320号公证书、销售合同书、销售发票、被控侵权产品实物、聘请律师合同、律师费发票、专利诉讼代理合同、专利诉讼代理费发票，被告星宇公司提供的增值税发票，以及原、被告各方的当庭陈述等证据在案佐证。

原告提供的搜狐网网页打印件，与本案缺乏关联性，被告对其真实性、关联性亦持异议，本院不予采纳。

被告星宇公司提交的涉案专利审查文档，与本案缺乏关联性，本院不予采纳；被告星宇公司提供的发货统计表，因系单方制作，难以证明其全部的销售数量，本院不予采纳；被告星宇公司提供的一汽-大众汽车有限公司的证明，因系证人证言，证人无正当理由未出庭作证，本院不予采纳。

本院认为，原告是涉案"一种旋转式电磁执行机构及其车灯远近光切换装置"发明的专利权人，该专利目前仍处于有效状态，任何单位或个人未经专利权人许可，不得实施其专利，即不得为生产经营目的制造、使用、许诺销售、销售、进口其专利产品，否则属于侵害发明专利权的行为，依法应当承担相应的民事责任。

同时，专利权人亦可要求涉案发明专利申请公布日至授权公告日期间实施其发明的单位或者个人支付适当的费用。

根据我国《专利法》规定，发明专利权的保护范围以其权利要求的内容为准，说明书及附图可以用于解释权利要求的内容。

人民法院应当根据权利要求的记载，结合本领域的普通技术人员阅读说明书及附图后对权利要求的理解，确定权利要求的内容；人民法院对于权利要求，可以运用说明书及附图、权利要求书中的相关权利要求、专利审查档案进行解释，说明书对权利要求用语有特别界定的，从其特别界定。

当被诉侵权技术方案包含与权利要求记载的全部技术特征相同或者等同的技术特征的，人民法院应当认定其落入专利权的保护范围。

在本案中，原告主张保护专利权利要求1~5，将被控侵权产品技术方案与专利权利要求1~5进行对比，原告认为构成相同或者等同侵权，被告星宇公司认为存在多处差异。

对此，本院认为，关于被控侵权产品中是否存在端盖，其壳体一端与壳体整体注塑成形，另一端有一盖板，装配之前独立于壳体，装配压入后与壳体连接为一体，该盖板亦应视为端盖结构，被告星宇公司认为其不存在端盖的主张不能成立。

关于可加电励磁的圆弧状定子磁极、圆心角小于半圆周的扇形永磁体、截面为半圆形的磁场空间、圆弧状磁极的磁场空间等技术特征的理解，本院认为，可加电励磁是指需通电励磁即通电后产生电磁场，圆弧状定子磁极是指定子及其绕阻构成的磁极的作用端面为圆弧面；圆心角小于半圆周的扇形永磁体结合说明书附图指转子从轴向观察，其永磁体的截面为扇形；截面为半圆形的磁场空间，结合说明书及附图，截面指从转子的轴向看的视图面或该结构的剖面，虽然磁场本身有其一定的分布形状，范围并无限定，但实际有效作用范围系根据该磁场的磁场强度、产生磁场的具体电磁物件以及该电磁物件周边的实际分隔构件的形状及材料而定，因此专利中"截面为半圆形的磁场空间"结合该专利对转子上扇形永磁体、一对圆弧状定子磁极的描述以及说明书附图，本领域的普通技术工作人员可以理解此处的半圆形磁场空间是指该磁场的有效作用空间；圆弧状磁极的磁场空间，其与截面为半圆形的磁场空间，表述意义相同。

综上，被告星宇公司认为上述技术特征含义不清，不能得到说明书支持的主张，不能成立。

关于摆杆和遮光板的结构，被控侵权产品中摆杆和遮光板一体成形，不同于专利系两个构件，两者系固定的连接关系，但结合专利权利要求及说明书附图可知专利摆杆是转轴两端径向延伸的连接、支撑遮光板的构件；被控侵权产品上具有从转轴两端径向延伸出的两段连接、支撑遮光板的构件，但与遮蔽光路的遮光板构成一体，为一个整体构件，如同遮光板有两个支撑件，连接于转轴两端，与专利摆杆和遮光板固定连接的方式有所不同，但该一体化结构的功能、作用与两者固定连接产生的功能和效果相同，亦属本领域普通技术人员无需经过创造性劳动就能够联想到的特征，故应认定为等同特征。

关于遮光板的摆动角与转子的转角，被控侵权产品遮光板与转轴固定连接，转轴与转子固定连接，也即遮光板与转子系一体转动关系，遮光板的摆动角始终与转子的转角相同,虽然被控侵权产品的遮光板上设有两个橡胶缓冲件,致使遮光板实际转动角度比不设缓冲件的转动角度小,但此时转子的实际转角亦比遮光板上不设缓冲件的转动角度要小,故遮光板的摆动角亦与转子的转角相同,被告星宇公司认为两者不同的主张不能成立。

关于转子永磁体与转轴和摆杆的关系,被控侵权产品转子永磁体固定连接于转轴,转轴固定连接于摆杆,与专利权利要求2中的附加技术特征三者注塑成型为一体化结构不同,两者亦不属于基本相同的技术手段,不能认定为等同特征。

关于遮光板与转轴和摆杆的关系,被控侵权产品遮光板与摆杆系一体化结构,固定连接于转轴上,与专利权利要求4中的附加技术特征遮光板与转轴和摆杆焊接连接成一体不同,两者亦不属于基本相同的技术手段,不能认定为等同特征。

关于弹簧架的位置,被控侵权产品弹簧架固定在壳体上,不同于权利要求5中弹簧架固定在支架上的技术特征,但弹簧架固定在壳体上,由于壳体装配后与支架固定连接,因此弹簧架固定在壳体上与固定在支架上的功能、效果相同,而改变弹簧架的固定位置、不改变弹簧的作用原理,对于本领域普通技术人员来说无需经过创造性劳动就能够联想到,故两者应认定为等同特征。

综上,被控侵权产品的技术特征全面覆盖了原告专利权利要求1、3、5记载的全部技术特征,落入专利权利要求1、3、5的保护范围;与专利权利要求2、4相比,有一个以上技术特征不相同也不等同,未落入专利权利要求2、4的保护范围。

因被控侵权产品落入原告涉案专利权利要求1、3、5的保护范围,被告星宇公司关于被控侵权产品未落入原告涉案专利权保护范围的抗辩意见,本院不予采纳。

涉案车灯产品上标有被告星宇公司的注册商标,产品上标明的产品型号亦与被告星宇公司提供的增值税发票上的前照灯型号相同,综上,可认定涉案车灯产品系由被告星宇公司生产、销售,其中的使用旋转式电磁执行机构的远近光切换装置亦由被告星宇公司生产、销售。

被告星宇公司未经原告许可,擅自生产、销售落入原告专利权保护范围的带有远近光切换装置的车灯产品,侵犯了原告的发明专利权,应当承担停止侵权、赔偿损失的民事责任。

关于被告星宇公司应赔偿的经济损失，原告主张根据被告的侵权获利计算，但原告并未提供证据证明被控侵权产品的销售数量及销售利润，故本院无法据此计算被控侵权产品的侵权获利。

在此情况下，鉴于原告未能举证证明因被侵权所遭受的实际损失或者被告星宇公司因侵权所获得的利益，又不能提供许可使用费以资参考，故本院综合考虑涉案专利的类型、专利授权时间、侵权行为的性质、后果等因素酌情确定赔偿金额。

因涉案车灯显示的生产日期为2016年，晚于涉案专利授权公告日，原告亦无证据证明被告星宇公司在涉案专利授权公告日之前存在涉案被控侵权产品的生产销售行为，故原告主张专利临时保护期使用费的诉请，本院不予支持。

关于合理费用，原告主张包括律师费、专利诉讼代理费、公证费和购买被控侵权产品费用，本院综合考虑费用支出的合理性、必要性酌情予以确定。

关于销毁侵权产品及生产侵权产品模具的诉请，原告并无证据证明存在库存侵权产品及专用生产模具，且该诉请亦不属于我国现行法规定的民事责任承担方式，故对该诉请，本院不予支持。

根据《专利法》司法解释的规定，将侵犯发明专利权的产品作为零部件，制造另一产品的，人民法院应当认定属于《专利法》第11条规定的使用行为；销售该另一产品的，人民法院应当认定属于《专利法》第11条规定的销售行为。

被控侵权远近光切换装置产品作为涉案大众宝来汽车产品的零部件，使用在涉案汽车产品上，被告嘉安公司销售带有该远近光切换装置车灯产品的汽车，亦应认定构成销售被控侵权产品的行为，原告要求被告嘉安公司停止销售行为，于法有据，本院予以支持。

本案法庭辩论终结后，原告向本院申请撤回要求被告嘉安公司承担民事责任的诉讼请求，对此，本院认为，本院依据原告对嘉安公司的起诉行使管辖权，现原告在本案辩论终结之后提出撤回该诉请，对本案的管辖权具有实质性影响，故对原告上述申请，本院不予准许。

据此，依照《中华人民共和国民法通则》第118条，《专利法》第11条第1款、第59条第1款、第65条，《最高人民法院关于审理侵犯专利权纠纷案件应用法律若干问题的解释》第7条、第12条第1款，《最高人民法院关于审理专利纠纷案件适用法律问题的若干规定》第17条第2款的规定，判决如下：

（1）被告常州星宇车灯股份有限公司、上海嘉安汽车销售有限公司应于本判决生效之日起立即停止对原告上海小糸车灯有限公司享有的名称为"一种旋转式电磁执行机构及其车灯远近光切换装置"的发明专利权的侵害；

（2）被告常州星宇车灯股份有限公司应于本判决生效之日起十日内赔偿原告上海小糸车灯有限公司经济损失及合理费用共计人民币 150 000 元；

（3）驳回原告上海小糸车灯有限公司的其余诉讼请求。

如果未按本判决指定的期间履行给付金钱义务，被告常州星宇车灯股份有限公司应当依照《中华人民共和国民事诉讼法》第253条之规定，加倍支付迟延履行期间的债务利息。

本案案件受理费人民币 84 732 元，由原告上海小糸车灯有限公司负担人民币 41 760 元，被告常州星宇车灯股份有限公司负担人民币 42 972 元。

如不服本判决，可在判决书送达之日起15日内向本院递交上诉状，并按对方当事人的人数提出副本，上诉于上海市高级人民法院。

三、法律条文

《专利法》（2009年）

第十一条　发明和实用新型专利权被授予后，除本法另有规定的以外，任何单位或者个人未经专利权人许可，都不得实施其专利，即不得为生产经营目的制造、使用、许诺销售、销售、进口其专利产品，或者使用其专利方法以及使用、许诺销售、销售、进口依照该专利方法直接获得的产品。

外观设计专利权被授予后，任何单位或者个人未经专利权人许可，都不得实施其专利，即不得为生产经营目的制造、许诺销售、销售、进口其外观设计专利产品。

《最高人民法院关于审理侵犯专利权纠纷案件应用法律若干问题的解释（一）》（简称司法解释一）（2009年）

第十二条　将侵犯发明或者实用新型专利权的产品作为零部件，制造另一产品的，人民法院应当认定属于专利法第十一条规定的使用行为；销售该另一产品的，人民法院应当认定属于专利法第十一条规定的销售行为。

将侵犯外观设计专利权的产品作为零部件，制造另一产品并销售的，人民法院应当认定属于专利法第十一条规定的销售行为，但侵犯外观设计专利权的产品在该另一产品中仅具有技术功能的除外。

对于前两款规定的情形，被诉侵权人之间存在分工合作的，人民法院应当认定为共同侵权。

第十三条　对于使用专利方法获得的原始产品，人民法院应当认定为专利法第十一条规定的依照专利方法直接获得的产品。

对于将上述原始产品进一步加工、处理而获得后续产品的行为，人民法院应当认定属于专利法第十一条规定的使用依照该专利方法直接获得的产品。

《最高人民法院关于审理侵犯专利权纠纷案件应用法律若干问题的解释（二）》（简称司法解释二）（2016年）

第二十条　对于将依照专利方法直接获得的产品进一步加工、处理而获得的后续产品，进行再加工、处理的，人民法院应当认定不属于专利法第十一条规定的"使用依照该专利方法直接获得的产品"。

第二十一条　明知有关产品系专门用于实施专利的材料、设备、零部件、中间物等，未经专利权人许可，为生产经营目的将该产品提供给他人实施了侵犯专利权的行为，权利人主张该提供者的行为属于侵权责任法第九条规定的帮助他人实施侵权行为的，人民法院应予支持。

明知有关产品、方法被授予专利权，未经专利权人许可，为生产经营目的积极诱导他人实施了侵犯专利权的行为，权利人主张该诱导者的行为属于侵权责任法第九条规定的教唆他人实施侵权行为的，人民法院应予支持。

四、法理分析——间接侵权

关于知识产权侵权行为的类型，在版权法、商标法和专利法中有不同的规定。《中华人民共和国著作权法》第47条和48条，分别从独立民事责任、行政责任和民事责任的角度对侵权行为进行了列举，对同时损害公共利益的特定的侵犯版权的行为，同时要承担行政责任和民事责任。《商标法》第57条是从商品生产、销售的环节进行了列举，包括在商品上使用注册商标的行为、销售行为、更换注册商标行为、帮助行为，以及给他人的注册商标专用权造成其他损害的行为（指《中华人民共和国商标法实施条例》或司法解释列举的行为）。《商标法》还对使用行为进行了界定。简而言之，《商标法》列举的侵犯注册商标的行为，包括在商品生产、销售、许诺销售等过程中使用商标造成消费者混淆等损害注册商标权人合法权益的行为。《专利法》第

11条规定，除《专利法》另有规定外，不得以生产经营为目的而实施专利权。关于实施专利权的表现形式，方法专利是指使用专利方法，以及使用、许诺销售、销售、进口依照该专利方法直接获得的产品；产品专利是指制造、使用、许诺销售、销售、进口其专利产品。上述《专利法》列举的行为属于直接侵权行为类型，随着国内和国际市场分工越来越细，侵权行为也越来越隐蔽，相对于复杂、多变的市场，法律规定的侵权行为较为单一。

直接侵权和间接侵权是学术概念，间接侵权包括帮助侵权和引诱侵权两类行为。在我国，《专利法》等知识产权法律中都没有直接侵权或间接侵权的规定，《民法通则》第130条、《侵权责任法》第9条和《民法总则》第178条规定，共同侵权的，教唆或帮助侵权的，依法承担连带责任。

专利间接侵权规则源自美国的早期判例。在某些情形下，专利产品的各个组件之间相对独立，物理上可实现拆分，行为人为绕开高价格的专利产品，将从不同渠道获取的组件拼合起来。根据全面覆盖原则，被控侵权物必须包括专利权利要求中所记载的全部必要技术特征，或相等同的技术特征，侵权才成立。1871年，美国康涅狄格州地区巡回法院的法官在审理Wallace案时面临这样的难题。[1]此案中，专利是一个由灯头和灯罩组成的煤油灯。被告生产并销售与专利文件中描述实质相同的灯头，但并没有同时销售灯罩故不构成侵权。相反，是灯头的购买者将其与另外从玻璃店买来的灯罩加以组合才构成侵权。法官意识到，如果"制造和销售专利之中实质性零部件，以期规避法律的行为不被认定成侵权，专利制度将毫无价值"。为此，法官援引古老的共同侵权原理判定灯头生产者与灯罩制造商为共同侵权人。在1878年的Bowker案中，被告是作为侵权行为的协助者或教唆者而承担共同侵权责任的。在此案中，专利是一种包含了发泡剂的气泡饮料。被告销售发泡剂，购买者则将这种发泡剂与其他成分相调配以制作受专利保护的气泡饮料。相比Wallace案中被告销售的灯头缺乏实质非侵权用途，Bowker案中被告所销售的发泡剂明显有其他用途，故单就销售发泡剂而言，并不构成侵权。裁判法官认为，如果没有任何意图或对侵权不知情，不构成侵权。但如果明确、公然地承认制造及销售该产品是为了配合专利实施之目的，则不能免除其侵权责

---

[1] Wallace v. Holmes, 29 F. Case 74（CC Conn. 1871），cited in Dawson Chem. Co. V. Rohm Hass Co., 448 U. S. 176, 206 U. S. P. Q. 385（1980）.

任。被告在广告中公开宣称此发泡剂可用于配制受专利保护的气泡饮料,这就说明,被告不仅知晓该专利的存在,还积极引诱购买者实施侵权,故应当承担引诱的共同侵权责任。当然,如果任意扩大间接侵权的适用,会将专利权的保护范围延伸至原材料,也是不公平的。在 1931 年的 Carbice 案中,联邦最高法院创造了"专利权滥用"概念来阻止专利权人将其独占权扩张到法定范围之外。

美国《专利法》第 271 条对间接侵权和专利权滥用都作出了规定,以协调两者的冲突。关于帮助侵权行为,具体包括:(1)侵权行为的对象。"为了用于侵犯专利权而特别制造或特别改装,且不是主要可用于非侵权目的的大宗物品或商品。"诉讼中被控侵权人需要证明自己的商品是一种常用商品或具有实质性非侵权用途,美国法院在对提供某产品的行为是否构成专利帮助侵权进行解释时,也集中在"实质性非侵权用途"上。联邦第五巡回上诉法院法官 Brown 指出,实质性非侵权用途必须符合经济效益原则,必须是切实可行的,不能是事后任意杜撰的、虚假的、不能实现的、纯粹试验性质的。根据美国判例,关于侵犯专利权的认定,涉及权利要求记载的内容可以认为是专利产品的实质部分,如果在权利要求中没有记载,即使用于实施发明也不能认为是专利产品的实质部分。(2)行为人的主观意图。美国《专利法》使用了"知道"这一表述,说明专利帮助侵权的主观要件不同于直接侵权行为。对于知道的含义,美国最高院在 SEB 案中进行了阐释。该案阐释是针对引诱侵权而作出的,但美国最高法院指出,该案的规则同样适用于帮助侵权。最高法院认为,引诱侵权需要知道专利的存在,并且知道引诱的行为构成专利侵权。知道的标准是实际知道或有意视而不见。(3)行为人的责任。美国最高法院认为,帮助侵权的前提是存在直接侵权,但是不需要直接侵权已经开始实施,存在直接侵权的威胁即可。计算具体损害赔偿额时,普通法中侵权法的原则是帮助侵权者承担的是第二责任,其责任附属于直接侵权者。在 Cardiac Pacemakers, Inc. v. St. Jude Medical, Inc. 案中,[1]联邦巡回上诉法院根据直接侵权的证据计算了间接侵权者的损害赔偿额。在 Glenayer Electronics, Inc. v. Jackson 案中,联邦巡回上诉法院驳回了专利权人针对间接侵权人的赔

---

[1] 576 F. 3d 1348 (Fed. Cir. 2009).

偿请求，因为前一个专利权人在针对直接侵权人的案件中已经得到了赔偿。[1]德国《专利法》第10条对间接侵权也进行了规定，具体内容包括（1）侵权行为的对象。联邦最高法院认为，侵权工具是否与发明的主要要素相联系，取决于该工具在实现发明思想时与发明的主要要素是否在功能上共同发挥作用，是否与发明的核心思想存在充分的紧密关系。在2007年的Pipettensystm案中，[2]联邦最高法院认为，对于发明的解决方案没有任何贡献的部分，即使它位于发明的特征部分，也不构成主要要素。而在2012年的MPEG-2解码程序案中，[3]联邦最高法院甚至提出所述的手段必须对于发明的实现具有贡献，才能认定为与发明的主要要素相联系。（2）侵权行为的类型。是提供或许诺提供，不包括制造和使用行为。（3）行为人的主观意图。行为人的客户将提供的工具用于侵权的意图，行为人知道或显然应该知道该意图。并不要求客户之后实际上实施了这一计划，只要在提供或许可提供该工具时客户具有这样的意图就足够了。专利权人需要对客户的意图进行举证。德国法院还认为，间接侵权需要知道专利的存在，并且知道专利权的保护范围。（4）行为人的责任。根据德国的法律和判例，帮助侵权人与直接侵权人承担连带责任，帮助侵权人承担的责任根据直接侵权行为计算。

日本《专利法》第101条规定了间接侵权，但日本的间接侵权仅仅指帮助侵权，不包括引诱侵权。间接侵权包括两种情况：一是客观间接侵权，只要所涉及的物品（零部件）是"仅能用于"制造专利产品或用于专利方法，不要求行为人具有主观的过错，行为人客观上从事了制造、转让或进口等行为，就构成间接侵权；二是主观间接侵权，在提供者具有"明知"的主观侵权故意的情况下，制造、销售非专用品的行为，构成间接侵权。关于客观间接侵权的认定有以下要点：（1）对"仅能用于"实施专利的理解。在"食品包装成形方法及其装置"案中，仅能用于实施专利方法的物，不具有经济上、商业上或具有实用性的其他用途，且此类其他用途必须在社会上得到普遍的认可。日本学者认为只要在法庭辩论终结前发现有其他用途，就不能认定为客观间接侵权。（2）举证责任。仅能用于实施专利的举证责任由专利权人承

---

[1] 443 F. 3d 851 (Fed. Cir. 2006).
[2] BGH GRUR 2007 769.
[3] BGH GRUR 2012 1230.

担，如果被告提出存在其他用途，且具有一定的合理性，该举证责任可以转移到专利权使用人处。(3) 行为类型。客观间接侵权所针对的行为，限于"生产、转让、进口、许诺转让等行为"，不包括出口行为和使用行为。关于主观间接侵权的认定有以下要点：(1) "解决该发明的问题必不可少的"的理解。就产品专利而言，"必不可少"将与专利无关的部件排除在外，如果不属于为了解决发明问题并是解决技术问题的手段，也不能认为是解决问题所必不可少的。该解决手段可以直接是特有构成或成分，也可以是特殊的部件、原料或生产工具等，但把日本国内广泛且普遍地流通的排除在外。(2) 主观意图。"明知该发明是专利发明且明知该物件用于实施该项专利"，在两个方面都必须是明知的。明知发明是专利发明，是指行为人知道有关技术已经获得了专利。这里只包含了"明知"，而不涉及"应知"的主观认识，从而避免间接侵权的范围过于宽泛，防止间接侵权的规定妨碍交易安全。实务中，专利权人可以主张已经将载明专利信息的警告函送达给行为人，收到警告函时行为人主观要件就具备了。

总结各国关于专利间接侵权的规定，以及我国司法解释的规定，关于专利间接侵权认定要注意以下几个方面：(1) 侵权行为的对象。在各国的规定中，共同的要求是帮助侵权人所提供的应是构成专利的关键部分或实质部分，或解决发明问题所必不可少的要素。美国的要求较为宽松，只要权利要求中记载的内容就是发明的关键部分，德国、日本相对严格，必须是对发明解决技术问题有贡献的内容。我国司法解释二的规定"专门用于"，根据字面含义是指：提供的技术要素如原材料或零部件记载在权利要求中，没有非侵权用途。类似于日本的客观间接侵权。(2) 侵权行为的类型。各国都将提供（包括销售、转让）和许诺提供（许诺销售、许诺转让）作为帮助侵权行为，美国和日本规定了进口行为，日本规定了制造行为。我国司法解释二规定了"提供给他人实施了侵犯专利权"，"提供"应当指销售（或转让）和允诺销售（或转让），不包括制造、进口行为。(3) 主观意图。美国、德国的帮助侵权和日本的主观帮助侵权行为，都要求行为人主观上"知道"两个方面的内容：知道专利权的存在，知道客户使用了其提供的物品后所实施的行为侵犯了专利权。关于知道的标准，美国标准是明知以及故意视而不见，德国的标准是知道或显然应当知道，日本的标准是明知。我国司法解释二规定的是"明知"，以故意为要件，司法实践中，在法院在案件中认定间接侵权的明知时，对于是否知道专利权的存在采取了推定的做法。（4）直接侵权与间接侵权的关系。美国、德国、日本等国家都将帮助侵权作为单独的侵权行为，专利权人可以依据《专利法》的规定仅对帮助侵权人提起诉讼。根据我国司法解释二的规定，法院只能依据共同侵权的规定追究帮助侵权人的责任，间接侵权成立的前提是直接侵权已经发生，如果行为人将物品提供给他人，他人未实施侵犯专利权的行为，行为人不构成间接侵权。此外，按照司法解释二的规定，向非生产经营目的个人、家庭使用者提供专门用于实施专利的材料、设备、零部件、中间物等，不构成帮助侵权。这类行为在美国、德国和日本都属于帮助侵权。（5）间接侵权的赔偿责任。间接侵权不是独立的侵权行为，专利侵权损害仅指直接侵权所造成的损害，对于直接侵权造成的损害，应当由直接侵权人和间接侵权人承担连带赔偿责任。如果专利权人起诉了直接侵权人或间接侵权人之一并得到了赔偿，就不能再就未起诉者另行提起诉讼。

我国司法实践的典型案例。与《专利法》第11条相比，现实中生产经营活动的侵权行为类型更加复杂、多样。

（1）产品的零部件侵犯专利权时，销售含有该零部件的产品的行为，属于实施销售专利产品的行为。对于该类行为，由于涉嫌侵犯专利权的部件仅仅是零部件，并且是通过购买获得的，因此整件产品的生产行为不应认定为生产侵权，但销售整件产品的行为应当认定为侵犯专利权，系直接侵权行为。新日兴股份有限公司与协昱电子科技（中山）有限公司侵害实用新型专利权纠纷案［2011］粤高法民三终字第513号，新日兴股份有限公司（简称新日兴公司）系专利号为ZL200720142559.3、发明名称为"双向旋转式枢纽器"的专利权人，要求保护的权利范围是本专利的权利要求1。协昱公司不是生产被诉侵权产品枢纽器的企业，排线是其生产的，被诉侵权产品只是排线的一个部件，被诉侵权产品一直是由维尔京英属协昱科技股份有限公司提供的，该公司是境外注册的公司，是协昱公司的母公司。其需要货物时就下订单至台湾的总公司由其订货，再从澳门进口。采购是由台湾总公司负责的，在整个过程中协昱公司只是利用零件进行组装。一审法院认为，协昱公司将侵权产品作为零部件制造排线产品，然后向群光公司销售，该行为应认定为销售行为，构成侵权，协昱公司应承担立即停止销售被诉侵权产品的民事责任。在二审审理期间，双方当事人向法院提交了国家知识产权局专利复审委员会于2011年9月19日作出的第17322号无效宣告请求审查决定。该决定宣告

200720142559.3号实用新型专利的权利要求1~6无效,在权利要求7~9的基础上继续维持该专利有效。基于当事人在二审期间提交的新证据,导致新日兴公司的权利基础丧失,故新日兴公司的诉讼请求不成立,撤销一审判决,驳回新日兴公司的全部诉讼请求。该案,对我们还有一个重要的启示:专利权人维权时,应当慎重地选择权利要求的保护范围,进行诉前检索、专利稳定性评估是必需的,独立权利要求在侵权比对时相对比较简单,但其稳定性差,选择相应的从属权利要求维权较为妥当。

(2)生产的产品专用于实施专利的,为生产经营目的将该产品提供给他人实施侵犯专利权的行为的,该提供者的行为属于帮助他人实施侵权。该类侵权行为隐藏得比较深,但由于其使用场所或用途的唯一性,使得其原形毕露,属于间接侵权中的帮助侵权。南京特能电子有限公司与南京西普尔科技实业有限公司侵害实用新型专利权纠纷案[2016]苏民终168号,南京特能电子有限公司(简称特能公司)系发明名称为"电池充电器输出保护电路"的专利权人,在一审审理过程中,南京西普尔科技实业有限公司(简称西普尔公司)向专利复审委员会提出了无效宣告请求,专利复审委员会于2015年9月1日作出第26857号审查决定,宣告涉案专利权部分无效。西普尔公司销售的西普尔充电器涉嫌侵犯特能公司的涉案专利。一审法院认为,被诉产品缺少涉案专利权利要求记载的"蓄电池"这一技术特征,其未落入涉案专利权的保护范围,驳回特能公司的诉讼请求。二审法院认为,将被诉产品的技术特征与涉案专利权利要求1相比对,结合双方当事人在一、二审中的相关陈述,被诉产品除无"与蓄电池相连",以及在输出开关电路中增设一个电阻外,其他技术特征均与涉案专利相同。多出来的一个电阻,其作用是为了保护可控硅不会被瞬间的高压击穿。此外,根据西普尔公司的自认以及被诉产品说明书的记载内容,被诉产品的唯一用途就是给蓄电池充电,当其为蓄电池充电时,必然具有"与蓄电池相连"这一技术特征。因此,被诉产品在正常使用时,即具备了涉案专利权利要求1的全部技术特征。根据司法解释(二)第21条的规定,本案中,虽然被诉产品本身并不具备涉案专利的全部技术特征,但该产品的唯一用途致使其一旦使用则必然落入涉案专利的保护范围,而对此西普尔公司亦属明知。故西普尔公司的相应行为符合认定专利间接侵权的规定,一审法院认定不构成专利侵权的裁判理由有所不当。

(3)方法专利包括设备的操作及其运行、信息的处理和传输的方法,对生产、销售包含信息处理和传输方法产品行为,应认定为使用方法专利的行为,系直接侵权。使用专利方法,不仅仅是可以看得见的工人在生产车间中操作工艺生产产品,随着生产自动化的普及和提升,把产品的生产方法、机器的运行方法等方法或工艺以数字信息的形式记录在模块中,通过模块驱动设备运行,从而再现方法的步骤、运行条件和功能,已经变得越来越普遍。珠海格力电器股份有限公司、广东美的制冷设备有限公司、珠海市泰锋电业有限公司侵犯发明专利权案[2011]粤高法民三终字第326号,珠海格力电器股份有限公司(简称格力公司)系发明名称为"按照自定义曲线运行的空调器及其控制方法"的专利权人,格力公司主张美的公司生产、泰锋公司以及国美电器朝阳店销售的梦静星系列空调产品在"舒睡模式3"运行方式下的技术特征完全覆盖了涉案发明专利独立权利要求2记载的必要技术特征,并提交了其委托北京国威知识产权司法鉴定中心出具的《司法鉴定(咨询)意见书》。一审法院认为,美的公司为生产经营的目的,未经格力公司许可,在其生产的"舒睡模式3"空调器产品中擅自使用涉案发明专利方法;泰锋公司擅自销售涉案侵权产品,均侵犯了格力公司涉案发明专利权。美的公司主张,用户是被诉侵权产品"舒睡模式3"的使用者,美的公司实施的是制造行为,而非使用行为,因而未实施侵权行为。一审法院认为,制造具有"舒睡模式3"功能的空调器的行为,包含了使用被诉侵权方法的行为。二审法院认为,"舒睡模式3"是一种控制空调器按照自定义曲线运行的方法,美的公司制造的空调器要实现这一功能,就要通过相应的设置、调配步骤,使空调器具备实现按照自定义曲线运行的条件,从而无可避免地使用到控制空调器按照自定义曲线运行的方法,因此美的公司是使用者。

(4)对于将依照专利方法直接获得的产品进一步加工、处理而获得的后续产品,进行再加工、处理的,人民法院应当认定不属于《专利法》第11条规定的"使用依照该专利方法直接获得的产品"。王某与青海珠峰虫草药业集团有限公司、青海珠峰冬虫夏草药业有限公司、青海珠峰冬虫夏草原料有限公司、国药控股常州有限公司专利侵权纠纷案[2015]常知民初字第76号。1997年4月29日,沈某英向国家知识产权局提出了名称为"中国冬虫夏草真菌的发酵生产方法"的发明专利申请,2001年3月28日获得授权,专利号为ZL97110448.4。涉案专利的权利要求1为:一种中国冬虫夏草真菌的发酵生产方法,其特征在于将菌种植入液体培养基置于摇床上,温度20℃以下培养8

天，然后植入一级种子罐，温度20℃以下发酵5天~8天，然后以培养基10倍扩大，逐级发酵，直至达到所需要的量，出罐过滤而成；上述发酵过程均在液体培养基中进行，液体培养基为（按重量百分比）：碳源0.5%~5%，氮源0.2%~5%，微量元素，维生素少许，其余为水分。批准文号为"国药准字Z20103052"、产品名称为"发酵冬虫夏草菌粉"的中药产品，生产企业为青海珠峰冬虫夏草原料有限公司，经批准的"发酵冬虫夏草菌粉"的工艺是：种子摇瓶培养→（培养8天~10天，18℃，120rpm）→一级种子罐→（18℃±1℃，培养8天）→二级种子罐→（18℃±1℃，培养8天）→三级种子罐→（18℃±1℃，培养8天）→发酵罐→（18℃±1℃，培养8天~10天）→离心→提取2次→取出片状菌丝→远红外烘干机，110℃→粉碎→过筛→灭菌/包装→射线照射→发酵虫草菌粉成品。批准文号为"国药准字Z20080187"、产品名称为"百令片"的药品，生产企业为青海珠峰冬虫夏草药业有限公司，"百令片"的主要原料为"发酵冬虫夏草菌粉"。一审法院认定，青海珠峰冬虫夏草原料有限公司生产"发酵冬虫夏草菌粉"属于使用专利方法直接获得产品的行为，青海珠峰冬虫夏草药业有限公司生产"百令片"的行为不属于侵权行为，二审中，由于涉案专利被专利复审委员会宣告无效，二审法院驳回了专利权人的诉讼请求。关于司法解释（二）第20条的理解，涉及的产品有三种："将依照专利方法直接获得的产品"——这是第一种产品；"将依照专利方法直接获得的产品进一步加工、处理获得的后续产品"——这是第二种产品；"将依照专利方法直接获得的产品进一步加工、处理获得的后续产品，进行再加工、处理的（获得的产品）"——这是第三种产品。根据司法解释（二）的规定，第一种和第二种产品属于侵权产品，第三种不纳入侵权的范围。青海珠峰冬虫夏草原料有限公司生产"发酵冬虫夏草菌粉"的工艺是使用涉案专利工艺，其生产的"发酵冬虫夏草菌粉"是依照专利方法直接获得的产品，属于司法解释（二）中的第一种产品，系侵权产品。青海珠峰冬虫夏草药业有限公司生产的"百令片"属于"将依照专利方法直接获得的产品进一步加工、处理获得的后续产品"，属于司法解释（二）中的第二种产品，系间接侵权获得的产品。"百令片"说明书的内容如下，成分：发酵冬虫夏草菌粉，辅料为糊精、蔗糖、羟丙甲纤维素、微晶纤维素、羟甲基淀粉钠、聚丙烯酸树脂Ⅱ。事实上，对该类侵权行为的认定在化学领域比较常见。稳健实业（深圳）有限公司、庆华维产业用布科技有限公司与安徽华茂集团有限公司侵害发明专利权案［2012］合民三初字第00099号，该案一审法院认为，"牵伸"工序，以及使用的水质等工艺条件并未记载在涉案专利权利要求书中，并非限定涉案发明专利方法的技术特征，增加一项以上的技术特征同样成立侵权，属于擅自使用涉案发明专利方法。

（5）方法包括聚合、发酵、分离、成形、输送、纺织品的处理、能量的传递和转换、建筑、食品的制备、试验等方法，如果方法专利是涉及产品的生产方法的，产品本身属于使用专利方法直接获得的产品，如果方法专利不涉及产品的生产方法，如建筑施工方法、信息处理方法等，方法本身无法直接获得产品，不应当承担销毁侵权产品的责任。郭某山、福建欧氏建设发展有限公司与福建欧氏投资（集团）有限公司侵害发明专利权案［2013］闽民终字第743号，郭某山系"一种墙体安装饰面板的结构部件的使用方法"的发明专利权人，福建欧氏建设发展有限公司（简称欧氏发展公司）在其开发的项目"欧氏领秀"楼盘的裙楼外墙装饰工程施工中使用其上述专利进行石材的锚固点挂。厦门开联公司依照与欧氏发展公司的合同，根据福建省建设厅相关部门编撰的《饰面板植钉挂贴工法》进行了"欧氏领秀"相关石材干挂工程的设计，并在相关的工艺图纸上说明，涉及专利性的应用应征得产权人的同意后方可采用。二审法院认为，本案涉及的是"一种墙体安装饰面板的结构部件的使用方法"专利，从其名称上看就可以明确，郭某山的涉案专利属于方法专利，是一种使用方法的专利，即是一种作业方法，该方法不产生产品。在本案中，用涉案专利方法施工，在饰面板挂帖作业过程所产生的连接体不是《专利法》第11条第1款中所称的"依照该专利方法直接获得的产品"。郭某山主张用涉案专利方法施工，在饰面板挂帖作业过程所产生的连接体是用本专利方法直接获得的产品，法律依据不足。郭某山以此要求销毁涉案"欧氏领秀"楼盘涉案外墙装饰，不予支持。一审法院从平衡各方利益的角度出发，采用对郭某山采取赔偿的方法救济其因侵权遭受的损失，而不支持其销毁外墙装饰的请求是合理的。厦门开联公司已在设计图纸中对欧氏发展公司尽到了风险提醒的义务，无论欧氏发展公司是否应当承担相关的侵权责任，与厦门开联公司均无关系，故厦门开联公司不是本案民事诉讼中的第三人。

在本节的案例中，星宇公司未经专利权人许可，生产享有专利权的远近光切换装置的车灯产品，并作为大众宝来汽车产品的零部件，使用在涉案汽车产品上，被告嘉安公司销售带有该远近光切换装置车灯产品的汽车，前者的行为构成使用、销售专利产品的行为，后者的行为构成销售被控侵权产品的行为，前者属于直接侵权，后者属于间接侵权中的帮助侵权。

第七节　外观设计专利侵权判定
——［2017］京民终 57 号

一、法律要点

外观设计侵权判定以一般消费者为判定主体，遵循整体观察、综合判定的原则。具体而言，一是要确认涉案外观设计专利相对于现有设计的设计特征或创新点，二是要确认涉嫌侵权设计与涉案外观设计专利之间的区别相同点和不同点，三是要确认功能性设计和最容易引起消费者关注的设计部位，四是基于前三点判定涉嫌侵权设计是否包含了专利权的所有设计特征或创新点，且该设计是非功能性设计，是最容易引起消费者关注的设计部位，两者的整体视觉效果有无差异。设计特征之间在进行比对时，可以参照商标近似的判定规则。

中止诉讼是为了平衡程序正义和实体正义而确立的一种法律制度。专利权的稳定性比物权弱，且外观设计专利权的确认没有经过实质审查，侵权诉讼中被告通常会选择向专利复审委员会提起无效宣告的请求，法官应当根据被告提出的无效证据以及相关的法律规定，综合判定是否中止侵权诉讼。

安全港规则是法律中规定的网络服务商的免责条款，这是一种事后被动防范侵权的措施。随着科技的进一步发展，免责条款的适用受到了严格的限制。对于重复侵权行为，网络服务商应当提供合理的措施避免重复侵权行为的发生。如果网络服务提供者对侵权行为具有控制能力，或者从侵权行为中获得了直接的经济利益，则应认定网络服务商具有过错。

二、案情介绍

本案涉及名称为"两轮自平衡电动车"的外观设计专利（即涉案专利），由鼎力联合（北京）科技有限公司（简称鼎力公司）于 2013 年 6 月 20 日向国家知识产权局提出申请，于2013年12月11日被授权公告，专利号为ZL201330266398.×。鼎力公司按期交纳了年费。

鼎力公司向一审法院提出诉讼请求：（1）常州爱尔威智能科技有限公司（简称爱尔威公司）立即停止生产、销售、许诺销售被控侵权产品，销毁被控侵权产品的专用生产设备及模具；（2）北京达利盛通科技有限公司（简称达利盛通公司）立即停止销售、许诺销售被控侵权产品；（3）爱尔威公司赔偿鼎立公司经济损失100万元；4、爱尔威公司与达利盛通公司共同赔偿律师费、公证费15万元。

爱尔威公司在本案一审受理后，于2015年10月10日向国家知识产权局专利复审委员会（简称复审委）提出无效宣告申请，请求宣告涉案专利权无效。复审委于2016年3月11日作出第28470号无效决定，决定维持涉案专利权有效。

2015年7月14日，北京市方圆公证处作出［2015］京方圆内经证字第23501号公证书，对于网站www.airwheel.cn、天猫、淘宝、京东上包含型号为"S3"的AirWheel平衡车在内的相关产品的销售页面和产品介绍、售后服务和新闻等相关页面进行了公证。

2015年7月14日，北京市方圆公证处作出［2015］京方圆内经证字第23511号公证书，对于鼎力公司在北京市海淀区海淀大街3号的鼎好电子商城购买型号为"S3"的AirWheel平衡车进行了公证，并将所购买的平衡车进行了封存。该公证书所附照片显示，该被控侵权产品的产品说明上显示有爱尔威公司的名称，购买产品的发票为达利盛通公司所出具，金额为6300元。

2016年7月21日，原审法院组织鼎力公司和爱尔威公司对［2015］京方圆内经证字第23511号公证书所封存的被控侵权产品进行勘验，并将该被控侵权产品外观与涉案专利的外观设计进行了比对。

经比对，涉案专利和被控侵权产品的相同点为：①均由T型把手、控制杆、控制盒以及控制盒两侧的脚踏板、挡泥板、轮毂、方形底座组成，控制杆和底座之间有一个特殊旋钮；②控制杆整体呈弧形，上部分连接T型把手，下部分连接底座，控制杆中心有两端为椭圆的中空装饰条；③控制盒的后侧、左右侧均为梯形面；④控制杆和底座连接的装置，即特殊旋钮的后侧呈花形形状，前侧有圆形装配图案；⑤脚踏板的纹路都是紧密的线条型。

涉案专利和被控侵权产品的不同点为：①被控侵权产品T型把手中间有

一个显示屏，涉案专利没有；②涉案专利车体前端面是凹陷的，两边无装饰物，被控侵权产品车体前端面是突出的，两边有装饰灯和装饰条；③涉案专利车体后端中间部分向内凹陷，四周无装饰物，被控侵权产品车体后端中间部分向外突出，两边和中间分别有装饰灯、装饰条和锯齿形装饰；④涉案专利控制杆部分只有一个中空的装饰条，被控侵权产品控制杆部分有两个中空的装饰条；⑤涉案专利脚踏板的纹路方向是单一的，脚踏板中间无装饰面，被控侵权产品脚踏板的纹路是镜像对称的 V 字形纹路，脚踏板中间有装饰面；⑥涉案专利控制盒的后侧、左右侧梯形面与地平面并非垂直，被控侵权产品控制盒的后侧、左右侧梯形面与地平面垂直。

此外，爱尔威公司还主张涉案专利的轮毂呈 Y 型，被控侵权产品的轮毂呈圆盘形。经查，涉案专利图片上未显示轮毂为 Y 型，爱尔威公司指出的上述区别实际为涉案专利轮毂外设置了三个装饰片。

爱尔威公司认可［2015］京方圆内经证字第 23501、23511 号公证书上显示的型号为"S3"的 AirWheel 平衡车为其所生产、销售和许诺销售。

在原审的审理过程中，鼎力公司主张在［2015］京方圆内经证字第 23501 号公证书上显示被控侵权产品销售数量为 88 台，售价为 6999 元，此外，线下销售可从其宣传材料中自称的在多个国家销售等证据中推定。爱尔威公司不同意此种推定。此外，鼎力公司认可其未提交相关票据证明其合理开支。原审法院要求鼎力公司、爱尔威公司提供证据证明平衡车行业的平均利润率，并要求爱尔威公司提交涉案型号为"S3"的 AirWheel 平衡车的销售数量，但各方当事人均未举证证明。

一审法院认为：由爱尔威公司制造的型号为"S3"的 AirWheel 平衡车与涉案专利外观的勘验对比结果可以看出，二者均由 T 型把手、控制杆、控制盒以及控制盒两侧的脚踏板、挡泥板、轮毂、方形底座组成，控制杆和底座之间有一个特殊旋钮，控制杆整体呈弧形，上部分连接 T 型把手，下部分连接底座，控制杆中心有两端为椭圆的中空装饰条，控制盒的后侧、左右侧均为梯形面，控制杆和底座连接的装置，即特殊旋钮的后侧呈花形形状，前侧有圆形装配图案，脚踏板的纹路都是紧密的线条型。上述相同设计基本构成了平衡车产品的整体外观。

虽然二者在 T 型把手中间的显示屏、车体前端面及装饰灯和装饰条、车体后端面及装饰灯和装饰条、控制杆中空的装饰条、脚踏板纹路和装饰面、控制盒的上梯形面与地平面是否垂直等设计上存在一定的差异,但是这些差异均属于局部细微差异,对于产品整体外观的视觉效果不会产生显著的影响,二者的整体视觉效果并无实质性的差异,属于近似的外观设计。爱尔威公司关于二者不构成相近似外观设计的抗辩理由缺乏事实与法律依据,不予支持。

故涉案型号为"S3"的AirWheel平衡车与涉案专利的外观设计构成近似,则被控侵权产品的制造、销售、许诺销售行为均属于对涉案专利的实施行为。

爱尔威公司为被控侵权产品的制造者和销售者、许诺销售者,达利盛通公司为被控侵权产品的销售者,两者应当分别就其制造、销售、许诺销售被控侵权产品的行为承担相应的法律责任。

鼎力公司主张销毁被控侵权产品的专用生产设备及模具,鼎力公司没有提交证据证明其所主张的专用生产设备及模具的范围、数量,甚至没有证据证明生产本案被控侵权产品是否存在专用生产设备及模具,亦没有举出支持其主张的法律依据,故对鼎力公司的上述主张不予支持。

达利盛通公司销售的被控侵权产品系爱尔威公司制造,且爱尔威公司认可被控侵权产品系达利盛通公司经合法渠道购买,故达利盛通公司可以不承担赔偿责任。要求判决达利盛通公司共同赔偿合理费用没有法律根据,不予支持。

鼎力公司现有证据仅能证明爱尔威公司通过网络销售被控侵权产品的网页销售记录,没有证据证明其线下实体店销售的数量,且该记录的真实性也尚待其他证据佐证。加之,经向双方当事人询问行业平均利润率,特别是向爱尔威公司询问被控侵权产品的销售数量,但各当事人并未举出充分的证据加以证明,故法院无法依据被告获利或原告损失确定赔偿数额,在综合考虑专利权类别、被告侵权行为的性质和情节、侵权产品的销售地域及售价、现有证据可以初步证明的销售数量等因素后,酌情确定赔偿数额。此外,法院曾要求爱尔威公司提供被控侵权产品的销售数量,但爱尔威公司未向法院提交,其应当承担相应不利的后果。

鼎力公司主张公证费、律师费,鼎力公司亦在本案中确实提交了公证书、有专业律师代理本案,但是其并未提交票据和相应的委托合同等证据证明,难以排除其已经将上述支出列入生产成本进而由消费者负担的可能性,其支出不应再次获得受偿,亦存在其律师代理本案诉讼的服务包含于其他法律服务之中、鼎力公司已经针对整体法律服务支付相关费用的可能性。考虑到鼎力公司在本案主张的公证费、律师费如果真实发生，其提交上述证据并不存在任何障碍，但其并未向法院提交，其应当承担相应不利的后果，故对于鼎力公司关于公证费、律师费的主张法院不予支持。

一审法院判决：一、达利盛通公司自本判决生效之日起立即停止销售型号为"S3"的AirWheel平衡车的行为；二、爱尔威公司自本判决生效之日起立即停止制造、销售、许诺销售型号为"S3"的AirWheel平衡车的行为；三、爱尔威公司自本判决生效之日起十日内赔偿鼎力公司经济损失40万元；四、驳回鼎力公司的其他诉讼请求。

爱尔威公司不服北京知识产权法院〔2015〕京知民初字第1277号民事判决，向本院提起上诉。本院于2017年2月14日受理本案后，依法组成合议庭进行了审理。2017年5月26日，上诉人爱尔威公司的委托代理人，被上诉人鼎力公司的委托代理人到本院接受了询问。达利盛通公司经本院合法传唤，未申明理由未到院接受询问。本案现已审理终结。

爱尔威公司上诉请求：撤销原审判决、驳回鼎力公司的全部诉讼请求。其事实和理由是：（1）在进行侵权判断时，原审判决采用了与第28470号无效宣告请求审查决定（简称第28470号无效决定）相反的标准，原审判决认定显示屏、控制杆、脚踏板等设计上的差异是局部细微差异，而第28470号决定则认定上述部位是该类产品视觉主要关注的部位，容易引起一般消费者的关注。上述认定使得鼎力公司两头受利，违反公平、诚信原则。（2）被控侵权的自平衡车已经迅速发展，产品的组成部分及位置关系已经成熟和固定，一般消费者更容易注意到各组成部分的具体形状和图案，原审判决忽视上述事实，认定被控侵权产品的外观设计与涉案专利的外观设计相近似错误。（3）被控侵权产品的外观设计与涉案专利的外观设计存在10点区别，原审判决遗漏了被控侵权产品T型把手显示屏的背面设有装饰灯、T型把手形状有差异、控制杆上的中空装饰条周边设置装饰灯、轮毂图案不同、挡泥板存在差异、特殊旋钮前侧圆形装配图案不同等区别。（4）原审判决认定的赔偿数额不当。

鼎力公司辩称：（1）爱尔威公司主张部件及结构特征不属于产品的外观设计，在相近似判断时不应予以考虑，缺乏法律依据。（2）爱尔威公司主张的惯常设计缺乏事实依据。（3）把手、控制杆、控制盒和脚踏板的设计区别是细微的。（4）T型把手的背后、车体的前端面和后端面属于一般消费者不容易观察到的部位，轮毂外设置的装饰片不会给被控侵权产品的结构和形状带来显著的视觉效果，爱尔威公司的网站记载此类装饰片可以拆卸。爱尔威公司主张上述部位存在明显差异视觉效果的主张缺乏事实和法律依据。

达利盛通公司未陈述意见。

本院二审期间，当事人围绕上诉请求提交了证据。本院组织当事人进行了证据交换和质证。爱尔威公司提交如下证据：（1）第28470号无效决定，用以证明两轮自平衡电动车类产品的整体构架大致相同，属于常见设计；（2）最高人民法院〔2015〕民提字第23号民事判决书，用以证明被控侵权设计未包含授权外观设计区别于现有设计的全部设计特征，被控侵权设计与授权设计外观不近似。对上述证据，鼎力公司认为第28470号无效决定不能证明被控侵权产品与涉案专利的相同点为惯常设计，最高人民法院〔2015〕民提字第23号民事判决针对的事实与本案的差别较大，不应适用。在本案二审审理过程中，鼎力公司还提交了专利号为201230244666、201230566582、201330003425的外观设计专利文献（见附图），用以证明自平衡车的设计空间较大。爱尔威公司对上述证据的真实性不持异议，但主张自平衡车的剩余设计空间已经较小。

二审法院另查：涉案专利授权公告文本中公开了主视图、仰视图、俯视图、左视图、右视图、立体图等六面视图。其简要说明记载，本外观设计的设计要点在于产品的形状。最能表明设计要点的图片或者照片是立体图。

在二审审理过程中，本院组织双方当事人围绕双方当事人存有争议的事实，对被控侵权产品再次进行勘验，本院认定原审判决对被控侵权产品的外观与涉案专利的外观异同的认定属实，本院予以确认。但原审判决遗漏如下区别点：（1）两者的把手部分还存在如下区别：被控侵权产品的把手两端是对称的，而涉案专利的T型把手的中间部分呈现非对称的T型，与之相连的把手两端也呈现非对称的状态；涉案专利的把手部分的上缘是平滑的，手柄部分是纺锤状，把手整体成流线型。被控侵权产品的把手部分设有电子显示屏，而且把手部分的手柄呈现中间小两端大的形状，因此被控侵权产品的把手部分的上缘部分存在凸起，把手的整体棱角分明；被控侵权产品把手部分的后视图可见一个led装饰带，涉案专利没有。（2）挡泥板的形状不同：涉案专利与被控侵权产品的挡泥板均自轮毂内侧延伸至覆盖轮胎，但从主视图看，涉案专利覆盖轮胎部分的挡泥板中间大两边小，呈半圆形，而被控侵权产品覆盖轮胎部分的挡泥板则前后大小一致，近乎方形；从立体图看，涉案专利的挡泥板自轮毂内侧向上延升的部分完全覆盖了轮毂内侧的半圆形，而被控侵权产品的挡泥板自轮毂内侧向上延升的部分，并未完整覆盖轮毂内侧，呈扇形。涉案专利覆盖轮毂的挡泥板凹部较宽，凸台较小，整体呈现凹的状态，被侵权产品覆盖轮毂的挡泥板整体凹部较窄，凸台较大，整体呈现凸的状态。

鼎力公司主张涉案专利把手部分非对称的视觉效果是由于特定视角造成的，但涉案专利授权公告中的图片除无法显示把手的左视图和右视图之外的其余五视图均显示把手部分呈现非对称的状态，因此，鼎力公司的相关主张本院不予采信。

爱尔威公司主张涉案专利与被控侵权产品在控制杆和底座连接的装置，即特殊旋钮的前侧有圆形装配图案不同。但涉案专利的该旋钮为圆形中央设有一行文字，被控侵权产品的旋钮也为圆形，中间设有文字"AirWheel"，由于文字的内容并非外观设计专利权保护的客体，因此，被控侵权产品的旋钮与涉案专利的旋钮外观并无不同，爱尔威公司的相关主张本院不予采信。

爱尔威公司还主张涉案专利轮毂呈Y型。尽管原审判决认定涉案专利图片上未显示轮毂为Y型，Y型的视觉效果是由于装饰片带来的，但是涉案专利公告文本的照片显示在轮毂外侧设有装饰片，直接观察该外观的轮毂外侧，呈现Y型的视觉效果，被控侵权产品的轮毂并无装饰片，该轮毂外侧呈现圆盘状。因此，轮毂外侧设计上的差异构成被控侵权产品与涉案专利设计上的区别点。

再查，复审委第28470号无效决定中使用了对比设计1至6作为现有设计，用以评价涉案专利的有效性。分别是专利号为201330253029.7、专利号为201230425413.6、专利号为200630316014.0、专利号为201230425414.0、专利号为201030685856.×和专利号为201230326329.9的中国外观设计专利授权公告文本打印件。

该决定认定：对于两轮自平衡车这类产品而言，为实现其功能，通常均由前端设置的车扶手、底部与之相连的车体以及车体两侧的车轮构成，且用于实现产品电机控制的控制盒通常设置在车体的中部区域，即该类产品的整体构架大致相同。而该类产品外观设计之间的差异则主要体现在对各组成部分的具体形状和其表面的装饰性图案做出的不同设计上，例如，车扶手、方向控制杆、车体上的控制盒、脚踏板以及车轮和挡泥板等可以有多种不同的形状设计，具备相对较大的设计空间。因此，两轮自平衡车的车扶手、方向控制杆、车体上的控制盒、脚踏板以及车轮和挡泥板的具体形状设计均属于该类产品的视觉主要关注部位，容易引起一般消费者的关注。涉案专利产品采用了整体呈现弧形且设有中空装饰长条的方向杆，形体较小、设计紧凑的控制盒，细致、紧密的斜线构成的脚踏板纹理，宽体"Y"形的轮毂设计，整体呈现出更加简洁、时尚的造型特点。涉案专利与对比设计1至6相比的不同点，尤其是对比设计产品的方向控制感整体采用了将T形车把插入方向控制杆的方式，方形控制杆均大致呈弯折的直线型的形状及结构设计，且涉案专利与对比设计在控制盒整体形状及表面设计、脚踏板表面的防滑纹理设计以及轮毂形状等设计要点上存在的区别均为一般消费者所关注，其设计差异会对整体视觉效果产生较为显著的影响，不属于施以一般注意力不能觉察到的局部细微差别，也不属于其他可以认定二者属于相同或者实质相同的情形。

在原审审理过程中，鼎力公司提交了第28470号无效决定引用的对比设计的授权公告文本，以及专利号为201230140414.6，申请日为2012年4月28日，授权公告日为2012年10月3日的，名称为自平衡两轮电动车的外观设计专利的授权公告文本，用以证明此类产品的各个设计特征的设计空间较大。

此外，爱尔威公司主张，弧形控制杆是常见的设计特征，不应当被垄断、平衡车的控制杆呈弧形，具有力学功能，在相近似的判断中不应具有显著影响。弧形控制杆属于现有设计，第28470号无效决定中采用的对比设计5也采用了弧形控制杆的设计。鼎力公司则辩称弧形控制杆是涉案专利的设计要点，第28470号无效决定认定涉案专利的控制杆整体呈弧形，而对比设计均存在弯折。

上述事实有涉案专利的授权公告文本、被控侵权产品、第28470号无效决定、鼎力公司提交的证据及当事人陈述等证据在案佐证。

二审法院认为，《专利法》第11条第2款规定，外观设计专利权被授予后，任何单位或者个人未经专利权人许可，都不得实施其专利，即不得为生产经营目的制造、许诺销售、销售、进口其外观设计专利产品。第59条第2款规定，外观设计专利权的保护范围以表示在图片或者照片中的该产品的外观设计为准，简要说明可以用于解释图片或者照片所表示的该产品的外观设计。《最高人民法院关于审理侵犯专利权纠纷案件应用法律若干问题的解释》第 8 条规定，在与外观设计专利产品相同或者相近种类产品上，采用与授权外观设计相同或者近似的外观设计的，人民法院应当认定被诉侵权设计落入《专利法》第 59 条第 2 款规定的外观设计专利权的保护范围。

判断涉案专利与被控侵权设计是否构成相同或者相近似的设计，应当对涉案专利外观设计和被控侵权设计的全部设计特征进行逐个分析对比后，对能够影响产品外观设计整体视觉效果的所有因素进行综合考虑，以全面观察设计特征、综合判断整体视觉效果为进行相同相近似判断的方法。该判断方法以一般消费者为判断主体，以一般消费者的视角进行。一般消费者不同于产品购买者，一般消费者对与外观设计专利产品相同或者相近类别的产品具有常识性的了解，并通晓申请日之前相关产品的外观设计状况，熟悉相关产品上的惯常设计。一般消费者能够对设计要素的变化具有一般的注意力和分辨力，但不会关注两个外观设计之间的局部细微差别。

涉案专利的外观设计与被控侵权产品的外观设计均包含把手、控制杆、控制盒、踏板、底座、特殊旋钮、轮毂、挡泥板等设计特征。为了实现功能，此类产品通常包含上述部件，并且具有大致相近的连接关系和构造，因而由此形成的两轮自动平衡车的整体车形属惯常设计。第 28470 号决定的相关认定以及鼎力公司提交的现有设计也可予以佐证。因此，虽然涉案专利与被控侵权产品的外观设计的各部件之间的布局和整体车形基本相同，但存在上述相同点并不足以认定两者构成相同或相近似的外观设计，仍然需要进一步对其他设计特征进行逐个分析对比后再行综合判断。

关于涉案专利与被控侵权产品的 T 型把手。如上所述，在车体前端设有把手，且把手与控制杆连接是惯常设计。为了实现把手保持平衡、控制方向等功能，此类产品的把手大多选择在中间位置与控制杆连接，从而形成 T 型，第 28470 号决定引用的对比文件可以予以佐证。因而 T 型把手本身对整体视觉效果的影响较小，在涉案专利与被控侵权产品都采用 T 型把手时，需要进一步考察把手的具体形状。被控侵权产品具有方形显示屏，因此 T 型把手的上缘有凸台，而且两端的手柄是马鞍的形状，T 型把手整体棱角分明。涉案专利没有显示屏，把手上缘和下缘都是平滑的，两端手柄呈纺锤状，整体呈现流线型设计。而且被控侵权产品的把手两端是对称的，而涉案专利的把手两端呈现非对称的状态。此外，被控侵权产品把手部分的后视图可见一个

LED 灯装饰带，而涉案专利没有。上述区别使得被控侵权产品的把手和涉案专利的把手存在明显的区别，一般消费者施以一般注意力即可注意到。把手是自平衡车凸出的部件，能够被直接观察到，是能够引起一般消费者视觉关注的部位，两者把手部位的差异对整体视觉效果产生了显著影响。

关于涉案专利与被控侵权产品的方形底座的各个侧面。被控侵权产品的方形底座的前侧和后侧都是凸出的，并设置有复杂的装饰物和车灯，形成卡通人脸的设计，而涉案专利的方形底座的前侧和后侧都是凹陷的，并无装饰物，设计简洁。对于自平衡车而言，底座是富集各部件并承载驾驶人员的部位，是车体的主要部分，并且能够被直接观察到的，因此，底座的各个侧面都是引起一般消费者关注的部位，此间的不同对整体视觉效果将产生显著影响。

关于涉案专利与被控侵权产品挡泥板。如前所述，两者存在多处形状上的差异，而且涉案专利的挡泥板仅覆盖部分轮胎上缘、整体呈现圆滑流畅的造型，而被控侵权产品的挡泥板覆盖整体轮胎上缘、整体呈现方直的造型。挡泥板从轮毂内侧覆盖至轮胎上缘，是一般消费者能够直接观察到的，并且在车体中所占比例较大，是视觉关注的部位，此间设计特征的区别能够对整体视觉效果产生影响。

关于涉案专利与被控侵权产品的外侧轮毂。直接观察涉案专利的外侧轮毂可以看到 Y 型装饰片，而被控侵权产品的外车轮毂是圆盘形。外侧轮毂为一般消费者直接观察到，是视觉关注的部位，两者的上述差别对整体视觉效果能够产生显著影响。

关于涉案专利与被控侵权产品的特殊旋钮，被控侵权产品和涉案专利均在控制杆和底座的连接处设置特殊旋钮，旋钮的形状相同。但该旋钮的位置具有功能性，且其后侧的花形旋钮是旋钮的惯常设计，其侧前的形状也为常见的圆形，因此，该部分对整体视觉效果的影响较小。

关于涉案专利与被控侵权产品的控制盒。两者的侧面均为梯形，其中一面上设有椭圆形电源接口。不同在于控制盒的各个侧面是否与地面垂直不同，涉案专利的控制盒的左、右和后侧都呈现有弧度的斜坡状，控制盒整体较为圆滑，被控侵权产品的控制盒的左、右和后侧都与底面垂直，整体棱角分明。控制盒是可以直接观察到的部位，设计上的异同对整体视觉效果能够产生显著影响。

关于被控侵权产品和涉案专利的底座脚踏板的纹路。两者均为密实紧凑的纹路，但脚踏板纹路的具体图案不同。被控侵权产品脚踏板的纹路为人字纹，而涉案专利产品的脚踏板的纹路为斜纹。由于踏板上设有的纹路具有功能性，且人字纹和斜纹均为脚踏纹路的惯常设计，因此，踏板的纹路设计并不对整体视觉效果能够产生显著影响。

关于涉案专利与被控侵权产品的控制杆。被控侵权产品的控制杆和涉案专利的控制杆都呈弧形，区别在于涉案专利的控制杆上设有一个贯通上下的中空装饰条，而被控侵权产品的控制杆上设有两个上下并不贯通的中空装饰条。控制杆是可以直接观察到的车体的重要组成部位，设计上的异同对整体视觉效果能够产生显著影响。

在上述设计特征中，鼎力公司主张S形控制杆、T型把手、控制盒以及脚踏板是涉案专利的设计要点，被控侵权产品的设计采用了与涉案专利上述设计要点相同或者相近似的设计特征，两者构成实质相同。

设计要点是指外观设计区别于现有设计，并能够对一般消费者产生显著视觉影响的设计特征。设计要点通常对整体视觉效果更具影响。在进行相同相近似判断的过程中考虑设计要点对整体视觉效果的影响，体现了对外观设计专利权人创新性贡献的认可，而且，通常这种创新的设计更容易引起消费者的关注，吸引消费者购买产品，应当为外观设计专利制度所保护。但并非每一个设计要点对视觉效果产生的影响都是决定性的，即某一设计要点与其他同样对整体视觉效果产生显著影响的设计特征相比，并不必然更具影响，仍需通过整体观察、综合判断的方式进行认定。不能仅以被控侵权设计采用了与授权专利设计要点相同或者相近似的设计特征就当然认定两者构成相同或者相近似的设计，仍需要以一般消费者的视角对整体视觉效果进行观察和判断，并且此时的观察和判断应当放在现有设计的背景下，结合现有设计的状况进行。通常而言，就某一设计特征，当授权专利与现有设计的差异不大于被控侵权设计与授权专利的差异时，则以一般消费者的视角观察被控侵权设计时，被控侵权设计与授权专利的差异更容易被关注，从而使被控侵权设计获得不同的视觉效果。

在本案中，第28470号决定采用的6份对比设计、鼎力公司在一审审理过程中提交的专利号为201230140414.6的外观设计专利以及在二审审理过程中提交的专利号为201230244666、201230566582、201330003425的外观设计专利真实性可以确认，可以作为评判现有设计状况的证据，本院予以采纳。

鼎力公司主张 S 形控制杆是涉案专利区别于现有设计的设计要点。第 28470 号决定也认定，涉案专利方向控制杆整体呈弧形，对比设计产品的方向控制杆整体采用了将 T 形车把插入方向控制杆的方式，方形控制杆均大致呈弯折的直线型的形状及结构设计。对此，爱威尔公司主张弧形控制杆是具有分散外力效果的功能性选择，而且第 28470 号决定采用的对比设计 5 已经公开了弧形操作杆的设计。本院认为，未经司法审查的复审委作出的行政决定，在司法审查过程中仅具有公文书证的效力。该决定认定的现有设计的方形控制杆大致呈弯折的直线型的形状及结构设计，与事实不完全一致，虽然在案的现有设计的控制杆都具有程度不同的弯折，但在案的多数现有设计的控制杆整体也呈现一定弧度，涉案专利控制杆的设计与在案的现有设计的区别仅在于涉案专利的控制杆弧形更为流畅。因此，虽然弧形的控制杆是涉案专利的设计要点，但该设计要点与现有设计的差异并不显著，而被控侵权产品控制杆与涉案专利的控制杆还存在中空装饰条上的差异，因此，尽管被控侵权产品采用了与涉案专利基本相同的弧形控制杆，但并不导致涉案专利与被控侵权产品的外观设计整体视觉效果相同。

鼎力公司还主张控制盒左右和后侧呈梯形面的控制盒是其设计要点。虽然涉案专利采用了与现有设计不同的小型斜面凸台的控制盒，但根据在案的现有设计来看，控制盒设置在底座中间位置以及设置为近乎长方形的凸台是此类产品的现有设计，而且在案的现有设计中也有将控制盒设置成斜面的设计，加之，与把手、底座、轮毂等设计特征相比，控制盒受到的关注通常较小，因此，与把手等其他设计特征相比，控制盒的位置及大致形状对整体视觉效果产生的影响较小。而且被控侵权产品的控制盒与涉案专利凸台的形状并不完全相同，两者的整体视觉效果也有差异。

此外，涉案专利采用的踏板纹路是此类纹路的惯常设计，不会引起一般消费者的注意，该设计特征并不会对整体视觉效果产生显著影响，踏板纹路并非涉案专利的设计要点。

因此，在涉案专利与被控侵权产品的外观设计在 T 型把手、底座、挡泥板及轮毂等对整体视觉效果产生显著影响的设计特征存在明显区别的情况下，被控侵权产品在弧形控制杆、控制盒的梯形面以及踏板纹路等设计特征上与涉案专利相近似并不足以使得整体的视觉效果无实质性差异。鼎力公司还主张自动平衡车产品的把手、控制杆、轮毂、控制盒、挡泥板具有较大的设计空间，但上述设计特征受功能所限，或者与在案证据中的现有设计具有相似之处，因此，鼎力公司提交的证据尚不足以证明其主张。综上，根据整体观察、综合判断的原则，被控侵权产品和涉案专利的外观设计存在明显区别，不构成相近似的外观设计。爱尔威公司的相关上诉理由成立，本院予以支持。

爱尔威公司生产、许诺销售、销售，达利盛通公司销售的被控侵权产品未落入鼎力公司的涉案专利权的保护范围，爱尔威公司生产、许诺销售、销售被控侵权产品的行为以及达利盛通公司销售被控侵权产品的行为不构成对涉案专利权的侵害。原审判决的相关认定错误，应予纠正。

综上，原审判决认定事实错误，适用法律不当，本院予以撤销。上诉人爱尔威公司的上诉成立，对其上诉请求本院予以支持。依照《专利法》第59条第2款、《最高人民法院关于审理侵犯专利权纠纷案件应用法律若干问题的解释》第8、10、11条以及《中华人民共和国民事诉讼法》第170条第1款第2项之规定，判决如下：（1）撤销北京知识产权法院［2015］京知民初字第1277号民事判决；（2）驳回鼎力联合（北京）科技有限公司的全部诉讼请求。

一审案件受理费15 150元，由鼎力联合（北京）科技有限公司负担（已交纳）；二审案件受理费7300元，由鼎力联合（北京）科技有限公司负担（于本判决生效之日起7日内交纳）。

本判决为终审判决。

三、法律条文

《专利法》（2009年）

第十一条第二款　外观设计专利权被授予后，任何单位或者个人未经专利权人许可，都不得实施其专利，即不得为生产经营目的制造、许诺销售、销售、进口其外观设计专利产品。

第五十九条第二款　外观设计专利权的保护范围以表示在图片或者照片中的该产品的外观设计为准，简要说明可以用于解释图片或者照片所表示的该产品的外观设计。

《最高人民法院关于审理侵犯专利权纠纷案件应用法律若干问题的解释》（2009年）

第八条　在与外观设计专利产品相同或者相近种类产品上，采用与授权外观设计相同或者近似的外观设计的,人民法院应当认定被诉侵权设计落入专利法第五十九条第二款规定的外观设计专利权的保护范围。

人民法院应当以外观设计专利产品的一般消费者的知识水平和认知能力,判断外观设计是否相同或者近似。

第十一条 人民法院认定外观设计是否相同或者近似时,应当根据授权外观设计、被诉侵权设计的设计特征,以外观设计的整体视觉效果进行综合判断;对于主要由技术功能决定的设计特征以及对整体视觉效果不产生影响的产品的材料、内部结构等特征,应当不予考虑。

下列情形,通常对外观设计的整体视觉效果更具有影响:

(一)产品正常使用时容易被直接观察到的部位相对于其他部位;

(二)授权外观设计区别于现有设计的设计特征相对于授权外观设计的其他设计特征。

被诉侵权设计与授权外观设计在整体视觉效果上无差异的,人民法院应当认定两者相同;在整体视觉效果上无实质性差异的,应当认定两者近似。

《侵权责任法》(2009年)

第三十六条 网络用户、网络服务提供者利用网络侵害他人民事权益的,应当承担侵权责任。

网络用户利用网络服务实施侵权行为的,被侵权人有权通知网络服务提供者采取删除、屏蔽、断开链接等必要措施。网络服务提供者接到通知后未及时采取必要措施的,对损害的扩大部分与该网络用户承担连带责任。

网络服务提供者知道网络用户利用其网络服务侵害他人民事权益,未采取必要措施的,与该网络用户承担连带责任。

四、法理分析

笔者2018年3月19日访问无讼网输入关键词"常州"和"外观设计",共有815项检索结果,说明常州地区的企业因外观设计产生的纠纷相对较多。在外观设计专利侵权纠纷的处理过程中,主要会涉及以下的问题:

(一)诉讼中止

诉讼中止是因法定事由而导致诉讼程序暂时性的中断,该制度设计是为了在程序价值和实体价值之间寻求平衡,为实现实体正义而在一定程度上牺牲诉讼效率。我国三大诉讼法都设置了诉讼中止制度。在知识产权侵权诉讼中，被控侵权人常常向专利复审委员会或商标评审委员会提起专利无效或商标无效请求，无效请求被受理后，就向侵权纠纷受理法院提出中止审理的请求，以此作为反制权利人的手段。由于商标无效和专利无效的决定，需要经过司法审查，一旦中止诉讼，需要很久才能恢复诉讼。从民事诉讼价值论的角度分析，诉讼中止直接影响诉讼效率的实现，诉讼程序一旦中止，讼争中的法律关系将继续处于悬而未决的状态。

日本专利侵权诉讼中对反诉专利权无效与中止诉讼问题的处理。日本富士通半导体案对制度的影响。本案中，原告是日本富士通株式会社，被告是美国有名的半导体制造商德州仪器公司，该公司持有"半导体装置"的专利权。由于德州仪器公司认为富士通未经许可使用了其专利技术，要求富士通支付使用费，而富士通认为其产品的制造销售行为并没有损害到被告的专利权，因此要求法院确认其不侵权。本案一审法院认为富士通的产品所用技术并没有覆盖该专利的必要技术特征，所以判原告胜诉。被告不服，向东京高等法院上诉，东京高院维持了原判。但判决理由和一审不同，它认为该专利存在很明显的无效理由，所以这种存在瑕疵的专利权是不允许其限制第三人行使权利的。被告依旧不服，继续上诉到最高法院。最终最高法院也驳回其上诉。终审法院的判决指出：在特许厅审查部对专利权是否有效作出判断之前，审理专利权侵权诉讼的法院如果认为该专利确实存在很明显的无效理由，就会以权利滥用为由不支持专利权人停止侵权、赔偿损失等的要求。这就承认了在与专利权有关的侵权诉讼中，如果专利存在无效的理由，且无效理由具有明显性，法院可以对专利权的有效性作出间接的、相对的判断。之后，在类似的侵权诉讼中，运用高院的这一判决来判案的案件也越来越多。[1]

日本在2004年的《专利法》修改中，第104条增加了第3款，其内容是在专利权或者专用实施权的侵权诉讼中，当该法院认为该专利即使通过无效程序也会被宣告无效时，专利权人或专用实施权人就不能对对方行使权利。但是，在专利无效审查作出决定之前，专利权仍然是具有对世性的，而审理侵权诉讼的法院对于专利是否无效的判断，只在该诉讼当事人之间有效力。同时为了防止当事人滥用上述专利权无效的抗辩，该条款还规定，如果法院认为其列

---

〔1〕飯村敏明："知的財產訴訟の制度改正の概要と実効ある制度運用"，载《知财管理》2005年第3期。

举的无效理由是出于拖延诉讼等不正当的目的,可以驳回其抗辩。日本专利法的这一规定,有效地提高了侵权诉讼的审理效率,值得借鉴。

我国司法解释中的相关规定。《最高人民法院关于审理专利纠纷案件适用法律问题的若干规定》(简称《若干规定》)对实用新型和外观设计案件中止诉讼的情形作了规定,被告在答辩期间内请求宣告该项专利权无效的,人民法院应当中止诉讼,但在几种情形之下可以不中止诉讼。由此可见,我国法院在是否中止诉讼这个问题上有几个特点:一是基于相对充分的证据,能够判定实用新型或外观设计符合授权条件,或者能够判定现有技术抗辩成立,可以不中止诉讼;二是即便涉案专利明显无效,人民法院也无权作出对被控侵权人的有利判决,只能作出中止诉讼的裁定;三是专利复审委员会与人民法院之间的协调,缺少制度性保障,无法避免两者出现不一致的情形。基于此,我国诉讼中止制度的完善,首先需要面对的问题是专利权的无效与专利权的保护之间的协调,事实上,对于明显无效的专利权,如果法院判决驳回专利权人的请求权,并没有损害专利复审委员会的行政权力,相反切中了当事人争议的焦点,维护了实体公正。关于这一点,有必要借鉴美国、日本等国家的经验。

(二)外观设计侵权判定规则

基于专利申请法律文书的一致性,发明和实用新型专利的侵权判定规则也是一致的,各项侵权判定原则已经通过专利法和司法解释得以逐步确立。一直以来外观设计的侵权判定规则主要参考外观设计的审查规则,该规则对于侵权判定而言缺少一定的严谨性和细致性,在司法实践中法院缺少说理,仅仅是笼统的评判。2015年最高人民法院指导案例85号(高仪股份公司诉浙江健龙卫浴有限公司侵害外观设计专利权纠纷案),对外观设计侵权的判定作出了示范:

1. 明确涉案外观设计的设计特征

对专利权人而言,除了开拓性发明,创新都是基于前人的成果,属于改进型发明创新。对于发明或者实用新型专利权人而言,只有包含了区别于现有技术的技术特征的技术方案,才能得到专利权保护,外观设计专利亦是如此。因此,外观设计专利权人,应当在提交申请文书时在"简要说明"中说明其设计要点,根据《专利审查指南》(2010年)设计要点是指与现有设计相区别的产品的形状、图案及其结合,或者色彩与形状、图案的结合。如果专利权人在简要说明中没有明确其设计要点，则要在侵权诉讼中指明其设计要点或设计特征，只有如此，法院才有足够的理由支持其诉讼请求，保护其权利。

2. 明确涉案授权外观设计产品正常使用时容易被直接观察到的部位

外观设计保护的是具有美感的、可识别性的设计，类似于著作权保护的美术作品，其价值的实现是使得消费者使用该外观设计的产品时，不仅能够实用，而且能够产生精神上的享受。因此，其保护的范围应当以消费者容易观察到的，或者消费者经常性关注的部位为准。对于不同的产品，基于其产品的使用特性，消费者关注的部位是不同的，应当从一般消费者的角度进行判定。容易观察的或者消费者关注的部位，通常会对产品外观设计的整体视觉效果产生影响。在此基础上，也仅有容易观察到部位的区别于现有设计的设计特征，对侵权判定才会产生影响。

3. 明确功能性设计的范围

外观设计专利应是装饰性的设计，不包含功能性的设计。功能性设计通过发明、实用新型专利来保护。我国《专利审查指南》指出："由产品的功能唯一限定的特定形状对整体视觉效果通常不具有显著的影响。"《最高人民法院关于审理侵犯专利权纠纷案件应用法律若干问题的解释》第11条第1款规定："对于主要由技术功能决定的设计特征以及对整体视觉效果不产生影响的产品的材料、内部结构等特征，应当不予考虑。"《商标法》中也有类似的规定。说明我国法律将由产品自身实现产品功能的形状，以及为获得技术效果而应有的形状定义为功能性形状，不能获得保护。美国法院判定功能性时采取的步骤：把产品分解至最小的独立单元，在进行单元和单元结合时可以看出变换的设计能否和相邻单元进行结合；考察每一个独立单元所具有的实用功能，重点考察是否有实现该技术功能的替代设计；把所有的单元结合起来，从整体上分析该设计是功能性的还是装饰性的。

4. 判定被诉侵权产品外观设计与涉案授权外观设计是否构成相同或者近似

根据指导案例85号，如果被控侵权外观设计没有包含涉案外观设计的全部设计特征，两者在整体视觉上呈现明显差异，两者既不相同也不近似，被诉侵权产品的外观设计则未落入涉案外观设计专利权的保护范围。早期，美国法院在判断外观设计专利侵权时，首先，根据普通观察者检测方法（也称实质相似性检测),[1]即以一般购买者的混淆、误认来判断被控侵权产品外观与涉案专利外观设计是否实质相似;其次,根据新颖点检测方法,[2]判断被控侵权产品外观是否擅自使用了专利外观设计区别于在先外观设计的新颖点。如果普通观察者检测要求与新颖点检测要求同时满足,则专利侵权指控成立。在 egyptian goddesss v. swisa 案中,联邦巡回上诉法院对上述标准进行了修正,确立了熟悉在先设计的普通观察者测试法:对于熟悉在先外观设计的购买者来说,被控侵权产品外观不会被认为与本案的专利外观设计如此的相似,以至于本案的专利设计与被控侵权产品外观之间的相似会欺骗购买者,诱导他以为是前一外观设计产品而购买了后一外观设计产品(被控侵权产品)。[3]虽然指导案例不像西方判例具有法源的地位,但是指导性案例对案件办理、审理具有非常高的指导作用。外观设计专利权人针对指导案例 85 号体现的侵权判定规则,应当调整外观设计专利申请的策略,借鉴发明和实用新型独立权利要求和从属权利要求的撰写思路,相对于现有设计具有一个新颖点(即设计特征),就可以作为一个独立的外观设计申请专利,同一产品两项以上的相似外观设计,可以作为一件申请文件提交,这样形成的权利网,侵权者就难以规避。

(三) 网络服务提供商的法律责任

网络服务提供商 ISO 对网络发展发挥着不可替代的重要作用,对于网络侵权行为,按照风险—收益理论,应赋予服务商合理的注意义务,在违反义务时便要承担相应的法律责任。很多国家在规定网络服务商安全责任的同时,都建立了一种被称为"安全港"或"避风港"的制度。所谓安全港制度,又被称为"通知+移除"规则,是法律规定的网络服务商免责条款,最早适用于版权领域,是指在发生侵权时,如果网络服务商仅仅提供技术服务,并不涉及内容,网络服务商被告知侵权,则有删除的义务,否则被视为侵权。我国《侵权责任法》第 36 条,网络服务商的侵权责任适用过错责任原则,同时借鉴欧盟立法的安全港制度,对网络服务提供者各项民事权益的侵权责任作了统一的规定。

---

[1] Gorham Mfg. Co. v. White 81 U. S. 511, 20 L. Ed. 731, 14 Wall. 511 (U. S., 1871).

[2] Litton Systems, Inc. v. Whirlpool Corp. 728 F. 2d 1423, 221 U. S. P. Q. 97 (Fed. Cir. 1984).

[3] 美国外观设计专利侵权判定标准调整的详细情况,参见张晓都:"美国外观设计专利侵权判定标准的新变化",载《中国发明与专利》2009 年第 3 期。

2010年"谷歌案"以及2011年"eBay案"标志着欧盟司法中对网络服务提供者角色认定标准的统一,表现出从严审查的趋势。"eBay案"的主要争议点是当侵权人通过网络服务提供者提供的交易平台和搜索引擎实施侵权后,网络服务提供者是否需要对商标侵权负责。法院认为根据《电子商务指令》第14条1款所规定的中介服务提供者免责的条件,关键需要明确eBay所扮演角色的积极性。当网络中介服务提供者为涉嫌侵权的商品明显地提供优化展示或推荐时,它就不能再被认为是处于潜在买家和卖家用户之间的中立者,在此过程中,eBay更为积极地参与到网络活动中,理应对这些产品的信息有所了解和控制,那么就不能再享受责任的豁免。另外,法院还需要审查eBay公司是否尽到了作为一个"勤勉的经济运营者"承担了对于可疑不法行为或信息应尽的识别义务。美国《跨世纪数字化版权法》关于网络服务商责任限制的规定堪称典范,既考虑了网络服务者是否具有主观过错,又考虑了网络服务提供者是否对侵权行为有控制能力,以及是否从侵权行为中获得了直接的经济利益。

面对欧美不约而同逐渐严格化网络中介服务提供者侵权责任的趋势,我国的立法和司法实践在近十年的探索中,也发展出了殊途同归的独特模式。在"台山港益电器有限公司等与北京谷翔信息技术有限公司侵犯注册商标专用权纠纷上诉案"中,该案原告港益电器对"绿岛Nedfon"享有商标专有权,其提出当在谷翔公司所经营的google搜索引擎中输入关键词"绿岛风"进行网页搜索后,虽然搜索结果的左栏第一项搜索结果显示的是港益公司的名称及网页链接,但右栏赞助商链接第一项搜索结果显示的是"绿岛风——第三电器厂"及其链接,因而请求两被告共同赔偿原告经济损失50万元,及原告为制止侵权行为而造成的经济损失19 539元。二审法院认为谷翔公司作为广告经营者未尽审查义务,对广告主发布的侵犯他人商标权的行为应当依法承担民事责任;其行为客观上帮助了商标侵权行为的实施,依法应当负连带责任。这实质上要求网络中介服务提供者在特定情形下主动审查网络用户的行为。在著作权、专利权的司法实践中,也出现了类似的趋势,法院差不多回到了一般侵权法上的过错或注意义务的认定标准,看不到安全港规则的影子。

网络服务商的审查义务不仅体现在事后防范上,还需要事前防范。这在重复侵权领域较为典型,欧美在网络侵权领域的立法中,普遍都认为如未采取措施避免重复侵权的发生,则网络服务提供者不能援引安全港规则享受免除责任的优待。这标志着中介服务者的义务已经从"通知—删除程序"这种被动的事后防范措施，发展为积极的事前合作以预防侵权。我国立法长期以来虽然并未引入网络服务提供者阻止重复侵权的义务，但 2012 年《最高人民法院关于审理侵害信息网络传播权民事纠纷案件适用法律若干问题的规定》规定，将是否针对同一网络用户的重复侵权行为采取了相应的合理措施，作为认定网络服务提供者是否构成应知的重要因素之一。在司法实践中，网络服务提供者事前是否积极与权利人合作，采取合理措施，避免重复侵权事件发生，也已成为法官考量是否构成过错及过错程度的一项重要因素。

在网络世界中，各方利益交织在一起，不仅与知识产权人的权益相关，还涉及网络服务提供者的经营自由权，如果对网络服务商要求更高的注意义务，就会涉及技术的可行性和复杂性，以及实施费用；在网络用户方面，还涉及网络用户个人信息保护权及信息自由权。构建网络法律规则时，应该兼顾利益平衡原则和比例原则。

（四）我国司法实践的典型案例

（1）被控侵权设计与涉案专利的设计特征差异较大，没有包含涉案专利的全部设计特征，使得两者在整体视觉效果上呈现明显差异，两者既不相同也不近似。高仪股份公司诉浙江健龙卫浴有限公司侵害外观设计专利权纠纷案［2015］民提字第 23 号，高仪股份公司（简称高仪公司）为"手持淋浴喷头（No. A4284410×2）"外观设计专利的权利人。2012 年 11 月，高仪公司以浙江健龙卫浴有限公司（简称健龙公司）生产、销售和许诺销售的丽雅系列等卫浴产品侵害其"手持淋浴喷头"外观设计专利权为由提起诉讼。台州市中级人民法院作出［2012］浙台知民初字第 573 号民事判决，驳回高仪公司诉讼请求。高仪公司不服，提起上诉。浙江高级人民法院作出［2013］浙知终字第 255 号民事判决：认定侵权成立，撤销一审判决。健龙公司不服，提起再审申请。最高人民法院作出［2015］民提字第 23 号民事判决：①撤销二审判决；②维持一审判决。在针对涉案授权外观设计的无效宣告请求审查程序中，复审委作出第 17086 号决定，认定涉案授权外观设计与最接近的对比设计证据 1 相比："从整体形状上看，与在先公开的设计相比，本专利喷头及其各面过渡的形状、喷头正面出水区域的设计以及喷头宽度与手柄直径的比例具有较大差别，上述差别均是一般消费者容易关注的设计内容"，即该决定认定喷头出水面形状的设计为涉案授权外观设计的设计特征之一。关于两者的区别设计特征，一审法院归纳了 8 个方面，对此双方当事人均无异议。对于这些区别设计特征，首先，如前所述，第 17086 号决定认定涉案外观设计专利的设计特征有三点：一是喷头及其各面过渡的形状，二是喷头出水面形状，三是喷头宽度与手柄直径的比例。除喷头出水面形状这一设计特征之外，喷头及其各面过渡的形状、喷头宽度与手柄直径的比例等设计特征也对产品的整体视觉效果产生了显著影响。其次，淋浴喷头产品的喷头、手柄及其连接处均为其正常使用时容易被直接观察到的部位，在对整体视觉效果进行综合判断时，在上述部位上的设计均应予以重点考查。具体而言，涉案授权外观设计的手柄上设置有一类跑道状推钮，而被诉侵权产品无此设计，因该推钮并非功能性设计特征，推钮的有无这一区别设计特征会对产品的整体视觉效果产生影响；涉案授权外观设计的喷头与手柄连接产生的斜角角度较小，而被诉侵权产品的喷头与手柄连接产生的斜角角度较大，从而使得两者在左视图上呈现明显差异。正是由于被诉侵权产品的外观设计未包含涉案授权外观设计的全部设计特征，以及被诉侵权产品外观设计与涉案授权外观设计在手柄、喷头与手柄连接处的设计等区别设计特征，使得两者在整体视觉效果上呈现明显的差异，两者既不相同也不近似，被诉侵权产品的外观设计未落入涉案外观设计专利权的保护范围。

（2）材质、颜色不属于外观设计专利保护的内容，不影响对专利侵权的判定。常州市晨迪电器有限公司与常州市知识产权局、第三人常州市凯迪电器股份有限公司因侵害外观设计专利权行政处罚纠纷［2016］苏行终 1266 号，第三人凯迪公司系名称为"升降电机（二）"的外观设计专利权人。常州知识产权局认为：被控侵权产品与涉案外观设计整体视觉效果上无实质性差异，无明显的不同特征。两者种类、用途相同，被控侵权产品使用了与涉案专利相近似的外观设计。一审法院认为，被控侵权产品与涉案外观设计在整体视觉效果上无实质性差异，两者构成近似。应当认定被控侵权产品落入涉案外观设计专利权的保护范围。二审法院认为，在本案中，被诉侵权设计与涉案外观设计专利相比较，除在电机顶盖圆周边倒角大小、电机两侧是否具有竖向凸起部分等方面的技术特征上存在一定的差异外，推杆侧面及推杆端部设计等体现的涉案外观设计专利创新点的主要设计特征均相同。根据一般消费者的知识水平和认知能力，上述两点区别只属于局部的细微变化，不会对整体的视觉效果产生显著影响。因此，被诉侵权设计与涉案外观设计专利构成近似。另外,晨迪公司在上诉状中还主张两者颜色、材质不同,但材质、颜色并非涉案外观设计专利保护内容,故晨迪公司以颜色、材质不同主张不构成专利侵权缺乏事实和法律依据。综上,被控侵权产品落入涉案专利权保护范围。

(3) 同一设计客体,可以分别获得版权保护和外观设计保护,外观设计权利终止,不影响对版权的保护。北京特普丽装饰装帧材料有限公司与常州淘米装饰材料有限公司著作权权属、外观设计侵权纠纷案〔2015〕苏知民终字第00037号,特普丽公司系名称为"壁纸(布基墙纸、壁纸)"的外观设计专利权人,该外观设计专利证书显示设计人为代某红。2010年3月30日,因特普丽公司未及时缴纳前述专利的年费,该专利权于2010年3月30日终止。特普丽公司发现淘米公司生产销售的一款壁纸所使用的图案与特普丽公司享有著作权的《莫奈》壁纸图案相同,并且淘米公司在天猫商城米素旗舰店销售该产品,特普丽公司于2013年10月对淘米公司的有关网上销售行为向公证机关申请了证据保全。一审法院认为,前述壁纸图片上同时承载了外观设计专利权与著作权两种不同种类的知识产权,该两种权利各自独立存在,其中一种权利的消灭并不必然导致另一种权利的消灭。一审法院认定侵权成立。二审法院认为,法律并不禁止权利人在同一客体上享有多种民事权利,基于涉案图案取得的著作权和外观设计专利权分别受到我国著作权法和专利法的保护,其他人如果实施了侵权行为,特普丽公司有权依照著作权法或者专利法追究其民事责任。

(4) 无效宣告请求的证据不足以否定专利的有效性,可以不中止诉讼。彭某翔与佛山市天赛花板有限公司、佛山市南海区天赛五金制品厂侵害外观设计专利权纠纷案〔2016〕粤民终56号,一审法院认为,天赛公司虽在答辩期内对涉案专利提出了无效宣告请求,并获受理,但其赖以请求宣告该项专利权无效所提供的证据公证书所示公证网页上的图片与涉案专利并不相同,也不相似,且该图片上载的时间在没有其他证据佐证的情况下,不足为信,故天赛公司和天赛五金厂要求中止审理的证据明显不充分,故本案不应中止审理。在二审程序中,天赛公司和天赛五金厂补充提供了〔2015〕沪徐证字第10221号公证书,2015年11月17日公证人员见证了在江苏菲利斯钢业有限公司车间内存放的不锈钢压花板、压花设备、压花辊的情况、压花辊上加贴的法院封条、车间内内景、厂名、车间内张贴的法院判决和裁定文书等,并进行拍照后打印。照片显示印有牡丹花纹的不锈钢板产品和压花辊上贴有宁波市江北区人民法院2013年10月23日封条。彭某翔质证认为，公证书无法证明被诉侵权产品使用了现有设计。2016年8月11日，二审本院派员专程赴江苏菲利斯钢业有限公司进行实地勘验。二审法院认为，由于不知道具体案号，本院未到宁波市江北区人民法院调阅相关案卷，但是根据日常生活经验判断，天赛公司和天赛五金厂为了谋求胜诉结果而冒法律风险伪造宁波市江北区人民法院封条的可能性很小。综合查证事实，二审本院确认二审提交公证书内容的真实性，现有设计抗辩成立。

（5）被控侵权设计增加的图形用户界面，不影响其包含全部涉案专利设计特征并给消费者造成近似的侵权判定结论。广东力维智能锁业有限公司、广东必达保安系统有限公司外观设计专利侵权案［2016］粤民终1134号，二审法院认为，2014年3月12日，国家知识产权局修改了《专利审查指南》，把不纳入保护范围的客体限定为游戏界面以及与人机交互无关或者与实现产品功能无关的产品显示装置所显示的图案，从而把图形用户界面纳入到外观设计专利的保护客体之中。被诉侵权产品是电子产品，通电后轻触前面板上部，会出现数字1~9和＊、#号的发亮键盘，随后会剩余随机两个数字，然后按该两个数字就会解锁成功，随后会出现"welcome"字样及全部数字，而涉案专利无此设计。如果经过比对，被诉侵权设计的智能化电子锁的图形用户界面在整体设计中所占比重较小，对整体视觉效果影响不大，并不能仅因被诉侵权的智能化电子锁存在图形用户界面而推翻被诉侵权产品设计与涉案专利外观设计构成近似的结论。而当被诉侵权设计与涉案专利外观设计比对后，包括智能化电子锁的图形用户界面在内的被诉侵权产品设计与涉案专利外观设计在整体视觉效果上具有实质性差异时，则可以得出两者不相近似的结论。

（6）是否履行了合理注意义务，是网络服务提供商承担间接侵权责任的条件，"通知+删除"免责条款是以服务商不存在过错为前提。康加塑胶五金电子（东莞）有限公司与浙江淘宝网络有限公司、陈某丰侵害外观设计专利权纠纷案［2017］粤73民初722号，一审法院认为，淘宝公司涉案被诉侵权行为是否构成侵权应结合对其主体性质及其是否采取措施删除侵权网页等因素加以综合考量。首先，淘宝公司经营范围包括增值电信服务，故淘宝公司系信息发布平台的服务提供商。淘宝公司在本案中为陈某丰经营的"丰趣家居第一店"销售涉案被诉侵权产品提供网络技术服务，符合《侵权责任法》

第 36 条第 2 款所规定网络服务提供者的主体条件。其次,《侵权责任法》第 36 条第 2 款所涉及的"通知"是认定网络服务提供者是否存在过错及应否就危害结果的不当扩大承担连带责任的条件。"通知"是指被侵权人就他人利用网络服务商的服务实施侵权行为的事实向网络服务提供者所发出的要求其采取必要技术措施,以防止侵权行为进一步扩大的行为。在本案中,康加公司并未提交证据证实其就本案侵权行为向淘宝公司发出过通知,即现有证据不能证实淘宝公司对本案侵权行为的发生存在主观过错。最后,《侵权责任法》第 36 条第 2 款所规定的网络服务提供者接到通知后所应采取的必要措施包括但并不限于删除、屏蔽、断开链接。"必要措施"应根据所侵害权利的性质、侵权的具体情形和技术条件等来加以综合确定。在本案中,本院于 2017 年 3 月 29 日向淘宝公司送达本案开庭传票、起诉状及证据等诉讼材料,淘宝公司于同年 5 月 3 日对被诉商品采取删除措施,可见淘宝公司在收到本案诉讼材料后已经及时采取必要措施,其已经尽到了合理的注意义务。

总结我国法律规定和司法实践经验,借鉴国外立法和司法实践做法,在外观设计专利侵权诉讼中,要注意以下几个方面:第一,关于诉讼中止适用。被控侵权人就涉案专利权,向专利复审委员会提出无效宣告请求,是法律赋予的权利,但无效请求人应当提出有说服力的证据,证据的来源包括查阅、复制专利申请文档,查阅专利权人是否做过涉案专利的评价报告,委托科技查新中心文献检索,通过多种途径获取资料。在 [2016] 粤民终 56 号案中,当事人提交了第三人使用的证据,实属不易。如果被控侵权人提出无效的证据不是很充分,法院也不会中止诉讼。第二,关于举证期限要求。一般而言,法律规定,诉讼当事人应当在举证期限内向人民法院提交证据材料,当事人在举证期限内不提交的,视为放弃举证权利。但对于符合法律规定的"新证据"不受影响。因此,只要有可能,被控侵权人应当尽一切可能收集证明涉案专利及被控侵权技术为现有技术的证据。第三,关于网络服务提供商法律责任。在网络侵权中,网络服务商适用过错责任认定原则,同时通过"通知+删除"免除其法律责任,但是,如果网络服务商知道或者应当知道侵权行为的存在,却放任,或者通过侵权获利的,应当与直接侵权人承担连带责任,权利人向网络服务商提供侵权信息的时候,应当符合要求,侵权对比清晰,证据充分。第四,关于外观设计与著作权客体。根据法律规定,外观设计、著作权和商标保护的部分客体是交叉的,同一客体既可以获得商标权的保护,也可以获得专利权和著作权的保护。因此，一种权利保护终止，不代表其他权利的保护也终止。同时还要注意，不同权利保护的条件是有区别的。第五，关于外观设计侵权的判定。由于保护客体的差异，对于外观设计侵权的判定，遵循与发明、实用新型专利不同的判定规则。知识产权制度具有很强的政策性，一是保护制度的选择与该国的政治经济文化等制度相一致，二是保护制度的调整与科技文化发展水平相一致。"整体观察，综合判定"原则的适用，基于最高院第85号指导案例，已经出现了对侵权判定更严的趋势。只有当被控侵权设计具有了涉案专利外观设计相对于现有设计的全部区别设计要点，才会被认定为在整体视觉效果上无实质性差异，认定两者近似。这对外观设计者而言也是一个信号，在专利申请的过程中，只要相对于现有设计具有一个区别设计特征，就可以作为一件申请提出，对于相似的设计可以作为一件申请提出，类似于独立权利要求与从属权利要求之间的关系。

在本节的案例中，还要关注两个方面，一是惯常设计不应当影响整体视觉效果的判定。两轮自平衡车的把手、控制杆、控制盒、踏板、底座、特殊旋钮、轮毂、挡泥板等设计特征，系为了实现两轮自平衡车的功能，通常包含上述部件，并且具有大致相近的连接关系和构造，由此形成的两轮自动平衡车的整体车形属惯常设计。二是轮毂为Y型装设片对保护范围的影响。涉案专利公告文本的照片显示在轮毂外侧设有装饰片，直接观察该外观的轮毂外侧，呈现Y型的视觉效果，其保护范围应以照片显示的范围为准，被控侵权产品的轮毂并无装饰片，该轮毂外侧呈现圆盘状，与涉案外观设计专利具有显著区别。综合判定，被控侵权产品没有包含涉案专利的全部设计特征，根据整体观察、综合判断的原则，被控侵权产品和涉案专利的外观设计存在明显区别，不构成相近似的外观设计。

第八节 专利无效宣告制度

——[2013]高行终字第29号

一、法律要点

专利无效宣告制度，是为了纠正国家知识产权局对不符合专利授予实质条件的发明创造授予专利权的错误行为，以维护专利权授予的公正性，是对专利授权制度的有益补充。专利无效宣告审查决定系专利复审委员会作出的行政行为，可通过行政诉讼进行救济，人民法院对行政行为的事实认定、法律适用以及行政程序进行全面审查，可作出驳回诉讼请求、撤销行政行为、确认行政行为违法或无效的行政判决。在无效宣告程序中，关于授权实质条件的事实认定和法律适用部分，与专利授权程序的认定是一致的，专利复审委员会作出对当事人不利的决定时，应当遵循正当程序，给当事人陈述、申辩和听证的机会。

二、案情介绍

施塔林格尔有限公司（简称施塔林格尔公司）系名称为"聚合物，尤其是聚烯烃织物制的包及其制造方法"的发明专利（简称本专利）的专利权人，该专利号为95192909.7，优先权日为1994年5月4日。本专利授权公告时的独立权利要求如下：

（1）一种由单轴向牵伸的聚合物带组成的织物制的包，其中织物是管形织物并且包的至少一端是通过将织物端部折叠到矩形底表面形成的，包的至少一端是经由中间层并通过热而被粘接至由单轴向牵伸的聚合物带的织物制成的覆盖片上，并且少于30%的底表面织物带和覆盖片的材料厚度包括由于热而未取向的聚合物分子，而在其余的材料区中分子是取向的……

（2）一种将覆盖片熔接到包的端表面上的方法，其中包的端表面具有包材料，覆盖片和包材料包括由单轴向牵伸的聚合物带制成的箔或织物，该方法由以下步骤构成：在端表面和覆盖片之间导入由熔体聚合物制得的中间层；将端表面与覆盖片压在一起；以及将端表面、中间层和覆盖片冷却到环境温度，其中只有端表面和覆盖片的外部区域含有未取向的聚合物分子，其余部分的材料含有取向的分子……

（3）一种将覆盖片熔接到包的端表面上的方法，其中包或覆盖片使用织物，所述方法包括以下步骤：用熔体聚合物涂布至少一个织物的表面；加热织物涂层仅使其外表面区被塑化；将端表面和覆盖片压在一起；以及将端表面和覆盖片冷却到环境温度，其中只有端表面和覆盖片的外部区域含有未取向的聚合物分子，其余部分的材料含有取向的分子。

2011年3月30日，常州市恒成塑料机械有限公司（简称恒成公司）向专利复审委员会请求宣告本专利权无效,并提交了证据。

2011年4月16日,恒成公司补充提交了意见陈述,并补充提交了相关证据,在该补充意见中提出了本专利说明书中"热贯穿深度的概念不明确"以及《专利法》第2条第2款等无效理由。专利复审委员会并未将上述补充意见向施塔林格尔公司进行转交。

恒成公司的无效理由包括本专利说明书公开不充分:首先,热熔体中间层经压实后的剩余厚度作为"其余的材料区"含有的未取向分子部分没有任何归宿。其次,说明书中没有提供确切的手段来实现"30%"的技术效果,如压力参数等;30%的数据完全是一种推测,并且其描述的热贯穿深度的数据是臆测的数据。对如何加热空气可以使涂层熔化,并且热贯穿深度能控制到微米级的精度,保持2微米~20微米的涂层不熔化,说明书没有公开任何技术细节,例如热空气温度、空气流速、加热时间、材料运动速度等参数。由此实现"30%"的技术手段是含糊不清的,因而也无法实现其技术效果,解决其技术问题。尽管可以用双折射光学的办法测量材料的取向度,然而,取向度的概念都是相对于聚合物的整体结构而言的,不能具体到对某个具体的单个分子取向的辨识。本专利说明书未就"如何能够使得袋底面和覆盖片的少于30%厚度的外表面产生分子解取向,而袋底面和覆盖片相粘接的内侧的70%厚度的材料的分子不受到加热的影响"给出具体的技术手段,事实上,不可能存在这样的跳跃的热传导。本领域的技术人员可以确定聚烯烃纤维是一种具有一定取向度的材料,但无法判断在生产过程中"热处理"后其中解取向的分子在哪里。现有技术中取向度的测量是一个整体概念,且取向度的测量和材料厚度无关。本专利中检测30%的材料厚度中是否存在未取向分子,而检验这一相对宏观的二维的技术效果,却要建立在微观的对三维空间的分子的位置的测定基础上,而现有技术中并无这种测量方法。在本专利的独立权利要求22和独立权利要求40的技术方案中"其中只有端表面和覆盖片的外部区域含有未取向的聚合物分子,其余部分的材料含有取向分子"的技术方案也存在公开不充分的缺陷。

2011年7月25日,施塔林格尔公司向专利复审委员会提交了意见陈述,并修改了从属权利要求3,同时提交了2份反证。同年7月27日,专利复审委员会举行了口头审理,恒成公司补充提交了1份证据,施塔林格尔公司补充提交了反证1的部分中文译文。同年8月24日,施塔林格尔公司补充了6

份附件。在口头审理的过程中,专利复审委员会并未向施塔林格尔公司明确关于《专利法》第 26 条第 3 款的无效理由中包括了"热贯穿深度的概念不明确"。

2011 年 10 月 21 日,专利复审委员会作出了编号为第 17530 号决定,该决定发文日为 2011 年 11 月 11 日,其中关于本专利权利是否符合《专利法》第 26 条第 3 款的规定时,将"热贯穿深度的概念不明"作为其理由之一,同时在关于本专利权利要求 22、40 是否符合《专利法》第 26 条第 3 款的认定部分(该决定上标第 15 页至第 17 页),评述为:"……(2) 独立权利要求 22 要求保护一种将覆盖片熔接到包的端表面上的方法,其中包的端表面具有包材料,覆盖片和包材料包括由单轴向牵伸的聚合物带制成的箔或织物,该方法由以下步骤构成:在端表面和覆盖片之间导入由熔体聚合物制得的中间层;将端表面与覆盖片压在一起;以及将端表面、中间层和覆盖片冷却到环境温度,其中只有端表面和覆盖片的外部区域含有未取向的聚合物分子,其余部分的材料含有取向的分子。说明书中涉及此技术方案的实现有如下描述:'图 9 显示一种将由聚烯烃,如聚丙烯制的编结带 3a 和涂层 3b 组成的覆盖片被连接到由相同的聚烯烃材料制的编结带 4a 和涂层 4b 组成的包盖舌的实施方案。编织带 3a、4a 的厚度为 $40\mu m \sim 160\mu m$,涂层 3b、4b 的厚度为 $5\mu m \sim 60\mu m$。为此彼此面对的涂层侧面 3b、4b 被加热到贯穿深度为 $2\mu m \sim 40\mu m$、特别是 $3\mu m \sim 10\mu m$,直至它们塑化为止,然后在两个冷却辊 17 中通过,层 3b、4b 彼此相压以致达到完全连接并在同时被对辊 17 所冷却,冷却是必不可少的以避免热引起的对编织带 3a、4a 的破坏。由于主要被加热的是涂层,因此带的分子链取向度减少仅达到很小的深度,确保没有大的强度损失。如果仅一织物是涂布的话,熔接还可以通过加热织物涂层来进行,如图 12 中所指出的。通过热熔接,未涂布织物 4c 被紧密地连接至具有涂层 3b 的织物 3a……'"(参见说明书第 8 页)(3) 独立权利要求 40 要求保护一种将覆盖片熔接到包的端表面上的方法,其中包或覆盖片使用织物,所述方法包括以下步骤:用熔体聚合物涂布至少一个织物的表面;加热织物涂层仅使其外表面区被塑化;将端表面和覆盖片压在一起;以及将端表面和覆盖片冷却到环境温度,其中只有端表面和覆盖片的外部区域含有未取向的聚合物分子,其余部分的材料含有取向的分子。说明书中对此技术方案的实现有如下描述:'图 10 显示本发明方法再一个实施方案,其中二块未涂布的织物 3c、4c 相互被熔接。为此将一层来自宽缝挤出流 16 的熔体 14 导入到编结带 3c、4c 之间。织物 3c、4c 和熔体 14 通常由相同的聚烯烃材料组成。熔体的挤出温度为 150℃~380℃、优选为 230℃~260℃。将织物从如箭头所指的一对压辊 17、17 之间通过，由此与熔体 14 一起受压并且同时被冷却，以致带的强度基本上未降低。'本发明的此实施方案并不限于未涂布的编结带而是能够应用于任何涂布织物，此点从图 11 中可见，其中由编结带 3a 和涂层 3b 组成的覆盖片与通过编结带 4a 和涂层 4b 形成的盖舌通过在涂层侧之间导入熔体 14 而被相互熔接在一起。通过被相对受压的涂层 3b、4b 和熔体 14 形成均匀的中间层……'"（参见说明书第 8 页）

专利复审委员会最终认定由于本专利说明书公开不充分，不符合《专利法》第 26 条第 3 款的规定，决定宣告本专利权全部无效。

施塔林格尔公司不服，提起行政诉讼。

在一审诉讼期间，专利复审委员会于 2012 年 10 月 15 日向一审法院出具了《情况说明》，载明发文日为 2011 年 11 月 11 日的第 17530 号决定存在"权利要求编号与评述内容不对应"的笔误，就此将作出《更正通知书》，发文日为 2012 年 9 月 12 日。

此后，专利复审委员会针对发文日为 2011 年 11 月 11 日的第 17530 号决定中的错误，于 2012 年 9 月 12 日向涉案当事人发出了"更正通知书"，并在该通知书后附有完整的编号为"第 17530 号无效宣告请求审查决定书"，同时载明行政相对人可以自收到本通知后 3 个月内向人民法院进行起诉。在该决定书中，其中载明（下标第 15 页至第 17 页）："……（2）独立权利要求 22 要求保护一种将覆盖片熔接到包的端表面上的方法，其中包的端表面具有包材料，覆盖片和包材料包括由单轴向牵伸的聚合物带制成的箔或织物，该方法由以下步骤构成：在端表面和覆盖片之间导入由熔体聚合物制得的中间层；将端表面与覆盖片压在一起；以及将端表面、中间层和覆盖片冷却到环境温度，其中只有端表面和覆盖片的外部区域含有未取向的聚合物分子，其余部分的材料含有取向的分子。

说明书中对此技术方案的实现有如下描述："图 10 显示本发明方法再一个实施方案，其中二块未涂布的织物 3c、4c 相互被熔接。为此将一层来自宽缝挤出流 16 的熔体 14 导入到编结带 3c、4c 之间。织物 3c、4c 和熔体 14 通常由相同的聚烯烃材料组成。熔体的挤出温度为 150℃~380℃、优选为 230℃~

260℃。将织物从如箭头所指的一对压辊17、17之间通过,由此与熔体14一起受压并且同时被冷却,以致带的强度基本上未降低。""本发明的此实施方案并不限于未涂布的编结带而是能够应用于任何涂布织物,此点从图11中可见,其中由编结带3a和涂层3b组成的覆盖片与通过编结带4a和涂层4b形成的盖舌通过在涂层侧之间导入熔体14而被相互熔接在一起。通过被相对受压的涂层3b、4b和熔体14形成均匀的中间层。"(参见说明书第8页)

独立权利要求40要求保护一种将覆盖片熔接到包的端表面上的方法,其中包或覆盖片使用织物,所述方法包括以下步骤:用熔体聚合物涂布至少一个织物的表面;加热织物涂层仅使其外表面区被塑化;将端表面和覆盖片压在一起;以及将端表面和覆盖片冷却到环境温度,其中只有端表面和覆盖片的外部区域含有未取向的聚合物分子,其余部分的材料含有取向的分子。

说明书中涉及此技术方案的实现有如下描述:"图9显示一种将由聚烯烃,如聚丙烯制的编结带3a和涂层3b组成的覆盖片被连接到由相同的聚烯烃材料制的编结带4a和涂层4b组成的包盖舌的实施方案。编织带3a、4a的厚度为40μm～160μm,涂层3b、4b的厚度为5μm～60μm。为此彼此面对的涂层侧面3b、4b被加热到贯穿深度为2μm～40μm、特别是3μm～10μm,直至它们塑化为止,然后在两个冷却辊17中通过,层3b、4b彼此相压以致达到完全连接并在同时被对辊17所冷却,冷却是必不可少的以避免热引起的对编织带3a、4a的破坏。由于主要被加热的是涂层,因此带的分子链取向度减少仅达到很小的深度,确保没有大的强度损失。如果仅一织物是涂布的话,熔接还可以通过加热织物涂层来进行,如图12中所指出的。通过热熔接,未涂布织物4c被紧密地连接至具有涂层3b的织物3a……"(参见说明书第8页)

在专利复审委员会于2012年9月12日重新发文后,一审法院据此进行了判决。

施塔林格尔公司根据2012年9月12日的无效决定,向一审法院另行提起了行政诉讼。

北京市第一中级人民法院认为:施塔林格尔公司主张专利复审委员会增加了恒成公司没有提出的无效理由属于程序违法,但是恒成公司已经明确提出了本专利说明书没有提供明确的手段实现本专利权利要求1中"少于30%

的底表面织物带和覆盖片的材料厚度包括由于热而未取向的聚合物分子,而在其余的材料区中分子是取向的",也明确提出了权利要求22、40中的"其中只有端表面和覆盖片的外部区域含有未取向的聚合物分子,其余部分的材料含有取向分子"的技术方案也存在公开不充分的缺陷。专利复审委员会在此基础上对说明书公开内容是否能够实现上述技术特征展开论述不属于自行增加无效理由的情形。

本专利权利要求1、22、40,根据其说明书记载的内容均无法实现,专利复审委员会的相关认定正确。在此基础上,专利复审委员会认定引用上述独立权利要求的从属权利要求2～21、23～39、41、42不符合《专利法》第26条第3款,结论正确。

北京市第一中级人民法院依照《中华人民共和国行政诉讼法》第54条第(一)项之规定,判决:维持专利复审委员会作出的第17530号决定。

施塔林格尔公司不服一审判决,向本院提起上诉,请求撤销一审判决及第17530号决定。其上诉理由是:第一,本专利权利要求1限定了"少于30%的底表面织物带和覆盖片的材料厚度包括由于热而未取向的聚合物分子,而在其余的材料区中分子是取向的",权利要求22和40也均限定了"只有端表面和覆盖片的外部区域含有未取向的聚合物分子,其余部分的材料含有取向的分子",本专利说明书具体描述了实现权利要求所要求保护技术方案的技术手段。在此情况下,结合第17530号决定认可"在聚合物的热风粘合方式中,热风的温度……"等对加工的影响的事实,本专利说明书没有必要也不可能对不同种类和厚度的聚烯烃列举出所有的参数组合,因为本领域的普通技术人员完全可以依据本领域的普通技术知识和常规实验手段能力做出常规选择而实现相关技术方案。同时施塔林格尔公司认为即使出现了预先融化的熔体,由于冷却辊所产生的压力,这些熔体并不会进入交叠的聚合物带之间。而且实际处理时间非常短,在如此短的时间内预先熔化的熔体无法进入交叠的聚合物带之间的空间并将聚合物带加热至改变其取向的温度。第17530号决定关于"取向度"和"外部区域"的认定均存在错误,同时其关于本专利权利要求22和40的引用及认定也存在错误。第二,恒成公司曾于2011年4月16日提交了补充意见,在该意见中增加了"热贯穿深度"含义不清等涉及说明书公开不充分的无效理由,但专利复审委员会从未将此补充意见转送过施塔林格尔公司,而且在第17530号决定中亦采纳了恒成公司所增加的理由,显然违反了听证原则,程序违法。

专利复审委员会、恒成公司服从一审判决。

在二审庭审中,施塔林格尔公司对专利复审委员会于 2012 年 9 月 12 日发出的名为"更正通知书"应否属于新的决定产生异议。

上述事实有经庭审质证的专利复审委员会分别于 2011 年 11 月 11 日和 2012 年 9 月 12 日发文的第 17530 号决定、本专利授权公告文本、恒成公司在无效阶段提交的无效宣告请求书及证据、施塔林格尔公司在无效阶段提交的意见陈述及证据、口审笔录以及当事人陈述等证据在案佐证。

二审法院认为,根据《行政诉讼法》第 5 条的规定,人民法院审理行政案件,对具体行政行为是否合法进行审查。《最高人民法院关于执行〈中华人民共和国行政诉讼法〉若干问题的解释》第 67 条规定,第二审人民法院审理上诉案件,应当对原审人民法院的裁判和被诉具体行政行为是否合法进行全面审查。人民法院在进行具体行政行为合法性审查时,应当针对具体行政行为实体及程序是否合法进行审理,为了保证行政相对人的合法权益,行政机关应当针对行政相对人所提出的请求作出确定的具体行政行为,从而确保行政相对人能够明确诉争行政行为的相关内容,亦使人民法院所审理对象具有确定性。若行政机关随意改变其行为,导致行政相对人无法明确所诉争的具体行政行为,必然会影响行政相对人的合法权益,亦会使人民法院在合法性审查时出现对象不明的情形。因此,行政机关应当确定其具体行政行为,并向行政相对人明确告知。

在本案中,专利复审委员会于 2011 年 11 月 11 日向施塔林格尔公司及恒成公司发送了第 17530 号决定,但在一审诉讼过程中,又以前述决定评述内容存在错误为由,于 2012 年 9 月 12 日发送了名为"更正通知书",且后附完整"无效宣告请求审查决定书",并明确载明行政相对人具有提起诉讼的救济途径。一审法院改变了所审理的具体行政行为,针对发文日为 2012 年 9 月 12 日作出的无效决定合法性进行审查。

《专利审查指南》(2006 年)作为国家知识产权局所颁布的部门规章,专利复审委员会在审查专利授权、确权案件中应当按照其具体规定规范其具体行政行为。《专利审查指南》第四部分第一章第 7.3 节规定,对于复审或者无效宣告请求决定中的明显文字错误,发现后需要更正的,经主任委员或者副主任委员批准后进行更正,并以通知书随附替换页的形式通知当事人。根据本案查明的事实，专利复审委员会在本案中的行为显然并不符合对无效宣告请求审查决定进行更正的一般形式。专利复审委员会在无效案件的审查中，未按照《专利审查指南》规定的方式变更所出具的相关文书的形式，属于对具体行政行为的变更，其行为导致行政相对人无法确定其诉争的无效决定，亦导致人民法院在进行合法性审查时不能确定其审理范围，专利复审委员会的上述行为属于程序违法，损害了行政相对人的合法权益。对于专利复审委员会此种未按照相关规定变更其具体行政行为的做法应当予以纠正，以使人民法院能够在专利复审委员会作出确定的具体行政行为后，基于当事人的申请进行合法性审查。

一审法院对专利复审委员会在本案中未按照相关规定变更无效决定的行为未予纠正，显属错误。专利复审委员会未按照《专利审查指南》的相关规定变更其行为，违背了基本操作规程，导致当事人在主张具体行政行为合法性的过程中出现混乱，致使人民法院无法确定本案审理所针对的具体行政行为的内容。

由于本案中专利复审委员会存在程序错误，故应当在其纠正自身违法行为后再由行政相对人决定是否寻求司法救济，因此施塔林格尔公司涉及第17530号决定实体内容的上诉理由本院不予评述。

综上，第17530号决定程序违法，一审判决未予认定存在错误。依照《行政诉讼法》第61条第3项、《最高人民法院关于执行〈中华人民共和国行政诉讼法〉若干问题的解释》第70条之规定，判决如下：

（1）撤销中华人民共和国北京市第一中级人民法院［2012］一中知行初字第1999号行政判决；

（2）撤销中华人民共和国国家知识产权局专利复审委员会作出的第17530号无效宣告请求审查决定；

（3）中华人民共和国国家知识产权局专利复审委员会就常州市恒成塑料机械有限公司对专利号为95192909.7、名称为"聚合物，尤其是聚烯烃织物制的包及其制造方法"的发明专利提出的无效宣告请求重新作出无效宣告请求审查决定。

三、法律条文

《专利法》（2009年）

第四十五条 自国务院专利行政部门公告授予专利权之日起，任何单位或者个人认为该专利权的授予不符合本法有关规定的，可以请求专利复审委员会宣告该专利权无效。

第四十六条 专利复审委员会对宣告专利权无效的请求应当及时审查和作出决定，并通知请求人和专利权人。宣告专利权无效的决定，由国务院专利行政部门登记和公告。

对专利复审委员会宣告专利权无效或者维持专利权的决定不服的，可以自收到通知之日起三个月内向人民法院起诉。人民法院应当通知无效宣告请求程序的对方当事人作为第三人参加诉讼。

《专利法实施细则》（2010年）

第六十五条 依照专利法第四十五条的规定，请求宣告专利权无效或者部分无效的，应当向专利复审委员会提交专利权无效宣告请求书和必要的证据一式两份。无效宣告请求书应当结合提交的所有证据，具体说明无效宣告请求的理由，并指明每项理由所依据的证据。

前款所称无效宣告请求的理由，是指被授予专利的发明创造不符合专利法第二条、第二十条第一款、第二十二条、第二十三条、第二十六条第三款、第四款、第二十七条第二款、第三十三条或者本细则第二十条第二款、第四十三条第一款的规定，或者属于专利法第五条、第二十五条的规定，或者依照专利法第九条规定不能取得专利权。

四、法理分析——专利无效宣告制度

专利无效宣告制度是指有关的专利权不符合新颖性、创造性、实用性、未充分公开等法定要件，请求人依照法定条件和法定程序，向有权机关申请宣告该专利权无效的制度。无效宣告制度与专利审查制度有着密切的联系，专利审查制度是无效宣告制度得以存在的前提，专利无效宣告制度是对专利审查制度的有益补充，其功能主要是弥补专利审理过程中不可避免出现的不当，以维护公共利益。客观方面，受制于审查员实际掌握知识的局限性，面对成千上万的对比文献，以及专利情报公布滞后的影响，确定一项技术是否符合专利授权的实质要件，是一件较难的事情。主观方面，审查员的过失或者疏忽，甚至滥用职权等，也会造成专利授权不当。对有瑕疵的、不符合授权条件的技术授予专利权，是对公众权益的侵害和限制。设置专利无效制度，确认已经具有法律效力的专利权自始无效，维护了社会和公众利益。不同的

国家，专利权无效的法定要件和审理程序是基本相同的，但无效的受理机关和对无效决定的救济制度却有所区别。对当事人而言，程序正义的意义不亚于实体正义的意义，如果无效宣告决定的救济程序不能及时解决纠纷，其价值将会大打折扣。

（一）我国的专利无效制度

国家知识产权局系国家市场监督管理总局下属的二级局，专利复审委员会系知识产权局内专门的审理专利无效宣告案件的受理机构，根据无效宣告请求人请求对专利权是否有效作出裁决的行为，是一种准司法的行政裁决行为。专利无效程序的启动，通常与专利侵权诉讼有着密切的关系。专利侵权诉讼是解决专利侵权纠纷的一种法律途径，侵权诉讼中被告不得对专利权的效力提出质疑并进行抗辩，受理专利侵权案件的法院也无权对专利权的效力进行认定。按照现行法律的规定，被告对专利权效力提出质疑，应当向专利复审委员会提出无效宣告的请求。关于专利侵权诉讼与专利无效请求之间的衔接关系，《最高人民法院关于审理专利纠纷案件适用法律问题的若干规定》作出了规定，就专利侵权诉讼中提出无效宣告请求后，侵权诉讼的受诉法院是否中止诉讼的问题，对不同的专利权采用不同的原则。就发明专利案件，法院在实务中原则上不中止诉讼，但可以根据情况中止诉讼；就实用新型和外观设计专利案件，被告在答辩期内请求宣告专利权无效，原则上应当中止诉讼，但在例外情况下可以不中止诉讼，如被告提供的证据足以证明其使用的技术已经公知的，或被告请求宣告该项专利权无效所提供的证据或者依据的理由明显不充分的。答辩期后被告提出宣告专利权无效的请求，法院原则上不中止诉讼，但也有例外。尽管在专利侵权诉讼中，被告不得对专利权的效力提出质疑，但是被告可以用现有技术进行抗辩，如被告以一份对比文献中记载的一项现有技术方案或者一项现有设计与公知常识或者惯常设计的显而易见的组合主张现有技术或者现有设计抗辩的，人民法院也应当予以支持（《最高人民法院关于充分发挥知识产权审判职能作用推动社会主义文化大发展大繁荣和促进经济自主协调发展若干问题的意见》第14条）。

由于我国把专利复审委员会作出的无效宣告决定定位为行政行为，导致现行无效宣告制度存在以下几方面严重的弊端：一是导致循环诉讼。根据我国《行政诉讼法》的规定，法院审查专利复审委员会作出的无效宣告决定时，仅能作出撤销无效宣告决定、确认无效宣告决定违法或无效的判决，无权根据审判直接作出变更专利复审委员会决定的判决,也无权对专利有效与否直接作出判决。如果是撤销判决,那么专利复审委员会就需要再次作出决定,而这个决定只要不是依据同样的事实和理由,利害关系人依然可以提起行政诉讼。这样周而复始,就形成了循环诉讼。如(广东)电池工业有限公司针对"无水银碱性钮形电池"的实用新型专利提起的无效宣告案,因北京市高级人民法院作出了撤销无效决定判决,专利复审委员会针对同一无效请求又三次作出无效决定。而实用新型的保护期只有 10 年,即便最终案件胜诉了,该案历时长对双方当事人的影响均很大。二是导致诉讼当事人地位错位。针对专利无效宣告决定提起的行政诉讼与其他行政行为的行政诉讼不同,尽管专利复审委员会也处于被告的地位,但案件的审理和判决结果并不涉及自己的利益,通常与无效宣告请求人、专利权人的利益密切相关,但专利权人却处于第三人的辅助诉讼地位。虽然专利复审委员会在行政诉讼中承担的责任是证明其作出无效决定的行政行为合法,但事实上其主张和辩论意见完全与专利权人吻合,客观上处于与专利权人同样的法律地位,对无效宣告的请求人而言,造成了事实上的不平等。

上述弊端的根源是把无效宣告决定产生的争议定性为行政争议,事实上,无效宣告请求的争议发生在请求人与专利权人之间,两者法律地位平等,争议的标的是属于民事财产权的专利权,专利复审委员会在无效宣告程序中更多地体现为居中裁判的身份,不主动对专利的可专利性进行审查。因此,无论是从学理上还是从司法实践上进行分析,无效宣告程序更多地体现了民事争议的属性。如果把专利无效宣告程序定位为实质上的准司法程序,把专利复审委员会作出的决定定位为实质的准司法行为,对无效宣告决定不服的,作为民事争议案件处理,且受理案件的法院可以像审查一审法院的判决一样处理无效决定,循环诉讼等问题就可以迎刃而解。

(二)美国的专利无效制度

专利商标局系美国商务部下属的联邦机构,根据美国《专利法》的规定,由专利商标局所授予的专利权是一项推定有效的权利。专利权的推定有效,适用于权利要求书中的每一项权利要求。即使一项独立的权利要求被宣告无效,也不影响从属权利要求的推定有效。由于专利权是推定有效的权利,任何利害关系人,包括被控侵权人都可以依据法律向推定有效的专利权提出挑战。

对于专利权人而言，也可以根据不同的情形和目的，通过美国专利商标局的再颁、专利订正、补充审查、单方再审等程序修改和完善权利要求，提高专利权的稳定性。专利再颁程序是美国专利授权后专利申请文件修改的一种方式。启动该程序，专利权人须递交一份再颁申请以及一份说明所要改正错误的誓词，要求对该专利申请文件中的权利要求进行再次审查，从而获得专利再颁以克服原专利申请文件中存在的缺陷。再颁专利必须得到原说明书的公开支持，对于扩大原专利权利要求范围的再颁，必须在"原专利授权后2年内"提出再颁申请。再颁专利的有效期限始终为原专利期限的剩余部分。声明程序是允许专利权人通过声明放弃权利要求的程序，如果专利权人在提出侵权诉讼之前发现授权专利中可能存在被宣告无效的权利要求，可以通过这一程序放弃这部分权利要求，避免不必要的损失。补充审查程序是对于已经授权的专利，专利权人如果发现任何与专利相关的现有技术，可以通过这一审查程序向审查员披露该信息，这一程序为在专利审查阶段未能及时披露相关信息的权利人提供了救济途径。

2011年美国颁布《发明法》，不仅将先发明制度改为先申请制度，还对专利授权后的无效制度进行了较大幅度的修改。将美国专利商标局下属的专利诉讼和冲突委员会改为专利审判及上诉委员会（简称PTAB），其主要职能包括：授权前再审，根据专利申请人的书面申诉，对被驳回的专利进行再审，类似于我国的专利复审程序；单方再审程序（简称EPR）；授权后多方复议程序（简称IPR）和授权后复议程序（简称PGR）。EPR、PGR和IPR程序在制度设计中功能不同，各具特色，制度内容包括：（1）提请时间。EPR程序可以在任何时间提起；PGR仅允许在专利授权后早期挑战权利有效性，致力于解决不当授权；IPR在专利授权或再颁9个月后或PGR程序已经结束后。（2）提请人。EPR程序任何人（包括专利权人）都可以提出，无需表明利害关系，还可以匿名提出；后两者均要求专利权人之外的利害关系人提出，需要表明利害关系，不可以匿名提出。（3）无效的理由。EPR程序的无效理由仅为新颖性和非显而易见性，PGR程序可以是专利无效的任何理由，IPR程序无效理由与EPR程序相同。（4）证据类型。EPR程序要求在先专利或公开出版物，PGR可以是任何的法定证据类型，IPR与EPR相同。（5）立案标准。EPR程序实质性新问题，要求最低，PGR程序有可能至少无效一个权利要求，要求最高，IPR程序在至少一个权利要求中请求人证据占优势证明标准,要求适中。(6)无效对象。EPR 程序针对任何有效专利,PGR 针对 2013 年 3 月 16 日后申请并授权的专利,IPR 程序针对任何有效专利。(7)审理期限。EPR 程序一般约两年,PGR 程序一般约立案后一年内,IPR 程序一般约立案后一年内。

改革后的专利有效性的行政程序,相对于联邦地区法院的专利有效性诉讼具有更多的优点。法院的诉讼程序审理时间长、费用高、专业性(使用陪审团认定发明是否具有实用性、新颖性、非显而易见性等事实问题)不强。专利审判及上诉委员会审理的无效案件,由专业行政法官组成的合议庭进行审理,相较于法院的陪审团而言其更熟悉技术,更了解专利。PTAB 审理无效案件的另一个特点是,对立案的审核非常严格,而一旦立案,权利要求被无效的概率也比较高。此外,专利无效行政程序与司法程序之间逐步建立了和谐的良性关系。第一,联邦地区法院对 PTAB 的行政确权程序显示出一定的尊重。在一般案件中停止诉讼的要求很高,但是在专利诉讼案件中,法院愿意停止诉讼程序。佳明(Garmin)公司在法院被诉专利侵权后即向 PTAB 提起 IPR 诉讼,挑战指控其侵权的 6778074 号专利,并主张该专利的 20 项权利要求全部无效。该案法院虽然没有裁定停止诉讼程序,但以延缓诉讼程序的方式,等待 PTAB 就涉案专利的有效性作出裁判。第二,PTAB 无效程序与更高级法院的上诉程序之间形成了良好的协调关系。《美国发明法》明确规定,请求人如果对 EPR、PGR、IPR 程序中 PTAB 作出的书面决定不服,只能上诉至美国联邦巡回上诉法院(简称 CAPC)。CAPC 是美国专利诉讼的专属上诉法院,只有最高法院或成文法可以改变其决定。CAPC 在对于 PTAB 决定确认的事实有充分的证据支持的前提下,对事实不再重新审理,仅针对法律问题进行再次审理和判定。联邦最高法院仅针对制度设计等重大问题进行提审。2016 年最高法院提审了 Cuozzo Speed Technology,就其对 PTAB 采用的权利要求解释标准是否适当和立案终审权是否合理提起的上诉,最高法院在这两个问题上全部支持了 PTAB,一是肯定了 PTAB 有权在 IPR 无效程序中适用权利要求"最宽合理解释原则",二是明确了 PTAB 对 IPR 程序是否立案的决定不可上诉,这不会超过国会赋予 PTAB 的权力范围。

(三)日本的专利无效制度

2004 年之前,专利授权后,任何人都可以向专利特许厅审判部提出无效请求,日本专利的有效性只能由特许厅审判部决定,法院无权对专利的有效性作出判定。2000年日本最高法院对"基尔比案"作出的终审判决突破了该规则。在"基尔比案"中，日本最高法院指出，在特许厅审判部对专利是否有效作出判定之前，如果审理专利侵权诉讼的法院认为该专利确实存在明显的无效理由，则可以"权利滥用"为由不支持专利权人提出的停止侵权、赔偿损失等要求。2004年日本对《专利法》进行修改，增加了104条之3，其中第1款规定，在专利侵权诉讼中，法院认为如果启动特许厅的无效审理程序将会判定专利无效，那么法院可以直接判定该专利无效，从而支持被控侵权人的主张。该条款增加的意义在于，赋予了法院在民事侵权诉讼中一并处理专利有效性问题的权力，使得法院可以在必要的情况下直接对专利的有效性问题进行判定。其法理基础，是将民法中的"权利滥用"规则运用到对专利有效性问题的判定上。为减少法院与特许厅在判定专利无效时出现不一样的结果，日本《专利法》新增第168条第5款和第6款，建立法院与特许厅之间的信息联络沟通机制，尽可能使特许厅与法院的判定结果保持一致。此外，日本还建立了与此相适应的其他制度。一是成立知识产权高等法院，实现专利确权与侵权案件上诉管辖权的统一。其隶属于东京高等法院，管辖范围包括：全国所有的技术型知识产权民事案件的二审；东京高等法院管辖内非技术型知识产权民事案件的二审；针对特许厅的审决提起的一审（特许厅审判部的审理程序被认定为准司法程序）。二是完善技术调查官协助审查技术事项，确保法院的司法确权与特许厅的审查水平一致。知识产权高等法院的技术调查官从特许厅调任，通常具有担任审查官10年以上的工作经验，在知识产权高等法院工作3年左右的时间后，回到特许厅继续担任审查官。2003年日本修订《民事诉讼法》时，设立了专门委员，并且扩大了调查官的权限。为了更有效地促进知识产权的运营和保护，日本于2011年修订了《专利法》，增加了第104条之4，即明确法院判决生效后，特许厅的无效审决及订正审决均不得作为专利侵权诉讼再审的理由。

（四）德国的专利权无效宣告制度

根据德国《专利法》的规定，其专利和商标局属于联邦司法部的下属机构，负责受理、审查和批准专利申请。在设立联邦法院之前，专利无效案件由专利和商标局内的申诉委员会处理，设立联邦法院之后，由联邦法院统一受理。德国专利权的无效宣告请求均由德国联邦专利法院初审管辖，联邦专利法院属于民事法院，且专利权无效宣告案件也是作为民事案件处理的。联邦专利法院分为上诉审理庭（受理无效案件以外的针对专利商标局决定的上诉案件）和无效审理庭（受理无效宣告请求的初审），当事人对联邦专利法院作出的无效宣告判决不服的，可以上诉至联邦最高法院，联邦最高法院的判决是终审判决。专利法院由3名法律法官和2名技术法官组成合议庭对无效请求作出裁判，这些技术法官和法律法官大多是从德国专利商标局的高级审查官中考核录取，技术法官具有比较深厚的科学工程技术背景。

德国将专利权无效宣告程序与侵权诉讼程序严格分开。在专利侵权诉讼中，德国专利侵权案件的受理法院不能判定或推定专利权无效，且专利权无效不能作为抗辩理由。关于侵权诉讼中向联邦专利法院提出无效宣告请求后侵权诉讼是否中止的问题，如果法院认为无效诉讼自始至终就具有充分的依据，并具有胜诉的可能，那么法院就会中止对侵权诉讼案件的审理。不过，在诉讼中止的过程中，原被告应当随时提交无效诉讼中的证据和意见陈述，侵权诉讼法院应当随时关注无效诉讼过程并随时判断可能的结果，一旦发现中止的理由不存在，将立即恢复审理并尽快制止侵权行为。

总结各国的无效宣告制度，有以下几点共性。一是无效宣告争议的民事争议属性。无论是大陆法国家还是英美法国家，无效宣告程序在各个审理环节基本都直接作为司法程序按民事诉讼的基本模式处理，只有日本例外，我国专利复审委员会的"准司法审判"模式与日本接近。在民事争议程序中，无效宣告请求人与专利权人是双方当事人，从而就不会出现后续救济程序中专利审查机关成为被告的情形。二是无效宣告案件由专门的法院受理。在美国，只有联邦法院系统才能受理专利相关案件，州法院无管辖权，德国联邦专利法院、日本知识产权高等法院、专利法院等均是专门法院。

（五）我国司法实践的典型案例

复审委在审查时，应当给予程序中的当事人就相关的具体事实、理由和证据等进行解释和申述理由的适当机会，尤其是在作出不利于当事人的决定之前。否则，即违反听证原则，属于《行政诉讼法》第54条第（二）项第3目规定的"违反法定程序"的情形。最高人民法院公报案例许某庆与国家知识产权局专利复审委员会、第三人邢某万宣告发明专利权无效决定纠纷再审案［2005］民三提字第2号，最高人民法院认为，无效宣告请求人提出并经被请求人陈述意见的无效宣告理由，即涉案专利权利要求1区别特征（a）所述的"闭路循环体系"不闭路，特征（b）所述的各种处理液不是处于"连续而不间断地循环流动状态"等，在第 1372 号决定中却并没有给予处理。相反，无效宣告请求人邢某万在口头审理后提交的代理词中所提出的新的无效宣告理由，复审委据此作出了宣告涉案专利权无效的决定，这在第 1372 号决定第 4 项理由中表述得很清楚。《专利审查指南》是国家知识产权局根据《专利法》及其实施细则制定的行政规章，其中规定了专利授权和专利无效复审的操作规范，对专利复审委员会具有约束力，应当严格遵守。《专利审查指南》第四部分第一章第 8 节 8.4 规定："应当给予程序中的当事人进行解释和申述理由的适当机会，尤其是在作出不利于当事人的决定之前。"由于专利复审委员会在作出对申请再审人许某庆不利的第 1372 号决定之前，没有证据证明给了许某庆就该决定所依据的事实和理由进行解释和申述理由的适当机会，违反了《专利审查指南》规定的程序，属于《行政诉讼法》第 54 条第（二）项第 3 目规定的"违反法定程序"的情形。再审法院撤销一审二审判决，撤销复审委第 1372 号无效宣告请求审查决定，要求其重新作出复审决定。

引用对比文件判断发明的创造性，应当以对比文件公开的技术内容为准。该技术内容不仅包括明确记载在对比文件中的内容，还包括对于所属技术领域的技术人员来说，隐含的且可直接地、毫无疑义地确定的技术内容。洪某光、诺孚电器股份有限公司与国家知识产权局专利复审委员会行政纠纷案[2016]京行终 2040 号，涉案专利名称为"一种气流定向驱动油烟排除装置"、专利权人为诺孚电器股份有限公司。洪某光于 2014 年 4 月 9 日向复审委提出无效宣告请求，并提交了附件 1 授权公告号为 CN1111267C 的发明专利说明书，复审委维持本专利权有效。北京知识产权法院认为，本专利权利要求 1 与附件 1 对比，其区别至少在于，所述吹风装置向下吹出的正压气流沿着锅壁将污染源油烟带走并最终流向吸风口。附件 1 没有给出"吹风装置向下吹出的正压气流沿着锅壁将污染源油烟带走并最终流向吸风口"的技术启示，也没有证据证明上述区别技术特征属于本领域的公知常识，因此，权利要求 1 相对于附件 1 和本领域的公知常识的结合具备创造性，其从属权利要求 2、3 也具备创造性。一审驳回了洪某光的诉讼请求，洪某光不服一审判决，提起上诉，请求撤销一审判决和被诉决定，改判专利复审委员会重新作出无效宣告请求的审查决定。二审法院认为，本案二审的争议焦点在于本专利是否具备新颖性和创造性。一件发明专利申请是否具备创造性，只有在该发明具有新颖性的条件下才予以考虑。属于相同技术领域的现有技术公开了与权利要求相同或者实质相同的技术方案，且本领域的技术人员能够合理确定该现有技术可以解决专利所要解决的技术问题、取得同样的预期效果的，人民法院应当认定该发明不符合《专利法》第 22 条第 2 款的规定。对于本领域的技术人员而言，附件 1 隐含且直接、毫无疑义地公开了前述区别的技术特征，可以起到与本专利权利要求 1 中相同的技术效果。因此，本专利权利要求 1 相对于附件 1 所公开的技术内容，对于本领域的技术人员而言是显而易见的，不具备创造性。权利要求 2、3 均引用权利 1，附加的技术特征为本领域的常用技术手段，在其引用的权利要求不具备创造性的前提下，权利要求 2、3 也不具备《专利法》第 22 条第 3 款规定的创造性。二审法院判决撤销北京知识产权法院的涉案行政判决，撤销复审委作出的涉案无效宣告请求审查决定，复审委员会就洪某光针对 200910096140.2 号发明专利提出的无效宣告请求重新作出审查决定。

综上，根据我国的法律规定，结合司法实践的案例，我国专利无效宣告程序具有以下几个特点：第一，无效宣告请求通常是由于专利侵权诉讼引发的纠纷，是被控侵权人进行防御的常见手段，以釜底抽薪的方式解决纠纷；第二，无效宣告请求被受理的，不当然导致专利侵权诉讼中止，必须依据法律的规定；第三，我国对无效宣告请求人没有特殊的规定，竞争对手可以通过第三人的名义提起无效宣告请求；第四，我国把无效宣告请求审查决定作为行政行为，对该决定不服的，通过行政诉讼解决，且复审委是行政诉讼的被告，该制度安排导致该类案件的循环诉讼，不利于纠纷的高效解决；第五，人民法院审查行政行为时，是全面审查，包括行政程序、事实认定和法律适用，复审委应当维护当事人的陈述、申辩和听证权利，无效宣告审查决定认定的事实和理由对当事人不利的，应当遵循正当程序；第六，对比文件评价专利的新颖性和创造性时，应当以对比文件公开的范围为准，包括文字记载的范围，以及本领域的技术人员能够推导出的隐含的公开范围；第七，在无效程序中，创造性判定类似于专利授权程序，应当考虑技术领域是否相同或相近，该区别技术特征在对比文件中是否存在技术启示，技术效果是否相同；第八，该类行政案件一审判决包括驳回原告的诉讼请求（事实认定、法律适用以及行政程序，上述任一项都合法）、撤销被诉决定（事实认定、法律适用以及行政程序，上述任一项不合法）和确认行政行为违法三种类型。

在本节案例中，一审程序，复审委因为原复审决定"权利要求编号与评述内容不对应"的笔误，对原复审决定进行更正，如果这种更正是明显的错误，就不属于行政行为的改变，因此，一审法院应当按照原来的审限继续审理案件。如果更正，改变了原行政行为认定的事实和法律适用，原行政行为就已经不具有法律效力了，在原告不改变诉讼客体的情形下，法院就应当针对原行政行为作出判决，确认原行政行为违法或无效。假设无效更正程序合法，但因复审委在第17530号决定中亦采纳了恒成公司所增加的理由，"热贯穿深度"含义不清等涉及说明书公开不充分的无效理由，显然违反了听证原则，程序违法，无效决定应当被撤销。

第二章 商标法

第一节 商标法"不良影响"条款法律适用
——[2015]高行知终字第1538号

一、法律要点

"不良影响"条款保护的客体是公共利益和公共秩序,具体体现在政治、经济、文化、宗教、民族等方面。一般而言,标识本身不会产生不良的影响,认定某标识是否具有不良影响时,必须结合其使用的具体的商品或服务,并在特定的语境中进行判定。不良影响的判定主体,应当是与争议商标相关的公众。不良影响的判定标准,不探究行为人的主观心态,应当是基于社会生活产生的客观认知。如果标识的注册仅损害了特定民事主体的权益,不得适用该条款。对不正当的商标注册行为,可以通过其他法律条款规制时,不适用不良影响条款保护。

二、案情介绍

2010年11月12日,创博亚太科技(山东)有限公司(简称创博亚太公司)向国家工商行政管理总局商标局(简称商标局)提出第8840949号"微信"商标(简称被异议商标)的注册申请,指定使用在第38类"信息传送、电话业务"等服务上。2011年8月27日,被异议商标经商标局初步审定公告。

在法定异议期内,张某河对被异议商标提出异议。2013年3月19日,商标局作出[2013]商标异字第7726号《"微信"商标异议裁定书》(简称第7726号裁定),裁定:被异议商标不予核准注册。

创博亚太公司不服商标局第7726号裁定，于2013年4月7日向商标评审委员会申请复审。在商标异议复审程序中，创博亚太公司向商标评审委员会提交了以下主要证据：软件全称为"创博亚太微信系统"、软件简称为"微信系统"、开发完成日期为2011年2月23日的计算机软件著作权登记申请表和计算机软件著作权登记证书，创博亚太公司与北京永通卓越科技有限公司于2011年4月签订的"微信"业务在河北移动合作的合同，以证明创博亚太公司"微信系统"的开发和使用情况。

张某河向商标评审委员会提交了百度百科、"微信"官方网站、报刊杂志、网络媒体对"微信"的介绍和报道等证据，以证明"微信"的商业使用情况。其中，"微信"官方网站显示：微信1.0foriphone（测试版）于2011年1月21日发布。2011年12月14日的北青网报道称"截至11月底，微信上线一年以来，注册用户数已超过5000万"。2013年7月25日的《人民日报》（海外版）中报道称"工业和信息化部总工程师、新闻发言人朱宏任今天在新闻发布会上表示，今年上半年我国微信用户超过4亿"。

2014年10月22日，商标评审委员会作出商评字［2014］第67139号《关于第8840949号"微信"商标异议复审裁定书》（简称第67139号裁定）。该裁定认为：虽然创博亚太公司申请注册被异议商标时，腾讯公司的"微信"软件尚未正式对外推出。但是，张某河提交的证据表明，腾讯公司在被异议商标初步审定公告前已正式推出了"微信"软件，且用户量持续迅猛增长，截至2013年7月腾讯公司的"微信"注册用户至少已经增长到4亿人，并且多地政府机关、法院、学校、银行等推出了微信公共服务，相关公众已经将"微信"与腾讯公司紧密地联系起来。虽然创博亚太公司申请注册被异议商标是否损害腾讯公司的特定民事权益不属于《商标法》第10条第1款第（八）项所调整的内容，也不是本案审理的焦点，但在社会公众对"微信"的认知发生变化，社会客观环境和公众利益内容发生变化的情况下，商标评审委员会应对被异议商标的注册是否会对变化了的社会公共利益和公共秩序造成不良影响作出判断。考虑本案的事实，如核准被异议商标注册，将会对多达4亿的微信注册用户以及广大提供公共服务的微信用户带来极大不便乃至损失，同时也可能使他们对创博亚太公司提供的"微信"服务的性质和内容产生误认，从而可能对社会公共利益和公共秩序产生消极、负面的影响。因此被异议商标已经构成《商标法》第10条第1款第（八）项所禁止的情形。综上，商标评审委员会裁定：被异议商标不予核准注册。

在本案的诉讼过程中，创博亚太公司提交了 17 份证据，包括创博亚太公司出具的微信技术方案建议书（2010 年 12 月 29 日）、"微信"产品介绍（2010 年 11 月）、"沃名片"产品介绍（2010 年 11 月），中国联合网络通信有限公司山东省分公司和北京德利迅达科技有限公司于 2011 年 6 月签订的《山东联通沃名片业务合同》，中国联合网络通信有限公司山东省分公司产品创新部就其部门与创博亚太公司的合作情况出具的书面证言等，以进一步证明"微信系统"的开发和使用情况。其中，"微信"产品介绍中记载，"'微信'是一项向被叫用户提供，当来电时，显示主叫号码及其归属城市的信息与资讯的服务"。中国联合网络通信有限公司山东省分公司产品创新部在书面证言中称："2010 年 9 月，我部门确定该业务的名称为'沃名片'；2010 年 10 月，创博公司陆续提交了'沃名片'命名的微信业务介绍资料和技术方案，同时开始进行业务平台的搭建和联调测试；2010 年 12 月，该业务正式推出。"

张某河提交了 7 份证据，包括从国家图书馆馆藏文献中心复制的 2011 年初至 2014 年底全国各大报纸对"微信"的相关报道、国家图书馆科技查新中心就国内报纸对"微信"的相关报道出具的检索报告等，以证明腾讯公司的"微信"服务的市场使用情况。其中，2014 年 11 月 13 日的《每日经济新闻》中报道称"用户已超 8 亿的微信"。

北京知识产权法院认为，根据计算机软件著作权登记证书的记载，创博亚太公司的"微信系统"软件于 2011 年 2 月 23 日开发完成。在 2011 年 4 月和 6 月，创博亚太公司就该软件产品签订了 2 份业务合作合同，其中 2011 年 4 月的合同缺乏实际履行的相关证据，2011 年 6 月的合同虽然有合作单位的书面证言作为实际履行的证据，但该书面证言中明确表明相关软件产品被命名为"沃名片"。因此，在案证据无法证明被异议商标已实际投入商业使用，并被消费者所认知。

张某河提交的证据显示，"微信"即时通讯服务应用程序由腾讯公司于 2011 年 1 月 21 日首次推出，晚于被异议商标申请日 2 个月，早于被异议商标初审公告日 7 个月。此后，"微信"注册用户数量急速攀升，根据相关报道的记载，至 2013 年 7 月用户数量已达 4 亿，至 2014 年 11 月更超 8 亿。"微信"在信息传送等服务市场上已经具有很高的知名度和影响力，广大消费者对

"微信"所指代的信息传送等服务的性质、内容和来源已经形成了明确的认知。

在这种情况下，如果核准被异议商标注册，不仅会使广大消费者对"微信"所指代的信息传送等服务的性质、内容和来源产生错误的认知，也会对已经形成的稳定的市场秩序造成消极的影响。

先申请原则是我国商标注册制度的一般原则，但在尊重"在先申请"这个事实状态的同时，对商标注册申请核准与否还应当考虑公共利益和已经形成的稳定市场秩序。当商标申请人的利益与公共利益发生冲突时，应当结合具体情况进行合理的利益平衡。在本案中，一方面是商标申请人基于申请行为产生的对特定符号的先占利益和未来对特定符号的使用可能产生的期待利益，另一方面是庞大的微信用户群体已经形成的稳定认知和改变这种稳定认知可能造成的较大社会成本，鉴于此，选择保护不特定多数公众的现实利益具有更大的合理性。因此，商标评审委员会认定被异议商标的申请注册构成《商标法》第10条第1款第（八）项所禁止的情形并无不当。

综上，依照1990年10月1日起施行的《行政诉讼法》第54条第（一）项之规定，北京知识产权法院判决：维持第67139号裁定。

创博亚太公司不服北京知识产权法院［2014］京知行初字第67号行政判决，向二审法院提起上诉，请求撤销原审判决。主要上诉理由为：（1）本案不存在真实的公共利益，无适用《商标法》第10条第1款第（八）项的事实基础；（2）商标授权确权阶段不能为将来可能出现的市场问题进行假设性预裁；（3）在先申请原则作为《商标法》的一项基本原则，不以商标的使用为其保护的前提条件。

商标评审委员会、张某河服从原审判决。

二审法院经审理查明：原审法院查明的事实基本清楚，有被异议商标的商标档案、商标局第7726号裁定、商标评审委员会第67139号裁定、当事人提交的证据及当事人陈述等在案佐证，本院予以确认。

另查，被异议商标指定使用服务为第38类"信息传送、电话业务"等。

在商标异议复审阶段，创博亚太公司向商标评审委员会申请复审的主要理由为："商标局异议裁定称，'微信'是腾讯公司推出的一款手机聊天软件，申请人（注：创博亚太公司）申请注册'微信'商标并指定使用在第38类信息传送、电话业务等服务上容易使消费者产生误认，并导致不良的社会影响，应依据修改前《商标法》第 10 条第 1 款第（八）项的规定不予核准注册。但容易使消费者产生误认并不属于《商标审理标准》所称的容易误导公众，因而具有不良影响的情形，申请人申请注册被异议商标事实上也不会产生误认，并且即使使消费者产生误认，也只是损害了腾讯公司的特定民事权益，不构成修改前《商标法》第 10 条第 1 款第（八）项所指的不良影响。被异议商标是否能导致消费者误认应以申请时的情形来判断，在本案中，申请人使用和申请注册被异议商标的时间早于腾讯公司推出'微信'手机聊天软件的时间，当时'微信'尚未被广大社会公众熟知，因此不存在误导广大公众、独占公共资源带来的各种权益等情形，不会导致消费者误认进而产生社会不良影响。综上，请求核准被异议商标注册。"

张某河向商标评审委员会答辩的主要理由为："'微信'是腾讯公司 2010 年 10 月开始策划启动，并于 2011 年 1 月上线推出的手机聊天软件，至 2013 年 10 月注册用户已超过 6 亿，并已有多地各级政府机关开通政务微信，作为政府部门信息公开、与社会沟通和管理社会的重要手段，腾讯公司的微信服务已为相关公众所熟知。

申请人（注：创博亚太公司）申请注册'微信'商标易使相关公众将其与腾讯公司已具有高知名度的微信服务相混淆，损害了包括张某河在内的广大微信注册用户的利益，同时扰乱了有关政府部门正常履行政府职责，可能对我国经济、社会公共利益和秩序产生消极、负面的影响。

此外，申请人将公众熟知的即时通讯软件名称'微信'指定使用在'信息传送'等服务上，易使相关公众误认为该服务为腾讯公司推出的微信服务，误导公众，造成不良影响。被异议商标'微信'是即时通讯的通用名称，且直接表示了'信息传送'的服务特点，不具备显著性。申请人提供的证据不足以证明被异议商标经长期、广泛使用，已经具备显著性。

综上，依据修改前《商标法》第 10 条第 1 款第（八）项、第 11 条第 1 款以及第 41 条第 1 款的规定，请求不予核准被异议商标注册。"

关于"微信"的显著性问题，商标评审委员会在第 67139 号裁定中指出："我委认为，尽管商标异议裁定未涉及该问题，但我委审理商标异议复审案件应针对当事人申请和答辩的事实、请求和理由进行，在被申请人（注：张某河）明确质疑'微信'商标为通用名称，缺乏显著性的情况下，我委应予以审理。在本案中，被申请人提交的在案证据主要是网络、报刊等媒体对腾讯公司'微信'服务的有关报道以及腾讯公司对自己的'微信'服务进行宣传使用的资料，涉及的使用主体只有腾讯公司一家，这些证据无法证明'微信'商标在信息传送、电话业务等服务上已经成为法定的通用名称，也不能证明'微信'一词已被同行业其他企业作为信息传送、电话业务等服务的名称广泛使用，因此被申请人称'微信'是通用名称的依据不足。此外，被申请人亦没有证据证明'微信'使用在上述服务上仅直接表示了服务的特点。故被异议商标未构成修改后《商标法》第11条第1款所指的不得作为商标注册的标志。"

在本案二审开庭审理的过程中，创博亚太公司当庭提交了三组证据：

第一组证据：被异议商标注册申请受理通知书及初审公告；

第二组证据：北京市国立公证处［2015］京国立内证字第12322号、第12323号公证书，内容涉及在第9类、第11类、第12类、第25类、第35类商品或者服务上的"微信"商标注册完成，在第29类、第30类服务上的"微信"商标注册后已经转让，在第16类、第18类商品上的"微信"商标注册后的使用许可备案已经完成，用以证明"微信"商标不具有不良影响，可以注册；上述"微信"商标的注册人，除腾讯科技（深圳）有限公司外，还有其他公司或者自然人；

第三组证据：浙江省高级人民法院［2007］浙民三终字第74号"蓝色风暴"侵害商标权纠纷案二审民事判决书。

以上事实，有被异议商标的商标档案、商标评审委员会第67139号裁定、当事人提交的相关证据等在案佐证。

二审法院认为，2014年11月1日，第十二届全国人民代表大会常务委员会第十一次会议通过了《全国人民代表大会常务委员会关于修改〈中华人民共和国行政诉讼法〉的决定》，修改后的《行政诉讼法》自2015年5月1日起施行。本院于2015年5月5日受理本案二审诉讼，因此，本案二审诉讼应当适用修改后的《行政诉讼法》。该《行政诉讼法》第5条规定："人民法院审理行政案件，对行政行为是否合法进行审查。"

在本案中，被异议商标经商标局裁定不予核准注册后，创博亚太公司于2013年4月7日向商标评审委员会申请复审。商标评审委员会于2014年10月22日作出第67139号裁定，裁定被异议商标不予核准注册。2014年12月2日，原审法院受理了本案的诉讼。因此，根据司法解释的规定，本案应当适用 2014 年 5 月 1 日起施行的《商标法》和《中华人民共和国商标法实施条例》（简称《商标法实施条例》）的相关规定。

根据《商标法》第 10 条第 1 款第（八）项的规定，有害于社会主义道德风尚或者有其他不良影响的标志不得作为商标使用。审查判断有关标志是否构成具有其他不良影响的情形时，应当考虑该标志或者其构成要素是否可能对我国政治、经济、文化、宗教、民族等社会公共利益和公共秩序产生消极、负面的影响。如果有关标志的注册仅损害特定的民事权益，由于《商标法》已经另行规定了救济方式和相应程序，不宜认定其属于具有其他不良影响的情形。由于具有"其他不良影响"属于商标注册的绝对禁止事项，一旦认定某一标志具有"其他不良影响"，即意味着不仅该标志在所有的商品和服务类别上都不得作为商标使用，更不得作为商标注册。而且在《商标法》第 10 条第 1 款第（八）项未作例外规定的情况下，任何主体均不得将具有"其他不良影响"的标志作为商标使用和注册。因此，对于某一标志是否具有"其他不良影响"，在认定时必须持相当慎重的态度。在本案中，被异议商标由中文"微信"二字构成，现有证据不足以证明该商标标志或者其构成要素有可能会对我国的政治、经济、文化、宗教、民族等社会公共利益和公共秩序产生消极、负面的影响。因此，就标志本身或者其构成要素而言，不能认定被异议商标具有"其他不良影响"。通常情况下，商标注册申请行为不是《商标法》第 10 条第 1 款第（八）项的调整对象，不属于"其他不良影响"的考虑因素。但是，即使在本案中考虑创博亚太公司申请注册被异议商标这一商标注册申请行为，也难以认定"其他不良影响"的存在。一方面，即使腾讯公司的"微信"即时通讯应用程序被包括政府机关在内的社会公众大量使用，"微信"由腾讯公司以外的其他主体作为商标加以申请注册，涉及的也仅仅是该应用程序的名称或者商标标志如何确定的问题，并不影响该应用程序自身的正常使用。另一方面，基于互联网环境下计算机应用程序能够及时在线更新的特点，即使该计算机应用程序的名称或者商标标志发生变化，也能够十分迅捷便利地通知到相关用户，不会造成相关公众对相关应用程序及其来源的混淆误认，不会损害包括政府机关在内的腾讯公司"微信"即时通讯应用程序用户的利益，当然更不会损害广大社会公众的利益和公共秩序。因此，被异议商标的注册申请行为并不涉及社会公共利益和公共秩序。

根据二审期间创博亚太公司提交的证据，"微信"商标已在其他多个商品或服务类别上由包括腾讯公司在内的多个主体加以申请并获准注册,这一事实也进一步印证了"微信"作为商标使用不具有"其他不良影响"。综上,本案被异议商标的申请注册,不属于《商标法》第10条第1款第(八)项规定的具有"其他不良影响"的情形,原审判决及第67139号裁定的相关认定错误,本院予以纠正。

《行政诉讼法》第87条规定:"人民法院审理上诉案件,应当对原审人民法院的判决、裁定和被诉行政行为进行全面审查。"在本案中,虽然原审判决仅就被异议商标的申请注册是否违反《商标法》第10条第1款第(八)项的规定作出了认定,但《商标法实施条例》第53条第1款规定:"商标评审委员会审理不服商标局不予注册决定的复审案件,应当针对商标局的不予注册决定和申请人申请复审的事实、理由、请求及原异议人提出的意见进行审理。"商标评审委员会在第67139号裁定中,除对被异议商标的申请注册是否违反《商标法》第10条第1款第(八)项的规定作出认定外,还根据原异议人张某河提出的意见,同时对被异议商标的申请注册是否违反《商标法》第11条第1款的规定作出了认定,因此,根据全面审查原则,本院对被异议商标的申请注册是否违反《商标法》第11条第1款的规定一并予以审查。

对显著特征的判断,应当根据申请注册的商标指定使用商品的相关公众的通常认识,从整体上加以认定。在本案中,被异议商标由中文"微信"二字构成,指定使用在"信息传送、电话业务、电话通讯、移动电话通讯、电子邮件、传真发送、电信信息、提供全球计算机网络用户接入服务(服务商)、为电话购物提供电讯渠道、语音邮件服务"上。"微"具有"小""少"等含义,与"信"字组合使用在上述服务项目上,易使相关公众将其理解为是比电子邮件、手机短信等常见通信方式更为短小、便捷的信息沟通方式,是对上述服务功能、用途或其他特点的直接描述,而不易被相关公众作为区分服务来源的商标加以识别和对待,因此,被异议商标在上述服务项目上缺乏显著特征,属于《商标法》第11条第1款第(二)项所指情形。至本院作出二审裁判时,创博亚太公司提交的证据不足以证明被异议商标经过使用,已经与创博亚太公司建立起稳定的关联关系,从而使被异议商标起到区分服务来源的识别作用,构成《商标法》第11条第2款规定的可以作为商标注册的情形。因此,被异议商标不应予以核准注册。

虽然第67139号裁定有关被异议商标不属于《商标法》第11条第1款所指的不得作为商标注册的标志的认定错误,但其有关被异议商标不予核准注册的裁定结论正确。相应地,原审判决的认定虽有不当,但其裁判结论亦属正确,本院在纠正其相关错误的基础上,对其结论予以维持。

《商标法》第4条规定:"自然人、法人或者其他组织在生产经营活动中,对其商品或者服务需要取得商标专用权的,应当向商标局申请商标注册。本法有关商品商标的规定,适用于服务商标。"因此,市场主体无论其经营规模大小,要取得商标专用权,均须依法提出注册申请。对于依法提出商标注册申请的市场主体,则应当保护因其商标注册申请行为而产生的合法权益。在先申请原则是商标申请注册过程中应当遵循的一项重要原则。根据该原则,两个或者两个以上的申请人,在同一种或者类似商品上,以相同或者近似的商标申请注册的,除《商标法》第13、31、32条等法律另有规定者外,一般应当初步审定并公告申请在先的商标,并对在后的商标注册申请予以驳回。但是,在先申请原则有其适用范围,它解决的主要是两个以上的商标注册申请之间的优先性问题。在先申请原则的适用必须与《商标法》的其他规定相协调,对不具有显著特征、不得作为商标使用和注册的标志,无论其注册申请时间早晚,均不涉及在先申请原则的适用。在本案中,虽然创博亚太公司依法提出了被异议商标的注册申请,但在被异议商标指定使用于"信息传送、电话业务、电话通讯、移动电话通讯"等服务上缺乏显著特征的前提下,已无必要对被异议商标的注册申请不予核准是否违反在先申请原则作出评述。因此,对创博亚太公司有关在先申请原则的上诉理由,本院不予支持。

本案是对被异议商标是否应予核准注册进行审查的行政诉讼案件,并不涉及对可能出现的市场问题的假设性判断,创博亚太公司的相关上诉理由不能成立,本院对此不予支持。

综上所述,虽然本案被异议商标的申请注册并未违反《商标法》第10条第1款第(八)项的规定,但被异议商标在指定使用服务上缺乏商标注册所必须具备的显著特征,其注册申请违反了《商标法》第11条第1款第(二)项的规定,被异议商标依法不应予以核准注册。第67139号裁定的相关认定虽有不当,但其裁定结论正确;原审判决的认定虽有不当,但其裁判结论正确,本院在纠正其相关错误的基础上,对其结论予以维持。创博亚太公司的部分上诉理由虽然成立，但其上诉请求不能成立，本院不予支持。依照2015年5月1日起施行的《行政诉讼法》第89条第1款第（一）项的规定，判决如下：

驳回上诉，维持原判。

三、法律条文

《商标法》（2013年）

第十条第一款　下列标志不得作为商标使用：

（七）带有欺骗性，容易使公众对商品的质量等特点或者产地产生误认的；

（八）有害于社会主义道德风尚或者有其他不良影响的。

《最高人民法院关于审理商标授权确权行政案件若干问题的规定》（2016年）

第五条　商标标志或者其构成要素可能对我国社会公共利益和公共秩序产生消极、负面影响的，人民法院可以认定其属于商标法第十条第一款第（八）项规定的"其他不良影响"。

将政治、经济、文化、宗教、民族等领域公众人物姓名等申请注册为商标，属于前款所指的"其他不良影响"。

《最高人民法院关于审理商标授权确权行政案件若干问题的意见》（2010年）

第三条　人民法院在审查判断有关标志是否构成具有其他不良影响的情形时，应当考虑该标志或者其构成要素是否可能对我国政治、经济、文化、宗教、民族等社会公共利益和公共秩序产生消极、负面影响。如果有关标志的注册仅损害特定民事权益，由于商标法已经另行规定了救济方式和相应程序，不宜认定其属于具有其他不良影响的情形。

四、法理分析

（一）"不良影响"条款的法律定位及法律适用

在商标授权及确权程序中，"不良影响"条款的适用受到愈来愈多的关注。《商标法》第10条第1款属于禁止注册的绝对事由，涉及的是公共利益、公共秩序，具有公法色彩，而违反诚实信用原则抢注他人商标，损害特定民事权益的行为属于相对事由，规定在《商标法》的其他相应条款中。关于"不良影响"条款的定位，不同的学者有不同的认知。孔祥俊分别从文义解释和体系解释的角度对"不良影响"条款进行了分析,最后得出"不良影响"条款是对于"有害于社会主义道德风尚"的兜底的结论。[1]马一德认为"不良影响"条款属于商标禁止注册的绝对事由的兜底条款。[2]反对者认为如果将该条文作为禁止注册的绝对事由的兜底条款,则相对来说过于宽泛,作为绝对事由的条款一般来说要尽可能的明确、具体,尽可能地减少弹性和自由裁量的空间。而"不良影响"条款本身过于不确定,含义过于宽泛,明显不适合作为兜底条款。邓宏光通过对立法目的的研究,认为不良影响条款作为第10条第1款的兜底项,是对公共秩序和善良风俗的保护;在审查判断有关标志是否构成"具有其他不良影响"时,不应当以根本不可能产生不良影响的标志或标志的要素本身为标准,而应当考虑该标志使用在其指定的商品上,是否"可能对我国政治、经济、文化、宗教、民族等社会公共利益和公共秩序产生消极、负面的影响"。如果涉案商标将导致相关公众发生混淆误认,对已经形成的稳定的市场秩序造成消极影响,则应当被认定具有"不良影响"。[3]段立红认为,如果该标志指定使用在某些商品或服务上,社会公众按照时下公共秩序和善良风俗所确立的价值体系和伦理秩序对该商标产生了消极、负面的理解,则应当纳入本条款的适用范围之内。[4]关于判断主体方面,在做道德考量时其主体是一般公众、相关公众,还是其他主体?法官的观点差异较大。一般认为,在判断是否构成其他"不良影响"时,应对所处的政治背景、社会背景、历史背景及文化传统等要素作一个综合考量。在审查标志是否给社会带来了不良影响时,主体应是绝大部分社会公众。[5]周波认为,对"其他不良影响"的主体的认定,应根据涉及不良影响的类型作出具体分析,仅以一般公众作为判断主体过于片面。在审查标志及其组成要素是否具有负面影响时,由于公共利益本身的复杂性,应当将判定主体细化。[6]

---

[1] 孔祥俊:《商标法适用的基本问题》,中国法制出版社2014年版。
[2] 马一德:"商标注册'不良影响'条款的适用",载《中国法学》2016年第2期。
[3] 邓宏光:"商标授权确权中的公共利益与不良影响:以'微信'案为例",载《知识产权》2015年第4期。
[4] 段立红:"商标法中'公共利益'条款的法律适用——兼评'微信'商标是否构成'其他不良影响'",载《中国专利与商标》2015年第4期。
[5] 张晰昕:"对'有其他不良影响'条款的理解与适用",载《中国知识产权报》2009年第12期。
[6] 周波:"不良影响判断主体的确定",载《中国知识产权报》2014年第7期。

(二) 国际条约及相关国家法律规定

《保护工业产权巴黎公约》第6条之五A（1）规定：在原属国正式注册的每一商标，除应受本条规定的保留条件的约束外，本联盟的其他国家也应和在原属国注册那样接受申请和给予保护。各该国家在正式注册前可以要求提供原属国主管机关发给的注册证书。该项注册证书无需认证。该条款被称之为"原样保护原则"，是指如果商标在所属国取得注册，应允许其使用人在所属国之外的成员国再次申请注册。但是如果申请注册的商标存在对他人在先权利构成侵害、不具备显著性特征、违背社会伦理道德、损害社会公共秩序等情形时可以驳回申请。也可以这么理解，原样保护原则实质上是对上述三种情形之外的其他事由应当被允许而不是被拒绝予以注册的反向规定。因为成员国随意地进行扩大将会导致法律规避现象的存在，该原则的存在也就毫无意义，所以该原则的除外情形应当限制在适当的范围内。关于违反道德或公共秩序的规定，见《保护工业产权巴黎公约》第6条之五B（3），商标违反道德或公共秩序，尤其是具有欺骗公众的性质。这一点应理解为不得仅仅因为商标不符合商标立法的规定即认为该商标违反公共秩序，除非该规定本身同公共秩序有关。在考虑商标是否影响公共秩序时，需要根据使用情况确定，应当考虑相关的商品或服务。

美国《兰哈姆法》第2（a）条规定，任何不道德的或丑恶的标记，任何贬损性质的标记，不得注册为商标。该条款禁止注册对象类似于我国"不良影响"。原关税与专利上诉法院指出，什么是不道德的或者丑陋的，没有统一的标准。就商标注册而言，应当依据通常的和一般的对于这些字词的理解，可以借助此前的判决和字典加以解释。根据1942年《卫氏新国际词典》的表述，丑恶实质冒犯了良心或道德情感，引起了指责，激起了诅咒。在1988年的"灰狗公司"案中，[1]异议人是美国著名的"灰狗公司"，其商标中有一条飞奔的狗的形象，用于长途运输服务和帽子、玩具车、枕头、行李箱和服装等商品上。本案申请人就衬衫等申请注册的商标，抄袭了异议人商标中的狗的形象，并且是一条正在排泄粪便的狗。异议人提出异议的理由之一就是，申请注册的商标是不道德的和丑恶的，带有贬损的性质。商标复审委员会认为，一般的社会公众都认可灰狗公司商标中狗的形象，申请人截取异议人商

---

[1] Greyhound Corp. V. Both World, Inc., 6 USPQ 1635 (TTAB 1988).

标中狗的形象,又将其设计为正在排泄粪便的狗,很容易使公众联想到灰狗公司的狗正在排粪,该商标注册是不道德的和丑恶的,带有贬损的性质,应当予以驳回。在"哈乔"案中,[1]美国华盛顿州的足球队使用了 Redskins 标记,并且配有印第安人的头像。到了 1992 年,7 名印第安人向商标复审委员会提起申请,要求撤销有关 Redskins 的 6 件商标,理由是这些商标具有蔑视、诋毁、冒犯和贬损印第安人的性质,具有种族歧视的性质。足球公司主张,相关商标在长期使用的过程中,已经获得了第二含义,仅仅指示某种体育服务,并没有贬损印第安人的意味。商标复审委员会认为,在确定某一商标是否贬损他人的时候,一般公众的感觉是无关的。相反由于第 2 条第 1 款规定的贬损性标记是针对某些个人、机构或者信仰的,因此只有这些人的感觉才是相关的。在适用的条件方面,在"IN RE TAM"中,此案判决书讨论了由 1981 年"In re McGinley"案所确立的"two-part test"规则,该规则用以检测相关的商标是否具有 disparaging(贬损性):[2](1)不仅要考虑字典的意思,而且要考虑以下的因素:商标的其他元素、商品或者服务的性质、在商品或者服务上使用标记的方式;(2)如果含义指向可识别的人、机构、信仰或者国家标识,不论其含义是否会对以上造成实质性贬损。在"two-part test"规则中,在考虑商标是否具有影响贬损性时,不仅要考虑商标本身,还需要考虑其使用的方式。

(三)我国司法实践的典型案例

(1)关于不良影响的判定主体。标志是否具有宗教含义,不应仅依据官方记载,还应考量宗教机构人士以及民间信众的认知;标志是否为相关公众普遍认知,以及标志是否已经使用并具有一定的知名度,不影响对不良影响的判定。西屋电气公司与国家工商行政管理总局商标评审委员会行政争议再审案中[3]山东万佳建材有限公司(简称万佳公司)系第 3011175 号"泰山大帝"商标(即争议商标)受让人,泰山石膏股份有限公司(简称泰山石膏公司)于 2013 年 5 月 17 日向商标评审委员会提出争议申请,其主要理由为:争议商标有害于宗教信仰、宗教感情……争议商标应予以撤销。泰山石膏公

---

[1] Harjo. v. Pro-Football, Inc., 50 USPQ 2d 1705 (TTAB 1999).
[2] In re Simon Shiao TAM, Appellant., 785 F. 3d 569 (Fed. Cir. 2015).
[3] 参见[2016]最高法行再 21 号。

司提交了如下主要证据：泰安市民族与宗教事务局出具的说明、关于泰山大帝的网络报道等。商标评审委认为：泰山石膏公司提交的证据证明，"泰山大帝"也被称为"东岳泰山大帝""泰山神"，全称为"东岳泰山天齐仁圣大帝"，为道教众神之一，是道教在山东泰山地区独有的神灵名称，作为商标使用，容易伤害宗教人士的感情，从而产生不良影响，裁定撤销争议商标的注册。一审法院判决维持第051795号裁定。二审诉讼过程中，万佳公司提交了《泰安市志》《泰安地区志》《中国神怪大辞典》《泰山信仰与中国社会》《泰山岱庙考》《道家文化》等刊物书籍的摘页，证明在泰安市官方记载及与宗教有关的书籍中，均未出现"泰山大帝"的宗教神灵称谓，争议商标的注册和使用并未产生不良影响。二审法院认为，泰山石膏公司提交的说明、网络报道等证据缺乏历史考证，且上述报道主要系文学杜撰，无其他证据印证。综合在案证据，尚不足以证明"泰山大帝"真实、确定地在宗教领域的信仰者或崇拜者中使用或与之直接关联。二审法院判决撤销一审判决及第051795号裁定，商标评审委员会针对争议商标重新作出裁定。再审法院认为，如果某标志具有宗教含义，不论相关公众是否能够普遍认知，标志是否已经使用并具有一定知名度，即可认定具有不良影响。有关记载道教的资料显示"泰山大帝"均指向"泰山神"或"东岳大帝"，而不是指向其他道教神灵，"泰山大帝"的称谓系客观存在，具有宗教含义。据此，再审判决撤销二审判决维持一审判决。

（2）不良影响的判断标准，应当是基于社会生活共同需要而产生的客观认知，是一种客观标准，不探究行为人的主观心理状态。上海俊客贸易有限公司与国家工商行政管理总局商标评审委员会行政争议案，[1]争议商标系第8954893号"MLGB"商标，由上海俊客公司于2010年12月15日申请注册，核定使用在第25类服装等商品上。2015年10月9日，姚某向商标评审委员会提起注册商标无效宣告申请。主要理由为："MLGB"容易让人想到不文明用语、粗话脏话等，作为商标使用在服装、帽子等商品上，有害于社会主义道德风尚，具有不良影响。请求依据《商标法》第10条第1款第（八）项、第44条第1款的规定，宣告商标无效。除本案争议商标外，上海俊客公司同时注册了"caonima""草泥马"等多个商标。商标评审委员会裁定对争议商

---

[1] 参见［2016］京73行初6871号。

标予以宣告无效。一审法院认为，通过上海俊客贸易有限公司提供的广告宣传等证据可以看出，争议商标在品牌定位上突出新奇前卫、与众不同的理念，主要消费群体为猎奇心理较强、追求彰显个性的青年群体。恰恰这些群体几乎百分之百的是网络的使用者，几乎都知晓"MLGB"的指代关系。从商品使用的群体定位来看，争议商标客观上迎合了低级趣味和叛逆心理，诉争商标对青少年群体而言含义低俗，维持注册，更容易产生将低俗另类当作追求时尚的不良引导，这种不良引导直接影响的是青少年群体，危害后果必将及于整个社会的道德风尚。一审法院依据《商标法》第10条第1款第（八）判决驳回了原告上海俊客贸易有限公司的诉讼请求。

（3）将具有一定影响力和知名度的公众人物注册为商标，容易使相关公众认为该商标指示的商品或服务来源于该自然人或相关权利人，或者存在某种关联，从而误导消费者，具有不良影响。胜利国际公司与商标评审委员会行政争议上诉案。[1]福建风尚时装有限公司（简称福建风尚公司）系受让取得第8647078号诉争商标"MICHAELJACKSON"，核定使用于第25类的服装、鞋等商品上。2014年7月2日，胜利国际公司针对诉争商标依据《商标法》第10条第1款第（八）项等规定，请求对诉争商标宣告无效。商标评审委员会认为，诉争商标本身并没有对中国的社会公共利益和公共秩序产生消极的、负面的影响，裁定诉争商标予以维持。一审法院认为，诉争商标的使用势必会使相关公众认为该商标的提供者系经迈克尔·杰克逊本人授权或与其存在特定关联，从而对商品或服务的质量、来源造成误认，以致损害社会公共利益。况且，商标评审委员会在涉案商标、商品或服务类别、案件当事人和在案证据都基本相同的案件中，不应作出结论相异的行政裁决。一审法院判决撤销被诉裁定，责令商标评审委员会重新作出裁定。二审法院认为，诉争商标由英文"MICHAELJACKSON"构成，相关公众施以一般注意力，易将其与已故摇滚歌手"MICHAELJACKSON"（即"迈克尔·杰克逊"）相联系，结合在案证据，"MICHAELJACKSON"的影响力与知名度足以覆盖至第25类服装等商品上，故若在该类商品上申请注册与已故歌手"MICHAELJACKSON"英文字母组成完全相同的商标，容易使相关公众认为诉争商标所标示的商品来源于"MICHAELJACKSON"本人或其相关权利人，或与"MICHAELJACK-

---

［1］ 参见［2016］京行终878号。

SON"存在某种特定的关联,从而误导消费者,对中国社会公共利益和公共秩序产生消极、负面的不良影响。故二审驳回上诉,维持原判。

(4)对不正当的商标注册行为,可以通过其他法律条款规制时,不适用不良影响条款保护。"IPHONE"案[1]中,苹果公司早在2003年、2006年就在第9类"计算机硬件、手提电话"等商品上获准注册"IPHONE"商标、"i-phone及图"商标(即涉案引证商标)。新通天地科技(北京)有限公司(简称新通天地公司)于2007年9月29日向商标局申请注册第6304198号"IPHONE"商标(即涉案被异议商标),指定使用商品为第18类"钱包、小皮夹"等。苹果公司对该涉案商标提出异议,请求适用的法律条款为2001年《商标法》第10条第1款第(八)项、第13条第2款。商标局、商评委均未支持其异议理由,裁定被异议商标予以核准注册。苹果公司不服,诉至法院,一审诉讼过程中,苹果公司明确表示本案涉及的实体法律依据仅限于2001年《商标法》第10条第1款第(八)项、第13条第2款。法院判决认为,被异议商标的申请日期为2007年9月29日,而苹果公司针对其"IPHONE"商标提交的使用证据绝大多数形成于被异议商标申请日之后,且数量很少,不足以证明其"IPHONE"商标于被异议商标申请日前达到驰名程度。二审判决还指出,由于苹果公司在行政程序中及原审诉讼中均未提出被异议商标的申请注册违反2001年《商标法》第41条第1款的规定,故该主张并非原审判决及被诉裁定作出的依据,二审法院对此不予评述。"facebook"案[2]中,菲丝博克公司于2009年在第35类"广告张贴的分类安排、虚拟社区、照片分享"等服务、第38类"时尚追踪有关信息的在线聊天室"等服务上核准注册"FACEBOOK"商标(即涉案引证商标)。刘某群于2011年1月24日向商标局申请注册第9081730号"facebook"商标(即涉案被异议商标),指定使用商品为第32类"果汁饮料(饮料)"等。菲丝博克公司对刘某群申请注册的商标提出异议,请求适用的法律条款为2001年《商标法》第10条第1款第(八)项、第13条第2款、第31条、第41条第1款。商标局、商评委均未支持其异议理由,裁定被异议商标予以核准注册。菲丝博克公司不服,诉至法院。法院判决认为,刘某群在多个商品类别上申请注册了"facebook"商

---

[1]参见北京市高级人民法院[2016]京行终1630号行政判决书。
[2]参见北京市高级人民法院[2016]京行终475号行政判决书。

标，还在第29类商品上注册过"黑人""壹加壹"等商标，该系列商标注册行为具有明显的复制、抄袭他人高知名度商标的故意，扰乱了正常的商标注册管理秩序，有损于公平竞争的市场秩序，违反了公序良俗原则。两审法院最终均支持了菲丝博克公司关于2001年《商标法》第41条第1款的诉讼理由，未支持其依据第10条第1款第（八）项、第13条第2款、第31条的诉讼理由，最终判决撤销商评委作出的裁定。北京高院认为，尽管2001年《商标法》第44条第1款规制的是已经注册的商标，但对于在商标申请审查及核准注册程序中发现的以欺骗手段或者其他不正当手段申请商标注册的行为，若不予制止，等到商标注册程序完成后再启动撤销程序予以规制，显然不利于及时制止前述不正当注册行为。因此，前述立法精神应当贯穿于商标申请审查、核准及相应诉讼程序的始终。商标局、商标评审委员会及法院在商标申请审查、核准及相应的诉讼程序中，若发现商标注册申请人是以欺骗手段或者其他不正当手段申请注册商标的，可以参照前述规定，制止不正当的商标申请注册行为。当然，此种情形应只适用于无其他法律规定可用于规制前述不正当商标注册行为的情形。

总结我国"不良影响"条款法律规定及司法实践，借鉴国外相关立法和司法经验，关于"不良影响"条款的适用要注意以下几个方面的内容：第一，不良影响条款的法律定位。《商标法》第10条第1款第（八）项应当是列举加概括的示例性规范，不良影响应当是"有害社会主义道德风尚"的兜底条款。第二，不良影响条款保护的客体是社会主义道德风尚、公共利益和公共秩序。根据相关司法解释，公共利益与公共秩序具体体现在政治、经济、宗教、文化、民族等方面。第三，不良影响的判定客体。一般而言，标识本身不会产生不良影响，认定某标识是否具有不良影响时，必须结合其使用的具体的商品或服务，并在特定的语境中进行判定。比如"Mikado"商标标志因中文含义为"日本天皇"，即使一般公众难以知晓仍然被认定为具有"不良影响"。"梵净山"使用在夜总会与按摩服务上会损害佛教信徒的宗教信仰与宗教情感，但是其作为商标使用在佛教自身的宣传上则不会造成"不良影响"。第四，不良影响的判定主体。不需要所有的社会大众有共同的认知，对特定群体的不良影响足以损害公共利益和公共秩序即可。如"MLGB"指代含义的不良影响，主要限于经常进行网络社交的青少年群体。第五，不良影响的判定标准。判定是否具有不良影响，不探究商标注册人或商标权人注册商标时的主观心态，只要其注册行为本身具有可能产生不良影响的客观性，就可以认定为具有不良影响。如使用"MLGB"商标的商品定位是网络青年，网络青年对"MLGB"的指向都具有客观认知，"MLGB"的商标权人还注册了"caonima""草泥马"等商标，这类词语是在网络环境中形成的粗话脏话，其使用有损害社会主义道德风尚之虞。第六，仅损害特定民事权益的商标注册，不宜认定为具有不良影响。在本节的"微信"案中，就社会公众而言，微信在涉案注册类别上的注册，损害的是腾讯公司的权益，并不会损害公共利益和公共秩序。对于上文案例"MICHAELJACKSON"，笔者以为即使造成了消费者的混淆、误认，也不应当以损害公共利益和公共秩序为由，适用不良影响条款。该种情形应当适用《商标法》第10条第1款第（七）项，不予核准注册。在"乔丹"系列商标驳回复审行政案件中，北京知识产权以相关商标在指定商品上使用容易使相关公众产生误认，均构成《商标法》第10条第1款第（七）项"带有欺骗性，容易使公众对商品的质量等特点或者产地产生误认"所指情形为由，驳回诉争商标的申请。第七，不良影响条款是绝对禁止注册的条款，不仅禁止注册还禁止使用，不因为当事人使用就具有了正当性。商标使用人和注册人，应当审慎选择拟使用和注册的商标，对具有不良影响的商标即便获得注册，也可以被无效宣告，商标权人不因获得注册取得信赖利益获得保护。第八，对违反诚信原则、恶意注册的行为，有特别条款规制的，不适用不良影响条款。在上文的"IPHONE"案和"facebook"案中，2001年《商标法》第41条第1款明确适用已经注册商标的撤销，异议人选择适用不良影响条款也是无可厚非的，违反诚信、恶意注册的行为，本身就是破坏商标注册管理和扰乱市场秩序行为，损害了公共利益和公共秩序，在没有独立的法律规范规制的情形下，当事人选择适用不良影响条款也是正当的。法院认为根据《商标法》第41条第1款的立法精神，应当可以规制商标审查和核准以及诉讼程序，所以必须选择该条款，而不能选择不良影响条款。笔者以为，法院对法律条款的选择适用是很霸道的，商标注册的秩序是公共利益和公共秩序的应有含义，否定当事人的选择，仅能说明法官个人的偏好，而不能说明其正当性。当然，这个问题现在不存在了，现行《商标法》增加了第7条第1款，申请注册和使用商标，应当遵循诚实信用原则。

第二节 企业名称权与商标权冲突问题
——[2014]常知民初字第 193 号

一、法律要点

解决商标、企业名称等商业标识的冲突，应当遵循保护在先权利、诚实信用和利益平衡原则。对擅自使用他人具有一定知名度的商标作为企业名称并突出使用，容易使相关公众误认、混淆的，可以直接认定为侵犯商标专用权的行为；对现行法律、司法解释没有纳入商标法调整的行为，当事人可以依据《反不正当竞争法》特别条款、一般条款进行维权。法律适用的选择，直接影响当事人的举证责任，主观过错不是商标专用权侵权的构成要件，但是不正当竞争行为的构成要件。构成侵犯商标专用权行为或不正当竞争行为的，人民法院可以根据权利人的诉讼请求和案件具体情况，确定行为人承担停止使用、规范使用等民事责任。

二、案情介绍

原告汉庭星空（上海）酒店管理有限公司（简称汉庭星空公司）于 2014 年 10 月 24 日因金坛市城东汉庭商务快捷酒店（简称汉庭快捷酒店）侵害其商标权及不正当竞争纠纷起诉至常州市中级人民法院。2014 年 12 月 16 日、2015 年 1 月 21 日，常州市中级人民法院两次公开开庭审理本案。

原告汉庭星空公司诉称："汉庭""汉庭商务"注册商标权利人为中国住宿控股（香港）有限公司（简称住宿控股公司），其授予原告在中国大陆对侵犯"汉庭""汉庭商务"注册商标权的行为提起诉讼等权利。"汉庭"等商标在中国（香港、澳门、台湾）和新加坡等都进行了注册，是国际知名品牌。汉庭连锁酒店在中国大陆有 1600 余家，业绩始终居国内同行业翘首。原告位于金坛市的加盟店多次反映，被告擅自在其经营场所使用了"汉庭"图标和文字。2013 年 9 月，原告发现被告大门东侧标注有"汉庭"文字及图案标识；大门西侧外墙标有"汉庭宾馆"文字及图案标识；进门的左侧和正面墙上标注"汉庭商务"文字和图案标识，上述使用行为构成对原告"汉庭""汉庭商务"注册商标权的侵犯。此外，被告在其大堂标注"汉庭商务快捷酒店",在外墙及名片上使用"城东汉庭商务快捷酒店"字号的行为,违反了《反不正当竞争法》的规定,构成不正当竞争。向工商部门投诉后,被告仍拒不拆除相关标识。被告的酒店形象与服务质量较差,与原告提供的优质酒店服务有较大差距,严重影响了原告的酒店形象。综上,被告侵犯商标权的行为及不正当竞争行为给原告造成了较大的声誉损害和财产损失,故向法院提起诉讼。

原告的诉讼请求为:(1)判令被告立即停止侵犯"汉庭"注册商标权的侵权行为,立即停止使用"汉庭"作为企业字号;(2)判令被告赔偿原告经济损失及制止侵权行为而产生的合理费用共计人民币20万元;(3)判令被告在《常州日报》除中缝以外的地方公开登报声明以消除影响;(4)判令被告承担本案的全部诉讼费用。2014年12月16日,原告当庭增加诉讼请求,请求判令被告立即停止侵犯"汉庭商务"注册商标权的侵权行为。

被告汉庭快捷酒店辩称:(1)被告不构成商标侵权。被告字号金坛市城东汉庭商务快捷酒店2009年4月17日经顾某1申请注册,2011年8月7日转让给袁某成,双方约定仍以顾某名义经营。2013年7月,袁某成将酒店经营权转让给沈某芳,2013年换证时经营者变更为沈某芳。沈某芳受让后,酒店的装饰及标识均沿用以前的,没有进行任何的更改,被告主观没有侵权的故意。故汉庭快捷酒店是由他人合法经营多年后转让给沈某芳经营的,酒店的装饰和标识均源于合法注册字号,没有突出使用"汉庭""汉庭商务",被告不构成商标侵权。(2)被告不构成不正当竞争。被告没有搭便车和傍名牌的故意,被告字号是经他人合法注册经营多年,几经转让而来,顾某1注册该字号的时间早于原告商标授权时间,属于在先使用。在实际经营过程中,被告没有利用"汉庭"商标的便利,也没有给商标权人造成损失,而是合理合法使用该字号。(3)商标侵权纠纷和不正当竞争纠纷属于两个不同案由,一个案件不能同时审理两个法律关系,所以原告增加的诉讼请求不应准许。(4)即便构成商标侵权或不正当竞争,因被告字号2009年4月17日经工商部门审核注册,并一直沿用至今,根据《国家工商行政管理局关于解决商标与企业名称若干问题的意见》,处理商标和企业名称混淆的案件,应自商标注册之日或企业名称登记之日5年内提出请求,但恶意注册或恶意登记的不受此限。本案原告2014年10月30日才立案,早已超过5年期间,故原告的诉请不应予以保护。

原告汉庭星空公司为支持其诉讼请求，向本院提交了下列证据：第一组证据：（1）第4487495号商标注册证及核准商标转让证明、第5706286号商标注册证及核准商标转让证明，中国商标网关于第4487495号、第5706286号商标注册详情打印件，证明住宿控股公司是"汉庭"商标及"汉庭商务及图"商标的权利人；"汉庭"商标的申请日期为2005年1月28日，"汉庭商务及图"商标的申请日期为2006年。（2）[2014]沪黄证经字第10724号公证书、住宿控股公司企业登记信息及另一位董事季某签署的《同意书》，证明原告经住宿控股公司授权在中国大陆享有就第4487495号、第5706286号等注册商标进行维权的权利。（3）上海市著名商标证书、华住酒店集团2012年中国特许连锁120强证书、"2013年度中国饭店集团60强"荣誉证书、中国饭店协会向国家工商行政管理总局商标局发出的中国驰名商标推荐函，证明"汉庭"等商标所属酒店集团在酒店行业的影响力及"汉庭"商标在行业内的知名度。第二组证据：（4）被告的工商登记资料，证明被告于2013年9月4日成立，不存在在先使用情形。（5）常州市金坛工商行政管理局坛工商改字[2013]095号责令改正通知书（复印件）及被告名片1张（2014年9月17日原告从被告处取得）、2013年9月拍摄的照片4张、2014年9月17日拍摄的照片1张，证明被告侵权事实，被告在工商部门下达改正通知书后拒不改正，侵权行为一直在持续，情节极其恶劣。第三组证据：（6）第6182520号、第6252331号、第6182519号、第6182517号商标注册证、注册商标变更证明、核准商标转让证明，证明原告投诉时主张的四个注册商标的情况。（7）昆山力山酒店管理有限公司2005年企业法人营业执照、公司设立核准通知书、设立登记申请书及相关资料、2005年11月10日昆山力山酒店管理有限公司特种行业许可证，证明原告的汉庭酒店成立于2005年12月。（8）上海汉庭酒店管理集团有限公司营业执照副本、企业名称变更预先核准通知书、上海市商务委员会关于同意力山森堡（上海）投资管理有限公司变更公司名称的批复（沪商外资批[2009]3361号），证明力山森堡（上海）投资管理有限公司名称变更为上海汉庭酒店管理集团有限公司的过程。第四组证据：（9）律师费票据复印件，证明原告为本案支付律师费1万元。（10）四份特许加盟合同，证明原告汉庭酒店加盟费的收取标准，作为原告主张损失的依据。

被告汉庭快捷酒店为支持其辩称，向本院提交了以下证据：（1）2011年8月7日袁某成与顾某1、顾某2签署的《汉庭商务快捷酒店股份分割协议》，证明城东汉庭商务酒店原先由顾某1经营，2011年8月7日转让给袁某成。（2）2013年7月1日袁某成与沈某芳签署的《转让协议》，证明袁某成在2013年7月1日将城东汉庭商务酒店转让给沈某芳。（3）顾某1的个体工商户营业执照复印件，证明顾某1在2009年4月17日就以金坛市城东汉庭商务快捷酒店为字号经营。（4）沈某芳的个体工商户营业执照复印件，证明沈某芳营业执照上的经营地址、字号名称与先前顾某1的营业执照都是一致的，被告的字号名称是沈某芳从他人处几经转让而来。（5）2009年4月17日准予个体工商户登记通知书、2009年3月20日特种行业许可证、2008年12月4日卫生许可证、2008年5月19日个体工商户设立登记的申请书，2009年10月27日个体工商户变更登记申请书、2009年10月28日准予个体工商户登记通知书等，证明顾某1在申请设立工商户之后即2009年4月份左右，就开始实际使用"金坛市城东汉庭商务快捷酒店"的名称，后于2009年10月27日补办名称变更手续，同年10月28日下达了正式书面文件。卫生许可证可表明2009年4月当时字号就已经改为金坛市城东汉庭商务快捷酒店，卫生许可证颁发日期是在营业执照登记之前。

一审法院认定以下事实：

1. 原告"汉庭"系列商标情况

2013年12月6日原告汉庭星空公司经受让，取得第4487495号"汉庭"商标、第5706286号"汉庭商务及图"注册商标权，又于2014年3月6日将上述商标权转让给住宿控股公司。经该公司授权许可，原告享有在中国大陆就侵犯上述商标专用权的行为向法院起诉，追究侵权人责任的权利。上述商标核定的服务项目均包括住所（旅馆、供膳寄宿处）。"汉庭"系列商标经过原告及关联公司的长期使用，在住宿服务行业中具有较高的知名度，该系列商标真正能够区分服务来源的是"汉庭"二字。

2. 关于商标侵权

被告未经商标权人许可，在店招、广告、装潢中使用"汉庭"文字及图案标识、"汉庭商务"文字及图案标识、"城东汉庭商务"纯文字或图文标识等，属于在同一种服务上使用与"汉庭""汉庭商务及图"商标近似的标识的行为，侵犯了原告第4487495号"汉庭"商标、第5706286号"汉庭商务及图"商标专用权，应承担相应的侵权责任。

3. 关于不正当竞争

被告注册"金坛市城东汉庭商务快捷酒店"并实际使用，包括在名片、店招上使用适当简化的字号名称"汉庭商务快捷酒店"或"城东汉庭商务快捷酒店"等行为，违反了诚实信用原则和公认的商业道德，客观上足以使普通消费者认为被告与原告经营的汉庭连锁酒店存在某种关联关系，造成市场混淆，损害了原告的合法利益。根据《反不正当竞争法》第2条的规定，构成不正当竞争。

4. 被告应当承担的民事责任

被告的被控行为构成不正当竞争与商标侵权，对原告的合法权益造成损害，应当承担停止侵权、赔偿损失的民事责任。首先，关于停止侵权，被告应立即停止侵犯原告第4487495号"汉庭"商标、第5706286号"汉庭商务及图"商标专用权的行为；被告应立即停止在其个体工商户字号名称中使用"汉庭"文字，并立即停止使用带有"汉庭"文字的名片、店招等。其次，关于本案的赔偿数额，原告虽提交了4份特许加盟合同来主张其损失，但因原告的损失难以计算，被告通过不正当竞争及商标侵权行为的获利亦无法查明，故原告主张以法定赔偿方式计算赔偿额。本院在综合考虑"汉庭""汉庭商务"的知名度、原告有权主张商标侵权的期间（自2013年12月6日起）、被告的经营规模（20余间房）、经营范围、经营时间（自2013年9月开业）、主观过错、原告特许加盟费的数额、原告为制止侵权行为支付的合理费用（律师费1万元）等因素的基础上酌情确定本案赔偿数额。关于消除影响，原告未提供证据证明因被告的侵权行为导致其商誉受损的事实，故对于原告要求被告登报消除影响的诉讼请求，本院依法不予支持。

综上，一审法院判决如下：

（1）被告金坛市城东汉庭商务快捷酒店于本判决生效之日起立即停止侵犯第4487495号"汉庭"、第5706286号"汉庭商务及图"注册商标专用权的行为。

（2）被告金坛市城东汉庭商务快捷酒店于本判决生效之日起立即停止使用带有"汉庭"字样的字号名称。

（3）被告金坛市城东汉庭商务快捷酒店于本判决生效之日起10日内赔偿原告汉庭星空（上海）酒店管理有限公司经济损失及合理费用共计5万元。

（4）驳回原告汉庭星空（上海）酒店管理有限公司的其他诉讼请求。

三、法律条文

《民法总则》（2017年）

第一百一十条　自然人享有生命权、身体权、健康权、肖像权、名誉权、荣誉权、隐私权、婚姻自主权；法人、非法人组织享有名称权、名誉权、荣誉权。

《企业名称登记管理规定》（2012年）

第五条　登记主管机关有权纠正已登记注册的不适宜的企业名称，上级登记主管机关有权纠正下级登记主管机关已登记注册的不适宜的企业名称。

对已登记注册的不适宜的企业名称，任何单位和个人可以要求登记主管机关予以纠正。

第六条　企业只准使用一个名称，在登记主管机关辖区内不得与已登记注册的同行业企业名称相同或者近似。

确有特殊需要的，经省级以上登记主管机关核准，企业可以在规定的范围内使用一个从属名称。

第七条　企业名称应当由以下部分依次组成：字号（或者商号，下同）、行业或者经营特点、组织形式。

企业名称应当冠以企业所在地省（包括自治区、直辖市，下同）或者市（包括州，下同）或者县（包括市辖区，下同）行政区划名称。

《商标法》（2013年）

第五十八条　将他人注册商标、未注册的驰名商标作为企业名称中的字号使用，误导公众，构成不正当竞争行为的，依照《中华人民共和国反不正当竞争法》处理。

《最高人民法院关于审理商标民事纠纷案件适用法律若干问题的解释》（2002年）

第一条　下列行为属于商标法第五十二条第（五）项规定的给他人注册商标专用权造成其他损害的行为：

（一）将与他人注册商标相同或者相近似的文字作为企业的字号在相同或者类似商品上突出使用，容易使相关公众产生误认的；

《最高人民法院关于审理注册商标、企业名称与在先权利冲突的民事纠纷案件若干问题的规定》（2008年）

第四条　被诉企业名称侵犯注册商标专用权或者构成不正当竞争的，人民法院可以根据原告的诉讼请求和案件具体情况，确定被告承担停止使用、规范使用等民事责任。

《最高人民法院关于当前经济形势下知识产权审判服务大局若干问题的意见》（2009年）（简称《服务大局意见》）

10、……按照诚实信用、维护公平竞争和保护在先权利等原则，依法审理该类权利冲突案件……因企业名称不正当使用他人具有较高知名度的注册商标，不论是否突出使用均难以避免产生市场混淆的，应当根据当事人的请求判决停止使用或者变更该企业名称。判决停止使用而当事人拒不执行的，要加大强制执行和相应的损害赔偿救济力度。

11、……妥善处理专利、商标、著作权等知识产权专门法与反不正当竞争法的关系……

四、法理分析

（一）冲突情形及救济

权利冲突是指两种或两种以上的权利的取得都有法律依据，但由于权利客体要素的相同或近似，导致一种权利的行使影响另一方权利人权利的合法行使，由此引发权利之间矛盾的状态。商标区分商品或服务提供者，商标构成要素包括文字、图形、字母、数字、三维标志、颜色组合和声音等，以及上述要素的组合。自然人、法人或者其他组织在生产经营活动中，对其提供的商品或者服务需要取得注册商标专用权的，应当向商标局申请商标注册。企业名称指代经营者，企业名称构成要素除特殊情况仅为汉字，由行政区划+字号+行业或经营特点+组织形式组成。企业申请登记时，首先需要向企业名称登记主管机关申请名称核准，一个企业只有一个名称，除非在正式场合，企业在对外经营活动中通常会使用字号，或者名称简称。尽管商标和企业名称指代的对象不同，但最终都指向经营者。由于企业名称和商标都是商业活动中的重要标识，且两者的构成要素重合，当标识近似、经营范围或注册类别类似时，冲突现象也就在所难免。

企业名称权与商标权的冲突形式主要有两种：第一种，在先登记的企业名称权与在后注册的商标权的冲突。具体表现为，在后商标权人将与他人字号相同或近似的标记注册为商标，"杭州'张小泉'剪刀厂"一案就是这种形式的典型案例。《商标法》第 32 条规定，申请商标注册不得损害他人现有的在先权利，也不得以不正当手段抢先注册他人已经使用并有一定影响的商标。其中的在先权利就包括企业名称权，权利人可以在商标注册初审公告期内提出异议，也可以在商标核准注册之日起 5 年内提出无效宣告请求。如果企业名称权人，没有在上述法定期限内主张权利，侧面说明两者不会发生冲突或没有发生冲突。第二种，在先注册的商标权与在后登记的企业名称权的冲突。本节案例中，被告注册"金坛市城东汉庭商务快捷酒店"企业名称并使用的行为，就属于该种情形。按照现行法律规定，如果被告在名称中突出使用他人商标标识，导致消费者混淆，应当依据《商标法》进行救济；如果没有突出使用，可以依据《反不正当竞争法》进行救济。商标权人享有可以请求停止侵权的救济手段。

当事人主张权利的选择系侵犯注册商标专用权抑或不正当竞争行为？

《商标法》第 58 条规定，将他人注册商标、未注册的驰名商标作为企业名称中的字号使用，误导公众，构成不正当竞争行为的，依照《反不正当竞争法》处理。而 2017 年修改后的《反不正当竞争法》第 8 条规定，所谓混淆行为，是指擅自使用他人有一定影响的商品名称、包装、装潢、企业名称（包括简称或字号）、姓名、社会组织名称等相同或近似的标识，引人误认为是他人商品或者与他人存在特定联系的行为。与旧法不同，2017 年的《反不正当竞争法》删除了假冒他人注册商标的不正当竞争行为。那么，如何协调《商标法》和《反不正当竞争法》的法律适用呢？《服务大局意见》第 11 条规定，反不正当竞争法补充性保护不能抵触专门法的立法政策，凡专门法已作穷尽规定的，原则上不再以反不正当竞争法作扩展保护。凡反不正当竞争法已在特别规定中作穷尽性保护的行为，一般不再按照原则规定扩展其保护范围；对于其未作特别规定的竞争行为，只有按照公认的商业标准和普遍认识能够认定违反原则规定时，才可以认定构成不正当竞争行为。

《最高人民法院关于审理商标民事纠纷案件适用法律若干问题的解释》第 1 条第 1 款第 1 项规定，将与他人注册商标相同或者相近似的文字作为企业的字号在相同或者类似商品上突出使用，容易使相关公众产生误认的，属于侵犯注册商标专用权行为。由于侵权责任构成要件的不同，法律适用的选择，将直接影响当事人举证责任的分担。主张他人商标侵权的,无需证明行为人具有主观恶意,主观恶意仅仅是承担赔偿责任时考虑的因素之一;主张他人不正当竞争的,行为人没有主观恶意可以阻却不正当竞争行为的构成,考察行为人的主观恶意程度,权利人应当提交下列证据予以证明:商业标识的知名度;商业接触或地域是否邻近;行为人以往侵权记录;类似和近似程度等。当企业名称不正当使用了他人具有较高知名度的注册商标时,不论是否突出使用均难以避免产生市场混淆的,应当根据当事人的请求判决停止使用或者变更该企业名称。

(二) 国外的相关规定

美国《兰哈姆法》第45条的规定:"商号或企业名称,是指某人所使用的表明他或她的企业或职业的名称。"在美国商号的保护方式不同于商标的保护方式。商标可以用于洲际贸易或国际贸易,因而可以获得联邦商标法的注册和保护。企业总是坐落于某一特定的城镇或地区,与此对应,其作为名称的商号也仅仅具有地方性意义。所以,商号或企业名称登记和保护,属于州法规定,包括各州的反不正当竞争法。尽管如此,商号或企业名称,仍然与联邦商标法有着密切的关系。第一,当某一"商号"不仅具有指示企业身份或经营活动的作用,而且可以指示该企业所提供的商品或服务时,所有人可以就指示商品或服务来源的这部分商号注册为商标。著名的可口可乐、百事可乐、耐克、微软等,都属于这种情形。第二,如果以他人的商号去申请商标注册,或者所申请注册的商标与他人的商号相似,有可能造成消费者在商品或服务来源上的混淆,就会被拒绝注册。在1975年由关税与专利上诉法院判决的"特斯林"一案中,上诉人"特斯林"是一家医药化学产品研究公司,于1945年采用了埃及文字"安珂(ankh)"作为公司的标记,显示在公司的建筑物、销售文件、文具、职员名片和对外赠送的礼品上。与此同时,"安珂"还作为商标使用在了公司研发销售的一系列化工产品上。特斯林研发和销售的化工产品,也包括了洗发剂一类的产品。本案的被上诉人于1970年就洗发剂和发酵产品申请了安珂商标,特斯林提出了异议。商标复审委员会多数裁定驳回了特斯林的异议,特斯林提起上诉,关税与专利上诉法院又推翻了商标复审委员会的裁定。上诉法院认为,《兰哈姆法》第2条第4款并没有局限于作为商品商标或者服务商标的使用,而是指向广泛的"他人此前在美国作为商标或者商号的使用"。如果一个标记,诸如安珂,已经成为异议人的经营象征，成了异议人的识别性标记，其他人对于这个标记的使用，就会导致公众相信他们之间存在某种关系，并且会在产品的来源或者认可上产生混淆。《德国商法典》规定："商人的商号是一个名称，商人在商事活动中用此名称经营。"德国并没有专门用来登记商号的机构，商号需要登记在公司营业地法院的登记簿上，但是登记并不是对商号进行保护的前提条件。在德国，商号是最有可能导致侵犯他人商标权的专有权。在企业商号与商标之间的冲突案例中，解决冲突的关键是权利优先和权利平等原则，总是存在着可以衡平利益的余地。如果在一个商标和商号之间存在冲突和混淆的潜在危险，则在时间上优先的权利受到保护。即使这种在先的权利享有者的商号仅在地方受到保护，只要是在商号受到保护的地域范围内，商标拥有者在经营活动中仍需要避免对在先权利的侵犯。德国最高法院在一起案件中认为：在地方性的企业商号与商标发生权利冲突的情况下，应该作出全盘的考量，即确认这一商标在全国范围内使用是否会对商号拥有者造成明显的利益损害。日本用不同的法律分别保护商标权和商号权，保护商标权的法律是《商标法》。日本商法规定："商号是商事主体名称，在同一地区，属于同一营业种类的商事主体不能注册两个相同的商号。"《不正当竞争防止法》规定："如果某个商号已经被公众认定为某个商事主体的标识，公众将商号和商事主体不自觉地进行匹配，那么他人将这个商号注册为商标对商号主体造成损害的行为适用不正当竞争防止法的规定。"从日本的法律规定可以看出，认定一个商号的效力需要达到让公众知悉的程度，否则就不能对他人注册此商号提出异议申请。商法典没有阻止他人在同一区域内就不同的营业项目而使用相同的商号，即使在同一营业种类上使用同一个商号，只要区域不同，仍然可以被登记在册。因此，即使是将自己的商号作为商标使用，也可能与其他企业的相关商品产生混淆。这种情况下商标注册的申请必然会被驳回。[1]

（三）我国司法实践的典型案例。

（1）宝岛系注册商标，但如果第三人把宝岛作为字号在同类商品或服务上使用时，宝岛注册商标还没有产生一定的影响，且在字号使用区域范围内，该注册商标亦刚开始使用，两者不应相互排斥。晶华宝岛（北京）眼镜有限公司、杭州宝岛眼镜连锁有限公司等侵害商标权纠纷再审案［2014］民申字

---

〔1〕 陈贤君："论商标权与商号权的冲突及其解决"，对外经济贸易大学 2006 年硕士学位论文。

第 1901 号,再审法院认为,北京宝岛公司与杭州宝岛公司均为从事眼镜行服务的企业,北京宝岛公司作为"宝岛"系列注册商标在中国大陆的独占被许可使用人,其依法享有的合法权益受法律保护;杭州宝岛公司依法享有的企业名称权亦受法律保护。但不同的权利主体在行使权利时,均不得超越其权利边界而损害他人的合法权益。再审法院认为,二审判决认定杭州宝岛公司及其二分公司对"杭州宝岛眼镜总店""杭州宝岛眼镜"服务标识的使用,不属于对"宝岛"字号的突出使用,是综合考量了以下因素:首先,杭州宝岛公司及其二分公司根据《企业名称登记管理规定》,可以在服务标识上适当简化使用企业名称。2012 年 2 月,北京宝岛公司向杭州市工商行政管理局等相关行政执法机关举报杭州宝岛公司简化使用"杭州宝岛眼镜"等标识侵权。2013 年 11 月 1 日,杭州市工商行政管理局出具《关于杭州宝岛眼镜连锁有限公司可以简化使用企业名称的说明》,认为杭州宝岛公司及其分公司在企业名称牌匾上将企业名称简化使用为"杭州宝岛眼镜",符合《企业名称登记管理规定》。其次,杭州宝岛公司及其二分公司使用"杭州宝岛眼镜总店""杭州宝岛眼镜"标识时,"宝岛"二字与"杭州""眼镜"或"总店"等文字,在字体、字形和颜色上均呈现统一风格,未将"宝岛"字号从企业名称中脱离出来突出使用。最后,"宝岛"系列注册商标进入浙江市场的时间与杭州宝岛公司成立的时间几乎同步,故难以认定杭州宝岛公司注册登记时具有攀附北京宝岛公司商誉的主观故意。杭州宝岛公司从成立至今在杭州地区亦具有一定的知名度,其对"宝岛"品牌声誉的积累付出了贡献。综上,二审判决认定杭州宝岛公司及其二分公司使用"杭州宝岛眼镜总店""杭州宝岛眼镜"标识的行为,不构成对"宝岛"系列注册商标的侵害,未损害北京宝岛公司的合法权益。再审法院认为,二审判决的上述认定并无不合理性,驳回晶华宝岛(北京)眼镜有限公司的再审申请。

(2)第三人明知他人注册商标,并把注册商标作为字号使用的,违反诚信,属于不正当竞争行为。星源公司、统一星巴克诉上海星巴克、上海星巴克分公司商标侵权及不正当竞争纠纷二审案[1],本案的争议焦点是:①"STARBUCKS"等 6 个商标是否构成驰名商标;②被告上海星巴克、上海星巴克分公司的行为是否构成商标侵权及不正当竞争。第一,关于驰名商标的认定。

---

[1] 参见《中华人民共和国最高人民法院公报》2007 年第 6 期。

原告星源公司进入中国大陆市场后,"STARBUCKS"商标、"星巴克"商标等进行了长时间的广泛宣传和使用,具有广泛的国际知名度,已为中国大陆相关公众所熟知,应当认定"STARBUCKS"商标(第42类)、"星巴克"商标(第42类)为驰名商标。关于原告星源公司、统一星巴克主张其他4个商标亦应为驰名商标的问题,由于对"STARBUCKS""星巴克"两驰名商标的认定,足以对原告权利提供充分、有效的法律保护,因此对其他4个商标是否驰名并无认定的必要,故对原告的上述诉讼主张不予支持。第二,关于被告上海星巴克、上海星巴克分公司将"星巴克"文字作为企业名称中的字号进行登记的行为是否构成侵权的问题。"星巴克"商标最早于1999年12月28日核准注册,星源公司自核准注册之日起取得商标专用权,上海星巴克成立于2000年3月9日,其企业名称虽然于1999年10月20日得到预先核准,但是,根据我国《企业名称登记管理实施办法》的有关规定,企业对其申请登记注册的名称自成立之日起享有名称权,故"星巴克"商标权利的取得时间早于被告企业名称权利的取得时间。被告上海星巴克将"星巴克"文字作为企业名称中的字号进行登记具有攀附他人驰名商标的主观恶意。根据2003年8月1日《解放日报》的报道,上海星巴克总经理茆先生接受采访时称因为觉得美国星巴克公司开了4000多家店、"星巴克"牌子好,为此在上海对"星巴克"进行了抢注。故可以推断被告在登记其企业名称前已知晓"STARBUCKS"及"星巴克"商标。上海星巴克登记的"星巴克"字号是其企业名称中的核心部分,与星源公司享有并许可原告统一星巴克使用的"星巴克"商标在文字上完全相同,其登记行为具有攀附他人驰名商标的明显恶意,并已造成相关公众对商标注册人与企业名称所有人的误认或者误解,构成对星源公司的不正当竞争。

(四)权利冲突时的解决原则

第一,保护在先权利原则。所谓保护在先权利原则,是指民事权益发生冲突时,应当对最先合法取得民事权益的权利人给予保护。在知识产权领域,由于知识产权保护的客体存在交叉,同一标识既可注册为商标和外观设计专利,也可以注册为企业字号,还可能属于著作权保护的客体,权利发生冲突在所难免。为此,相关国际条约和国内立法都把保护在先权利确立为一项重要原则。《与贸易有关的知识产权协议》第16条第1款规定,商标权不得损害任何已有的在先权利。我国《商标法》第9条规定,申请注册的商标,应当有显著特征，便于识别，并不得与他人在先取得的合法权利相冲突。《企业名称登记管理办法》第 41 规定，已经登记注册的企业名称不得损害他人合法权益。国家工商行政管理局《关于解决商标与企业名称中若干问题的意见》第 6 条规定，处理商标与企业名称的混淆，应当适用维护公平竞争和保护在先权利人利益的原则。《服务大局意见》第 10 条规定，按照诚实信用、维护公平竞争和保护在先权利等原则，依法审理该类权利冲突案件。

因此，当权益发生冲突时，首先需要判断各方当事人权益产生的时间。本节案例中，第 4487495 号"汉庭"商标注册公告日为 2008 年 8 月 28 日，金坛市城东汉庭商务快捷酒店于 2009 年 4 月 17 日获准注册。原告注册商标专用权早于被告企业名称权，且原告注册商标在本服务领域具有较高知名度，而二者的相似性足以使市场产生混淆。因此，原告可以主张被告侵犯其注册商标专用权，并请求法院判令被告停止使用或变更企业名称。

第二，诚实信用原则。诚实信用原则是民法的一项基本原则，也是《反不正当竞争法》的基本原则。如果一方当事人明知对方权利的存在，却把相同或近似的标识故意注册为商标或企业字号，误导消费者。这种对消费者的欺骗行为不仅违背了诚实信用原则，也损害了权利人的利益。反之，如果在后权利人取得权利时，没有违背诚实信用原则，不具有侵犯在先权利人权益的故意，对其经过使用获得的商誉，应当根据客观案情，进行分析和认定。保护在先权利不是绝对的，过于机械很难保证案件的公平处理。

第三，利益权衡原则。知识产权凝结了人类智慧的结晶，它在保护个人利益的同时也在促进社会的进步发展。所以在处理知识产权权利冲突时，需要兼顾个人与社会公共利益、不同权利人之间的利益，以达到一种全局的利益平衡。贯彻利益平衡原则的时候，既要考虑保护已经登记注册的注册商标、企业名称权等权利，也要考虑保护未登记但是经过使用在行业内已经产生知名度的先用权权利。此外，还要正确认识商标权与名称权保护地位的差异。尽管商标权、名称权都属于同一位阶的私权，但由于依据的法律不同，其效力范围也是有区别的，商标权在全国范围得到保护，名称权在注册的行政区域范围内得到保护。但如果使用该名称的企业的经营范围已经超出登记注册的行政区域，得到消费者的广泛认可，保护范围也应当与此相对应扩大。

简而言之，如果遵循在先权利保护原则和诚实信用原则，将导致一方主体显著不公时，就有必要适用该原则，以最大限度地实现公平正义。

总之，市场主体应当避免权利冲突的发生，在打算从事商业经营时应当注意：首先，对拟使用的商标进行初步检索后再决定；其次，字号与商标同时注册和使用；最后，不得恶意使用已经知名的注册商标或字号，避免承担法律责任。企业一旦被判停止使用字号或商标等法律责任，将会影响自身市场的开拓，得不偿失。

第三节　商标混淆理论

——［2017］最高法行申6650号

一、法律要点

混淆理论是商标侵权认定的基本理论，混淆包括推定混淆和混淆可能性：在相同商品上使用与他人注册商标相同的标识推定造成混淆；混淆可能性是指在同一种商品上使用与他人注册商标近似的商标，或者在类似商品上使用与他人注册商标相同或者近似的商标，容易导致混淆的情形。混淆可能性的判定必须符合一定的要件，相似性为前置性要件，混淆可能性为结果性要件。混淆可能性判定中可以考虑一些关键的判定要素，如在先注册商标的强度、两个商标之间的相似程度、产品之间的相似程度、在先所有人跨越产品之间距离的可能性、真正的混淆、被告在采用和使用自己商标中的真诚性、被告产品的质量、购买者的经验等。

混淆理论不仅适用商标侵权认定，在商标授权确权中，也需要进行参考，防止拟注册的商标对他人已经注册的商标、初审审定的商标以及在先权利造成冲突。

商标的本质是指示商品和服务来源，如果在先注册商标没有商标法意义上的使用，或使用非常有限，就需要对在先商标权的保护范围进行限定，允许在后申请、具有一定影响力和知名度并形成一定市场的商标共存。

二、案情介绍

再审申请人常州市亚字照明电器有限公司（简称亚字公司）因与被申请人上海亚明照明有限公司（简称亚明公司）、国家工商行政管理总局商标评审委员会（简称商标评审委员会）商标异议复审行政纠纷一案，不服北京市高级人民法院［2016］京行终1313号行政判决，向最高人民法院申请再审。

最高人民法院经审查认为，本案在再审审查阶段的争议焦点问题为：诉争商标与引证商标是否构成近似商标。本案中，鉴于双方商标注册使用的历史及当时特定的法律环境，确定诉争商标与引证商标是否构成近似，不能仅考虑商标标识本身，而应综合考虑各种因素，包括诉争商标与在先商标的历史延续关系、引证商标的实际市场状态、混淆可能性等，判断诉争商标的核准注册，是否会使相关公众误认为使用诉争商标的商品来源于引证商标权利人或者与其存在特定联系。对此，最高人民法院分析如下：

首先，关于诉争商标与在先商标的历史延续关系。"亚"艺术体商标最早于1953年已经被当时的商标主管部门核准注册，权利人为与亚明公司有承继关系的中国亚浦耳电器厂股份有限公司。1985年1月21日，上海亚明灯泡厂（亚明公司前身）向国家商标局申请商标注册（即在先商标），1985年11月15日被核准注册，商标注册证为第236384号，核定使用的商品类别为当时的国内分类第15类，不仅包括灯、灯具，还包括灯具附件。后在商标续展时，根据新的国际分类标准，将国内分类第15类中的"钠灯、卤化物灯、汞灯、特种灯泡、白炽灯泡、气体放电灯、灯具"转换为国际分类第11类，商标注册证号仍为第236384号，将国内分类第15类中的"灯具附件"转换为国际分类第9类，并另编商标注册证号为第382609号。自1983年起，上海亚明灯泡厂，即在镇流器、触发器等灯具附件商品上使用在先商标。1980年，上海亚明灯泡厂的"亚字牌普通照明灯泡"获得国家银质奖，1988年经复查继续获得该奖。1988年，上海亚明灯泡厂的"亚字牌高压钠灯泡"获得国家金质奖。1997年至2016年间，亚明公司注册并使用在灯、灯具、灯具附件等商品上的第236384号商标曾7次被认定为"上海市著名商标"。1993年至2015年间，亚明公司生产的"亚字牌"灯、灯具、镇流器、触发器等产品曾10次被推荐为上海市名牌产品。中华人民共和国商务部曾认定亚明公司（注册商标亚字）为"中华老字号"。2009年4月24日，商标局认定亚明公司使用在第11类灯具商品上的在先商标为驰名商标。上述事实证明，在先商标早在1985年1月21日已经被亚明公司的前身申请注册，并核定使用在灯、灯具及灯具附件商品上，后虽经商标分类的转换，商标根据商品类别被一分为二，将灯、灯具相关商品转换到国际分类第11类，将灯具附件商品转换到国际分类第9

类，但商标标识及商品类别并没有发生变化。自1983年起，亚明公司及其前身一直将在先商标使用在灯、灯具及灯具附件商品上，且在上述商品上均具有相当高的知名度和影响力，相关公众已经将使用在先商标的商品与亚明公司之间建立起稳定的对应关系。

亚明公司注册的诉争商标于2006年3月13日申请注册，商标标识与上述在先商标完全一致，商品类别指定使用在第9类整流器、照明设备用镇流器等相关商品上，属于灯具相关附件，并未超出在先商标核定使用的商品范围。因此，诉争商标申请注册并未改变在先商标的商品与亚明公司之间已经形成的稳定的对应关系，在先商标的知名度和来源指示作用会自然延续到诉争商标，相关公众会认为使用诉争商标的商品来源于在先商标的权利人亚明公司或者与其存在特定关系，而不会与亚字公司联系起来。

其次，引证商标于1986年8月7日提出注册申请，于2008年6月20日经公告转让给亚字公司。亚字公司申请再审称其在受让引证商标后进行了大量的使用，但在诉争商标于2006年3月13日提出注册申请之时，当时引证商标尚未转让给亚字公司，也没有证据证明在诉争商标申请注册时引证商标经过使用已经具有较高的知名度。即使引证商标在转让后进行了一定使用，由于上述诉争商标与在先商标的历史延续关系，相关公众也不会误认为使用诉争商标的商品来源于亚字公司或与亚字公司存在特定联系。

再次，由于亚明公司注册诉争商标与其在先商标具有延续关系，因此亚明公司注册诉争商标在主观上并无攀附引证商标的意图。相反，根据二审查明的事实，引证商标注册申请人系亚明公司合作伙伴，其明知亚明公司对在先商标的注册、使用情况，却申请注册与其高度近似的引证商标，引证商标的注册申请具有攀附在先商标的嫌疑。

最后，根据二审法院查明的事实，亚字公司曾以引证商标为权利依据起诉亚明公司在镇流器商品上使用诉争商标构成侵犯其注册商标的专用权。江苏省常州市武进区人民法院在充分考虑诉争商标、引证商标注册历史、使用情况、混淆可能性和诚实信用原则的基础上，认定侵权不成立，驳回亚字公司的全部诉讼请求。后亚字公司不服该判决，提出上诉和申请再审，均没有得到支持。上述生效判决进一步佐证了如诉争商标核准注册，相关公众不会误认为诉争商标的商品来源于亚字公司或与亚字公司存在特定联系。

综上，综合考虑本案诉争商标与其在先商标的历史延续关系、相关商标的知名度、使用情况、诉争商标权利人的主观状态等因素，可以认定，将诉争商标使用在整流器、照明设备用镇流器等相关商品上，相关公众不会误认为使用诉争商标的商品来源于亚字公司或与亚字公司存在特定联系。诉争商标的注册申请并未违反《商标法》第30条的规定，二审法院对此认定正确。亚字公司关于判定商标是否近似与商标知名度、历史等外在因素不存在任何关系，诉争商标获准注册会打破现实中已经形成的稳定市场格局，破坏公平竞争的市场秩序等申请再审理由均不能成立，本院不予支持。

亚字公司申请再审还主张，二审判决在诉争商标和引证商标是否构成近似的问题上随意扩大解释，没有写明所依据的相关法律条文。对此，本院认为，二审法院在裁判理由部分引用了《商标法》第30条的规定，根据该规定，如果申请注册的商标与他人在同一种或者类似商品上已经注册的商标相同或者近似的，应由商标局驳回申请。该条是商标授权确权案件的裁判依据之一，但其对如何具体判断商标近似没有作出具体规定。根据《商标法》第57条第二项的规定，未经商标注册人的许可，在同一种商品上使用与其注册商标近似的商标，或者在类似商品上使用与其注册商标相同或者近似的商标，容易导致混淆的，构成侵犯注册商标专用权。在商标授权确权案件中，可以参照适用该规定，判断商标是否构成近似。根据该条的规定，商标是否近似最终以是否容易导致相关公众混淆作为判断标准，而混淆可能性的判断需要考虑多种因素，不是简单地比较商标标识本身是否近似。由于本案为商标授权确权行政案件，二审法院并未引用《商标法》第57条的规定，但二审法院在认定诉争商标与引证商标是否近似时考虑商标知名度、使用情况、历史背景等因素符合上述法律规定的精神。亚字公司的上述主张不能成立，本院不予支持。

综上，亚字公司的再审申请不符合《行政诉讼法》第91条规定的情形。依照《最高人民法院关于执行〈中华人民共和国行政诉讼法〉若干问题的解释》第74条之规定，裁定如下：驳回常州市亚字照明电器有限公司的再审申请。

三、法律条文

《商标法》（2013年）

第三十条　申请注册的商标，凡不符合本法有关规定或者同他人在同一种商品或者类似商品上已经注册的或者初步审定的商标相同或者近似的，由商标局驳回申请，不予公告。

第五十七条 有下列行为之一的，均属侵犯注册商标专用权：

（一）未经商标注册人的许可，在同一种商品上使用与其注册商标相同的商标的；

（二）未经商标注册人的许可，在同一种商品上使用与其注册商标近似的商标，或者在类似商品上使用与其注册商标相同或者近似的商标，容易导致混淆的；

《最高人民法院关于审理商标授权确权行政案件若干问题的意见》（2010年）

14、人民法院在审理商标授权确权行政案件中判断商品类似和商标近似，可以参照《最高人民法院关于审理商标民事纠纷案件适用法律若干问题的解释》的相关规定。

《最高人民法院关于审理商标民事纠纷案件适用法律若干问题的解释》 法释〔2002〕32号

第九条 商标法第五十二条第（一）项规定的商标相同，是指被控侵权的商标与原告的注册商标相比较，二者在视觉上基本无差别。

商标法第五十二条第（一）项规定的商标近似，是指被控侵权的商标与原告的注册商标相比较，其文字的字形、读音、含义或者图形的构图及颜色，或者其各要素组合后的整体结构相似，或者其立体形状、颜色组合近似，易使相关公众对商品的来源产生误认或者认为其来源与原告注册商标的商品有特定的联系。

第十条 人民法院依据商标法第五十二条第（一）项的规定，认定商标相同或者近似按照以下原则进行：

（一）以相关公众的一般注意力为标准；

（二）既要进行对商标的整体比对，又要进行对商标主要部分的比对，比对应当在比对对象隔离的状态下分别进行；

（三）判断商标是否近似，应当考虑请求保护注册商标的显著性和知名度。

第十一条 商标法第五十二条第（一）项规定的类似商品，是指在功能、用途、生产部门、销售渠道、消费对象等方面相同，或者相关公众一般认为其存在特定联系、容易造成混淆的商品。

类似服务，是指在服务的目的、内容、方式、对象等方面相同，或者相关公众一般认为存在特定联系、容易造成混淆的服务。

商品与服务类似,是指商品和服务之间存在特定联系,容易使相关公众混淆。

第十二条 人民法院依据商标法第五十二条(一)项的规定,认定商品或者服务是否类似,应当以相关公众对商品或者服务的一般认识综合判断;《商标注册用商品和服务国际分类表》《类似商品和服务区分表》可以作为判断类似商品或者服务的参考。

四、法理分析

(一)商标混淆理论

《商标法》的基本目标就在于确保商标的识别功能得以实现,从而保护商标权人经过品质保证而建立起的良好商誉不被利用,防止消费者混淆。所以,混淆理论就成为保护商标、制止侵权的基本理论。具体而言,商标混淆是指相关公众对商品或服务的出处发生混淆。保护商标权,是为了保护商品提供者与商品之间的联系不被破坏,凡是破坏商品与商品来源之间关系的行为,均是侵害商标权的行为。这种侵害行为不管其表现形式如何变化,最终结果都是消费者对商品与商品之间的来源产生错误认识,即混淆了商品来源。这种混淆是一种可能性,并不需要商标权人举证混淆实际发生。没有混淆可能性,就没有侵犯商标权。因此,在商标侵权判定上采用混淆可能性标准是由商标的基本功能决定的。根据混淆对象的不同,混淆可分为直接混淆和间接混淆:直接混淆,是指消费者混同或无从分辨两个事实上产自不同企业的商品。间接混淆,是指消费者很清楚某一商品不可能由某一企业直接生产,但却认为该企业与实际生产者之间具有某种许可、赞助、参股等的关系,而实际上并不存在这种关系。

我国2001年《商标法》第28条、第52条均只提及商标近似、商品类似,而没有提及混淆可能性。仅就法律条文而言,2001年《商标法》规定商标侵权的判定标准是商标近似、商品类似,而不是混淆可能性。当时的立法者没有在商标法中明确写入混淆可能性理论,并不是立法者不知道混淆在商标侵权判定中的地位,而是他们认为商标近似、商品类似就足以导致混淆了。法释[2002]32号文件对商标近似、商品类似作了明确界定,将混淆可能性植入相应的判断中,从而实现了商标侵权判定标准由商标近似、商品类似向混淆可能性标准转变的接轨。

我国 2013 年《商标法》出台，正式将"混淆可能性"写入《商标法》中。第 57 条第 1 款，"未经商标注册人的许可，在同一种商品上使用与其注册商标相同的商标的"，法律直接推定造成混淆；第 57 条第 2 款规定，"未经商标注册人的许可，在同一种商品上使用与其注册商标近似的商标，或者在类似商品上使用与其注册商标相同或者近似的商标，容易导致混淆的"，为"混淆可能性"。"混淆可能性"的判定必须符合一定的要件，根据 2013 年商标法的规定，相似性为前置性要件，混淆可能性为结果性要件。在判定系争商标是否侵权时需先满足相似性要件，才能继续分析系争是否具有混淆可能性，只有满足混淆可能性，才能判定商标侵权。商标混淆可能性的判定，包括商标的近似性、服务的类似性、商标使用的方式和主观意图、商标的强度、实际混淆以及消费者的注意力等因素。这里"商标强度"，是指商标通过使用获得的指示商品来源的倾向性（或能力）。

我国《商标法》第 30 条与第 57 条的联系与区别。第 30 条是关于商标注册程序中适用的条款，立法目的是防止申请商标与在先注册的商标权等在先权利发生冲突；第 57 条是商标侵权争议认定中适用的条款，立法目的是禁止他人造成混淆而侵犯他人注册商标专用权，这是两者的区别。关于两者的联系，就"商标是否相同或近似、服务是否相同或类似"而言，是两者在法律适用中都必须予以考虑的要素。值得关注的是，两者考虑的要素越来越趋于一致，这一点已得到司法解释的确认。商标注册过程中，商标申请人不需要提交使用的证据，审查员仅仅是把申请商标与引证商标的标识及注册的类别进行对比，并作出判定。但在商标注册复审和行政诉讼的过程中，商标注册申请人可以提交其他证据，证明商标不近似或服务不类似，或证明已存在的商标具有知名度并形成一定的稳定市场，不会造成消费者混淆或误认。所以，从理论上讲，两者的判定标准和要素是一致的。

（二）混淆可能性的判定

商标近似、服务类似判定的依据。尼斯分类（NCL）是一种商标注册时使用的商品和服务国际分类体系。尼斯分类于 1957 年由《尼斯协定》建立，尼斯分类表定期修订，一是增加新的商品或服务，二是将已列入分类表的商品或服务按照新的观点进行调整，以求商品或服务分类更具有内在的统一性。目前使用的是尼斯分类第 11 版。我国商标局制定的《类似商品和服务区分表》基于尼斯分类表定期调整,是商标注册审查人员、代理人的工具书。但由于类似、近似判定的主观性比较强,司法判定结果截然相反的案例比比皆是。《最高人民法院关于审理商标授权确权行政案件若干问题的意见》(2010年)(简称《若干意见》)第14条规定,人民法院在审理商标授权确权行政案件中判断商品类似和商标近似,可以参照《最高人民法院关于审理商标民事纠纷案件适用法律若干问题的解释》(2002年,简称《若干解释》)的相关规定。关于商标近似的判定,《若干解释》第9条规定,《商标法》第52条(现第57条)第(一)项规定的商标近似,是指被控侵权的商标与原告的注册商标相比较,其文字的字形、读音、含义或者图形的构图及颜色,或者其各要素组合后的整体结构相似,或者其立体形状、颜色组合近似,易使相关公众对商品的来源产生误认或者认为其来源与原告注册商标的商品有特定的联系。关于服务类似的判定,《若干意见》第15条规定,应当考虑商品的功能、用途、生产部门、销售渠道、消费群体等是否相同或者具有较大的关联性;服务的目的、内容、方式、对象等是否相同或者具有较大的关联性;商品和服务之间是否具有较大的关联性,是否容易使相关公众认为商品或者服务是同一主体提供的,或者其提供者之间存在特定联系。《商标注册用商品和服务国际分类表》《类似商品和服务区分表》可以作为判断类似商品或者服务的参考标准。国家工商行政管理总局商标局和商标评审委员会制定的《商标审查及审理标准》,关于商标近似、商品类似的规定,与《若干解释》一致。

美国的法律规定和司法判例。第一,混淆可能性的判定要素。美国和欧盟都将混淆可能性作为驳回商标注册申请和判定商标侵权的基本标准。商标混淆的可能性应当依据个案原则加以认定。在判定商标混淆的可能性上,不存在一个统一的公式,现有的规则和以往的判例,都只是作为参考而已。著名法官汉德说过:"很多判例中关于相似性的讨论,不论是确定为侵权或不侵权,都没有什么用处;毫无疑问,现有原则的适用依据具体情形不同,不存在相同的两个案件。"下面介绍几个典型的案例和判定要素。Polaroid Corp. v. Polarad Electronics Corp., 287 F. 2d 492 (2d Cir. 1961) 案,原告所提供的光学仪器使用了"Polaroid"商标,并获得联邦注册。被告是一家电子公司,就缩微胶卷和电视设备使用了近似的"Polarad"商标。地方法院经过审理认为两者产品领域不同,不存在混淆的可能性。原告不服判决,向第二巡回上诉法院提起上诉。上诉法院经过审理维持了地方法院的判决,并在判决中概述了判定混淆可能性的 8 个要素:其商标的强度(强度一词指商标的显著性,或者更确切地说是指商标指示商品来源的倾向性);两个商标之间的相似程度(有两个重要原则:其一,尽管两个商标非常近似,并非必然引发混淆可能性问题;其二,在评估两件商标的近似性时,重要的问题是看近似性对潜在购买者的影响);产品之间的相似程度(产品在外表、风格、功能、流行度、广告渠道和价钱等方面的差异);在先所有人跨越产品之间距离的可能性;真正的混淆;被告在采用和使用自己商标中的真诚性;被告产品的质量;购买者的经验。[1] 至于专利商标局,在商标注册的审查中,则一直使用关税与专利上诉法院于 1973 年在"杜邦"一案中提出的长达 13 个要素的清单。第二,商标相似性的判定。由三个层面判定:视觉、声音和含义。其一外形的相似。《侵权法重述》的评论说:"外形的相似性应当依据标识的总体效果来确定,而不是比较个别的特征来确定。"其二发音的相似。商业活动中,商标声音的相似是非常重要的,因为很多广告都是借助于电台和电视台而发布。其三含义的相似。是指两件商标的文字或图案传达的意思是相似的,有可能误导消费者。在 Flintkote Co. v. Tizer, 158 F. Supp. 699(E. D. Pa. 1957)案中,原告就油毛毡使用了"Tile-Tex"的商标,主要销售对象是高档建筑用户。后来被告就油毛毡使用了"Tile-Tone"的商标,主要销售对象是低档的家庭用户。当原告提起侵权诉讼后,地方法院认为,涉及侵权问题时,尽管整体的商标可以作为一个总体来考虑,但描述性的字词不能成为商标的主导部分。反过来,如果两件商标的非描述性部分是显著的,并且足以防止发生混淆,就不能判定侵权。第三巡回上诉法院虽然肯定了地方法院的判决,但是将讨论的重点放在了原告和被告商品所针对的购买者不同,以及原告和被告的销售渠道不同上。[2]

我国司法实践的典型案例。

(1)服务相同或类似判定,应围绕服务的目的、内容、方式和对象等方面综合考察、客观分析,《类似商品和服务区分表》可以作为判定的参考。在

---

[1] Keds Corp. v. Renee International Trading Corp., 12 USPQ 2d 1808(2d Cir. 1989).

[2] Flinkote Co. v. Tizer, 266 F. 2d 849(3d Cir. 1959).

江苏省广播电视总台与金阿欢侵害商标权纠纷一案[1]中，一审法院认为，金阿欢涉案注册商标"非诚勿扰"所对应的服务系第45类"交友服务、婚姻介绍"，而江苏电视台的商标"非诚勿扰"所对应的服务系第41类"电视节目"，从服务的目的、内容、方式、对象等方面综合考察，江苏电视台的《非诚勿扰》电视节目虽然与婚恋交友有关，但终究是电视节目，相关公众一般认为两者不存在特定联系，不容易造成公众混淆，两者属于不同类商品/服务，不构成侵权。二审法院认为，《非诚勿扰》节目从开场白、结束语、参加嘉宾，均印证了江苏电视台的《非诚勿扰》为相亲、交友节目，《非诚勿扰》节目，从服务的目的、内容、方式、对象等判定，均是提供征婚、相亲、交友的服务，与金阿欢第7199523号"非诚勿扰"商标注册证上核定的服务项目"交友、婚姻介绍"相同。再审法院认为，被诉《非诚勿扰》节目系一档以相亲、交友为题材的电视文娱节目，其借助相亲、交友场景中现代未婚男女的言行举止，结合现场点评嘉宾及主持人的评论及引导，通过剪辑编排成电视节目予以播放，使社会公众在娱乐、放松、休闲的同时，了解当今社会交友现象及相关价值观念，引导树立健康向上的婚恋观与人生观。其服务目的在于向社会公众提供旨在娱乐、消遣的文化娱乐节目，凭节目的收视率与关注度获取广告赞助等经济收入；服务的内容和方式为通过电视广播这一特定渠道和大众传媒方式向社会提供和传播文娱节目；服务对象是不特定的广大电视观众等。而第45类中的"交友服务、婚姻介绍"系为满足特定个人的婚配需求而提供的中介服务，服务目的系通过提供促成婚恋配对的服务来获取经济收入；服务内容和方式通常包括管理相关需求人员信息、提供咨询建议、传递意向信息等中介服务；服务对象为特定的有婚恋需求的未婚男女。两者无论是在服务目的、内容、方式和对象上均区别明显。以相关公众的一般认知，能够清晰区分电视文娱节目的内容与现实中的婚介服务活动，不会误以为两者具有某种特定联系，两者不构成相同服务或类似服务。再审法院通过从两者的"服务目的、内容、方式和对象"等分别进行阐述、说理，得出的结果更令人信服和接受。

常州嬉戏谷有限公司与国家工商行政管理总局商标评审委员会商标复审争议案［2014］一中知行初字第1110号，第9249098号讼争商标"嬉戏谷

---

[1] 参见［2016］粤民再447号。

JOYLAND 图文商标"指定服务类别在第 41 类"公共游乐场""游乐园"等服务项目，游乐场通常建在城市郊区，通过向游客提供实体的游乐设施，如过山车、摩天轮、3D 电影、迷宫、秋千等，帮助游客通过户外活动强身健体，培养游客良好的合作、协作等社会处世技巧，其有益于消费者社会化人格特征的养成，服务提供方通过提供游乐设施获得收益，消费对象为热爱户外运动的消费者。注册商标"戏谷"商标（引证商标二）注册类别为第 41 类的"利用电信加值网络提供电脑游戏及娱乐服务"，是为消费者提供虚拟游戏服务，是典型的互联网服务，为消费者提供虚拟体验，并获得收益，消费群体是热爱网络的人群。同程网、携程旅游网、途牛旅游网、驴妈妈等四大旅游网站系旅游电子平台，能够即时提供包括"公共游乐场""游乐园"服务在内的全国景区服务信息。输入"嬉戏谷"后，能够显示嬉戏谷公司提供的相关景区游乐园服务，输入"戏谷""嬉戏网"，或者无法显示相关信息，或者显示的是嬉戏谷公司提供的游乐园服务的信息。上述证据进一步说明，两者的服务类别不类似。

（2）商标授权和确权中，同样应当遵循混淆理论，在服务相同的情况下，应当考虑两者构成要素和整体差异程度、商标使用情况、主观意图等，综合判定讼争商标与引证商标是否构成近似。在美国鞋业有限公司与国家工商行政管理总局商标评审委员会再审纠纷一案[1]中，争议商标为第 5438618 号"亮视点"商标，其注册申请日为 2006 年 6 月 23 日，核准注册日为 2010 年 11 月 28 日，核定使用在国际分类第 44 类的眼镜行、验光配镜服务项目上，专用权人为美国鞋业公司；引证商标为第 3738276 号"视点眼镜及图"商标，其注册申请日为 2003 年 9 月 29 日，专用权期限自 2006 年 4 月 14 日，核定使用在国际分类第 44 类的眼镜行服务项目上，专用权人为李某通。2011 年 12 月 19 日，李某通向商标评审委员会提出了撤销争议商标的申请，2013 年 11 月 11 日，商标评审委员会作出商评字［2013］第 103206 号《关于第 5438618 号"亮视点"商标争议裁定书》（简称第 103206 号裁定）认定，裁定争议商标予以撤销，后北京市第一中级人民法院判决维持第 103206 号裁定，北京市高级人民法院经审理维持了一审判决。最高人民法院对该案进行了再审，该院认为：认定商标是否近似，既要考虑商标标志构成要素及其整体的近似程

---

［1］ 参见［2016］最高法行再 75 号。

度，也要考虑相关商标的显著性和知名度、所使用商品的关联程度等因素，以是否容易导致混淆作为判断标准。首先，争议商标与引证商标虽均含有"视点"两字，含义亦基本无区别，但整体结构有一定差异；其次，根据美国鞋业公司、李某通在商标评审阶段、诉讼阶段提交的证据，争议商标自2006年进入中国市场后，经过多年大量、广泛、持续地宣传和使用，已经为中国境内相关公众所知悉，具有较高知名度；最后，"亮视点"通常是与其英文商标"LensCrafters"同时使用，其主观上并无攀附引证商标的意图。综合考虑本案中争议商标与引证商标的构成要素和整体差异程度、争议商标的较高知名度、引证商标的使用情况、美国鞋业公司申请注册和使用争议商标的主观状态等因素，争议商标与引证商标使用在相同或者类似服务上，并不易使相关公众产生混淆或者误认，争议商标与引证商标不构成近似商标。争议商标的注册申请并未违反《商标法》第28条的规定，不应予以撤销。

(三) 商标共存制度

WIPO报告认为，商标共存是指不同主体在商业经营中共同使用相同或近似的商标，并不侵害彼此的商业经营。从该界定可以看出，商标共存有三个特点：一是有两个及以上的主体；二是所使用的商标相同或近似；三是不被认定为商标侵权。根据商标共存的原因，可以分为协议商标共存与非协议商标共存。协议商标共存包括共同申请产生的商标共存、专门共存协议以及商标转让产生的商标共存三种情形。非协议的商标共存，包括商标先用权所产生的商标共存、在后申请所致的商标共存。美国最高法院通过"Tea Rose"商标纠纷案确立了商标共同使用规则，使在后的善意使用人可以在分隔的独立市场中继续使用该商标。2013年我国《商标法》明确规定的共存有以下几种情形：第5条允许自然人或法人共有一个商标；第59条第3款通过商标侵权的抗辩制度，允许基于商标先用权而产生的商标共存。《若干意见》第1条规定，对于使用时间较长、已建立较高市场声誉和形成相关公众群体的诉争商标，应当准确把握商标法有关保护在先商业标志权益与维护市场秩序相协调的立法精神，充分尊重相关公众已在客观上将相关商业标志区别开来的市场实际，注重维护已经形成和稳定的市场秩序。该条规定情形，属于在后申请所致的商标共存。

商标共存制度的价值取向。商标的本质是指示商品和服务来源，如果在先注册商标没有《商标法》意义上的使用，或使用非常有限，就需要对在先商标权人的权利保护范围进行一定的限定，对在后的善意申请人的权益进行一定的保护。商标注册的确认阶段，商标立法开始反思绝对商标注册制度带来的弊端，以及由此产生的不公平现象。因为在两种商标权取得模式下，商标注册的本质并没有变化——都是为商标使用服务，确保商标指示与区分功能。无论商标权注册取得还是使用取得，使用事实均应当予以尊重。任何忽视甚至无视商标实际使用情形的商标制度都不可能有效维护商标秩序，最终必然会损害商标权人的利益。

总结我国商标混淆理论以及司法实践，借鉴国外相关立法和司法经验，关于混淆理论的认知要注意以下几个方面：第一，商标混淆理论构建的目的，是为了防止他人破坏商标的识别和区分商品来源，避免消费者对商标权人提供的商品与他人提供的商品发生混淆。第二，混淆包括推定混淆和混淆可能性。混淆可能性不需要证明混淆已经发生，具有足以使消费者产生混淆的可能性即可。第三，混淆理论的适用。混淆理论适用于商标注册审查和商标侵权判定中。尽管我国《商标法》第28条没有明确规定商标注册审查中需要判定混淆的要求，但依据《商标法》的立法精神，商标注册同样需要防止混淆的发生，防止权利冲突。第四，混淆可能性判定的要素。美国典型案例确立的判定商标混淆可能性的要素有多种，但基本是一致的，对我们具有一定的借鉴意义。需要注意的是，不同案件的判定要素不是完全相同的，有各自的特点。商标近似、服务类似，既不是混淆可能性判定的充分条件，也不是必要条件，但通常而言，商标近似、服务类似是影响混淆判定的重要因素。即便有时候商标近似、服务类似，也不必然构成混淆可能性。第五，商标近似的判定。商标近似主要从字形、声音（呼叫）、含义三个层次进行判定。商标近似要从整体判断，如果差异性更能够影响消费者，也可以认定两者不近似。第六，服务类似的判定。是指在服务的目的、内容、方式、对象等方面相同，或者相关公众一般认为存在特定联系、容易造成混淆的服务。第七，商标共存。商标共存制度是对商标权注册取得制度的补充，对于相同或近似的商标，如果相关公众已在客观上将相关商业标志区别开来，应当允许其共存。

本节案件中，亚明公司申请注册的讼争商标，系其在先商标的延续性注册，讼争商标与在先商标相同，注册类型相似，无任何攀附引证商标的意图，且亚明公司的在先商标在灯具附件（镇流器、触发器）上的注册和使用均早于引证商标。讼争商标承载的是亚明公司的声誉及其在消费者之间产生的信任，消费者不会误认为诉争商标的商品来源于亚字公司或与亚字公司存在特定联系。

图 2-1　在先商标：第 236384 号注册商标，申请日期 1985 年 1 月 24 日，国际分类 11

图 2-2　讼争商标：申请/注册号 5209917，申请日期 2006 年 3 月 13 日，国际分类 9

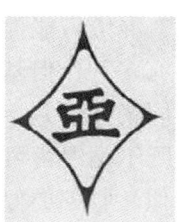

图 2-3　引证商标：申请/注册号 286640，申请日期 1986 年 8 月 7 日，国际分类 9

第四节　商标合理使用

—— [2013] 苏知民终字第 0101 号

一、法律要点

商标合理使用是指，商标权人以外的人在生产经营活动中以叙述性使用、指示性使用的方式善意使用商标权人的商标，而不构成侵犯商标专用权的行为。合理使用保护的是生产经营者对自己生产经营的商品进行描述的自由，实质上是赋予竞争者对自身产品进行描述的权利。指示性合理使用是为了客观地说明商品或者服务的特点、用途等而在生产经营活动中使用他人注册商标的行为。说明性合理使用是生产经营者为了向公众介绍自己生产经营的产品的质量、功能、主要原料、用途、型号等涉及产品的基本信息，使用他人注册商标的行为。

商标的合理使用制度是平衡商标权人与第三人利益的一种制度，保障第三人明示商品真实情况及言论自由，赋予其不侵权之抗辩。不侵权抗辩需要第三人证明其主观上是善意的，客观上是合理的或必要的使用。

二、案情介绍

老百姓大药房连锁股份有限公司（简称老百姓大药房公司）创立于2001年10月，是一家率先在全国推出"平价药房"经营模式，从事药品销售的连锁零售企业。现已成功开发了湖南、江苏、安徽等15个省级市场，拥有大中型门店400多家，已成为国内最具影响力的药品零售企业，获得中国服务业500强企业等殊荣。

"老百姓"文字商标由老百姓大药房公司前身湖南老百姓大药房连锁有限公司申请，2005年2月21日，经国家工商行政管理总局商标局（以下简称商标局）核准注册，核定使用在第35类之推销（替他人），商标注册号3579889号。2008年10月14日，该商标经商标局核准转让，受让人为老百姓大药房公司，有效期至2015年2月20日。

老百姓大药房公司自成立之日起，即以"老百姓"文字作为企业字号和服务商标，在门店店堂、宣传手册、购物袋、媒体广告中广泛使用，并且通过商标许可使用和接受委托管理等方式，将"老百姓"商标的使用延及子公司及门店。"老百姓"商标也由此为公众所熟知。

2006年12月20日，"老百姓"商标被湖南省工商行政管理局认定为湖南省著名商标；2007年4月26日，"老百姓"商标被湖南省长沙市中级人民法院认定为中国驰名商标；2011年5月27日，"老百姓"商标被国家商标局认定为中国驰名商标。

2012年5月3日，老百姓大药房公司人员在南京市石城公证处公证员的监督下到葛某芳的经营场所，发现店外悬挂"百姓药房"字样的招牌，店内悬挂"溧阳市社渚百姓药房"的税务登记证。公司人员以24元购买"汇仁克拉霉素片"两盒，并现场取得印有"百姓药房医药超市"字样的电脑小票一张，以及显示"百姓药房医药超市"字样的购物袋一只。原告认为，葛某芳未经许可，使用与其注册商标"老百姓"相同或近似的文字作为字号，并突出使用在所提供的推销服务上，客观导致相关公众对于服务的提供者产生混淆和误认，违反公平、诚实信用的市场竞争原则，侵犯了老百姓大药房公司的注册商标专用权，并构成不正当竞争，造成老百姓大药房公司的巨大经济损失和商誉损失。故诉至法院，请求判令：

①葛某芳立即停止侵犯其注册商标专用权的行为和不正当竞争行为；②葛某芳赔偿经济损失10万元；③葛某芳赔偿其为维权所支付的合理费用3124元；④葛某芳在当地知名报刊刊登说明消除影响；⑤葛某芳承担本案诉讼费用。

为支持其诉讼请求，老百姓大药房还提供了2005年2月获准注册"老百姓"商标的证据。

葛某芳一审辩称：

（1）其未实施攀附老百姓大药房公司商标知名度的行为，也未与老百姓大药房公司之间造成混淆，故不存在不正当竞争行为。首先，其经营的药房成立时，涉案注册商标尚不是驰名商标。其次，老百姓大药房公司是在其注册经营药房之后才到常州开设连锁店，其开店时不知道老百姓大药房公司。最后，其注册的字号经过合法登记，且在日常使用中极为简单，与老百姓大药房公司连锁店的装潢完全不相似，从双方经营药房的位置和面积来看，也有很大的差别，二者不会造成误认。

（2）其不存在侵害涉案注册商标专用权的行为。首先，老百姓大药房公司的注册商标是"老百姓"，而其药房字号是"百姓"，二者不相同也不相似。其次，涉案注册商标显著性不强，是一个常用的普通名称，其效力待定。最后，其经营药店使用的字号没有与老百姓大药房发生混淆。

葛某芳在庭审中陈述，其于2002年患系统性红斑狼疮疾病，需要长期服用昂贵的药物，深知高昂的药价让普通老百姓无法承受，其为方便自己，也为服务普通百姓，遂开设溧阳市社渚百姓药房，平价经销药品。

法院查明：葛某芳经营的"溧阳市社渚百姓药房"成立于2006年5月，经营地点位于江苏省溧阳市社渚镇，属于偏远乡镇。老百姓大药房公司虽提供其于2005年2月获准注册"老百姓"商标的证据，但未能提供证据证明该商标在2006年5月即具有一定的知名度和影响力，并且已经及于溧阳社渚。

一审法院认为：

第一，"老百姓"作为商标的显著性不强。"老百姓"是常用词汇，是普通消费者在日常生活中经常使用的词汇，其作为商标，特别是作为药品推销服务这一类别时，识别商品或服务来源的功能相对较弱。因此，在确定其商标权保护范围时不宜过宽，否则会不当损害其他经营者的合法权益。

第二，葛某芳主观上并无攀附老百姓大药房公司注册商标"老百姓"知名度的故意。对于当地的消费者而言，不可能将二者予以混淆。

第三，葛某芳申请注册"溧阳市社渚百姓药房"这一名称具有一定的正当性和合理性。"百姓"是一个常用词汇，在日常生活中使用频率较高。而且药品推销与普通百姓在日常生活中关联度较高。葛某芳作为一名普通公民，由于长期患病花费高昂，而产生自营药房并取名"百姓"字号的想法，符合情理。

第四，葛某芳在日常经营中使用"百姓药房"并不构成突出使用。在字号与他人注册商标权利发生冲突时，判断字号使用行为构成侵权应以突出使用为必要要件。本案中，葛某芳在日常经营中，将其"溧阳市社渚百姓药房"简称为"百姓药房"符合《个体工商户名称登记管理办法》的规定，也符合服务行业的惯例，并不属于突出使用。

综上，葛某芳在申请注册"溧阳市社渚百姓药房"名称时，"老百姓"商标不具有较高的知名度，葛某芳没有攀附的主观意图，且其药房名称的来源具有一定的合理性，其在日常经营中也属于正当使用，消费者将二者混淆的可能性较小。老百姓大药房公司关于葛某芳构成商标侵权及不正当竞争的诉称依法不能成立。故一审判决：驳回老百姓大药房连锁股份有限公司的诉讼请求。

老百姓大药房公司不服江苏省常州市中级人民法院［2012］常知民初字第334号民事判决，向江苏省高级人民法院提起上诉。老百姓大药房公司上诉称，其注册商标"老百姓"具有很高的市场知名度，已经被认定为驰名商标，该商标专用权的效力及于全国范围，不限于实际使用地区，被上诉人葛某芳未经许可使用与"老百姓"商标近似的"百姓"标识作为工商字号使用在其药品推销服务上，主观上具有攀附故意，客观上造成了消费者的混淆，构成商标侵权和不正当竞争。请求：①撤销一审判决，依法判令被上诉人立即停止侵犯上诉人注册商标专用权和不正当竞争行为，赔偿上诉人经济损失5万元，赔偿上诉人因制止侵权行为而支付的合理费用3124元，在当地知名报刊刊登说明消除影响；②被上诉人承担本案的一、二审全部诉讼费用。葛某芳二审庭审口头进行了答辩。

二审中，老百姓大药房公司未提交新证据。葛某芳提交了南京市中山南路234号老百姓大药房的门店照片，以证明老百姓大药房公司的门店与葛某芳的药店在经营规模、服务内容、对象、范围上均不同，因而两者不会发生混淆。老百姓大药房公司对证据的真实性没有异议，但认为与本案没有关联性。

二审法院认为：本案中葛某芳注册使用"百姓"字号，不构成对老百姓大药房公司注册商标"老百姓"专用权的侵害，也不构成不正当竞争。理由如下：

（1）"百姓"字号虽然与涉案注册商标"老百姓"文字近似并被突出使用，但是在实际经营中并未导致相关公众产生误认，故不构成商标侵权。

商标法的立法目的在于防止消费者对商品或者服务来源产生混淆，以及保护商标权人的商誉，以阻止他人通过攀附与不正当竞争手段掠夺市场，侵害商标权人和消费者利益。《最高人民法院关于审理商标民事纠纷案件适用法律若干问题的解释》第1条第（一）项规定，"将与他人注册商标相同或者相近似的文字作为企业的字号在相同或者类似商品上突出使用，容易使相关公众误认的"，构成对他人注册商标专用权的侵害。

首先，葛某芳将其经营的药店申请登记为"百姓"字号具有正当性。葛某芳经营的"溧阳市社渚百姓药房"位于江苏省溧阳市社渚镇，属于苏浙皖三省交界之处的偏远乡镇，且该药店于2006年5月设立时，涉案商标"老百姓"获准注册尚未被认定为驰名商标，无证据证明涉案商标于葛某芳注册"百姓"字号时在当地具有知名度和影响力。因此，并无证据证明葛某芳注册此字号时具有攀附权利人商标的过错存在。另葛某芳为解决长期患病的药费而自营药房，贴近百姓，因此，葛某芳以"百姓"一词作为其药店字号使用并无不当。

其次，葛某芳使用"百姓"字号不会造成相关公众混淆与误认。本案中，"百姓"是人们日常生活中使用的通用词汇，不具有显著性。葛某芳使用"百姓"字号尚不会使普通百姓对之与权利人的商标产生关联。因此，葛某芳虽然对"百姓"字样突出使用，但不会导致消费者误认其经营的"百姓药房"与老百姓大药房公司具有关联性，不构成对权利人"老百姓"商标的侵害。

（2）葛某芳使用"百姓"字号不构成不正当竞争。如前所述，"百姓"字号与涉案注册商标"老百姓"虽然属于在相同的药品推销服务上使用具有近似性的标识，但是客观上不会造成相关公众对二者商业标识的混淆与误认，故葛某芳的使用不构成不正当竞争。

综上，老百姓大药房公司关于葛某芳侵犯其注册商标专用权及构成不正当竞争的上诉请求，缺乏事实和法律依据。一审判决认定事实清楚，适用法律正确，应予维持。故二审判决驳回上诉，维持原判决。

三、法律条文

《商标法》（2013年）

第九条 申请注册的商标，应当有显著特征，便于识别，并不得与他人在先取得的合法权利相冲突。

第五十九条 注册商标中含有的本商品的通用名称、图形、型号，或者直接表示商品的质量、主要原料、功能、用途、重量、数量及其他特点，或者含有的地名，注册商标专用权人无权禁止他人正当使用。

三维标志注册商标中含有的商品自身的性质产生的形状、为获得技术效果而需有的商品形状或者使商品具有实质性价值的形状，注册商标专用权人无权禁止他人正当使用。

四、法理分析

（一）注册商标的合理使用

合理使用作为知识产权权利限制中的一项重要制度，它最早出现在著作权权利限制中。著作权法中的合理使用，是指著作权以外的人在某些情况下使用他人已经发表的作品，可以不经著作权人许可，也不向其支付报酬，但应当指明作者姓名、作品名称，并且不得影响著作权人正常权利的行使。

合理使用的含义。商标的构成要素包括文字、字母、数字等，这些标识最初属于公有领域。当商标所有人选择某一要素，用于指示商品或服务，就成了商标。商标的合理使用制度是对商标专用权的一种限制，是被控侵权人的法定抗辩事由，是对商标权人权益与其他市场主体正当使用商标构成要素的权益以及消费者权益保护的一种平衡。美国大法官霍姆斯（Holmes）说过"商标权只是在于阻止他人将他的商品当成权利人的商品出售，如果商标使用时只是为了告之真相而不是要欺骗公众，我们看不出为何要加以禁止。商标不是禁忌。"〔1〕商标的合理使用包括广义的合理使用和狭义的合理使用，狭义的合理使用，是指商业性的合理使用，具体又包括叙述性合理使用和指示性合理使用。叙述性合理使用，针对的是本身不具有显著性的标识，如产品的通用名称、型号、原料等，经过使用具有了显著性，商标具有了第二含义，从而获得商标注册。此时，他人再在第一含义的基础上使用，这种使用不构成对商标权的侵犯。如在第29类虾（非活）上注册"长荡湖"，长荡湖地区的其他生产者在其生产的虾产品上标注长荡湖虾，就是一种叙述性的合理使用。再如本节案例中的"老百姓"，葛某芳在第一含义的基础上正当使用，系合理使用。指示性合理使用，是指第三人使用他人的注册商标是必需的，如果不允许这种使用，第三人就难以表达清楚自己的商品或服务，但这种使用不能造成与他人注册商标的混淆。最典型的是在配件贸易中，注册商标权人的商品是作为第三人生产的商品的零部件或配件，第三人生产的商品在销售中使用该注册商标是为了表明配件的来源，并不侵犯配件商的商标权。如华为手机使用安卓系统等。商标的非商业性使用，主要包括新闻报道、滑稽表演等用途的使用，这种使用不应造成对他人注册商标的混淆或淡化。

合理使用的规定。尽管商标合理使用的纠纷不断出现，我国《商标法》（2013年）也仅在第59条第1款和第2款中进行了原则性规定。此外，国家工商行政管理总局1999年12月下发的《关于商标行政执法若干意见》第9条规定：下列使用与注册商标相同或近似的文字、图形的行为，不属予商标侵权行为：（1）善意使用自己的名称或地址；（2）善意地说明商品或者服务的特征或者属性，尤其是说明商品或者服务的质量、用途、地理来源、种类、价值及提供日期。2004年北京市高级人民法院发布《关于审理商标民事纠纷案件若干问题的解答》第19条对商标合理使用界定了判定标准：商标的合理使用应当具备以下构成要件：（1）使用出于善意；（2）不是作为商标使用；（3）使用只是为了说明或者描述自己的商品或者服务；（4）使用不会造成相

---

〔1〕 黄晖：《驰名商标和著名商标的法律保护》，法律出版社2001年版，第193~194页。

关公众的混淆、误认。这些规定都比较粗糙，无法指导司法实践。无论是法律、部门规章还是司法解释，立法技术线条粗犷，没有具体实施标准，难以解决实践中复杂的纠纷案件。

(二) 美国合理使用制度的借鉴

在1970年的"维尼"一案中，[1]原告就床垫用的塑料外罩使用了"Hygient"的商标，其背景是椭圆形的十字花。原告还就其文字和图形获得了联邦的商标注册。被告自1967年开始，也在其提供的床垫用塑料外罩上使用了与原告几乎相同的商业外观，包括"Hygienic"（卫生）的文字、椭圆形的十字花等。地方法院经过审理认为，原告就塑料外罩使用的"Hygient"是一个任意性和臆造性商标，被告未经许可使用近似标记"Hygienic"造成了消费者混淆的可能性，构成商标侵权。被告不服提起上诉。第二巡回上诉法院指出，《兰哈姆法》和普通法对于商标的保护，侧重点在于相关文字的"用途"而非其本质和抽象含义。如果是非商业性的使用，或者不造成混淆的商业性使用，都不在商标权的范围之内。原告的商标，在指示床垫外罩的意义上是任意的和臆造的，但是，这个标记与一个字词非常接近，而这个字词通常用来描述很多产品，包括床罩的特点。尽管这个标记可以为了有限的目的而获得注册，但法律赋予该标记的保护则是相对狭窄的。原告不能因为注册了"Hygient"，就禁止世界上的其他人使用"Hygienic"，让社会公众知晓相关产品的特征。原告甚至不能禁止直接的竞争者使用这样的通用术语，恰当地指明或者公正地描述他们产品的特征。就本案而言，上诉法院认为，被告对于"Hygienic"的使用，不是其原有意义上的使用，而是作为商标的使用。假如被告将"Hygienic"放在一句话中使用，或者与其他的字词，例如防水、去尘、防过敏一起使用，则有可能是在原有的意义上使用。显然，被告将"Hygienic"放在椭圆形的十字花中使用，其目的是吸引消费者的注意，从而造成了混淆的可能性，构成了商标侵权。美国的《兰哈姆法》规定，描述性合理使用的，应当证明其同时符合三个条件：被告的使用是描述性的而非商标意义上的使用；被告的使用是为了描述自己的商品或服务；被告的使用是善意的、合理的。指示性合理使用的，应当证明其同时符合三个条件：若不使用该商标将无法表达；在合理的必要的限度内使用；被告的使用不得引起混淆的可能性。

---

[1] Venetianaire Corp. v. A&P Import. Co., 429 F. 2d 1079 (2d Cir. 1970).

美国不侵权抗辩体系比较完善,除了合理使用抗辩,还包括滑稽模仿。滑稽模仿是指以幽默、滑稽和讽刺的方式,可以模仿他人的现有商标,进而形成自己的商标。由于商标保护的目的是防止商品和服务来源上的混淆,又由于滑稽模仿是可以模仿他人现有商标,因而成功的滑稽模仿并不多见。在"乔达什"一案中,[1]原告是一家著名的牛仔裤制造商和销售商,使用并注册了"Jordache"的文字商标,其具体设计是印刷体的 Jordache,与一个醒目的马头像。被告是一家小作坊,制造和提供大号女性牛仔裤,选取了"Lardache"的商标,与一个大笑的猪头图案相配,其含义是"用猪耳朵做不出真丝钱包"。上诉法院论证滑稽模仿他人商标的特点:滑稽模仿者所获得的好处,来自于商标来源上的幽默联系,而不是来自于商品来源上的公众混淆。为了达到预期的效果,滑稽模仿应当存在于与原有商标的不同之处,并且应当是幽默性的不同之处。

(三)我国司法实践的典型案例

(1)权利人首先应证明第三人使用某标识是商标意义上的使用,基于此,第三人才有进行合理使用抗辩的必要。上海久游网络科技有限公司诉广游信息科技(上海)有限公司侵害商标权纠纷案[2014]沪一中民五(知)终字第60号。上海久游网络科技有限公司(简称久游公司)系第4409523号注册商标专用权人,涉案商标由多种元素组成,包含有蓝色美术艺术体的劲乐团中文、红色和橙色的英文、黑色的音符符号和绿色的圆圈,"劲乐团"是该商标中的组成要素。久游公司与广游信息科技(上海)有限公司(简称广游公司)的游戏来源相同,均来源于韩国的"O2JAM"游戏。久游公司代理的"劲乐团"游戏系用于PC平台,广游公司游戏用于手机平台。在久游公司运营PC版"劲乐团"游戏期间,久游公司系将"劲乐团"作为韩国"O2JAM"游戏在中国国内的中文游戏名称使用,劲乐团没有单独商标注册。广游公司在新浪微博、腾讯微博、360手机助手中突出使用涉案注册商标,为其推广、下载游戏(包括在游戏logo、微博图片、二维码中植入),该使用方式以艺术体突出了"劲乐团"三个中文文字。一审法院认为要从以下方面考量广游公司是否构成合理使用:①使用是否只是为了说明或描述自己的商品或者服务;②使用是否会造成相关公众的混淆、误认;③使用是否出于善意;④是否作

---

[1] Jordache Enterprises, Inc. v. Hogg Wyld, Ltd., 828 F.2d 1482(10th Cir. 1987).

为商标使用。在此基础上，一审法院认为广游公司使用被控侵权文字只是为了说明韩国游戏的中文名称，具有正当使用的理由，广游公司构成合理使用。二审法院推翻了这一认定，二审法院认为，涉案商标中文"劲乐团"三个艺术体文字使用大号字体突出显示，加之相关公众对中文文字的识别力更强，故该注册商标中"劲乐团"三字更具有显著性。被上诉人在新浪微博、腾讯微博、360手机助手中突出使用相关标识，为其推广、下载游戏（包括在游戏logo、微博图片、二维码中植入）。该使用方式以艺术体突出了"劲乐团"三个中文文字，宣传相关标识的游戏，构成标识性的使用，且与上诉人注册商标构成近似，系在类似服务上使用与上诉人注册商标近似的标识。"劲乐团"并非该类游戏服务的通用名称，上诉人凭借"劲乐团"游戏获得了一定奖项。因此，相关公众对以"劲乐团"为名的音乐打击节奏类PC游戏服务系由上诉人提供，具有了相应认知。原审法院关于被上诉人使用被控侵权标识系用于说明游戏来源，并未作为商标使用，不会造成相关公众的混淆和误认，属于商标合理使用的范畴的认定不当，本院予以纠正。

（2）指示性合理使用他人注册商标应当是必需的，即为说明或传达清楚商品真实信息所必需，否则指示性合理使用不成立。贵阳南明老干妈风味食品有限责任公司与贵州永红食品有限公司等侵害商标权纠纷案［2015］京知民初字第1944号。涉案商标第2021191号"老干妈"商标，为三个汉字，商标注册人为贵阳南明老干妈风味食品有限责任公司（简称老干妈公司），于2003年5月21日核准注册，核定使用商品为第30类：豆豉、辣椒酱（调味）、炸辣椒油等商品，续展有效期至2023年5月20日止。涉案产品包装的正面上部标有被告贵州永红食品有限公司（简称永红公司）所拥有的"牛头牌及图"商标，中部印有"老干妈味"字样；包装背面标有涉案产品品名"老干妈味牛肉棒"，配料注明有牛肉、豆豉、鱼露等，还写明了涉案产品的制造商是贵州永红食品有限公司，地址是贵州省惠水县永红绿色食品工业园。涉案产品上虽然印有"老干妈味"字样，涉案产品也确实添加了"老干妈"牌豆豉，但不同于"原味""香辣""黑胡椒"等口味，"老干妈"在现实生活中并非任何一种口味，也不是任何一种原料，而是老干妈公司所拥有的驰名商标，具有强烈的显著性，与老干妈公司具有唯一对应关系。北京知识产权法院认为，我国法律对商标指示性使用没有直接规定，但在实践中，商标指示性使用即指，在销售商品时，为说明来源、指示用途等在必要范围内使用他人注册商标标识的行为，属于正当使用商标标识的行为，可见，认定被诉侵权人的使用行为是否构成指示性使用，需要衡量其使用他人商标的必要性，即是否为说明或传达真实信息所必需。本案中，涉案产品配料中添加了老干妈牌豆豉，但标注"老干妈味"字样并非描述涉案产品之必须，被告贵州永红公司可以直接采取标注"麻辣味""豆豉味"等字样来说明涉案牛肉棒的口味，而非替代性地直接借用涉案驰名商标。被告永红公司的辩称理由，本院不予采信。

米其林集团总公司与淄博顺泰物资有限公司侵害商标权纠纷申请再审案[2015]民申字第2216号，米其林集团总公司（简称米其林公司）在中国注册了第1922872号图文商标、第136402号"MICHELIN"和第519749号"米其林"注册商标，其核定使用商品均为第12类轮胎、内胎、车轮等，均在有效期内，应依法获得保护。淄博顺泰物资有限公司（简称顺泰公司）在其经营汽车轮胎的门店橱窗上贴有"米其林轮胎专卖"标识。顺泰公司销售的米其林轮胎来源于米其林公司的经销商，米其林公司对此没有异议。判断顺泰公司上述行为是否构成侵犯商标权，是否超出正当使用的范围，既需要考虑混淆误认的可能性，也要考虑使用的意图及具体情形。二审法院认为，顺泰公司的上述使用行为，系对其所销售米其林轮胎商品的广告宣传，是对相关公众表明其销售的轮胎为米其林公司所生产，不会产生相关公众对米其林轮胎来源混淆的后果，没有破坏米其林公司涉案注册商标识别商品来源的功能，并据此认定顺泰公司的被控行为未侵害米其林公司涉案商标权。为此，最高人民法院认为二审法院认定合理使用没有不当，驳回米其林集团总公司的再审申请。

（3）所谓描述性或叙述性使用，是指注册商标本身含有本类商品的通用名称、图形、型号，或者直接表示商品的质量、主要原料、功能、用途、重量、数量及其他特点，显著性较低，他人在销售的商品或提供的服务上正当使用。山东世纪天鸿文教科技股份有限公司与北京牵手文化交流有限公司、博库网络有限公司、吉林才智杂志有限公司等侵害商标权纠纷一案[2014]浙杭知初字第1066号。2008年11月14日，世纪天鸿公司依法取得了注册号为第4697993号的"智慧背囊"注册商标专用权，核准使用商品为第16类（包含书籍；印刷出版物；连环漫画书；报纸；期刊；杂志等）。博库公司销售下列书刊：《智慧背囊（超值白金版）》《智慧背囊——淡定的人生不寂寞》《智慧背囊——摘下我的翅膀，送给你飞翔》等。上述被控侵权书刊的封面、扉页、书脊上显著使用与世纪天鸿公司第 4697993 号注册商标完全相同的文字，牵手公司主张，认为商标合理使用的一个重要前提是对商标的组成部分的使用并不是商标意义上的使用，即不是作为区别商品来源的符号使用，而是对商品和服务特点作描述性和叙述性的说明，智慧背囊在网上查询有几十万个检索结果，上百万家出版社都出版过含有该标题的图书，杂志社发表过含有这四个字的名称放在封面上的杂志。被控侵权书刊在"才智"二字之后加上"智慧背囊"并非商标意义上的使用，不像世纪天鸿公司的图书的注册标志，根本不会引起相关读者的混淆和误认。法院认为，在被控侵权书刊上使用"智慧背囊"四字时，采用较大字号，亮色背景将该四字突出显示在被控侵权书刊的封面、扉页或书脊上，使得该四字易被一般消费者注意、观察，并据此判断被控侵权书刊的来源。因此，牵手公司在被控侵权书刊上对"智慧背囊"四字的使用已使得该四字发挥了来源识别作用，牵手公司的行使不属于商标合理使用行为。涉案商标并不含有本类商品的通用名称、图形、型号，或者直接表示商品的质量、主要原料、功能、用途、重量、数量及其他特点。涉案商标所使用的"智慧"及"背囊"二字虽然均来自于公共领域，但是将二字组合在一起形成"智慧背囊"具有一定的臆造性，显著性较强。牵手公司并非仅使用"智慧"二字或仅使用"背囊"二字，而是使用"智慧背囊"四字，与涉案商标完全一致，该种使用行为并不属于对被控侵权书刊的内容或其他特征进行描述性或叙述性使用。

总结我国法律规定和司法实践，借鉴美国成熟的经验和做法，注册商标合理使用的认定应当注意以下几个方面：首先，被控侵权人的行为构成在相同服务或类似服务上使用相同或近似的注册商标。只有被控侵权人实施了上述行为，并且法院已经认定了，法院才有必要审查被控侵权人合理使用抗辩是否成立。其次，叙述性或描述性合理使用抗辩。该抗辩事由主要针对显著性不强的注册商标，被控侵权人在原含义上使用该标识，且不具有指示商品和服务来源的作用，也即不是商标意义上的使用，不会使消费者造成混淆、误认。对于某些臆造商标，尽管其显著性强，但因为与某些词语非常接近，如在上文介绍的美国案例中，注册商标"Hygient"与"Hygienic"标识，尽管两者近似，使用的商品相同，但如果被控侵权人仅仅是在商品上用该标识说明其特性如卫生，则构成合理使用。如果被控侵权人使用该标识，是作为产品和服务来源的区分,是为了推销其产品,则属于商标使用行为,合理使用抗辩不成立。简而言之,叙述性合理使用是对标识第一含义上的使用,不具有区分商品或服务来源意义上的使用。再次,指示性合理使用抗辩。指示性合理使用的目的是为了说明商品的来源、指示商品的用途,且该使用必须是必要的,并且能够更清楚表达自身商品或服务。同样,该使用也不属于区分商品或服务来源意义上的使用。最后,使用行为不应当使注册商标通用化。使用行为虽然不是商标意义上的使用,但如果使用行为导致被使用商标显著性和识别性减弱,该使用行为属于应当禁止的行为。如上述案例中,永红公司用"老干妈味"表达口味,将导致其通用化为一种口味名称,会大大减弱涉案商标的显著性和识别性。这并不是对驰名商标的特殊保护,事实上,不管是驰名商标还是普通注册商标,不当使用导致商标通用化的,都应当属于禁止的行为,不属于合理使用范畴。

在本节案例中,"老百姓"商标已经被认定为驰名商标,但这不代表商标权人可以对老百姓标识享有垄断使用权。如果他人对老百姓标识的使用,没有造成消费者混淆、误认的可能性,就属于正当使用。第一,"老百姓"作为商标的显著性不强。"老百姓"是常用词汇,是普通消费者在日常生活中经常使用的词汇,作为商标,特别是作为药品推销服务类别时,识别商品或服务来源的功能相对较弱。第二,葛某芳主观上并无攀附注册商标"老百姓"的故意。葛某芳经营的"溧阳市社渚百姓药房"成立于2006年5月,经营地点位于江苏省溧阳市社渚镇,属于偏远乡镇。"老百姓"商标于2005年2月获准注册,但没有证据证明该商标在2006年5月即具有一定的知名度和影响力,并且已经及于溧阳社渚。对于当地的消费者而言,不可能将二者予以混淆。第三,葛某芳申请注册"溧阳市社渚百姓药房"这一名称属于描述性合理使用。"百姓"是一个常用词汇,药品推销与普通百姓的日常生活关联度较高。葛某芳作为一名普通公民,由于长期患病花费高昂,而产生自营药房并取名"百姓"字号的想法,符合情理。第四,葛某芳在日常经营中使用"百姓药房"不属于商标意义上的使用。葛某芳在日常经营中,将其"溧阳市社渚百姓药房"简称为"百姓药房"符合《个体工商户名称登记管理办法》的规定,也符合服务行业的惯例,并不属于突出使用,或商标意义上的使用。因此,葛某芳使用"百姓药房"属于对"百姓"文字的正当合理使用,不构成侵权。

第五节　侵害商标权损害赔偿责任

——［2013］沪一中民五（知）终字第207号

一、法律要点

侵害商标权应当承担停止侵害、排除妨碍、消除危险、赔偿损失、消除影响等民事责任。停止侵权、消除影响、排除妨碍的责任承担，不以侵权人主观过错为要件，避免给权利人造成的侵害和影响进一步扩大。我国《商标法》补偿性赔偿同样不以侵权人主观过错为要件，惩罚性赔偿的适用要求侵权人必须具备主观过错要件。一般而言，侵权人掌握其侵权获利的证据，在侵权成立的前提下，权利人可以请求人民法院向侵权人调取证据。人民法院可以要求侵权人披露相关证据，拒绝提交证据材料的，应当承担不利后果。为防止侵权人提交虚假证据材料，权利人应当提交初步证据证明其获利的规模，当两者明显不符时，法院应当优先采信并综合认定权利人提交的证据。人民法院确定赔偿数额时，应当考虑侵权人的主观过错对侵权行为的影响，侵犯商标权的方式，对消费者造成混淆的影响，侵权行为的持续期间，侵权行为与侵权人获利之间的因果关系，侵权行为对商标商誉的影响等。

二、案情介绍

上海赛一环保设备有限公司（简称赛一公司）与常州沛德水处理设备有限公司（简称常州沛德公司）、上海德沛环保设备有限公司（简称上海德沛公司）均经营水处理产品等。赛一公司于2003年2月注册成立。常州沛德公司于2004年4月注册成立。上海德沛公司于2006年3月注册成立。

2011年3月，赛一公司经商标局核准，注册了第7847758号"SCII"商标，核定使用在第11类水冷却装置、冷却设备和装置、供水设备、水净化装置、水过滤器、饮水滤器、水净化设备和机器、消毒器、水软化器等。2011年4月1日，赛一公司独家许可上海赛一环保科技有限公司使用该商标。

1994年5月，同济大学的"SC系列水体杀藻灭藻处理器"获得上海市科学技术委员会颁发的《科学技术成果鉴定证书》，证书载明主要研究人员为同济大学的韩某平（赛一公司法定代表人）、高某耀等七人。后该成果获得多项荣誉，并被《暖通空调》《给水排水》等杂志大量广泛宣传。2004年4月至2012年，以赛一公司为供方的27份合同及发票上载明的产品名称或产品型号均以SCII或SCⅡ开头。销售区域涉及河南、上海、山东、江苏、湖北、广东、浙江、重庆、安徽等地。

1993年6月，上海市计划委员会批复支持同济大学申办包括"城市污染控制"在内的两个工程研究中心，以增强相关领域的研发及成果转化能力。1994年5月，国家计委批复同意以同济大学为依托组建城市污染控制国家工程研究中心，推动城市污染控制技术向生产部门的转移。1995年1月，城市污染控制国家工程中心设立上海城市污染控制工程研究中心。2005年，经同济大学请示教育部，上海城市污染控制工程研究中心改制并变更企业名称为"上海城市污染控制工程研究中心有限公司"。1998年6月，益水公司注册成立，出资者为上海市城市污染控制工程研究中心及案外人香港某公司。2010年7月，益水公司因经营期满而注销。其注销登记申请表中载明的债务债权承接人均为赛一公司。2003年2月，赛一公司注册成立。出资者为上海城市污染控制工程研究中心及韩某平等四人。

2012年6月6日进行证据保全公证的［2012］沪东证经字第7065号公证书显示：2012年6月6日下午，"第五届AQUATECHCHINA上海国际水展"上标有"常州沛德水处理设备有限公司"的展位上，"水箱水处理器"铭牌上的"型号"处标有"SCII-5HB"字样。从该展位取得的名片上印有"常州沛德水处理设备有限公司""www.cnpeide.com""电话：0519-855053××/855028××""地址：江苏省常州市青洋北路206号"等。从该展位取得的产品宣传册与署名同济大学、益水公司、赛一公司的产品宣传册部分内容相同。

2012年5月10日进行证据保全公证的［2012］沪东证经字第5166号公证书显示：在www.cnpeide.com网站、在阿里巴巴网站（china.alibaba.com）、淘宝网（www.taobao.com）、慧聪网（hc360.com）、中国环保设备展览网（www.hbzhan.com）、中国过滤网（www.chinaguolvqi.cn）等网站均有相关企业介绍和产品销售信息。

一审庭审中，常州沛德公司、上海德沛公司自认：www.cnpeide.com是常州沛德公司的官方网站。该网站及阿里巴巴网、淘宝网上的信息均由常州沛德公司发布。其他网站信息非由常州沛德公司、上海德沛公司发布，但常州沛德公司曾经生产和销售过相关产品，产品信息也与常州沛德公司发布的产品介绍基本相同。

2012年12月12日进行证据保全公证的［2012］沪东证经字第18417号公证书显示：www.cnpeide.com网站上的冷却水系统、冷冻水系统、冷却塔专用的标题及内容与前述2012年5月10日公证的相关产品的标题及内容基本相同，只是名称及型号由"SC11"改为"SCJJ"。一审庭审中，常州沛德公司、上海德沛公司自认，上述产品信息均由其发布。

常州沛德公司销售给淮安市中医院等的水处理产品型号均以SCII、SCⅡ或SCJJ开头。常州沛德公司开具的发票中的旁流水处理器产品的规格型号中使用了SCII或SC11，该些发票最早开具日期为2007年7月。

常州沛德公司陈述，其生产的SC及SCII型号产品2012年的销量近100台，2011年为2012年的70%左右，之前各年依次递减。其销售给经销商的价格是每台机器1万至3万，销售给终端用户的价格是每台机器4万至15万，毛利润50%左右，净利润10%左右。赛一公司陈述，其生产的SCII及SCⅡ产品2012年销量为300台，2004年~2006年的销量比2012年高30%~50%，2007年、2008年开始下滑，其通常销售给终端用户的价格为4.5万至20万，销售给经销商的价格为上述售价的60%到70%，毛利润30%~50%，净利润20%，SC型号的产品现在已经基本不生产了。

2004年2月，案外人江阴市沛德水处理有限公司（以下简称"江阴沛德"）经商标局核准取得第3315289号"Peide沛德"商标，核定使用商品为水净化装置、水过滤器、污物净化设备、水净化设备和机器、污水处理设备。2013年1月，该商标被核准转让给常州沛德公司。2011年7月，常州沛德公司分别就SC-ZY、SCJJ申请商标注册。赛一公司对此提出异议。2013年7月，商标局裁定SCJJ异议理由不成立。之后，赛一公司申请复审。

法院再查明：2010年的南京鼓楼医院南扩项目招标文件、神木医院施工图纸、2010年的芜湖世贸滨江花园项目、2012年的《暖通空调工程优秀设计图集》中使用了SCII-1200F、SCII-10HB、SCII-0500F1、SCII-0500G、SCII-0600F及SC-0700G及"隔膜气压罐RSN600-0.6型""卧式冷却水泵KQW/150/300-22"等字样。

2012年12月7日公证的www.doc88.com网站上的《小型柴油发电站循环冷却水系统水质处理》一文及2013年2月7日公证的www.dianyuan.com网站上的《水系统电磁水处理新机理的提出及创新技术》一文中均使用了SC字

样。2012年12月7日公证的"百度文库"中有题为《2008奥运会新闻媒体中心WFI白水源热泵空调系统工程方案》的文章,该文中有"SCII系列杀菌灭藻除垢循环旁流电子处理器""卧式循环水泵FWG"字样。美国WFI国际有限公司的产品宣传册介绍了其生产的水源热泵机组。2009年的《建筑产品选用技术给水排水》中有上海熊猫机械(集团)有限公司FWG系列卧式离心泵的广告。

2012年、2013年常州沛德公司进行证据保全公证的公证书显示,数十个网页上有SC、SCII或SCⅡ字样。其中,常州溢水环境工程有限公司、济南水升华环保设备有限公司等八家公司向赛一公司出具承诺函,称其将停止使用"SCII"作为该公司的产品型号,并尽快消除影响,并保证不再侵犯赛一公司的知识产权。此外,经常州沛德公司、上海德沛公司确认的向其购买过SC或SCII旁流水处理器的诸多厂家中有无锡昌而泰机电设备有限公司。

一审法院认为:本案中,系争标识经过赛一公司及之前主体近二十年的长期宣传和使用,取得了一定的知名度,其无论被用作产品名称还是产品型号,均已经具有了产品来源的识别作用,相关公众看到以系争标识作为产品名称或产品型号的旁流水处理器产品就会想到经过赛一公司及之前主体的长期努力经营和推广而具有知名度的产品,系争标识已经负载了一定的知名度与美誉度,能够为赛一公司带来竞争优势及经济利益。常州沛德公司、上海德沛公司作为与赛一公司存在竞争关系的水处理设备公司,其生产或销售的水处理产品有PDL、CLDC、CKGZ等型号,唯独与赛一公司相同的旁流水处理器采用了与赛一公司标识相同或视觉上近似的SC、SCII、SCⅡ、SC11、SCJJ作为产品型号或名称。而且,常州沛德公司就其旁流水处理器产品在宣传册及多个网站上所进行的介绍,不仅所有的子标题抄袭赛一公司的宣传册,就连各个子标题下的具体文字、图表及具体型号也抄袭赛一公司。可以推定其知晓赛一公司系争标识的知名度,并且具有攀附系争标识商誉、利用赛一公司竞争优势的主观意图。上海德沛公司负责常州沛德公司产品在上海的销售工作,且法定代表人系同一人,亦不可能不知晓系争标识的知名度。常州沛德公司、上海德沛公司生产或销售与赛一公司相同或近似的产品名称或型号的产品的行为,不可避免地会使相关公众误以为常州沛德公司、上海德沛公司的产品即为经过赛一公司及之前主体的宣传而具有知名度的产品或以为该产品与其知晓的具有知名度的产品来源于同一生产者,不当地利用赛一公司的竞争优势，获取不正当的利益，应当依法予以制止。

关于商标近似的判断，在 SC 构成赛一公司知名商品特有名称的情况下，SC 在 SCⅡ 中具有较强的识别作用，Ⅱ、11、JJ 与 Ⅱ 在视觉上有一定的相似性，且均与 SC 共同使用，同时考虑到赛一公司注册商标之前 SC、SCⅡ 及 SCⅡ 已经取得的知名度，可以认定 SCⅡ、SC11、SCJJ 与 SCⅡ 构成近似。

综上，常州沛德公司、上海德沛公司使用及销售以 SC 作为产品名称和型号的旁流水处理器的行为及在 2011 年 3 月 28 日之前使用和销售以 SCⅡ、SCⅡ、SC11、SCJJ 作为产品名称和型号的旁流水处理器的行为构成仿冒赛一公司 SC、SCⅡ、SCⅡ 知名商品特有名称的不正当竞争行为；2011 年 3 月 28 日之后使用和销售以 SCⅡ、SCⅡ、SC11、SCJJ 作为产品名称和型号的旁流水处理器的行为构成对赛一公司 SCⅡ 注册商标专用权的侵犯。

一审法院判决：（1）常州沛德公司、上海德沛公司立即停止对赛一公司的商标侵权及不正当竞争行为；（2）常州沛德公司于本判决生效之日起 30 日内在 www.cnpeide.com 网站首页及阿里巴巴网（china.alibaba.com）、淘宝网（www.taobao.com）、慧聪网（http://www.hc360.com）、中国环保设备展览网（http://www.hbzhan.com）等刊登侵权信息的网店首页连续刊登声明一个月，以消除影响（声明内容需经原审法院审核）。逾期不刊登的，原审法院将在相关媒体上公布本判决的主要内容，费用由常州沛德公司承担；（3）常州沛德公司于本判决生效之日起 10 日内赔偿赛一公司经济损失 80 万元；（4）常州沛德公司于本判决生效之日起 10 日内赔偿赛一公司因本案发生的合理费用 107 600 元。

判决后，常州沛德公司不服，提起上诉，请求本院撤销原审判决，改判驳回被上诉人赛一公司原审全部诉请，其上诉理由为：（1）原审判决事实认定不清，SC、SCⅡ、SCⅡ 标识不应被认定为知名商品的特有名称；（2）上诉人对被控侵权标识的使用行为没有构成与被上诉人的混淆，也没有使购买者有误认的行为；（3）原审法院认定系争标识非通用型号无法律依据；（4）原审判决对于近似标识的认定与国家工商行政管理总局商标局的认定相冲突，属事实认定错误；（5）原审法院判决上诉人赔偿被上诉人经济损失 80 万元证据不足，计算方法不明确，金额过高。

被上诉人赛一公司辩称：（1）原审判决认定事实清楚，适用法律正确，认定 SC、SCⅡ、SCⅡ 为知名商品特有名称并无问题；（2）相同商标侵权并不以混淆为要件，不正当竞争亦不以实际误认为要件，而本案中产品型号相同，混淆客观存在；（3）商标侵权认定以司法认定为准，与商标行政程序并无必然关联，且商标异议裁定亦非终审裁定；（4）原审判赔金额已明显偏低，上诉人认为赔偿金额过高的请求不能成立。

原审被告上海德沛公司同意上诉人常州沛德公司的上诉意见，另认为：系争标识已经在水处理行业中被普遍作为产品型号或产品名称使用，淡化或丧失了其作为区别商品来源的功能。

二审审理中，上诉人向本院提交了3份证据材料：

（1）[2013]沪静证经字第5336号公证书，系被上诉人公司网页内容公证，旨在证明被上诉人一直将涉案标识作为产品型号和产品名称使用，且在宣传涉案型号时仍以同济大学为载体，SC及SC系列产品型号应与同济大学同步关联使用才能产生知名商品的特有名称；（2）中国水处理协会出具的关于水处理产品型号命名的补充说明，系对该协会于一审中出具的说明的补充说明，旨在证明该协会系由国家相关部门审议批准成立的全国专业性、非营利性的社会民间组织，其对外用章只有秘书处公章，大量企业使用"水处理"中"水处"的汉语拼音的首字母"SC"与数字的组合来编制命名其水处理产品型号；（3）被上诉人水处理产品照片，旨在证明被上诉人仅是将涉案标识作为产品型号，且与同济大学一并使用，并未作为商标使用。

被上诉人质证认为，证据1不属二审新证据，其载明的内容被上诉人在一审中亦已予以认可；证据2真实性、关联性均不予认可，亦不属二审新证据；证据3真实性认可，但不符合形式要件，亦不属二审新证据。

原审被告对上述证据的真实性、合法性、关联性均予以认可。

原审被告向本院提交了1份证据材料：[2013]商标异字第26369号商标异议裁定书，证明国家工商行政管理总局商标局认定"SC-ZY"与"SCII"未构成近似，对被上诉人主张的其将"SC-ZY"作为商品标识在先使用并已具有知名度的异议理由也不予支持，并核准注册了上诉人的"SC-ZY"商标。

上诉人对上述证据的真实性、合法性、关联性均予以认可。

被上诉人质证认为，被上诉人已就上述裁定申请复审，故该裁定尚未生效，且与本案亦缺乏关联性。

根据双方当事人的举证和质证意见，二审法院认为，对于上诉人提交的3份证据，证据1、3不属于二审新证据，且相似证据被上诉人在原审中已经提交,本院无需重复采纳;证据2系证人证言,证人无正当理由未出庭作证,本院不予采纳。对于原审被告提交的1份证据,因商标异议程序与本案商标侵权及不正当竞争纠纷并无必然关系,故与本案缺乏关联性,本院不予采纳。

本院经审理查明:原审判决认定的上述事实无误,本院予以确认。

另查明:赛一公司提供的每一本产品宣传册首页左上方以及后续每一页页面的右上方均有较为明显的"同济益水"或"同济赛一"图文标识。2000年的《暖通空调》杂志及2000年、2001年的《给水排水》杂志关于涉案产品的宣传页面左上方均有较为明显的"益水"商标,该商标标识与"同济益水"图文标识的差异在于加了图形,且图案下方文字由"同济益水"变更为"益水"。2002年、2003年、2004年、2005年、2006年的《给水排水》杂志及2003年的《暖通空调》杂志关于涉案产品的宣传页面上方或下方均有较为明显的"同济益水"图文标识。2004年~2006年、2008年、2009年的《建筑产品选用技术给水排水》中关于涉案产品的宣传页面下方在落款的公司名称旁亦有"同济益水"或"同济赛一"图文标识。赛一公司原审中提交的产品销售合同中涉及的产品牌号商标均为益水或赛一。另外,赛一公司原审提交的其水处理器产品照片显示产品上使用有两块铭牌,其一显示有"同济赛一"图文标识、同济大学、赛一公司中英文名称,另一显示有该产品的详细信息,如SCII微晶旁流水处理器、型号SCII-0500G、入水口管径、适用温度、设备编号等。

[2012]沪东证经字第7065号公证书显示,"第五届AQUATECHCHINA上海国际水展"上标有"常州沛德水处理设备有限公司"的展位上展出的"水箱水处理器"铭牌左上方系较为明显的"沛德"注册商标,商标右侧标注"水箱水处理器",下方系产品的型号、功率、出厂编号、进出水口径、工作压力、出厂日期,最下方系常州沛德公司的名称、电话、传真、网址。

常州沛德公司于2007年~2009年开具的28份增值税发票或商业统一发票中载明的旁流水处理器、电杀菌器的规格型号中使用了SCII、SCⅡ或SC11。其中2007年的发票均使用了SC11,2008年、2009年的发票均使用了SCII或SCⅡ,销售区域涉及江苏、上海、甘肃、安徽、广东、福建、湖南、陕西、河北、浙江、重庆等。

[2012]常常证民内字第9278号公证书显示,30余个网页上有各个公司销售SCII或SCⅡ旁流水处理器的信息,页面发布日期为2007年到2012年,

最早的是 2007 年 3 月 6 日。

以上事实，有原审中赛一公司提供的产品宣传册、2000 年、2003 年的《暖通空调》、2000 年~2006 年的《给水排水》、2004 年~2006 年、2008 年、2009 年的《建筑产品选用技术》、销售合同、产品照片、[2012] 沪东证经字第 7065 号公证书，常州沛德公司提供的发票、[2012] 常常证民内字第 9278 号公证书等证据在案佐证，本院予以确认。

二审法院认为：结合各方当事人的诉辩意见，本案的争议焦点在于上诉人常州沛德公司在产品宣传册、网页、产品上使用 SCII、SCⅡ、SC11、SCJJ 的行为是否构成对被上诉人赛一公司的不正当竞争及商标侵权，以及原审判决赔偿金额是否合理。

1. 上诉人对被控侵权标识的使用行为是否构成对被上诉人的不正当竞争

根据《反不正当竞争法》第 5 条第（二）项的规定，经营者擅自使用知名商品特有的名称，造成和他人的知名商品相混淆，使购买者误认为是该知名商品的，构成不正当竞争。本案中，结合各方的诉辩意见，关于不正当竞争行为认定的争议主要在于商标注册前被上诉人的 SC、SCII、SCⅡ 标识是否构成知名商品特有名称。对此，本院评述如下：

知名商品特有名称的认定是一个综合考量的过程。《反不正当竞争法》之所以将仿冒知名商品特有名称的行为规定为不正当竞争行为，乃是因为商品名称经使用而具有了识别商品来源的功能时，他人对该名称的仿冒将不当获取竞争优势，妨碍公平竞争秩序。故在知名商品特有名称的认定上，应当强调是否已具有识别商品来源的功能，知名度和特有性的认定也是以此为目的，需要衡量多方面的因素。

首先，在案证据并未反映出赛一公司将 SC、SCII、SCⅡ 作为区别商品来源的标识使用。一方面从赛一公司提供的证据来看，赛一公司对 SC、SCII、SCⅡ 的使用主要是作为细分产品系列名称的一部分使用（如 SCII-F、G 循环水旁流处理器），以及具体产品型号的一部分使用（如 SCⅡ-0100F），即使作为细分产品系列名称的一部分，也是侧重于型号意义上的使用，1994 年~1996 年使用的是 SC，之后使用的主要是 SCII 或 SCⅡ。一般情况下，商品型号的主要功能在于说明、概括商品本身的品种、规格、尺寸等信息，如 SCⅡ-0100F 对应一定的适用管径、外形尺寸、明细尺寸、外接管尺寸等，该种使用方式一定程度上影响了 SC、SCII、SCⅡ 在标识意义上区别商品来源功能的发挥。另一方面，赛一公司在产品、宣传册、广告宣传上均标注了较为明显的"同济益水"或"同济赛一"图文标识或商标。销售合同中涉及的产品牌号商标也均为益水或赛一，卫生部国产涉及饮用水卫生安全产品卫生许可批件上的"产品名称"也为"赛一牌SCⅡ型水处理机"。故赛一公司在涉案商品上实际使用的是益水或赛一商标，用以识别商品来源。

综上，在赛一公司将SCⅡ注册为商标之前，在案证据不能反映其将SC、SCⅡ、SCⅡ作为区别商品来源的标识使用的意图。客观上，SC、SCⅡ、SCⅡ即使具有一定的来源识别功能，其显著性和识别性也会因上述侧重于型号的使用方式，以及较为明显的"同济益水"或"同济赛一"图文标识或商标的使用而弱化。

其次，SC、SCⅡ、SCⅡ本身特有性不强，一定程度上又有指代特定技术的含义，弱化了其区别商品来源的标识功能。根据常州德沛公司提供的1992年第6期的《北京纺织》杂志，其中在关于北京西山除尘器厂的介绍中首次提及"SC-11型悬浮物分离器"，1994年的《中国给水排水》杂志中的《流动电流及其技术的研究与发展》一文以及1997年3月的《环境化学》杂志中的《水处理氧化还原过程的电动化学特征》一文也均提及"流动电流（StreamingCurrent，简称SC）"，可见SC不是赛一公司的臆造词，特有性并不强。赛一公司所提交的证据中首次出现SC的，系同济大学的"SC系列水体杀菌灭藻处理器"，于1994年5月获得上海市科学技术委员会颁发的《科学技术成果鉴定证书》。该证书侧重于对产品技术的评价，更多地使人将SC系列水体杀菌灭藻处理器与该特定技术联系起来。另外，南京鼓楼医院南扩项目招标文件、神木医院施工图纸、滨江花园施工图纸、《暖通空调工程优秀设计图集》上使用了SCⅡ-1200F、SCⅡ-10HB、SCⅡ-0500G等型号，作为招标文件或设计图纸中使用的上述型号，一定程度上亦指代具备一定技术规格的产品。故尽管赛一公司的产品无论在技术上还是宣传上均未披露SC的含义，但结合其自身的使用方式以及他人的使用方式，均可使人理解为SC具有指代特定技术的含义。

最后，同行广泛使用的现状一定程度上也弱化了SC、SCⅡ、SCⅡ的特有性和识别性。根据[2012]常常民内字第9278号公证书、常州沛德公司提供的销售发票，以及苏州水创环保科技有限公司、无锡昌而泰机电设备有限公司、常州溢水环境工程有限公司、丽水德力通水务设备制造有限公司、郑州迪美环保设备有限公司的产品宣传册,可知自 2007 年开始即有其他公司销售带有 SCII、SCⅡ或 SC11 型号的水处理产品,并且经过了数年的广泛使用。尽管本院也注意到赛一公司在本案诉讼中采取了一定的维权行动,上述 30 余家公司中已有 8 家向赛一公司出具承诺函,称将停止使用"SCII"作为该公司的产品型号,尽快消除影响,并保证不再侵犯赛一公司的知识产权,但被上诉人赛一公司在本案诉讼前的相当长一段时间内未采取任何维权措施导致上述广泛使用现状的存在,进一步弱化了 SC、SCII、SCⅡ的特有性和识别性。

综上所述,虽然赛一公司提供了一些获奖证明、广告宣传和销售合同,以证明其产品经过长期的使用获得了一定的知名度,但上述证据尚不足以证明 SC、SCII、SCⅡ在注册前通过赛一公司的使用已具有了商品来源的识别功能,能够认定为《反不正当竞争法》规定的"知名商品特有的名称"。在此前提下,赛一公司主张常州沛德公司、上海德沛公司侵犯其享有的知名商品特有名称权的行为构成不正当竞争的诉请不能成立,应予驳回。原审判决认定上诉人及原审被告对被控侵权标识的使用行为构成不正当竞争属事实认定错误,本院予以纠正。

2. 上诉人对被控侵权标识的使用行为是否构成对被上诉人的商标侵权

根据《商标法》第 52 条第(一)项的规定,未经商标注册人的许可,在同一种商品或者类似商品上使用与其注册商标相同或者近似的商标的,构成商标侵权。本案中,赛一公司于 2011 年 3 月经商标局核准注册了"SCII"商标,依法享有注册商标专用权,他人未经许可,在同一种商品或者类似商品上使用与其注册商标相同或者近似商标的,均构成对赛一公司商标专用权的侵害。

本案中,常州沛德公司生产的被控侵权产品与赛一公司"SCII"商标所核准注册的商品类别相同,在标注被控侵权产品型号时使用了 SCII、SCⅡ、SC11、SCJJ,其中 SCII 与"SCII"商标相同,SCⅡ、SC11、SCJJ 与"SCII"商标近似。虽然常州沛德公司同时使用了"沛德"注册商标,但将他人注册商标作为产品型号进行使用将弱化注册商标的显著性,并可能造成相关公众对两者的关联关系产生误认,属于商标侵权行为,应承担停止侵权、赔偿损失、消除影响等民事责任。

常州沛德公司辩称系争标识是行业通用型号,本院认为该主张不能成立。虽然常州沛德公司提供了网页公证以及其他 5 家公司的产品宣传册,证明自

2007年开始陆续有其他公司销售的水处理产品名称、型号中带有SCII、SCⅡ或SC11，但本院也注意到上述30余家公司中的8家公司已在原审诉讼中向赛一公司出具了停止侵权的承诺函。同时，在案证据也显示，并无相关工具书或国家标准、行业标准已将SCII认定为行业通用型号。故综合常州沛德公司的证据尚不足以证明SCII已经同行的广泛使用而成为行业通用型号。另外，商标异议程序与商标侵权诉讼并无必然关联，两者对于标识近似的审查标准也不完全相同，上诉人认为原审判决对于近似标识的认定与国家工商行政管理总局商标局的认定相冲突，属事实认定错误的主张亦不能成立，本院不予支持。

3. 原审判赔金额是否合理

根据《商标法》第56条的规定，侵犯商标专用权的赔偿数额，为侵权人在侵权期间因侵权所获得的利益，或者被侵权人在被侵权期间因被侵权所受到的损失，包括被侵权人为制止侵权行为所支付的合理开支。侵权人因侵权所得利益，或者被侵权人因被侵权所受损失难以确定的，由人民法院根据侵权行为的情节判决给予50万元以下的赔偿。

本案中，关于损害赔偿的计算，一方面，赛一公司所主张的上诉人获利缺乏准确的事实依据；另一方面，上诉人于原审庭审中的自认又系不精确的数字或数值区间，难以据此准确计算上诉人的获利金额。故在被上诉人未能举证证明因被侵权所遭受的实际损失或上诉人因侵权所获得的利益的情况下，人民法院应综合考虑涉案商标的知名度、显著性、实际使用情况、侵权行为的性质、后果、上诉人过错程度等因素酌情确定赔偿金额。

本案中，二审法院注意到，首先，被上诉人自2011年3月始获得涉案商标专用权，而上诉人常州沛德公司对被控侵权标识的使用行为仅构成商标侵权，未构成不正当竞争，故商标注册前的使用行为均不作为判赔的考量；其次，上诉人在原审庭审中自认其生产的SC及SCII型号产品2012年的销量近100台，2011年为2012年的70%左右，之前各年依次递减，其销售给经销商的价格是每台机器1万至3万元，销售给终端用户的价格是每台机器4万至15万元，毛利润50%左右，净利润10%左右；最后，上诉人在使用被控侵权标识时同时标注了较为明显的"沛德"注册商标，同时标明了其公司名称、电话、地址等信息，一定程度上可以避免相关公众的混淆和误认。综合考虑上述因素，本院认为，原审判决上诉人赔偿被上诉人经济损失80万元明显过高，依法应予调整为 20 万元为宜。关于合理费用，本院也注意到被上诉人主张的 10 万元律师费超出了《上海市律师服务收费政府指导价标准》，本院依法亦应予以适当调整。

据此，依照《中华人民共和国民事诉讼法》第 170 条第 1 款第（二）项、《中华人民共和国商标法》第 52 条第（一）项、第（二）项、第 56 条第 1 款、第 2 款之规定，判决如下：

（1）维持上海市浦东新区人民法院［2012］浦民三（知）初字第 374 号民事判决第 2 项。逾期不刊登的，本院将在相关媒体上公布本判决的主要内容，费用由被告常州沛德水处理设备有限公司承担；

（2）变更上海市浦东新区人民法院［2012］浦民三（知）初字第 374 号民事判决第 1 项"被告常州沛德水处理设备有限公司、被告上海德沛环保设备有限公司立即停止对原告上海赛一环保设备有限公司的商标侵权及不正当竞争行为"为"上诉人（原审被告）常州沛德水处理设备有限公司、原审被告上海德沛环保设备有限公司立即停止对被上诉人（原审原告）上海赛一环保设备有限公司的商标侵权行为"；

（3）变更上海市浦东新区人民法院［2012］浦民三（知）初字第 374 号民事判决第 3 项"被告常州沛德水处理设备有限公司于本判决生效之日起 10 日内赔偿原告上海赛一环保设备有限公司经济损失人民币 80 万元"为"上诉人（原审被告）常州沛德水处理设备有限公司于本判决生效之日起 10 日内赔偿被上诉人（原审原告）上海赛一环保设备有限公司经济损失人民币 20 万元"；

（4）变更上海市浦东新区人民法院［2012］浦民三（知）初字第 374 号民事判决第 4 项"被告常州沛德水处理设备有限公司于本判决生效之日起 10 日内赔偿原告上海赛一环保设备有限公司因本案发生的合理费用人民币 10.76 万元"为"上诉人（原审被告）常州沛德水处理设备有限公司于本判决生效之日起 10 日内赔偿被上诉人（原审原告）上海赛一环保设备有限公司因本案发生的合理费用人民币 9.5 万元"；

（5）驳回被上诉人（原审原告）上海赛一环保设备有限公司其余诉讼请求；

（6）驳回上诉人（原审被告）常州沛德水处理设备有限公司其余上诉请求。

上诉人（原审被告）常州沛德水处理设备有限公司如未按本判决指定的期间履行给付金钱义务，应当依照《民事诉讼法》第253条之规定，加倍支付迟延履行期间的债务利息。

三、法律条文

《商标法》（2013年）

第六十三条　侵犯商标专用权的赔偿数额，按照权利人因被侵权所受到的实际损失确定；实际损失难以确定的，可以按照侵权人因侵权所获得的利益确定；权利人的损失或者侵权人获得的利益难以确定的，参照该商标许可使用费的倍数合理确定。对恶意侵犯商标专用权，情节严重的，可以在按照上述方法确定数额的一倍以上三倍以下确定赔偿数额。赔偿数额应当包括权利人为制止侵权行为所支付的合理开支。

人民法院为确定赔偿数额，在权利人已经尽力举证，而与侵权行为相关的账簿、资料主要由侵权人掌握的情况下，可以责令侵权人提供与侵权行为相关的账簿、资料；侵权人不提供或者提供虚假的账簿、资料的，人民法院可以参考权利人的主张和提供的证据判定赔偿数额。

权利人因被侵权所受到的实际损失、侵权人因侵权所获得的利益、注册商标许可使用费难以确定的，由人民法院根据侵权行为的情节判决给予三百万元以下的赔偿。

《最高人民法院关于审理商标民事纠纷案件适用法律若干问题的解释》法释〔2002〕32号

第十六条　侵权人因侵权所获得的利益或者被侵权人因被侵权所受到的损失均难以确定的，人民法院可以根据当事人的请求或者依职权适用商标法第五十六条第二款的规定确定赔偿数额。

人民法院在确定赔偿数额时，应当考虑侵权行为的性质、期间、后果，商标的声誉，商标使用许可费的数额，商标使用许可的种类、时间、范围及制止侵权行为的合理开支等因素综合确定。

四、法理分析

（一）商标侵权损害赔偿责任

对于侵权的民事责任按照其承担责任的方式分为排除妨害和损害赔偿两

种。这两种方式在适用规则原则上有所不同。对于排除妨害而言，损害一旦存在，不论行为人的主观状态如何，均应予以排除，而损害赔偿必须要符合赔偿的要件与要求才可以请求。商标侵权损害赔偿涉及两个关键问题，一是主观过错对赔偿责任归责的影响。从侵权法的发展历史来看，侵权行为的归责原则应当只是就损害赔偿请求权而言的，与其他民事责任的承担方式无关。那么，商标侵权损害赔偿责任的构成是否以过错为要件呢？除惩罚性赔偿外，《商标法》并没有直接明确规定。二是侵权获利的举证。商标侵权损害赔偿涉及举证难问题，证据披露制度和证明妨碍制度可以较好地解决这个问题。证据披露，是指侵权人掌握而权利人难以获得的涉及侵权人获利情况的证据，权利人可以申请人民法院责令侵权人披露；证明妨碍，是指在人民法院作出证据披露决定后，证据持有人拒绝提供或不实提供相关证据，构成证明妨碍。证据披露和证明妨碍都是力图通过制度设计将举证责任转移给持有侵权证据的一方当事人，使其能够提交证据，从而查清侵权获利这一关键事实，《商标法》第 63 条首次在我国实体法中引入上述制度。

（二）域外立法经验

TRIPS 协定第 45 条第 1 款规定："对于故意或有充分理由应知道自己从事侵权获得的侵权人，司法机关有权责令侵权人向权利人支付足以补偿其因知识产权侵权所受损害的赔偿。"一些大陆法系国家也规定了商标侵权损害赔偿的责任承担以侵权人过错为要件。德国《商标法》规定，商标权人在商标侵权人有过错时，包括故意和过失，除有权要求停止侵权外，还有权进一步要求损害赔偿。英美法系国家也选择了商标侵权损害赔偿的过错责任原则。美国《兰哈姆法》第 29 条，注册商标所有人应当标注注册商标的标记，向公众表明他是某个注册商标的所有人。如果注册商标的所有人没有标注适当的标记，则在侵权诉讼中不能依据《兰哈姆法》获得损害赔偿和利润所得，除非他能够向法院证明被告在事实上已经注意到了自己的商标是注册商标。当然，这里不包括禁令救济。即便商标所有人没有标注注册商标的标记，仍然可以获得禁令救济。此外，不排除商标所有人可以依据各州的普通法获得损害赔偿或利润所得。"混淆可能性"是禁令的救济标准，法院在判定损害赔偿时，必须考虑"事实上混淆"的证据，如消费者被混淆的调查证据，原告的购买者转而购买被告的商品等。依据《兰哈姆法》和相关判例，判决给付利润所得有三个作用：一是补偿权利人的损失；二是纠正不当得利；三是威慑故意侵权。《兰哈姆法》第 35 条规定的损害赔偿或利润所得，应当基于衡平原则予以估算。所谓衡平原则就是填平原则，让商标所有人恢复到假如侵权没有发生的状态。因此，即使法院依据案件的具体情形，判决了 3 倍的损害赔偿，也仍然是基于衡平原则的判决，不是《版权法》或者《专利法》所规定的"惩罚性损害赔偿"。事实上，绝大多数州的普通法，依据侵权行为法的规则，都承认商标侵权中的惩罚性损害赔偿。美国最高法院指出，补偿性损害赔偿的目的是针对原告所遭受的损失，惩罚性损害赔偿的目的是惩罚侵权人，并且威慑未来的侵权者。惩罚性损害赔偿通常被描述为"准刑事处罚"，或者私人罚金。惩罚性损害赔偿由陪审团裁定，属于事实认定的问题，但审判法院应当从法律的角度加以限定。法院在评估惩罚性损害赔偿的时候，应当按照正当程序考虑三个标准：被告错误行为的程度或者可指责性；原告受到的伤害（或者潜在的伤害）与判给惩罚性损害赔偿之间的差距；陪审团裁定的惩罚性损害赔偿与类似案件中规定的或者给予的民事处罚之间的差异。

（三）我国司法实践的典型案例

（1）计算侵害商标专用权赔偿数额时，应当注重侵权人产品利润总额与侵权行为之间的直接因果关系。新百伦贸易（中国）有限公司与周某伦侵害商标权纠纷一案，[1]周某伦于 1994 年 8 月 25 日申请注册"百伦"商标，1996 年 8 月 21 日获得注册，核定使用商品为第 25 类：服装、鞋、帽、袜。2004 年 6 月 4 日申请注册"新百伦"商标，于 2011 年 7 月 28 日获核准注册，核定使用商品为第 25 类"鞋（脚上的穿着物）"等商品。新百伦公司于 2006 年 12 月 27 日成立，其经营范围包括鞋、服装、包及其他运动相关产品及休闲衣着产品的进出口、批发、零售和佣金代理（拍卖除外）及售后服务等相关配套业务。新百伦公司称其股东"NEW BALANCE INTERNATIONAL LIMITED"是新平衡公司"NEW BALANCE INC.（US）"的全资子公司，并称其是新平衡公司的运动产品在中国的总代理。

一审法院经审理认定被告新百伦公司侵权成立，判决被告停止侵权、赔偿原告人民币 9800 万元等法律责任。新百伦公司不服，提起上诉。第一，关于周某伦因被侵权所遭受的损失问题。由于新百伦公司通过大量的广告宣传和广泛的产品销售的方式使用"新百伦"标识，造成相关公众误以为"新百

---

[1] 参见［2015］粤高法民三终字第 444 号。

伦"标识属新百伦公司所有或者"新百伦"商标与新百伦公司鞋类产品具有密切联系，这种后果在短期内难以消除。但是，对于上述损失的具体数额应如何计算，周某伦没有提供证据予以证明。因此，本案难以将周某伦因被侵权所遭受的经济损失作为确定赔偿数额的依据。第二，关于新百伦公司因侵权所获得利益的问题。在计算侵害商标专用权赔偿数额时，应当注重侵权人的产品利润总额与侵权行为之间的直接因果关系。本案中，虽然周某伦提供了证据证明其涉案注册商标在全国部分地区有实际使用的事实，但没有提供更为充分的证据证明在被诉侵权行为发生之前其"百伦""新百伦"注册商标在相关公众中具有较高的知名度。新平衡公司于1983年4月15日获得国家商标局核准在第54类"鞋"上使用"N""NB"商标，于2003年4月15日获得核准在第25类"鞋"上使用"NEW BALANCE"商标。上述商标经过新平衡公司及其关联公司的长期的、广泛的使用和广告宣传，已经在我国相关公众中具有了较高的知名度。新百伦公司在实际经营过程中，其所销售的鞋类产品本身及包装盒上使用的是新平衡公司上述具有较高知名度的注册商标，并没有使用"新百伦"商标。新百伦公司只是在"天猫""京东商城"专卖店上销售商品时在商品图片下方的文字介绍中使用"新百伦"字样；在实体专卖店销售鞋类产品时在销售小票中使用"新百伦"字样；在官方网站、新浪微博、宣传手册及视频广告中宣传商品时使用"新百伦"字样。而且，上述使用"新百伦"字样时基本上系与"N""NB""New Balance"组合使用。鉴于新百伦公司企业本身的经营规模、市场销售量和较高的企业声誉，尤其是被诉侵权产品上使用了新平衡公司具有较高市场商誉的"N""NB""NEW BALANCE"商标，故消费者购买新百伦公司商品更多地考虑"N""NB""NEW BALANCE"商标较高的声誉及其所蕴含的良好的商品质量，新百伦公司的经营获利并非全部来源于侵害周某伦"百伦""新百伦"的商标，周某伦无权对新百伦公司因其自身商标商誉或者其商品固有的价值而获取的利润进行索赔。周某伦主张以新百伦公司被诉侵权期间的全部产品利润作为计算损害赔偿数额的依据，理由不成立，本院不予支持。但是，侵权人不能因侵权行为而获得非法利益，这是侵害商标专用权赔偿以侵权人因侵权获利作为赔偿依据的合理性之所在。

在本案中，新百伦公司提供的北京名牌资产评估有限公司出具的京名评报字［2015］第3009号《资产评估报告》证明："新百伦"中文标识在评估基准日期间内对新百伦公司的利润贡献率为 0.76%。如果以新百伦公司在 2011 年 1 月 1 日至 2013 年 11 月 30 日净利润为基础,那么"新百伦"中文标识在该期间的利润贡献额为 1 487 907.97 元,如果只考虑对新百伦公司的鞋类产品的贡献额,则数额约为 1 458 149.81 元。在具体确定新百伦公司的赔偿数额时,尤其要考虑新百伦公司的侵权主观因素,新百伦公司在其关联公司新平衡公司对"新百伦"商标提出的异议被国家商标局裁定不成立的情况下,明知或者应知周某伦对"百伦""新百伦"商标享有权利,但其仍在标识及宣传其产品时持续地、广泛地使用"新百伦"字样,无视他人商标权的存在和中国商标法的相关规定,侵权主观故意明显,在确定赔偿数额时应予考虑。除此之外,还应综合考虑下列各种因素:①周某伦因被侵权遭受的经济损失。②新百伦公司侵权标识使用方式。③新百伦公司的侵权规模。新百伦公司开设了大量的实体专卖店或者专柜,其中新百伦公司在一审时已经确认的实体专卖店就多达 800 多家;新百伦公司在京东商城开设了"New Balance 新百伦旗舰店"、在天猫商城开设了"新百伦官方旗舰店"和"New balance 童鞋旗舰店"等网络专卖店,销售规模巨大。④新百伦公司侵权的持续时间。周某伦在一审诉讼中明确计算赔偿损失的期间为 2011 年 7 月至 2014 年 2 月。⑤周某伦为制止侵权行为所支付的合理开支,包括逾 5 万元的公证费用、应支付的律师费 60 万元及为保全侵权证据而公证购买物品的费用等。综合考虑上述各种因素,本院确定新百伦公司赔偿周某伦经济损失及为制止侵权行为所支付的合理开支共计 500 万元,对周某伦超过该数额的赔偿请求部分,本院不予支持。原审判决以新百伦公司被诉侵权期间销售获利总额的 1/2 作为计算赔偿损失的数额,忽略了被诉侵权行为与侵权人产品总体利润之间的直接的因果关系,本院予以纠正。

(2)侵权人曾经宣传其生产和销售规模,但在计算侵权损害赔偿额时又不予认可,侵权人应提交其掌握的侵权规模和侵权获利的证据,能够举证而不举证的,侵权人应当承担举证不能和妨碍举证的后果。ZER 中央服务商贸股份有限公司、中山市欧博尔电器有限公司侵害商标权纠纷案。[1] 在本案中,ZER 公司与欧博尔公司就欧博尔公司获利情况产生争议。欧博尔公司在其网站宣称其月标准产能 15 万台以上,产品销售网络遍布美国、英国、俄罗斯、

---

[1] 参见 [2016] 粤民终 1954 号。

中东、东南亚等海外 30 多个国家和地区，而其主推产品绞肉机"离岸价 15 美元/台~23.5 美元/台"。欧博尔公司还在网站多次宣称其年销售额 500 万美元到 1000 万美元，甚至年产量超过 500 万台，年销售额达到过 5000 万到 1 亿美元。ZER 公司也举证证明了厨电行业利润率高的事实。据此推算，欧博尔公司的获利明显超过 100 万元。欧博尔公司辩称其网站内容不实，却未提交证据予以证明。而欧博尔公司产品的产销情况，包括其生产销售产品的类别、数量、价格、生产销售方式等，欧博尔公司是有能力举证证明的。欧博尔公司不仅不予证明，还对 ZER 公司调取欧博尔公司相关财务资料的请求，当庭予以拒绝，自己放弃了举证权利，应当承担举证不能和举证妨碍的后果。法院认为，鉴于欧博尔公司因侵权和不正当竞争行为获利及给 ZER 公司带来的因本案诉讼而支出的合理费用已经明显超过 100 万元，ZER 公司要求欧博尔公司赔偿 100 万元可视为其对自己民事权利的处分，本院对 ZER 公司的赔偿请求予以全额支持。ZER 公司提出一审判赔数额显失公平的上诉理由成立。

综合分析我国法律规定以及司法实践，借鉴国外相关立法经验和判例，对商标侵权损害赔偿数额的认定，应当注意以下几个方面：第一，侵犯商标权承担民事责任的归责原则不同。根据相关法律和司法解释，侵害商标权应当承担停止侵害、排除妨碍、消除危险、赔偿损失、消除影响等民事责任。停止侵权、消除影响、排除妨碍的责任，不以侵权人主观过错为要件，只要侵权成立，就应当停止侵权、消除影响，避免给权利人造成的侵害进一步扩大。补偿性赔偿同样不以侵权人主观过错为要件，惩罚性赔偿必须具备主观过错。第二，赔偿数额由权利人按照法律规定的顺序选择。顺序如下：权利人因被侵权所受到的实际损失，侵权人因侵权所获得的利益，商标许可使用费的合理倍数，法定赔偿。对于权利人因侵权造成的损失，由于因果关系难以证明，权利人通常选择以侵权人获利来确定赔偿数额。第三，侵权人获利的举证责任。一般而言，侵权人掌握其侵权获利的证据，在侵权成立的前提下，权利人可以请求人民法院向侵权人调取证据，人民法院可以要求其披露相关证据，拒绝提交证据材料的，应当承担不利后果。为防止侵权人提交虚假证据材料，权利人应当提交初步证据证明其获利的规模，当两者明显不符时，应当优先采信、综合认定权利人提交的证据。第四，赔偿数额的确定。人民法院确定赔偿数额时，应当考虑侵权人的主观过错对侵权行为的影响、侵犯商标权方式对消费者造成混淆的影响、侵权行为的期间、侵权行为与侵权人获利之间的因果关系、侵权行为对商标商誉的影响、侵权行为的渠道等，进行综合判定。

本节案例中，二审法院认定侵权行为仅仅是侵犯注册商标专用权，因此计算侵权的时间应当从注册商标核准之日起算，如果核准之日至起诉日期超过 2 年的，以 2 年时间为准。在侵权方式上，常州沛德公司将自己的注册商标在商品上显著位置使用，讼争商标仅仅是作为商品型号使用，且商品上还标注了公司名称、电话、地址等信息，不具有将讼争商标作为区别来源标识使用的故意。在侵权规模上，常州沛德公司通过网络平台、展会等形式推广和销售涉案商品，且自认销售规模和利润，可以作为法院认定侵权规模的依据。

第六节　驰名商标保护
—— [2016] 粤民终 1954 号

一、法律要点

驰名商标是指在中国为相关公众所熟知的商标，驰名商标制度是为了奖励积极维护商品声誉的商标权人，制止侵权和不正当竞争。为防止驰名商标制度的异化和驰名商标的泛滥，驰名商标的认定遵循被动认定、按需认定、个案认定的原则。商标是否驰名是一种事实状态，曾经被认定为驰名商标的，不代表永远驰名，当事人需要提供证据予以证明，由有权机关根据法律规定进行认定。在其他法律条款已经足够保护商标权人利益的情况下，不需要对商标是否驰名进行认定。

商标淡化理论是对商标混淆理论的补充，所谓淡化是指对于他人的驰名商标的商业性使用，降低了该驰名商标指示和区别有关商品或服务的能力，或污化使用不当损害驰名商标的商誉。反淡化的保护对象是全国驰名商标，反淡化保护的标准是"淡化的可能性"，不需要商标持有人证明淡化已经真实发生，对商标权人的救济包括禁令救济，不管商标权人是否有损失，均可以提起停止侵权的诉讼请求。

二、案情介绍

1999年8月7日,案外人百可(英国)有限公司经国家工商行政管理总局商标局核准在第7类商品注册了第1301945号BEKO商标,核定使用商品为机械加工装置、磨床、打蜡用电动机械设备等。2011年7月27日国家工商行政管理总局商标局出具《核准商标转让证明》,核准上述商标被转让给ZER中央服务商贸股份有限公司(以下简称ZER公司)。

1999年10月14日,百可(英国)有限公司经国家工商行政管理总局商标局核准在第9类商品注册了第1323880号BEKO商标,核定使用商品为电子仪器及仪表、电子行业用电子元器件、科学仪器、测量仪器等。2011年7月27日国家工商行政管理总局商标局出具《核准商标转让证明》,核准上述商标被转让给ZER公司。

2000年2月7日,百可(英国)有限公司经国家工商行政管理总局商标局核准在第11类商品注册了第1361801号BEKO商标,核定使用商品为加热装置、烤肉架、水暖设备、干燥设备、衣服烘干装置等。2011年7月27日国家工商行政管理总局商标局出具《核准商标转让证明》,核准上述商标被转让给ZER公司。

2013年5月7日,ZER公司经国家工商行政管理总局商标局核准在第11类商品注册了第7022261号BEKO商标(指定颜色),核定使用商品为烘烤器具(烹调器具)、吹干设备和装置等。该商标有效期至2023年5月6日。

2013年5月7日,ZER公司经国家工商行政管理总局商标局核准在第11类商品注册了第7022524号BEKO商标,核定使用商品为照明器、加热和蒸煮设备、电炉、烹调用炉、空气调节装置、冷却装置、冷冻机、水软化设备和装置等。该商标有效期至2023年5月6日。

2012年9月11日,北京市长安公证处出具第16991号公证书载明,申请人上海雷曼(北京)律师事务所于2013年9月10日向该公证处申请网页资料保全公证。

2013年12月9日,北京市长安公证处出具第25160号公证书载明,申请人上海雷曼(北京)律师事务所于2013年12月4日向该公证处申请网页资料保全公证。

中山市欧博尔电器有限公司(简称欧博尔公司)对上述公证书的真实性

没有异议，承认其注册了 www.obeko.cn 和 www.o-beko.com 两个域名，但是抗辩其注册时间均早于 ZER 公司获得商标权的时间，并且其中域名 www.obeko.cn 在 BEKO 前面加了一个 O，构成显著区别。

ZER 公司为证明 BEKO 商标是驰名商标分别提交了：2007 年～2012 年 BEKO 品牌与国内各大经销商、销售商的推广销售合同、销售发票、BEKO 品牌的部分户外广告样本、广告合同、报纸媒体宣传资料、2007 年～2012 年 BEKO 品牌的年度审计报告以及 BEKO 品牌的获奖荣誉证书等证据拟证明 BEKO 商标在中国持续广泛的使用和宣传，具有较高的知名度。

ZER 公司为证明其为制止侵权行为支出的合理费用，提交了公证费、翻译费以及 ZER 公司代理人差旅费等维权费用总计人民币 18 421 元。

另查明，欧博尔公司系于 2010 年 6 月 7 日成立的有限责任公司，注册资本 50 万元，经营范围为：生产销售家用电器、五金配件、塑料制品、模具、电子产品等。

2014 年 3 月 28 日，ZER 公司向一审法院起诉请求：（1）判定欧博尔公司侵犯 ZER 公司第 1301945、1323880、1361801、7022261、7022524 号 BEKO 注册商标专用权；（2）判令欧博尔公司注销域名 o-beko.com 和 obeko.cn；（3）判令欧博尔公司立即停止商标侵权及不正当竞争行为，包括但不限于：判令欧博尔公司停止在其公司名称、域名、网站、办公场所、产品及宣传材料、展销会以及其他商业活动中使用 BEKO 或与之相似的商标；（4）判令欧博尔公司赔偿 ZER 公司合理费用支出及损失额共计 100 万人民币；（5）本案诉讼费由欧博尔公司承担。

一审法院认为，本案系商标权侵权纠纷，本案纠纷涉及三个问题：（1）案涉的 BEKO 商标是否为驰名商标；（2）欧博尔公司的行为是否侵害 ZER 公司的商标专用权；（3）欧博尔公司的行为是否对 ZER 公司构成不正当竞争。

关于 ZER 公司案涉及 BEKO 商标是否为驰名商标的问题。在本案中，ZER 公司主张案涉 BEKO 商标为驰名商标，根据《商标法》第 14 条及《最高人民法院关于审理涉及驰名商标保护的民事纠纷案件应用法律若干问题的解释》第 5 条、第 7 条、第 8 条的相关规定，欧博尔公司对涉案"BEKO"商标是驰名商标的事实提出异议，而 ZER 公司对于使用该商标的市场份额、销售领域、利税、宣传或者促销活动的方式、持续时间、程度、资金投入和地域范围、市场声誉等应承担举证责任。根据 ZER 公司所提交的证据，其 2008 年～

2012年的审计报告显示ZER公司的主营业务收入连续5年发生亏损,其中2008年审计报告的保留意见段载明"……主要生产线实际产量显著低于正常生产能力。"另外ZER公司提交的销售合同和西欧市场排名等证据不能证明其在中国的市场份额以及在相关公众中享有较高的声誉和市场知名度。故ZER公司主张案涉"BEKO"商标为驰名商标依据不足,一审法院不予支持。

关于欧博尔公司的被控侵权行为是否侵害ZER公司注册商标专用权的问题。ZER公司是BEKO注册商标的专用权人,案涉的5个商标均处于有效保护期内,依法应当受法律保护。鉴于欧博尔公司对ZER公司提交的上述公证书的真实性没有异议,亦承认其注册了www.obeko.cn和www.o-beko.com两个域名,故一审法院对欧博尔公司注册了涉案域名以及在企业英文名称和产品上使用O-beko和标识的行为予以确认。对是否对商标造成侵权的判定,首先是对比被控侵权商品使用标识与注册商标之间是否相同或近似,从而判定是否造成相关公众的混淆。根据《最高人民法院关于审理商标民事纠纷案件适用法律若干问题的解释》第9条,在本案中,欧博尔公司分别于2010年7月12日和2010年8月2日注册了域名www.obeko.cn和www.o-beko.com,域名的主要部分obeko和o-beko均包含ZER公司注册商标BEKO,视觉上并无明显差异,容易使相关公众产生误认和混淆,其与ZER公司的注册商标BEKO构成了近似。欧博尔公司在其产品绞肉机上面使用的标识,起到商标示作用,与原告公司注册商标同在第7类、第11类商品或近似商品上使用,商标标识与注册商标"BEKO"亦构成近似。根据《中华人民共和国商标法》(2001年修正)第52条之规定:"有下列行为之一的,均属侵犯注册商标专用权:(一)未经商标注册人的许可,在同一种商品或者类似商品上使用与其注册商标相同或者近似的商标的;……(五)给他人的注册商标专用权造成其他损害的。"《最高人民法院关于审理商标民事纠纷案件适用法律若干问题的解释》第1条规定:"下列行为属于商标法第五十二条第(五)项规定的给他人注册商标专用权造成其他损害的行为:……(三)将他人注册商标相同或者近似的文字注册为域名,并且通过该域名进行相关商品交易的电子商务,容易使相关公众产生误认的。"故本案中,未经ZER公司的许可,欧博尔公司注册域名www.obeko.cn和www.o-beko.com并且通过该域名进行相关商品交易的电子商务的行为侵害了ZER公司的商标专用权。其在相同或类似的商品上使用与ZER公司注册商标"BEKO"近似的商标标识的行为侵犯了ZER

公司第1301945号、第1361801号注册商标专用权。

另外，欧博尔公司的企业字号是中文的欧博尔，其用英文描述的企业名称为"Zhongshan City O-beko Electrical Appliances Co，Ltd."，其中O-beko作为英文企业字号并未在其产品上突出使用，因此，并不构成《最高人民法院关于审理商标民事纠纷案件适用法律若干问题的解释》第1条第（一）项将与他人注册商标相同或者相近似的文字作为企业的字号在相同或者类似商品上突出使用，容易使相关公众产生误认之情形，故对ZER公司要求欧博尔公司停止在其公司名称中使用BEKO或与之相似的商标的诉讼请求一审法院不予支持。

对于欧博尔公司在其企业英文名称中使用O-beko是否对ZER公司构成不正当竞争的问题。根据《中华人民共和国反不正当竞争法》第2条之规定，经营者在市场交易中，应当遵循自愿、平等、公平、诚实信用的原则，遵守公认的商业道德。判断欧博尔公司的被控侵权行为是否构成不正当竞争应当考虑以下因素：（1）欧博尔公司主观上是否具有攀附ZER公司商誉、搭便车的故意；（2）欧博尔公司在其企业英文名称中使用O-beko客观上是否会造成消费者混淆。本案中，欧博尔公司的企业字号是中文的欧博尔，其用英文描述的企业名称为"Zhongshan City O-beko Electrical Appliances Co，Ltd."，虽其使用了O-beko作为英文字号，但根据ZER公司提供的欧博尔公司网站的相关公证书显示，欧博尔公司在其公司网页上明确标示其公司名称是中山市欧博尔电器有限公司，而ZER公司在中国成立的公司对应的企业字号是倍科，一审法院认为，欧博尔公司虽然使用了O-beko作为英文字号，但不足以使相关公众对产品的来源产生误认和混淆。且ZER公司提供的现有证据无法证明其BEKO品牌在相关公众中享有较高的声誉和市场知名度，即无法证明欧博尔公司主观上有攀附ZER公司商誉、搭便车的意图。故ZER公司主张欧博尔公司在其公司的英文名称中使用O-beko的行为构成不正当竞争缺乏理由及依据，一审法院不予支持。

综上所述，一审法院判决：（1）欧博尔公司于判决发生法律效力之日起，立即停止使用含有"obeko""o-beko"字样的域名；（2）欧博尔公司于判决发生法律效力之日起，立即停止侵害ZER公司第1301945号、第1361801号注册商标的行为，即欧博尔公司立即停止在其网站和产品上使用涉案标识；（3）欧博尔公司于判决生效之日起10日内，赔偿ZER公司经济损失100 000

元；驳回 ZER 公司的其他诉讼请求。一审案件受理费 13 900 元，由 ZER 公司负担 11 610 元，欧博尔公司负担 1390 元。

原被告均不服一审判决，提起上诉。

ZER 公司上诉请求：（1）变更一审判决第 2 项内容为欧博尔公司立即停止在其网站及产品上使用 O-BEKO、OBEKO 标识；（2）变更一审判决第 3 项内容为判决欧博尔公司赔偿 ZER 公司经济损失 100 万元人民币；（3）由欧博尔公司承担一审、二审全部案件受理费。事实和理由：（1）一审认定 ZER 公司提供的证据不足以证明"BEKO"商标为驰名商标的事实错误。企业的亏损原因是多方面的，主营业收入低与商标是否知名没有必然的联系。本案商标是否驰名，要综合所有相关证据综合判定。ZER 公司提交的证据足以证明，BEKO 品牌经由多年来在中国超过十个省份和城市进行持续地宣传，宣传形式广泛，在相关公众中建立了很高的知名度，属于驰名商标。（2）一审判决漏审欧博尔公司在网站上使用 O-BEKO、OBEKO 标识的行为，应认定其构成商标侵权。（3）一审判决认定欧博尔公司在英文企业名称中使用 O-BEKO 未构成不正当竞争，属于认定事实错误。欧博尔公司在英文企业名称中使用 O-BEKO，客观上易使消费者将其与 ZER 公司 BEKO 产品的来源产生双方之间为关系企业或存在许可关系的误认，欧博尔公司主观上有攀附 ZER 公司商标商誉的故意。（4）一审判赔数额为 10 万元显失公平。ZER 公司一、二审律师费、公证费、翻译费、代理人差旅费共计 840 227.48 元。根据欧博尔公司在网站自称"月标准产能 15 万台"及其大功率绞肉机的销售价格和公司成立至第一次庭审的时间，其销售收入过亿，其获利远远超过 10 万元。

欧博尔公司上诉请求：撤销一审判决，改判驳回 ZER 公司的诉讼请求，判决 ZER 公司承担本案诉讼费用。事实与理由：欧博尔公司没有侵害 ZER 公司本案商标权。欧博尔公司纯属贴牌企业，没有用 OBEKO 销售过产品，并未使用本案商标。OBEKO 与 BEKO 首字母发音及字形明显不同，相应音译分别为倍科和欧博尔，不是近似商标。欧博尔公司使用 OBEKO 商标和域名均早于 ZER 公司获得本案商标权时间，没有与 ZER 公司发生混淆。欧博尔公司有权使用自己合法注册的域名。

ZER 公司辩称：欧博尔公司主张其为贴牌企业，但未提交任何证据证明其主张。OBEKO、O-BEKO 与 BEKO 商标无论是字母构成，还是发音均高度近似，构成近似商标。欧博尔公司使用 OBEKO 商标晚于第 1301945 号和

1361801号商标注册时间。欧博尔的对应音译为"ouboer"，OBEKO按常规发音应为"欧倍科"，两者无相似性，欧博尔是有意摹仿ZER公司商标。欧博尔公司的侵权行为是持续的。ZER公司受让关联公司的商标权，应该承继其权利。一审判赔数额仅是ZER公司维权开支的十分之一。请求驳回欧博尔公司的上诉。

本院二审期间，ZER公司为支持其诉讼主张，向本院提交以下三份证据：证据1为欧博尔公司名下商标列表情况，内容为欧博尔公司申请了"OBREKO"及"欧贝科"商标，用以证明欧博尔公司申请与ZER公司商标和中国企业字号近似的商标，具有侵权的恶意；证据2为国家工商行政管理总局商标评审委员会第14496831号"BREKO"和第11562161号"OBREKO"商标无效宣告请求裁定书，内容为该两商标已被宣告无效，用以证明欧博尔公司对该两商标自始不享有商标专用权；证据3为ZER公司一审补充及二审诉讼差旅费用15 065.48元，用以证明一审判赔数额过低。

欧博尔公司质证确认三份证据的真实性，认为证据1中"欧贝科"商标已经获得授权，ZER公司并未提起无效，该两中文商标与本案无关；证据2已经被提起行政诉讼，尚未生效；证据3中一审费用是因为ZER公司反复超期举证导致多次开庭产生的费用，应由其自行承担。鉴于当事人双方对于前述证据的真实性、合法性均未提出异议，本院确认前述证据的真实性、合法性。对于其关联性和证明力，本院认证如下：证据1、2所涉商标虽非本案被诉侵权标识，但关系到商标近似性比对的问题，与本案存在关联性，本院予以采信为认定本案相关事实的依据；证据3系ZER公司代理人为本案所支出的差旅费用，欧博尔公司对其性质和数额均未提出异议，该开支在合理范畴，本院采信为定案依据。

二审法院另查明：

（一）权利主体及权利主张相关情况

ZER公司原名为BEKOTICARETANONIMSIRKETI（简称BEKOTICARETA. S.）。2000年12月22日，其许可土耳其公司阿奇立克公司（ArcelikA.S.）使用其在土耳其注册的BEKO商标，阿奇立克公司有权在自己直接生产或通过第三方所生产或其所推广的商品上使用BEKO商标，也可将BEKO商标使用权授予给阿奇立克公司拥有至少20%股份的子公司或至少拥有相同份额的任何第三方。1999年12月2日，常州倍科电器有限公司（以下简称常州倍科公司）成立。2001年12月21日，阿奇立克公司在荷兰设立独资公司阿达奇公司（ArdutchB.V.）。2006年2月16日，阿达奇公司在上海独资设立倍科贸易（上海）有限公司（以下简称上海倍科公司）。

阿达奇公司成为常州倍科公司独资股东后，2009年~2014年，常州倍科公司与国美电器有限公司签订BEKO冰箱销售合同，与福州天度建设工程有限公司、广州市科桦贸易有限公司、杭州昊泽环境设备有限公司、盛田电器销售服务有限公司、汕头市雅兰格家居有限公司、深圳市金星宇实业有限公司、沈阳比斯特电子有限公司、台州市欣利电器有限公司、温州森能科技有限公司、重庆瑜璟商贸有限公司等签订BEKO家用电器销售合同，约定相应BEKO品牌产品的销售事宜。在每份销售合同中，均有条款注明常州倍科公司是ARCELIK A.S.所制造的并贴以ARCELIK和其关联企业所拥有的不同品牌的产品的销售商。2010年12月9日，常州倍科公司与上海美景广告传播有限公司签订《协议书》和《补充协议》，约定后者在2011年的新娱乐频道《相约星期六》栏目中推广BEKO品牌电器，合同金额985 360元。ZER公司提交的常州倍科公司《审计报告》载明，2009年常州倍科公司展览及广告费5 840 641.53元，促销费11 042 898.75元，2010年广告费3 521 848元，2011年销售费用62 928 822.02元，2012年销售费用82 077 548.37元。常州倍科公司和上海倍科公司经营的BEKO品牌产品从2009年~2012年及2013年1~9月的销售数量分别为：23 743、95 080、124 474、205 178、110 345，营收分别为人民币40 552 519元、111 253 928元、161 546 285元、254 882 585元、142 582 745元。

ZER公司为进一步举证证明BEKO商标的宣传推广情况，在一审中提交了2007年~2014年国内电器销售商、经销商的BEKO品牌推广与销售合同，2007年~2012年部分BEKO产品销售发票，以及各类获奖证书。用以证明BEKO品牌通过在全国各大城市具有较高知名度的电器卖场进行销售，通过车身广告、建筑物外墙灯箱广告、高速路旁立柱广告牌、报纸广告、杂志广告、网络平台广告等时间长、范围广、形式多样的宣传和促销活动，在全国范围内获得高知名度和良好市场声誉，应认定为驰名商标。欧博尔公司质证认为ZER公司提交的上述证据均为复印件，对其真实性均不予认可。

ZER公司提交的常州倍科公司2008年《审计报告》载明常州倍科公司累计亏损132 149 704.26元，"主要生产线实际产量显著低于正常生产能力。"审计报告显示，2007年~2012年常州倍科公司的主营业务收入分别为：141 684 414.5元、107 559 792.94元、111 296 070.78元、256 509 512.68元、309 398 500.06元、439 944 016.61元，主营业务成本分别为：137 119 807.78元、112 849 306.69元、108 740 036.97元、242 281 947.3元、267 440 607.3元、392 618 931.21元。常州倍科公司2007年~2012年亏损总额分别为25 973 687.48元、26 046 087.91元、43 479 525.18元、47 947 034.17元、45 401 865.3元、65 392 111元。

2012年9月28日，欧博尔公司申请第11562161号"◎BREKO"商标注册，2014年3月7日被核准，指定使用在第7类厨房用电动机器等商品上。2016年11月30日，该商标被国家工商行政管理总局商标评审委员会以其与ZER公司第1301945号"BEKO"商标等近似，容易造成混淆误认为由，宣告无效。2014年4月30日，欧博尔公司申请第14496831号"BREKO"商标注册，2015年6月14日被核准，指定使用在第11类电热水瓶、面包炉等商品上。2016年7月15日，该商标被国家工商行政管理总局商标评审委员会以其与ZER公司第1361801号"BEKO"商标、第7022261号"BEKO及图"商标、第7022524号"BEKO及图"商标近似，容易造成混淆误认为由，宣告无效。

（二）被诉侵权标识使用情况

[2012]京长安内经证字第16991号《公证书》附件第8~9页、第17页有欧博尔公司办公楼照片，办公楼顶部右侧有涉案标志。[2012]京长安内经证字第16992号《公证书》附件第4~5页、第9~10页、第13~14页绞肉机产品介绍中明确品牌名称为"O-BEKO"；附件第26页"热卖款豆芽机-绿色-220V"、第35~36页豆芽机照片、第38页名称为"李先生O-BEKO豆芽机-绿色-220V""O-BEKO豆芽机-绿色-210V""O-BEKO豆芽机-绿色-220V""李先生O-BEKO豆芽机-绿色-220V-12W""O-BEKO豆芽机-220-240V""O-BEKO豆芽机-绿色-110V"产品介绍中使用了"O-BEKO"作为豆芽机产品的品牌名称。[2013]京长安内经证字第25160号《公证书》附件第65~66页、第68~69页、第71~72页、第74~75页名称为"光波炉配件"的产品介绍中使用了"Obeko"作为产品的品牌名称；第150~151页、第170页有欧博尔公司办公楼照片，办公楼顶部右侧有涉案标志。欧博尔公司产品宣传册醒目位置和所载办公楼照片顶部右侧均有涉案标志。

[2013]京长安内经证字第25160号《公证书》附件第11页,在醒目的"标志下分行列有欧博尔公司的中英文名称,第39页、第40页、第54页、第55页"光波炉A-301A"产品图片上标记有"O-beko Electrical Appliances Co.,Ltd.";第59~60页"光波炉A-302C"产品图片上均标记有"O-beko Electrical Appliances Co,Ltd.";第155页、157页、159页、第161页、第164页、166页、168页、171页产品介绍上方标注"Zhongshan City O-beko Electrical Appliances Co,Ltd."[2012]京长安内经证字第16992号《公证书》附件第40页、第52页、第69页、第89页产品介绍上方标注"Zhongshan City O-beko Electrical Appliances Co,Ltd."。

(三)有关赔偿请求的相关事实

[2012]京长安内经证字第16991号《公证书》附件第3页、第4页称:欧博尔公司"月标准产能15万台以上……产品销售网络遍布美国、英国、俄罗斯、中东、东南亚等海外三十多个国家和地区。"2012年9月13日《北京商报》发文《厨电50%利润率领跑行业》。2013年6月28日北京市长安公证处出具的[2013]京长安内经证字第25160号《公证书》附件第12页、第149~150页有与前述公证书相同内容文字。[2012]京长安内经证字第16992号《公证书》附件第14页载明欧博尔公司"O-BEKO大功率绞肉机-110V-Rosh,CE,CBAMG-180B-2000W""离岸价15美元/台~23.5美元/台"。[2013]京长安内经证字第12028号《公证书》载明,通过"Google"搜索欧博尔公司的英文企业名称进入其公司网站,欧博尔公司在网站中多次声称其年销售额为500万美元到1000万美元,主要市场为北美、南美、东欧、东南亚、非洲,还有一次称其成立于2007年6月6日,年产量超过500万台,年销售额5000万美元到1亿美元,并称产品出口率91%~100%。

二审中,ZER公司请求本院调取欧博尔公司2010年~2014年审计报告或账簿、利润表、资产负债表、现金流量表、损益表。欧博尔公司当庭表示其无法提供。

二审法院认为,本案为侵害商标权及不正当竞争纠纷。ZER公司在一审中明确指控欧博尔公司的行为构成不正当竞争,且提出了要求欧博尔公司停止不正当竞争行为的诉讼请求,一审法院将本案案由仅仅定性为侵害商标权纠纷不当,本院予以纠正。《最高人民法院关于适用〈中华人民共和国民事诉讼法〉的解释》第323条规定:"第二审人民法院应当围绕当事人的上诉请求进行审理。当事人没有提出请求的，不予审理，但一审判决违反法律禁止性规定，或者损害国家利益、社会公共利益、他人合法权益的除外。"ZER公司在本案一审中以5项商标权主张权利，一审认定欧博尔公司注册、使用的域名以及使用的标识侵害了ZER公司第1301945号和第1361801号商标权，ZER公司上诉没有提出欧博尔公司停止侵害其另三项商标权的请求，是其对自己民事权利的处分，本院对欧博尔公司是否侵害ZER公司另三项商标权不予审理。综合当事人双方的上诉请求、依据的事实和理由，本案二审争议的焦点问题是：（1）应否认定ZER公司本案商标为驰名商标；（2）欧博尔公司是否使用了"O-BEKO""OBEKO"标志并侵害了ZER公司商标权；（3）欧博尔公司使用域名是否侵害ZER公司商标权；（4）欧博尔公司英文企业名称使用英文字号"O-BEKO"是否构成对ZER公司的不正当竞争；（5）一审判赔数额是否合理。

（四）关于应否认定ZER公司本案商标为驰名商标的问题

ZER公司上诉提出本案应认定其主张权利的5项商标为驰名商标，一审未予认定是错误的。本院认为，本案被诉侵权行为发生在2001年修正的《中华人民共和国商标法》（以下称2001年《商标法》）施行期间，应适用行为时的法律。根据2001年《商标法》第14条，以及根据2009年5月1日施行的《最高人民法院关于审理涉及驰名商标保护的民事纠纷案件应用法律若干问题的解释》（法释〔2002〕32号）第1条、第2条、第3条、第5条、第7条、第8条规定，驰名商标是指在中国境内为相关公众广为知晓的商标。人民法院对民事诉讼案件涉及驰名商标的认定，不能只从一个市一个省的区域范围来考量，而必须从全国范围来考量；不能只从案件诉讼双方的商品及商标孰优孰劣来考量，而必须在全国全行业的范围内对其是否广为公众知晓进行考量。对于驰名商标的认定应遵循被动、因需、个案、事实认定原则。人民法院不主动进行驰名商标的司法认定，只有在当事人主张的情况下，才考量驰名商标的司法认定问题。只有以违反《商标法》第13条的规定为由提起的侵犯商标权诉讼、以企业名称与其驰名商标相同或者近似为由提起的侵犯商标权或者不正当竞争诉讼、需要对被告主张原告的注册商标是复制、摹仿或者翻译其在先未注册驰名商标为由抗辩或者反诉的商标侵权诉讼，人民法院根据案件具体情况认为确有必要，才对所涉商标是否为驰名商标作出认定。对于被诉侵犯商标或者不正当竞争行为的成立不以商标驰名为事实依据，被诉侵犯商标权或者不正当竞争行为因不具备法律规定的其他条件而不成立的民事纠纷案件，人民法院对于所涉商标是否驰名不予审查。也就是说，人民法院只在一般的商标侵权或者不侵权抗辩无法保护商标权人利益时，根据当事人的请求，需要跨类进行商标权保护的情况下，才启动驰名商标的司法认定程序。驰名商标的认定只能是个案的，仅作为案件事实和裁判的理由。当事人主张商标驰名的，应当提供使用该商标的商品的市场份额、销售区域、利税等；该商标的持续使用时间；该商标的宣传或者促销活动的方式、持续时间、程度、资金投入和地域范围；该商标曾被作为驰名商标受保护的记录；该商标享有的市场声誉；证明该商标已属驰名的其他事实。商标所涉及的商标使用的时间、范围、方式等，包括其核准注册前持续使用的情形。对于商标使用时间长短、行业排名、市场调查报告、市场价值评估报告、是否曾被认定为著名商标等证据，人民法院应当结合认定商标驰名的其他证据，客观、全面地进行审查。

具体到本案，ZER 公司在本案一、二审中均明确要求认定本案商标为驰名商标，因此，本案商标符合被动认定原则。ZER 公司本案主张权利的 5 项商标分别注册于第 7 类、第 9 类、第 11 类，其中第 1301945 号注册商标核定使用的第 7 类商品包括洗衣机、机械加工装置、制食品用电动机械、厨房用电动机器等；第 1361801 号注册商标核定使用的第 11 类商品包括冰箱、加热装置、烹调器具、炉子、烤箱、微波炉（厨房用具）等；1323880 号注册商标核定使用的第 9 类商品包括电子仪器及仪表等；第 7022261 号注册商标和第 7022524 号注册商标核定使用的第 11 类商包括加热设备、烘烤器具（烹调器具）等。欧博尔公司被诉侵权标识使用状态主要为：（1）在公司网页，包括公司及公司产品介绍页面、网页所示办公楼照片，宣传画册及宣传画册所示办公楼照片上和网页所示绞肉机产品上使用"标志；（2）在介绍绞肉机产品、豆芽机产品时使用"O-beko"作为产品的品牌名称；（3）在"光波炉配件"产品页面中使用了"Obeko"作为产品的品牌名称；（4）将标识"O-beko Electrical Appliances Co, Ltd."标记在光波炉产品图片上；（5）将"Zhongshan City O-beko Electrical Appliances Co, Ltd."一并使用在产品介绍页面；（6）英文企业名称"Zhongshan City O-beko Electrical Appliances Co, Ltd."单独或者与中文企业名称一并使用；（7）欧博尔公司注册并使用域名 www.obek.cn 和 www.o-beko.com 宣传推销欧博尔公司和产品。欧博尔公司经营范围为生产销售家用电器等，其宣传推销的产品亦在家用电器范畴。以上明确具体使用被诉侵权标识的产品绞肉机可归属于厨房用电动机器，豆芽机产品可归属于制食品用电动机械，与第1301945号"BEKO"注册商标核定使用的第7类商品属于相同类别的商品；以上明确具体使用被诉侵权标识的产品光波炉属于加热装置，可归属于第1361801号、第7022261号和第7022524号"BEKO"注册商标核定使用的第11类商品范畴。商标的禁用权范围大于使用权范围。鉴于欧博尔公司使用上述被诉侵权标识介绍的产品均为其经营范围所涉家用电器，尤其厨电产品，应当认为与该4项商标核定使用的商品是相同或者类似商品。本案欧博尔公司被诉侵犯商标或者不正当竞争行为的成立并不以ZER公司商标驰名为事实依据，不符合商标法法律要求的因需认定原则要求。本案ZER公司注册商标已经足以保护其权利，无需对本案商标是否为驰名商标作出认定。ZER公司上诉提出应认定本案商标为驰名商标的上诉理由不成立，本院不予支持。一审法院未对本案是否有必要认定驰名商标进行审查，直接对ZER公司的商标是否具备驰名的事实进行审查不当，本院予以纠正。

　　需要指出的是，商标驰名的事实，不适用民事诉讼证据的自认规则。当事人主张商标驰名的，应当就驰名的事实进行举证。因此，退一步而言，即使ZER公司本案商标需要跨类保护从而需要进行商标驰名与否的审查，也应根据前述规定对于商标驰名的事实进行审查。具体到本案，ZER公司应当提供使用"BEKO"商标的商品的市场份额、销售区域、利税、"BEKO"商标的持续使用时间、"BEKO"商标宣传或者促销活动的方式、持续时间、程度、资金投入和地域范围、"BEKO"商标曾被作为驰名商标受保护的记录、"BEKO"商标享有的市场声誉等证明该商标驰名的事实。但是，本案并无证据证明"BEKO"商标有被认定为驰名商标、知名商标或者著名商标的记录，无"BEKO"商标曾被作为驰名商标受保护的记录，也无使用"BEKO"商标的商品在我国的市场份额、利税、行业排名、市场调查报告、市场价值评估报告的证据。ZER公司提交的证据中相当部分证据包括广告合同、销售合同、纸媒推广合同、发票、获奖证书，均为复印件，欧博尔公司又不予认可。且即使属实，如ZER公司所述，"BEKO"商标在我国十余个省市有宣传记录，其影响力也仅限于局部区域性影响，难以证明BEKO品牌在全国范围内有高知名度和良好市场声誉，应认定为驰名商标。因此，ZER公司在本案中提交的证据尚不足以证明"BEKO"商标为在中国境内的相关公众广为知晓的商标。一审对此结论正确。但是，一审以 ZER 公司所提交的常州倍科公司 2008 年~2012 年的审计报告显示常州倍科公司的主营业务收入连续 5 年发生亏损为不予认定 "BEKO" 商标为驰名商标的理由不当。企业亏损原因众多，与使用的商标是否驰名没有必然的联系。虽然驰名商标既承载了商品的知名度，也承载了商品的美誉度，关系到商品的商誉和企业的声誉。一般而言，知名度、美誉度越高的商品，盈利能力越强因而盈利越多。但是企业整体是否最终盈利，与企业的整体管理运营成本、经营策略、产品的性能定价是否适销对路、市场的调整波动等密切相关，与企业是否有驰名商标没有必然的联系。企业整体是亏损还是盈利不是认定驰名商标的必要因素。商标在中国境内为相关公众广为知晓且享有良好的市场声誉才是认定驰名商标的必要事实条件。只有在企业的亏损直接关系到商标的知名度和产品声誉的情况下，才可以作为考量因素。但即使在此种情况下，亏损只是果而非因，不予认定为驰名商标的原因仍然不是企业亏损，而是基于商标的知名度和产品声誉不高的事实。因此，ZER 公司上诉提出一审以企业亏损为由不予认定本案商标为驰名商标的上诉有理，本院予以支持。

（五）关于欧博尔公司是否使用了"O-BEKO""OBEKO"标志并侵害了 ZER 公司商标权的问题

ZER 公司上诉提出一审漏审欧博尔公司在网站上使用"O-BEKO""OBEKO"标识，构成商标侵权的行为，应认定其构成商标侵权。对此，本院认为，首先，ZER 公司关于漏审的部分上诉理由属实。本案一审已经查明欧博尔公司在绞肉机产品和网页的显著位置使用涉案商标的事实并判令欧博尔公司停止在其网站和产品上使用涉案标识，因此，ZER 公司上诉提出一审漏审该标识的理由不全面。欧博尔公司网页所示办公楼照片、宣传画册及宣传画册所示办公楼照片以及产品介绍页面使用了涉案标识，欧博尔公司在网站使用"O-BEKO"作为绞肉机、豆芽机品牌名称，在"光波炉配件"产品页面中使用"Obeko"作为产品品牌名称的事实，一审均未予以查明属实。本案还应认定欧博尔公司存在使用"O-BEKO""OBEKO"标识的行为。其次，根据《最高人民法院关于审理商标民事纠纷案件适用法律若干问题的解释》（法释〔2002〕32 号）第 9 条、第 10 条的规定，"BEKO"并非通用词汇，其固有显著性较强。该商标使用在常州倍科公司和上海倍科公司经营的 "BEKO" 家用电器产品上，先后进入国美电器有限公司及广东、福建、浙江、辽宁、重庆等省、直辖市卖场进行销售，并在娱乐频道栏目等介质获得推广。"BEKO"品牌产品从2009年到2012年的销售数量和营业收入逐年递增，年销量由几万台到20余万台，营业收入由4000余万元到2亿多元。该商标在家用电器尤其洗衣机和冰箱上使用时间较长，有一定使用范围，在相关公众中具有较高知名度。欧博尔公司使用的"O-BEKO""OBEKO"标识与"BEKO"仅存在一字之差，前者仅在后者的基础上简单添加前缀图形或者字母，文字的字形、读音、含义，各要素组合后的整体结构相似，使用在相同或者类似的家用电器商品上，易使相关公众对商品的来源产生误认或者认为其来源与ZER公司注册商标的商品有特定的联系。最后，ZER公司虽然受让第1301945号和第1361801号注册商标日期在欧博尔公司成立之后，但该两"BEKO"商标注册、使用日期在欧博尔公司成立之前。商标持续使用积累的商誉应由被诉侵权行为发生时的商标权人ZER公司享有。欧博尔公司对于前述"O-BEKO"、"OBEKO"标识的使用行为构成对ZER公司该两商标权的侵害。此外，2001年《商标法》第9条规定，申请注册的商标，不得与他人在先取得的合法权利相冲突。保护合法的在先权利是知识产权法律的重要原则。商标注册人申请商标注册前，他人已经在同一种商品或者类似商品上先于商标注册人使用与注册商标相同或者近似并有一定影响的商标的，注册商标专用权人无权禁止该使用人在原使用范围内继续使用该商标。欧博尔公司称其使用"OBEKO"商标的时间早于ZER公司获得本案商标权的事实，并无证据证明。本案证据证明欧博尔公司的成立时间在ZER公司受让"BEKO"商标之前，但欧博尔公司未提交任何证据证明在2011年7月27日ZER公司受让"BEKO"商标之前，欧博尔公司已经在同一种商品或者类似商品上使用了"OBEKO"商标，更无证据证明此前"OBEKO"商标已有一定影响。因此，ZER公司提出欧博尔公司使用了"O-BEKO""OBEKO"标识并侵害了ZER公司第1301945号和第1361801号注册商标专用权的上诉理由成立，本院予以支持。欧博尔公司提出其未侵害ZER公司商标权的上诉理由不成立，本院不予支持。

（六）关于欧博尔公司使用域名是否侵害ZER公司商标权的问题

欧博尔公司分别于2010年7月12日和2010年8月2日注册了域名www.obeko.cn和www.o-beko.com，域名的主要部分"obeko"和"o-beko"均包含ZER公司受让的在先注册使用的第1301945号和第1361801号"BEKO"注册商标标识的全部内容。"Obeko"为臆造词，并无固定含义，其与欧博尔公司的音译并不对应。欧博尔公司注册该域名时，与之近似的第1301945号和第1361801号"BEKO"商标在家电类产品上已经注册并使用多年。欧博尔公司并无持有该域名的正当理由，其注册与他人注册、使用在先并有一定知名度的注册商标"BEKO"近似的域名的行为，难谓正当。欧博尔公司在该域名下的网页中大量使用侵害ZER公司第1301945号和第1361801号"BEKO"注册商标专用权的标识"O-BEKO""OBEKO"推销自己和自己经营的相同、类似商品，通过该域名进行相关商品交易的电子商务，这种做法容易使相关公众产生误认。由此认定，其对该域名的使用也难谓善意。欧博尔公司并未举证证明在本案纠纷发生前其所持有的域名已经获得一定的知名度，且能与ZER公司的注册商标相区别。根据《最高人民法院关于审理涉及计算机网络域名民事纠纷案件适用法律若干问题的解释》（法释[2001]24号）第4条、第8条规定，以及《最高人民法院关于审理商标民事纠纷案件适用法律若干问题的解释》（法释[2002]32号）第1条第（三）项规定，本案应当认定欧博尔公司使用的域名侵害了ZER公司第1301945号和第1361801号"BEKO"注册商标专用权。欧博尔公司上诉称其域名未侵害ZER公司商标权的上诉理由不成立，本院不予支持。

（七）关于欧博尔公司英文企业名称使用英文字号"O-BEKO"是否构成对ZER公司的不正当竞争的问题

《最高人民法院关于审理商标民事纠纷案件适用法律若干问题的解释》（法释[2002]32号）第1条第（一）项规定，将与他人注册商标相同或者相近似的文字作为企业的字号在相同或者类似商品上突出使用，容易使相关公众产生误认的，属于《商标法》第52条第（五）项规定的给他人注册商标专用权造成其他损害的行为。经营者实施足以引人误认为是他人商品或者与他人存在特定联系的混淆行为，将他人注册商标作为企业名称中的字号使用，误导公众，构成不正当竞争行为的，依照《中华人民共和国反不正当竞争法》处理。对于企业名称构成何种侵权，一般以是否突出使用为界。企业名称因突出使用而侵犯在先注册商标专用权的，依法按照商标侵权行为处理；企业名称未突出使用但其使用足以产生市场混淆、违反公平竞争的，依法按照不正当竞争处理。

企业名称的登记应当符合法律和行政法规的规定。《企业名称登记管理规定》第 6 条、第 8 条规定，企业只准使用一个名称；企业名称应当使用汉字；企业使用外文名称的，其外文名称应当与中文名称相一致，并报登记主管机关登记注册。企业名称的使用，应当符合诚实信用原则，不得损害他人的合法权利。欧博尔公司英文企业名称的产生和使用，均不符合法律的规定。首先，欧博尔公司并无使用该英文企业名称的依据。欧博尔公司并非外资企业。本案没有证据证明欧博尔公司经登记主管机关登记注册了英文企业名称。欧博尔公司使用英文企业名称"Zhongshan City O-beko Electrical Appliances Co, Ltd."作自我宣传，无合法依据，构成擅自使用。其次，欧博尔公司违反了企业只准使用一个名称的规定。欧博尔公司英文企业名称与其中文企业名称不对应，中英文名称不一致。再次，欧博尔公司没有使用该英文企业名称的正当理由。企业名称是市场识别标志，其核心识别元素是字号。欧博尔公司的英文企业名称中的英文字号"O-beko"与其中文字号"欧博尔"不能对应，但与 ZER 公司本案注册使用在先并在相关公众中具有一定知名度和市场声誉的"BEKO"商标对应。欧博尔公司不能说明其使用该英文字号的正当理由。最后，欧博尔公司对于该未经登记注册的英文企业名称，亦未规范使用。欧博尔公司在网页醒目标志下，将该英文名称与中文名称并用；在光波炉等产品图片上标记"O-beko Electrical Appliances Co, Ltd."，将英文企业名称进行去行政区域简化使用，突出其英文字号"O-beko"；或将其英文企业名称与涉案标识并用介绍产品，强化"O-beko"的品牌属性，已经明显逾越对于企业名称正当善意使用的界限。欧博尔公司使用英文企业名称违背了诚实信用原则，攀附了"BEKO"商标商誉，容易造成相关公众产生该英文企业名称所指示的欧博尔公司和"BEKO"商标权人存在关联关系的混淆误认，搭便车意图明显。欧博尔英文企业名称虽未突出使用，但包含了"O-beko"标识，其使用足以产生市场混淆，违反公平竞争规则，应认定构成不正当竞争。ZER 公司提出欧博尔公司在英文企业名称中使用"O-Beko"标识构成不正当竞争的上诉理由成立，本院予以支持。

（八）关于一审判赔数额是否合理的问题

综上所述，二审法院判决如下：

（1）维持中华人民共和国广东省广州市中级人民法院［2014］穗中法知民初字第 140 号民事判决第一项，即：中山市欧博尔电器有限公司于本判决发生法律效力之日起立即停止使用含有"obeko""o-beko"字样的域名；

(2) 撤销中华人民共和国广东省广州市中级人民法院［2014］穗中法知民初字第140号民事判决"驳回原告其他诉讼请求"判项；

(3) 变更中华人民共和国广东省广州市中级人民法院［2014］穗中法知民初字第140号民事判决第二项为：中山市欧博尔电器有限公司于本判决发生法律效力之日起，立即停止侵害ZER中央服务商贸股份有限公司第1301945号、第1361801号注册商标专用权的行为，立即停止使用"O-BEKO""OBEKO"标识；

(4) 变更中华人民共和国广东省广州市中级人民法院［2014］穗中法知民初字第140号民事判决第三项为：中山市欧博尔电器有限公司于本判决发生法律效力之日起10日内，赔偿ZER中央服务商贸股份有限公司经济损失及合理维权费用1 000 000元；

(5) 驳回ZER中央服务商贸股份有限公司其他诉讼请求。

三、法律条文

《商标法》（2013年）

第十三条　为相关公众所熟知的商标，持有人认为其权利受到侵害时，可以依照本法规定请求驰名商标保护。

就相同或者类似商品申请注册的商标是复制、摹仿或者翻译他人未在中国注册的驰名商标，容易导致混淆的，不予注册并禁止使用。

就不相同或者不相类似商品申请注册的商标是复制、摹仿或者翻译他人已经在中国注册的驰名商标，误导公众，致使该驰名商标注册人的利益可能受到损害的，不予注册并禁止使用。

第十四条　驰名商标应当根据当事人的请求，作为处理涉及商标案件需要认定的事实进行认定。认定驰名商标应当考虑下列因素：

（一）相关公众对该商标的知晓程度；

（二）该商标使用的持续时间；

（三）该商标的任何宣传工作的持续时间、程度和地理范围；

（四）该商标作为驰名商标受保护的记录；

（五）该商标驰名的其他因素。

在商标注册审查、工商行政管理部门查处商标违法案件过程中，当事人依照本法第十三条规定主张权利的，商标局根据审查、处理案件的需要，可以对商标驰名情况作出认定。

在商标争议处理过程中，当事人依照本法第十三条规定主张权利的，商标评审委员会根据处理案件的需要，可以对商标驰名情况作出认定。

在商标民事、行政案件审理过程中，当事人依照本法第十三条规定主张权利的，最高人民法院指定的人民法院根据审理案件的需要，可以对商标驰名情况作出认定。

生产、经营者不得将"驰名商标"字样用于商品、商品包装或者容器上，或者用于广告宣传、展览以及其他商业活动中。

《驰名商标认定和保护规定》（2014年7月3日国家工商行政管理总局令第66号公布）

第二条　驰名商标是在中国为相关公众所熟知的商标。

相关公众包括与使用商标所标示的某类商品或者服务有关的消费者，生产前述商品或者提供服务的其他经营者以及经销渠道中所涉及的销售者和相关人员等。

《最高人民法院关于审理涉及驰名商标保护的民事纠纷案件应用法律若干问题的解释》（2009年）

第二条　在下列民事纠纷案件中，当事人以商标驰名作为事实根据，人民法院根据案件具体情况，认为确有必要的，对所涉商标是否驰名作出认定：

（一）以违反商标法第十三条的规定为由，提起的侵犯商标权诉讼；

（二）以企业名称与其驰名商标相同或者近似为由，提起的侵犯商标权或者不正当竞争诉讼；

（三）符合本解释第六条规定的抗辩或者反诉的诉讼。

第九条第二款　足以使相关公众认为被诉商标与驰名商标具有相当程度的联系，而减弱驰名商标的显著性、贬损驰名商标的市场声誉，或者不正当利用驰名商标的市场声誉的，属于商标法第十三条第二款规定的"误导公众，致使该驰名商标注册人的利益可能受到损害"。

四、法理分析

（一）驰名商标的认定和保护

驰名商标是指经过长期使用，在市场上享有较高声誉，为相关公众所熟知、并经法定程序认定的商标。我国对驰名商标的认定借鉴了相关国际公约的规定,并体现在《商标法》等法律文件中。《保护工业产权巴黎公约》(以下简称《巴黎公约》)首次引入驰名商标的概念,《巴黎公约》第 6 条之二(1)本联盟各国承诺,应依职权(如本国法律允许),或依利害关系人的请求,对商标注册国或使用国主管机关认为在该国已经驰名(well-known marks 或 well-known trademark),属于有权享有本公约利益的人所有,并且用于相同或类似商品的商标构成复制、仿制或翻译,易于产生混淆的商标,拒绝或撤销注册,并禁止使用。这些规定在商标的主要部分构成对上述驰名商标的复制、仿制,易于产生混淆时,也应适用。(2)自注册之日起至少 5 年内,应允许提出取消这种商标的要求,允许提出禁止使用的期限,可由本联盟各成员国规定。(3)对于以不诚实手段取得注册或使用的商标提出取消注册或禁止使用的要求,不应规定时间限制。后来,TRIPS 协议第 16 条扩大了对驰名商标的保护范围:(1)驰名商标的规定也可以适用于服务商标;(2)对于未经过注册的驰名商标,只将保护范围限制在与原商标相同或类似的商品上;对于经过注册的驰名商标,保护范围扩大到了与注册商品或服务不相同或不类似的商品或服务上;(3)对于未经注册的驰名商标,在认定时,以造成混淆为标准(直接混淆),对注册驰名商标,以造成与商标权人错误的联系为标准(间接混淆)。

我国对驰名商标认定遵循"被动认定、纠纷认定、个案认定、需要认定、事实认定、动态认定"原则,对不符合驰名商标认定情形的,有权机关不会对引证商标是否构成驰名商标作出认定。驰名商标的驰名是一种事实状态,表明的是相关公众对该商标的知晓程度。一个商标不因为没有被认可为驰名,就一定不是驰名商标;也不因为曾经被认可为驰名,就永远驰名。我国《商标法》规定的驰名商标的认定和保护,可以概括为以下三种情形。

第一种情形,在商标授权程序、工商行政管理部门行政管理过程中,当事人依照《商标法》第 13 条规定主张权利的,商标局根据审查处理案件的需要,可以对商标驰名情况作出认定。[2016] 京行终 5575 号中,被异议商标系第 6418150 号"星冰乐"商标,申请人为上海名邦橡胶制品有限公司,申请日期为 2007 年 12 月 5 日,指定使用的商品是阴道冲洗器、医疗器械和仪器等。被异议商标经商标局初步审定公告后,星巴克公司提出异议,该案经过复审、行政诉讼一审、二审。商标局、商标评审委员会、北京市第一中级人民法院和北京市高级人民法院均认为,被异议商标指定使用的"医疗器械、仪器"商品与引证的第 1718775 号、第 1718846 号、第 1647360 号、第 1651354 号商标使用的据以知名的"咖啡、可可饮料"等商品在性质上差距甚远，被异议商标的使用不会损害星巴克公司的权利，对星巴克公司请求认定驰名商标的请求不予支持。

第二种情形，在商标无效程序中，当事人依照《商标法》第 13 条规定主张权利的，商标评审委员会根据处理案件的需要，可以对商标驰名情况作出认定。[2017] 京行终 1542 号案中，诉争商标第 1722445 号"美的廷森"商标核定使用在第 11 类煤气灶、电热水器、饮水机等商品上，商标权人为黄某有，核准注册日为 2002 年 2 月 28 日。引证商标一系第 1319382 号"MD 美的及图"商标，1999 年 9 月 28 日核准注册，核定使用在第 11 类电热水瓶、抽油烟机、家用洗衣机、排气风扇、消毒碗柜等商品上。引证商标二系第 1319381 号"MD 美的及图"商标，1999 年 9 月 28 日核准注册，核定使用在第 11 类电饭锅、冰箱、制冷设备和装置、冷藏柜、电风扇、空调器等商品上。引证商标一、二的权利人美的集团股份有限公司于 2013 年 8 月 12 日，针对诉争商标，依据《商标法》第 13 条第 2 款，向商标评审委员会提出撤销（根据 2013 年《商标法》，改为注册商标的无效制度）讼争商标的申请。本案的两个引证商标最终被认定为驰名商标，诉争商标构成对引证商标的复制、摹仿。美的集团股份有限公司无效请求不受 5 年期限的限制。

第三种情形，在商标民事、行政纠纷审理过程中，当事人依照《商标法》第 13 条规定主张权利的，最高人民法院指定的人民法院根据审理案件的需要，可以对商标驰名情况作出认定。如 [2008] 赣民三终字第 8 号案例，江西药都仁和制药有限公司是第 5 类卫生消毒剂商品上注册商标"闪亮"的被许可人，其认为广州市依时美日用化工有限公司在牙膏上使用"闪亮"文字作为商品名称及未注册商标使用，侵犯了其注册商标专用权，向一审人民法院提起侵权诉讼，并请求一审法院认定"闪亮"为驰名商标。《最高人民法院关于审理商标民事纠纷案件适用法律若干问题的解释》（2002 年）第 22 条规定，人民法院在审理商标纠纷案件中，根据当事人的请求和案件的具体情况，可以对涉及的注册商标是否驰名依法作出认定。司法程序认定驰名商标，应当是根据当事人的请求和依据案件的具体情况，判断一个商标是否驰名，通常应当遵守综合判定、个案认定、被动认定的原则。本案中，一审法院、二审法院都把"闪亮"注册商标认定为驰名商标。为了防止司法机关认定驰名商标不受制约，造成驰名商标的泛滥，根据《最高人民法院关于涉及驰名商标认定的民事纠纷案件管辖问题的通知》，涉及驰名商标认定的民事纠纷案件，由省、自治区人民政府所在地的市、计划单列市中级人民法院，以及直辖市辖区内的中级人民法院管辖。其他中级人民法院管辖此类民事纠纷案件，需报经最高人民法院批准；未经批准的中级人民法院不再受理此类案件。

即便当事人提出认定驰名商标的请求，相关机关也不必然对商标是否驰名进行认定。在侵权诉讼中，对于被诉侵犯商标权或者不正当竞争行为的成立不以商标驰名为事实依据，被诉侵犯商标权或者不正当竞争行为因不具备法律规定的其他条件而不成立的民事纠纷案件，人民法院对于所涉商标是否驰名不予审查。根据《商标法》及司法解释的规定，当事人主张商标驰名的，应当提供使用该商标的商品的市场份额、销售区域、利税等；该商标的持续使用时间；该商标的宣传或者促销活动的方式、持续时间、程度、资金投入和地域范围；该商标曾作为驰名商标受保护的记录；该商标享有的市场声誉；证明该商标已属驰名的其他事实。商标所涉及的商标使用的时间、范围、方式等，包括其核准注册前持续使用的情形；对于商标使用时间长短、行业排名、市场调查报告、市场价值评估报告、是否曾被认定为著名商标等证据，人民法院应当结合认定商标驰名的其他证据，客观、全面地进行审查。

本节案例中，一般商标制度已经足够保护 BEKO 商标权人的权益，无需对涉案商标是否驰名进行认定。驰名商标的认定，应当从全国范围进行考量，商标在中国境内为相关公众广为知晓且享有良好的市场声誉才是认定驰名商标的必要事实条件。企业整体亏损或是盈利与商标是否驰名没有必然联系。本案一审法院以 ZER 公司所提交的常州倍科公司 2008 年~2012 年的审计报告亏损为由不予认定驰名商标不具有合理性。

(二) 驰名商标的淡化理论

对商标权的保护，主要有两大理论，一为混淆理论，二为淡化理论。传统的商标保护完全是针对商标的区别功能设计的，其理论依据为混淆理论。即为确保商标所具有的可辨识、区别于不同商品或服务的显著性特征，避免混淆，赋予在先注册人或使用人一定的独占权，即禁止任何人未经权利人许可在相同或类似的商品上使用相同或近似的商标，防止消费者混淆。因此，在传统商标保护观念中，制止"混淆"是商标保护的核心任务。随着社会经济的发展，商品化程度的不断提高，驰名商标所蕴含的商业价值日益为人们所瞩目。与普通商标相比，驰名商标所承载的内涵已经超出了一般的商标权能，更进一步象征着产品质量和企业信用，体现了商标持有人的商业信誉，驰名商标具有引导消费者购买的影响力，而不仅是区分不同的产品和生产者。当商标的作用超出了避免混淆这一功能时，其他一些因素就变得重要了，如防止淡化。

1927 年，美国著名商标法学者谢克特发表"商标保护的理论基础"一文，[1] 提出了商标淡化的思想。他在文章中虽然没有明确使用"淡化"的概念，但是谈到了"标记"弱化的现象，指出在非竞争商品上使用他人的商标会"消减"该商标指示商品来源的能力。谢克特论文对于商标保护的理论和实践产生了深远的影响。与此同时，法院也开始在相关的判决中提炼"商标淡化"的要素，并依据"淡化"理论作出了相应的判决。德国 1995 年修订的《商标法》规定：驰名商标若存在被其他商标淡化或不当利用的可能，则可以不考虑其所用商品或服务是否相同而享受特别的保护。英国、意大利也在商标法中作了类似的规定。TRIPS 第 16 条第 3 项规定，只要驰名商标使用在不类似的商品或服务上会暗示该商品或服务与驰名商标所有人存在某种联系，从而使该商标所有人的利益可能因此而受损，则禁止在与驰名商标所标识的商品、服务不类似的商品或服务上使用。这标志着反淡化保护制度在国际法层面上的正式确立。

商标淡化的基本含义：指无权使用人在不相同或不类似的商品上使用与驰名商标类似或相同的标识，利用驰名商标在市场中良好的商业信誉来推销其商品或服务以谋取利益，使该驰名商标的识别、广告作用发生弱化，从而冲淡了该驰名商标的声誉，导致驰名商标的社会评价降低，给权利人造成经济损失的行为。我国《商标法》（2013 年）第 13 条第 3 款就是关于驰名商标反淡化的保护，这一点在最高人民法院《关于审理涉及驰名商标保护的民事纠纷案件应用法律若干问题的解释》（2009 年）第 9 条第 2 款中已经予以明确。

美国驰名商标反淡化规定及判例。1947 年，马萨诸塞州率先制定了《反

---

[1] Frank Schechter, "The Rational Basis of Trademark Protection", 40 *Harvard Law Review* 813 (1927).

淡化法》，纽约、加利福尼亚等20多个州纷纷效仿。美国联邦商标反淡化法是指《兰哈姆法》第43条第3款，淡化包括通过弱化淡化和通过丑化淡化。弱化是指某一相似商标或商号的使用产生了与他人的驰名商标的某种联系，而这种联系又破坏了驰名商标的显著性，通常表现为跨类使用驰名商标，如在鞋类上使用"杜邦"，在钢琴上使用"别克"。通常情况下，弱化也被直接称之为淡化，淡化是最典型的弱化。丑化是指某一相似商标或商号的使用产生了与他人的驰名商标的某种联系，而这种联系又损害了驰名商标的声誉，通常表现为将他人的商标用于质量低劣的商品或服务上，或者用于非法的或不道德的活动。此外，受到第43条第3款保护的驰名商标，是全国性驰名而非地方性驰名。也就是说，相关的商标作为指示商品或服务来源的标记，只有在获得了美国一般大众消费者的认可后，才可以获得反淡化的保护。获得反淡化法保护的驰名商标，既包括已经获得联邦注册的驰名商标，也包括没有获得联邦注册的驰名商标。根据规定，如果他人作为商标或者商号的使用会发生"淡化的可能性"，则驰名商标的所有人就可以寻求禁令救济。反淡化的禁令救济，是一种单独的对于驰名商标的保护方式。如果能够证明被告是故意利用自己的商誉或者故意淡化相关的驰名商标，则驰名商标所有人还可以获得损害赔偿，包括三倍损害赔偿的法律救济。联邦商标淡化法的发展过程中，"莫斯利"一案[1]发挥了重要的作用。本案的原告是女性内衣公司，拥有"维多利亚秘密"（VICTORIA'S SECRET）的商标，开设了750家商店，销售额在1998年达到了15亿美元。本案的被告是一家夫妻零售商店，取名"维克多的小秘密（Victor's Little Secret），销售成人电影光盘、成人用品和女性内衣。刚开始，被告商店取名"维多利亚秘密"，并做广告销售适合每个女性的内衣、浪漫光碟、成人礼品。一位军官看到被告的广告感到受到伤害，一个很好的商标被用来销售不健康的、俗气的产品，丑化了他和家人一直喜欢的品牌。该军官将广告寄给了原告，原告立即与被告联系，要求被告不得使用"维多利亚秘密"的名称。应原告的要求，被告立即将商店的名称改为了"维克多的小秘密"。原告仍不满意，提起了针对被告的诉讼。原告的商标具有显著性，属于驰名商标，被告使用的"维克多的小秘密"属于近似商标，不会造成消费者混淆的可能性。所以，唯一需要讨论的问题是，被告使用

---

[1] Moseley v. Victoria Secret Catalogue, Ine., 537 US 418 (2003).

"维克多的小秘密"是否丑化或淡化了"维多利亚秘密"的商标。在这个问题上,地方法院作出了有利于原告的判决,第六巡回上诉法院肯定了地方法院的判决而最高法院则推翻了下级法院的判决。最高法院认为:至少,当相关的商标不相同时,仅有消费者在头脑中将在后使用的商标与某一驰名商标联系起来的事实,不足以确立真实的淡化。尽管最高法院在"莫斯利"一案中对于联邦反淡化法的解读完全符合国会通过的法律,但是"莫斯利"一案又在事实上肢解了联邦商标淡化法。因为,在有关的淡化案件中,原告很难证明被告对于相同或近似商标的使用,在"事实上淡化了"原告的商标。正是针对"莫斯利"一案的判决,美国国会很快于 2006 年 10 月修订《商标法》第 43 条第 3 款。根据修正案,淡化构成的标准是可能性,即他人对于驰名商标的使用"有可能造成"对于驰名商标的弱化或丑化。保护的对象是全国性的驰名商标,规定了弱化的定义和丑化的定义,更加明确地规定了不适合淡化的情形,即为了新闻报道、批评、评论和比较性广告的使用等。

我国司法实践的典型案例。贵阳南明老干妈风味食品有限责任公司与贵州永红食品有限公司等侵害商标权纠纷案[2015]京知民初字第 1944 号,北京知识产权法院认为,传统混淆理论在无混淆可能时不可适用。但是,因为驰名商标具有的显著性和良好声誉还蕴含着显著广告效应,越来越多的侵权者并不会直接简单地在自己商品上标注一个与驰名商标类似的商标以混淆消费者,而是把他人驰名商标作为自己产品的系列名称,或者用他人驰名商标来描述自己产品,使得消费者误以为侵权者的产品与驰名商标权人具有某种联系,会产生逐步减弱驰名商标与权利人的唯一对应关系,导致驰名商标标识的显著性减弱的后果。侵权人商标使用行为,根据使用的目的,可以分为识别性使用和广告性使用。在识别性商标使用行为中,被诉侵权人是将权利人的商标当作"识别标识"来使用,目的是使消费者对来源产生混淆,属于混淆式侵权;而在广告性商标使用行为中,被诉侵权人并没有把权利人的驰名商标当作识别标识使用,而是将其用于包装、宣传中,起到广告作用,甚至被诉侵权人在其商品或服务中还标注了自己的商标以表明其正确来源,后果在于淡化驰名商标的显著性,属于淡化式侵权。被告贵州永红公司自 2014 年开始购入贵阳老干妈公司生产的"老干妈"牌豆豉作为调料生产涉案产品。贵州永红公司生产的牛肉棒除了涉案产品中标明的"老干妈味",还有"原味""麻辣""香辣""黑胡椒"等其他产品。被告在涉案产品上标注"老干妈味"字样的行为,试图把涉案商标"老干妈"解释成同"黑胡椒""麻辣味"并列的一种口味描述。而事实上,"老干妈"并不代表现实生活中的一种口味,"老干妈"是原告贵阳老干妈公司的驰名商标,"老干妈"本身所具有的显著性以及其所代表的原告贵阳老干妈公司长期经营使用所产生的商誉,绝不是一种口味的通用名称,被告贵州永红公司的前述对"老干妈"的使用行为,将导致其通用化为一种口味名称,会大大减弱涉案商标的显著性和识别性。法院认为,为了避免涉案驰名商标"老干妈"最后淡化为一种通用的口味描述性词汇,有必要在本案中对该驰名商标作出反淡化保护。

国家工商行政管理总局商标评审委员会与中国中信集团公司商标异议行政纠纷案[2013]高行终字第2020号,被异议商标(中信和拼音组成)由李某溪于2005年3月18日向国家商标局提出注册申请并于2008年1月14日被初步审定公告,其指定使用商品为国际分类第11类商品:浴室装置、淋浴器、盥洗室(抽水马桶)、冲水装置、淋浴用设备、卫生器械和设备。中国中信集团有限公司(简称中信集团)针对该商标向商标局提出商标异议申请。商标局认为被异议商标与中信集团引证在先注册的"中信"商标使用商品或服务未构成类似,裁定对被异议商标予以核准注册。中信集团不服商标局作出的第15976号裁定,于2011年7月27日向商标评审委员会提出异议复审申请。商标评审委员会认为,由于引证商标核定使用的金融服务与被异议商标指定使用的浴室装置等商品在功能、用途、销售渠道、销售场所及消费对象等方面差距甚远,一般公众不致将被异议商标与中信集团相联系而产生混淆或损害其利益。因此,裁定被异议商标在复审商品上予以核准注册。中信集团不服商标评审委员会作出的第4187号裁定,向北京市第一中级人民法院提起诉讼,请求撤销第4187号裁定。一审法院认为,被异议商标的中文部分与上述驰名商标完全相同,且"中信"并不是固有的中文词汇,因此被异议商标属于对上述驰名商标的直接抄袭和复制。李某溪申请注册被异议商标的行为具有借助中信集团驰名商标而牟取不正当利益的故意,具有恶意。被异议商标指定使用的商品包括抽水马桶,该注册行为易造成对中信集团驰名商标声誉的贬损。因此,被异议商标的申请注册违反《商标法》第13条第2款的规定,第4187号裁定中关于被异议商标未违反《商标法》第13条第2款规定的认定有误,应予纠正。北京市第一中级人民法院判决,(1)撤销商标评审委员会作出的第 4178 号裁定；（2）责令商标评审委员会针对中信集团就被异议商标提出的异议复审申请重新作出裁定。商标评审委员会不服原审判决，提起上诉。二审法院认为，中信集团提交的证据足以证明引证商标在被异议商标申请注册前已经达到驰名程度，此时被异议商标使用在与引证商标核定服务不类似的商品上仍然会降低引证商标作为驰名商标的绝对显著性，模糊该驰名商标与其核定服务之间的唯一特定联系，进而弱化驰名商标的区别特征，损害中信集团的利益。因此，被异议商标构成《商标法》第 13 条第 2 款规定的情形。商标的贬损，通常是指在有伤风化或其他损害道德风尚的情况下使用商标，进而对商标造成负面影响或丑化商标。被异议商标指定使用的商品虽然含有"抽水马桶"，但该商品系日常使用的商品，被异议商标使用在该商品上尚不足以对引证商标造成贬损或丑化。原审法院就此所作认定不妥，本院对此予以纠正。

总结我国法律规定和司法实践，借鉴国外的立法经验和判例，对驰名商标淡化的认定要注意以下几个方面：第一，商标淡化理论是对商标混淆理论的补充，前者是防止商标的显著性被淡化，割裂商标与持有人的唯一对应关系，后者是防止消费者对商品或者服务的来源产生混淆，无论是淡化行为或混淆行为，都会损害商标权人的权益。第二，反淡化的保护对象是驰名商标，所谓驰名必须是全国范围内的驰名，并且符合驰名商标认定的条件。第三，反淡化保护的标准是"淡化的可能性"，不需要商标持有人证明淡化已经真实发生，这一点与混淆的判定标准是一致的。第四，淡化包括弱化的淡化和丑化的淡化，所谓弱化的淡化是指割裂商标与商标持有人的联系，降低其显著性，所谓丑化的淡化是指将商标用于有伤风化或其他损害道德风尚的情况，损害商标的声誉。第五，对商标权人的救济包括禁令救济，不管商标权人是否有损失，均可以提起停止侵权的诉讼请求。

第三章 版权法

第一节 作品独创性等问题
——[2013] 沪一中民五(知)终字第 167 号

一、法律要点

独创性是作品获得著作权保护的前提,所谓独创性也是指表达的原创性,是指一部作品是作者独立创作产生的,不是对已有作品的模仿、抄袭。表达的文字、色彩、声音和点线面等要素本身,属于公有领域,作者通过这些要素对主题的个性化的表达,属于著作权保护的范围。我国著作权法对独创性之创作性的要求并不是很高。"有限表达"又称为"思想与表达的合并",不受著作权法保护。

委托作品的著作权归属,双方有约定的按照约定,没有约定的,由受托人享有著作权,委托人在委托的目的范围内,享有免费使用权。表面上看,该项法律规定有利于受托人,事实上不利于著作权的保护和权利的行使。

数个行为人就同一损害对被害人承担全部赔偿责任,是为侵权连带责任。知识产权领域中,著作权、专利权保护的是创造性成果,商标权保护的是工商业标记,从广义上来讲,商标专用权属于《反不正当竞争法》的保护范围,其连带侵权责任的认定要件与前两者也有所区别。著作权、专利权连带侵权责任者需要对创造性成果的使用获取不当利益,商标权连带侵权责任者需要主观上具有过错。

二、案情介绍

2012 年 6 月 18 日,上海市版权局颁发登记号为沪作登字-2012-F-

00011453 的作品登记证书，记载内容为：作品名称为印悦，作品类别为美术作品，著作权人为上海秋某包装实业有限公司（简称秋某公司），制作日期为 2012 年 3 月 28 日。该美术作品以玉兰花和折扇为主题，构图结构以一把展开的折扇为主体，扇面饰以玉兰花、彩蝶、古诗，折扇底部悬挂黄色流苏，作品左下方和右上方搭配以玉兰花图案，右下方呈现"印悦"字样。同日，上海市版权局颁发登记号为沪作登字-2012-F-00011448 的作品登记证书，记载内容为：作品名称为花悦，作品类别为美术作品，著作权人为秋某公司，制作日期为 2012 年 3 月 28 日。该美术作品以花和画眉为主题，构图主体以两团绽放的花为核心，花朵间伫立有画眉，左上方呈现"花悦"字样。

武进九洲喜来登酒店（简称喜来登酒店）系常州九洲某星房地产开发有限公司（简称某星公司）的分公司，九洲某宇大酒店（简称某宇大酒店）系常州九洲某宇商务广场管理有限公司（简称某宇公司）的分公司。2012 年 4 月，喜来登酒店与秋某公司接洽月饼盒设计事宜，双方未订立书面合同。同年 5 月 30 日，喜来登酒店收到秋某公司提供的样盒 1 套，内含花悦、喜悦、印悦各 2 款、醉悦 1 款。2012 年 6 月 11 日喜来登酒店曹某东向秋某公司职工童某霞发送邮件，附件中《常州九洲某星房地产开发有限公司武进九洲喜来登酒店月饼包装盒制作招标书》第 6.2 条记载："中标供应商将支付本次月饼盒设计费及打版费人民币一万五千元整给设计公司"；所附的表格中的备注记载："在中标公司支付设计费后，设计稿公司应向包装盒中标公司转让全套设计稿及软件和与该设计版权有关的一切法律权限"。

2012 年 8 月 23 日，秋某公司向上海市宝山公证处申请对购买相关商品的过程进行保全证据公证，工作人员在位于上海市徐汇区龙漕路 223 号的上海市徐汇区协兴食品便利店（由吴某经营）购买了标示品名为"九洲花悦""九洲印悦""九洲醉悦"的月饼礼盒各 1 盒，当场取得金额为 784 元的电脑打印小票、收款票据各 1 张，其中"九洲花悦""九洲印悦"共计 386 元。公证员对现场进行拍照，在公证处对所购物品进行封存。2012 年 8 月 27 日，上海市宝山公证处就上述公证过程出具［2012］沪宝证经字第 1446 号公证书。秋某公司为此支付公证费 3060 元。

2012 年 9 月 3 日，秋某公司以某星公司、喜来登酒店、某宇大酒店和某宇公司未经许可在印制的月饼包装盒上擅自使用了其享有著作权的美术作品并予以销售，吴某销售了上述月饼，侵害了其相关著作权为由，诉至一审法院，请求法院判令：（1）吴某、某星公司、某宇公司立即停止销售并销毁印制有涉案美术作品的产品；（2）某星公司、某宇公司在《新闻晨报》《常州日报》显著位置刊登声明，消除影响、赔礼道歉；（3）某星公司、某宇公司连带赔偿原告秋某公司经济损失人民币 99 万元（以下币种相同）；（4）某星公司、某宇公司连带赔偿秋某公司为制止侵权的合理开支 34 257 元。

一审中，对［2012］沪宝证经字第 1446 号公证封存的月饼盒进行拆封，将月饼盒包装的图案与涉案美术作品《印悦》《花悦》进行比对，"九洲花悦"月饼盒包装正面的图案与《花悦》一致；"九洲印悦"月饼盒包装正面的图案与《印悦》比对，除《印悦》多出折扇底部的黄色流苏外，其余均一致。月饼盒包装上印制有喜来登酒店、某宇大酒店的字样。

一审法院认为，涉案作品以花卉、动物为主题的图案较为常见，但通过独特的选择，体现出其独特的艺术表达方法，是较高的智力创造成果，故涉案作品具有独创性，属于我国法律规定保护的美术作品。秋某公司和喜来登酒店对于涉案两幅美术作品著作权是转让还是许可使用，未达成一致意见。某星公司和某宇公司未经许可生产、销售涉案月饼，侵害了秋某公司的发行权和复制权。判决停止侵权、赔偿损失和支付合理费用。

某星公司、某宇公司不服一审判决，提起上诉。二审法院认为，原审判决认定事实清楚，适用法律正确，所作判决并无不当，两上诉人的上诉请求及其理由缺乏事实和法律依据，判决：驳回上诉，维持原判。

三、法律条文

《著作权法》（2010 年）

第十条第一款第五项、第六项、第二款

（五）复制权，即以印刷、复印、拓印、录音、录像、翻录、翻拍等方式将作品制作一份或者多份的权利；

（六）发行权，即以出售或者赠与方式向公众提供作品的原件或者复制件的权利；

著作权人可以全部或者部分转让本条第一款第（五）项至第（十七）项规定的权利，并依照约定或者本法有关规定获得报酬。

第四十八条第一款第（一）项　有下列侵权行为的，应当根据情况，承担停止侵害、消除影响、赔礼道歉、赔偿损失等民事责任；同时损害公共利益的，可以由著作权行政管理部门责令停止侵权行为，没收违法所得，没收、销毁侵权复制品，并可处以罚款；情节严重的，著作权行政管理部门还可以没收主要用于制作侵权复制品的材料、工具、设备等；构成犯罪的，依法追究刑事责任：

（一）未经著作权人许可，复制、发行、表演、放映、广播、汇编、通过信息网络向公众传播其作品的，本法另有规定的除外；

第四十九条　侵犯著作权或者与著作权有关的权利的，侵权人应当按照权利人的实际损失给予赔偿；实际损失难以计算的，可以按照侵权人的违法所得给予赔偿。赔偿数额还应当包括权利人为制止侵权行为所支付的合理开支。

权利人的实际损失或者侵权人的违法所得不能确定的，由人民法院根据侵权行为的情节，判决给予五十万元以下的赔偿。

《最高人民法院关于审理著作权民事纠纷案件适用法律若干问题的解释》（2002 年）

第七条　当事人提供的涉及著作权的底稿、原件、合法出版物、著作权登记证书、认证机构出具的证明、取得权利的合同等，可以作为证据。

第二十六条　著作权法第四十八条第一款规定的制止侵权行为所支付的合理开支，包括权利人或者委托代理人对侵权行为进行调查、取证的合理费用。

人民法院根据当事人的诉讼请求和具体案情，可以将符合国家有关部门规定的律师费用计算在赔偿范围内。

《公司法》（2005 年）

第十四条第一款　公司可以设立分公司。设立分公司，应当向公司登记机关申请登记，领取营业执照。分公司不具有法人资格，其民事责任由公司承担。

《侵权责任法》（2009 年）

第八条　二人以上共同实施侵权行为，造成他人损害的，应当承担连带责任。

四、法理分析

（一）作品独创性

著作权法保护的作品，是指文学、艺术和科学领域内具有独创性并能以某种有形形式复制的智力成果。独创性，也称原创性或初创性，是指一部作品是作者独立创作产生的，不是对已有作品的模仿、抄袭。《著作权法》只保护思想的表达，不保护思想。表达是为了将思想传达于外，利用文字、声音、色彩、线条等符号所组成的符号形式。由不同作者就同一题材创作的作品，作品的表达系独立完成并且有创作性的，应当认定作者各自享有独立著作权。独创性与作品的文学、艺术或者科学价值无关，我国《著作权法》也没有对独创性的"高低"要求作出明确规定，只要作品中体现出了作者哪怕是微小的取舍、选择、安排、设计，就应认为具有独创性。

国外独创性标准及案例。在英国，University of London Press 案中，[1]法官认为："著作权法并不要求思想具有独创性，而是要求思想的表达形式具有独创性。著作权法也不要求这种表达必须是原创的或唯一的，但它不能是对另一作品的复制或者抄袭。"在 Interlego 案中，[2]法官认为临摹美术作品并不产生新的作品，尽管作者投入了很高超的技巧，因为它仅仅是对原作的复制，在视觉上也没有任何新的感受。尽管英国的司法实践对判断独创性所要求的技巧、劳动或者判断投入的程度并不高，但是也必须达到一定的标准。在 Cramp v. Smythson 案中，[3]上议院法官提出：如果为进行选择所投入的劳动或技巧是可以忽略的，那么就不产生著作权。人们总是说英国对于独创性的标准要求是低的，但是这起案件告诉人们如果一件作品要受到法律保护，作者必须作出一定量的贡献。

在法国，独创性是指作者个性的反映。独创性最早被最高法院解释为"表现在作者所创作作品上的反映作者个性的标记"。[4]尽管每个案件中法官对独创性的解释所使用的表达方式不同，如"作者个性的烙印""作者个性的反映"等，但这些定义的意义是基本相同的，即独创性源自作者在创作过程中有创造性的选择。在德国，独创性包括的特征必须有产生作品的创造性劳动；作品应体现人的智力，思想或感情内容必须通过作品传达出来；作品应体现创作者的个性，打上作者个性智力的烙印；作品应具有应当的创作高度，它是著作权保护的下限。因此，德国的独创性标准比较高。

美国 1909 年《著作权法》对作品独创性提出了要求，但是并没有对独创

---

[1] University of London Press Ltd v. University Tutorial Press Ltd, [1916] 2 Ch 601, p. 608.
[2] Interlego AG v. International Inc. [1988] R. P. C. 343, PC.
[3] [1944] AC 329, p. 336.
[4] Sterling J. A. L., *World Copyright Law*, London Sweet & Maxwell, 1998, p. 255.

性进行定义。司法实践中，法院于 1903 年在 Bleistein 案中首次对独创性进行了定义：只要一件作品是由作者独立完成的，它就具有独创性。在 Feist 案[1]中，Rural 为美国一公用电话公司，其根据用户提供的电话号码、姓名和地址等资料编制了一份电话目录。Feist 是一家出版公司，其主要业务就是出版电话目录。该公司在未经 Rural 许可的情况下，从 Rural 的资料库里摘录了其所需要的资料并进行出版。为此，Rural 向法院提起诉讼，要求确认 Feist 的行为侵犯了对其电话目录享有的著作权。案件发生后，美国初审和上诉审法院均判定 Feist 的行为构成侵权，但最终美国联邦最高法院否认了 Rural 电话目录的独创性。在该判决中，美国联邦最高法院否定了先前实践中某些法院一直遵循的"额头出汗"原则或"辛勤收集"原则，法官提出了新的独创性的判定标准，即仅仅投入劳动并不能使作品具备独创性，而要求这种投入必须具备少量的创造性。自此，创造性的标准被美国引入了独创性的判定中，使美国在独创性的判断上更接近于大陆法系的标准。

在评价标题、标语等作品的独创性时，美国法学家均认为这类作品不能反映作品的独创性，因而不给予著作权保护；但法国则对反映了作者个性的标题等给予保护。法国不仅要求一定数量的劳动投入，而且必须投入一定质量的智力劳动。在这个问题上，美国与法国的标准相近。在汇编作品独创性的问题上，英国则存在不同的标准，在一定情况下只要求作者投入一定量的日常劳动，在技术领域，如计算机软件，英国和法国均采取了欧洲计算机指令的"智力投入"的标准，美国的困惑则是在判断计算机软件的独创性时，是否应将程序的结构、顺序和组织作为考虑的因素。

我国司法实践的典型案例。（1）合同文本的著作权保护。在广州市番禺交通建设投资有限公司与广州万唯建设工程顾问有限公司著作权侵权纠纷一案 [2012] 穗中法民三终字第 96 号中，一审法院认定万唯公司创作的《2009 建设工程施工合同专用条款研究》具有独创性，整体上体现了万唯公司独立的创作思路、结构编排以及条款内容的修改完善。二审法院认为，该文件发挥的是实用技术功能，是为了解决经济生活中在施工承包方面产生的法律问题，具有一定普适性，这些条款约定的是当事人之间的权利义务，法律表达

---

[1] Paul Goldstein, Copyright, *Patent*, *Trademark and Related State Doctrines*, New York Foundation Press, 1999, p.601.

方式较为有限，且准确而简洁的表达方式尤为有限。如果允许合同文本书写较优的权利义务表达方式享有著作权，则意味着其他人在碰到相同法律问题时不能使用相同的表达方式，这实质是对思想形成垄断，违背《著作权法》的本意，故不受《著作权法》保护。"有限表达"又称为"思想与表达的合并"，是指对于某种思想只有有限的几种表达方式。对于"有限表达"的创作成果，著作权法通行的实践是不给予保护，不仅不保护思想，也不保护表达。

(2) 摄影作品的著作权保护。在汉华易美（天津）图像技术有限公司诉深圳市美迅在线网络技术有限公司侵害作品信息网络传播权纠纷一案 [2017] 粤 0303 民初 9615—9631 号中，原告是图片供应商，被告在微信公众号、微博等网络自媒体上使用原告的摄影作品。随着自媒体的发展和普及，越来越多的公司由于没有版权意识，在自媒体上使用大量的未经许可的照片、文章、音乐等作品，从而陷入版权纠纷。原告诉请保护的涉案照片通过作者独特的视角、光影的选择以及对人物、物品的特别安排，展现了不同的主题及内容，同时也体现了一定艺术美感，具备独创性，属于《著作权法》保护的摄影作品。摄影作品，其独创性体现在画面主题选择和人物表现上，但不局限于画面，更主要的是拍摄照片的人拍摄时对角度的选择，焦距、光圈的设定，快门和曝光的选择等各方面。

本节案例中，《印悦》和《花悦》系美术作品，题材是艺术家常用的花、鸟等。艺术家对于客观世界的表现不能脱离题材，从客观世界到艺术家的感受，从题材的选择到绘画的表现，是一个个不可分割的环节。美术作品的表现要素包括点、线、面的组合，明暗、色彩的分配，其物质性要素包括画布、颜料、媒介等。艺术家正是利用画布、颜料、媒介等物质性材料，通过特定的艺术能力、技巧完成明暗、色彩及点、线、面的组合与分配，从而艺术化地表现自身的情感与思想。涉案作品通过独特表现手法的选择，体现出其独特的艺术表达方法，涉案作品的独创性毋庸置疑。

（二）委托作品的权属

著作权的归属，除《著作权法》另有规定外，由作者享有。如无相反证明，在作品上署名的公民、法人或者其他组织为作者。

委托作品，是指受托人接受委托人的委托，根据委托人的特定要求创作，并主要体现委托人的意志，责任由委托人承担的作品。委托作品是由受托人根据委托合同所创作的，关于委托作品的归属问题，各国的著作权法的规定都是不同的。我国《著作权法》第17条规定,受委托创作的作品,著作权的归属由委托人和受托人通过合同约定。合同未作明确约定或者没有订立合同的,著作权属于受托人。委托作品著作权归属约定不明时,由谁享有原始著作权,存在两种观点,一种是由受托人享有原始著作权(与我国现行法律规定一致),一种是由委托人享有原始著作权。由受托人享有原始著作权存在以下弊端:第一,委托作品一般都是法人或其他经济组织根据自身的需要,为某种商业目的、体现单位意志的作品,委托作品的风险和责任都由委托人承担,委托人不享有著作权有违公平原则。第二,委托人对于作品的利用方式和实现程度受到了不正常的限制,民法中关于肖像权、名誉权以及《反不正当竞争法》等相关法律条款的约束,导致受托人名义上享有权利却无法正常行使的尴尬局面。相比受托人享有这种名义上的权利,还不如将著作权明确归属于委托人。第三,当受到第三人不法侵害时,一方面委托人难以维权,另一方面受托人享有权利却由于未受到不法侵害无法也没有必要行使,造成不法侵害第三人的行为得不到应有的法律制裁。《著作权法》第17条所谓的委托创作制度带来的权利界分,不但造成作品资源的极大浪费,而且人为制造了法律障碍,背离了鼓励创作、保护市场交易的基本原则。我国《著作权法》第17条有必要进行相应的修改,以确定委托作品的著作权归属,这样不仅仅是适应现实的需要,同时也是保护当事人双方利益的需求。

在大陆法系国家的著作权法中,委托作品是不同于雇佣作品或职务作品的另一类作品,适用"创作人为作者原则",受托人原始取得委托作品的著作权,委托人只能通过委托合同继受取得委托作品的著作财产权。在英美法系国家,以美国《版权法》为代表,委托作品变成了雇佣作品,适用"视为作者的原则"。委托作品著作权归属委托人,但对于不能转变为雇佣作品的委托作品,则仍然实行"创作人为作者原则",受托人原始取得委托作品的著作权。多数学者将1903年美国最高法院裁判的Bleistein v. Donaldson Lithographing Co.一案,[1]作为"视为作者原则"首次得到司法承认的里程碑式判例。在该案的判决中,霍姆斯大法官以不容置疑的口吻写道:"如果雇员创造某种东西是为了履行部分职责,那么,他所创造出来的东西就应该属于雇主的财产。"

---

[1] See Bleistein v. Donaldson Lithographing Co., 188 U.S. 239.

对于软件作品著作权归属，行业拒绝接受类似于电影作品著作权归属的妥协性立法安排，坚持享有不受著作人格权限制的完整的著作权。迫于软件行业的压力，法律只得让步。法国1985年《著作权法》规定："除另有约定外，一名或多名雇员为履行职责而创作的软件属于雇主，雇主同时享有（法律）赋予作者的所有权利。"不过，法国立法后来又做了修订，允许软件开发者享有著作财产权，作者仍保留某些著作人格权，以昭示其一以贯之地坚持著作人格权不得转让原则，但同时又剥夺作者的"追悔或收回权"，并限制其"修改权"等其他著作人格权的行使。我国《计算机软件保护条例》第9条则更为干脆，直接规定"软件作品著作权属于软件开发者"。

在龚某与普定县人民政府著作权侵权纠纷案中［2005］黔高民二终字第48号，二审法院认定，龚某与普定县人民政府之间事实上达成了为《普定县志》提供摄影作品的委托创作协议，因本案无证据证明双方对该委托作品权属作有约定，故两幅照片的著作权属受托人龚某所有。由于双方没有约定使用作品范围的，委托人可以在委托创作的特定目的范围内免费使用该作品，因此普定县人民政府使用了受托人龚某享有著作权的两幅照片，虽未向龚某支付报酬，亦不构成侵权。

本节案例中，法院认为，上诉人与秋某公司之间既不存在委托创作关系，也不存在著作权转让关系。其一，秋某公司在订约后，只向喜来登酒店提供过两次月饼盒样品，并未提供过涉案美术作品的相关设计文件，故从秋某公司实际履行合同义务的行为来看，秋某公司无交付涉案美术作品的意思表示。其二，喜来登酒店招标书所附表格备注约定的"设计版权有关的一切法律权限"的转让关系以及关于15 000元的支付关系，存在于"设计公司"与"中标公司"之间，并非存在于喜来登酒店与"设计公司"即秋某公司之间。如秋某公司最终中标，则更不存在所谓的转让关系或支付关系。因此，两上诉人以与喜来登酒店无关的相关约定来主张喜来登酒店与秋某公司之间存在涉案美术作品的转让关系，没有事实依据。因此，二审法院认为，两上诉人的上诉请求及其理由缺乏事实和法律依据，应予驳回。

（三）共同侵权连带责任的认定

侵权连带责任的概念。在侵权责任法上，个人单独对侵权行为负责是一项原则，但在某些特殊情况下，法律也会规定，数个行为人应该就同一损害对被害人承担全部赔偿责任，这种情况在理论上就叫作侵权连带责任。被侵权人可以对连带侵权债务人中的一人或数人或其全体,同时或先后请求全部或部分的损害赔偿。这种规定对被侵权人很有利,其立法宗旨在于保护被侵权人。侵权连带责任的法律依据是《侵权责任法》第13条,该条规定"法律规定承担连带责任的,被侵权人有权请求部分或者全部连带责任人承担责任"。

侵权连带责任的法律后果。从外部责任看,侵权连带责任体现的是各个连带责任人与被侵权人之间的关系,主要是被侵权人对数个连带责任人的请求权问题。各个连带责任人都应当向被侵权人履行债务,被侵权人享有对各连带责任人的请求权。从内部责任看,连带责任人根据各自责任大小,确定相应的赔偿数额。尽管连带责任对外是一个整体责任,但在连带责任人的内部,每个责任人究竟应该分担多少是有责任份额的,依其主观过错程度和行为的原因力不同,对自己的责任份额负责。

侵权连带责任的适用。德国民法和我国台湾地区民法都规定了适用侵权连带责任的三种类型:共同侵权行为人之侵权连带责任、法定代理人与无行为能力人或限制行为能力人之侵权连带责任、雇佣人与受雇人之侵权连带责任。我国与德国的规定有所不同。我国《侵权责任法》《民法通则》《食品安全法》《公司法》和《环境保护法》都规定了连带责任。《侵权责任法》规定了八种需要承担侵权连带责任的情形,主要体现在第8、9、10、11、36、51、74、75、86条。《侵权责任法》第8条规定的是共同加害行为,二人以上共同实施侵权行为造成他人损害的,应当承担连带责任。

美国知识产权侵权连带责任的司法实践。在著作权侵权领域,在1971年的Gersh-win Publishing Corp. v. Columbia Artist Management, Inc. 案中,美国联邦第二巡回法院认为,对于著作权侵权而言,如果当事人有权利和能力监视侵权行为并且对于侵权行为有直接的经济利益的,该当事人对该侵权行为承担连带责任。这一原则的目的是为了防止当著作权人起诉时某些从侵权行为中获利的团体或个人会从不法侵权行为中逃脱责任。美国最高法院认为,商标专用权与著作权、专利权完全不同。从广义上来讲,商标专用权的保护属于反不正当竞争法的范围,它的作用是在于区分不同的产品和服务。如果没有商业存在,商标专用权也不能成为财产权的客体。但是,专利权、著作权是与创造性劳动联系起来的,是一种伴随创造性劳动而产生的财产权。在1982年的因伍德案(Inwood Laboratories, Inc. v. Ives. Laboratories, Inc.)中,美国最高法院认为，如果制造商或分销商有意诱导第三人侵犯商标权或其知道或应当知道第三人正在依据其提供的产品侵犯商标权而继续向第三人提供产品，该制造商或分销商应当对该第三人侵犯商标权的行为承担连带责任。在1984年的索尼案（Sony Corp. Of America v. Universal City Studios, Inc.）中美国最高法院已经明确表明，著作权案件与商标权案件是完全不同的，由于这种差异性，在确定著作权案件的侵权责任时，因伍德案中确立的认定连带责任的规则在著作权侵权案件中并不适用。

我国知识产权侵权连带责任的立法规定司法实践。《最高人民法院关于审理侵害信息网络传播权民事纠纷案件适用法律若干问题的规定》第4条规定，网络服务提供商与他人以分工合作等方式共同提供作品、表演、录音录像作品，构成共同侵权；网络服务提供者仅提供自动接入、自动传输、信息存储空间、搜索、链接、文件分享技术等网络服务，不构成共同侵权。《商标法》第57条规定，"故意为侵犯他人商标专用权行为提供便利条件，帮助他人实施侵犯商标专用权行为的，均属侵犯注册商标专用权。"在新百丽鞋业（深圳）有限公司诉深圳市妮雅丽尔服装批发有限公司、深圳市中添威商贸有限公司、余某芸侵害商标权纠纷［2013］深罗法知民初字第667号一案中，人民法院认为，深圳市妮雅丽尔服装批发有限公司（简称妮雅丽尔公司）作为市场管理者对场内的经营行为已经尽到了合理的管理义务，原告提交的证据不足以证明妮雅丽尔公司故意为被告余某芸的侵权行为提供了便利条件，被告妮雅丽尔公司的行为不构成侵权，不应承担侵权责任。上述案例以及相关法律、司法解释说明，我国知识产权领域侵权连带责任的认定基础和理论与美国相一致，商标共同侵权以主观故意为必要条件，著作权和专利权共同侵权以获利为必要条件，不考察侵权人的主观过错。

本节案例中，涉案月饼包装盒上同时印有某星公司的下属分公司喜来登酒店及某宇公司的下属分公司某宇大酒店的信息，涉案月饼的生产、销售也是为了宣传两家酒店，可以认定两上诉人均为涉案月饼礼盒的生产、销售者。鉴于喜来登酒店、某宇大酒店分别系某星公司、某宇公司下属的分公司，不具有法人资格，其民事责任根据法律规定应由某星公司、某宇公司承担。该案进一步说明，如果行为人通过作品的使用获取不当利益，就应当承担著作权侵权连带责任。

第二节 著作权许可协议根本违约
——[2012]武知民初字第 12 号

一、法律要点

软件采购协议本质上是计算机软件著作权许可协议，许可协议的条款应当与著作权实施特点相对应，对许可实施的版权内容作明确约定。实际履行原则是《合同法》的基本原则，如果允许以支付违约金和赔偿损失来代替实际履行，市场交易秩序就难以维持。一方当事人主张另一方当事人违约行为构成根本违约的，应当对合同目的、违约行为不能实现合同目的、违约方对违约具有预见性进行举证。

二、案情介绍

江苏常发实业集团有限公司（简称常发公司）于 2010 年 11 月 1 日因计算机软件著作权许可使用合同纠纷向常州市武进区人民法院起诉上海优创信息技术有限公司（简称优创公司）。一审法院受理后，被告优创公司提起反诉，经审理一审法院于 2011 年 5 月 24 日作出武商初字第 784 号民事判决，判处解除合同，由被告优创公司返还原告常发公司软件款 225 000 元，驳回被告优创公司的反诉请求。被告优创公司不服判决上诉至常州市中级人民法院，二审法院经审理后于 2011 年 11 月 3 日作出民事裁定，认为原判决事实认定不清，证据不足，遂裁定撤销原判、发回重新审理。一审法院于 2012 年 3 月 13 日公开开庭审理本案。

原告常发公司诉称：常发公司与优创公司于 2009 年 11 月 8 日订立《江苏常发集团 NX&PLM 项目软件购买合同》（以下简称《软件购买合同》），约定常发公司分三期向优创公司购买 NX&PLM 项目软件。其中第一期为 Teamcenter 和 NX 系统，含税价格为 750 000 元，PLM 软件的版本为 Siemens Teamcenter PLM8.0。合同订立后，常发公司依约支付了首付款 225 000 元，但优创公司只提供了 Siemens Teamcenter PLM2007 版本的 PLM 软件安装介质，与约定的合同版本不一致，也没有提供该版本软件的永久、合法、可用的 License 软件使用授权。按照合同约定，"如各期实施中买方所购买的软件或授权无法满足需求,卖方将根据买方 NX&PLM 项目的实际要求,免费向买方提供满足买方实际所需套数和功能模块的软件(或授权)供买方正常使用。整套项目成功实施并验收通过后,买方再根据实际情况分期向卖方购买一定数量的软件(或授权)。如卖方不能履行本条款,导致买方业务无法正常开展,由此所造成买方的损失由卖方承担,买方保留向卖方索赔权利,并有权终止整体项目合作协议。"优创公司在常发公司支付了第一期软件款的前提下,未向常发公司提供符合合同约定的软件及永久、合法授权。经多次交涉,优创公司拒不交付符合《软件购买合同》约定的软件,致使常发公司整个技术项目无法实施,给常发公司造成巨大损失。常发公司故诉至法院,请求判令:(1)解除原、被告双方签订的《软件购买合同》;(2)要求优创公司退还常发公司第一期软件购买费用 225 000 元;(3)优创公司承担本案诉讼费用。

被告优创公司辩称:常发公司认为软件光盘和软件 License 交付不当导致常发公司合同目的不能实现的理由不成立,因为本案的合同标的软件许可使用权已经授予常发公司,光盘和 License 均不承载软件许可使用权,而是软件许可使用权的附属产品,常发公司只有具有软件许可使用权才能依据使用权获取 License 文件,而不能依据 License 文件来获取使用权,光盘也是同例。因此,常发公司的合同目的在许可使用权授予后已实现,不存在合同目的无法实现的情况。综上,请求驳回常发公司的诉讼请求。

反诉中原告优创公司诉称:《软件购买合同》约定购买的产品为"Teamcenter 和 NX 系统"的软件许可使用权和"光盘和介质",第一期项目软件总费用为 750 000 元,由常发公司分两次支付。《软件购买合同》签订后,优创公司为常发公司取得了软件许可使用权,但在《软件购买合同》履行过程中,常发公司存在迟延付款、单方终止《软件购买合同》履行等违约情况,故提起反诉,请求:(1)解除双方之间订立的《软件购买合同》;(2)判令常发公司赔偿优创公司直接经济损失 525 000 元(优创公司在反诉状中请求赔偿其直接损失 565 210 元,庭审中变更为 525 000 元)及相应的利息损失(自常发公司发函要求解除合同之日即 2010 年 8 月 12 日起至判决之日止按同期银行贷款利率计算);(3)判令常发公司赔偿优创公司延期付款 225 000 元的利息损失计 2130.41 元(从 2009 年 12 月 12 日起至 2010 年 2 月 15 日止,共计 64 天,按照同期银行贷款利率年利率 5.4%计算)。

反诉中被告常发公司辩称:(1)由于解除合同是因为优创公司的违约行

为造成，由此所造成的所有损失由优创公司自行承担；（2）对于优创公司要求常发公司支付逾期付款损失 2130.41 元的反诉请求，常发公司并没有逾期给付。因为按照合同的约定，常发公司支付款项的时间节点是优创公司先向常发公司开具相关数额的发票后，常发公司才支付货款，优创公司于 2010 年 2 月 8 日开票给常发公司，常发公司收到发票后的第二天就支付了合同约定的款项。

为支持其诉讼请求，原告常发公司向本院提交了下列证据：（1）《软件购买合同》一份，常发公司与优创公司于 2009 年 11 月 28 日签订，证明常发公司所购买的 TC 软件合同约定是 8.0 版本，且软件必须附载在光盘上提供给常发公司，且优创公司提供给常发公司的 License 应是永久的、免使用费的、不可转让的，但优创公司未交付 8.0 版本的 TC 软件、光盘及永久 License，优创公司构成根本违约；（2）结算业务申请书，证明常发公司于 2010 年 2 月 15 日向优创公司支付了第一期款项 225 000 元；（3）情况说明一份，常州常发农业装备工程技术研究有限公司于 2012 年 3 月 12 日出具，证明证据 2 付款单位"常州常发农业装备工程技术研究有限公司"是代常发公司付款。被告的质证意见：对证据 1~3 的形式真实性无异议，但不能证明优创公司违约的事实。

为支持其本诉辩称及反诉请求，被告优创公司提交了下列证据：第一组证据（1）《软件购买合同》及附件《江苏常发集团 NX&PLM 项目软件报价》（以下简称《软件报价》）；（2）优创公司与常发公司于 2009 年 11 月 28 日签订的《江苏常发集团 NX&PLM 项目概述》《江苏常发集团 NX&PLM 项目实施服务合同》的附件《江苏常发集团 NX&PLM 项目实施内容及服务报价》《江苏常发集团 PLM 项目（含工艺）第一期技术协议书》。优创公司提交第一组证据共同证明《软件购买合同》的标的是获得 PLM 软件的使用许可权，且《软件购买合同》与《江苏常发集团 NX&PLM 项目实施服务合同》是一体化实施的，只有优创公司技术服务完成后才能最终交付 PLM 软件系统，且根据软件合同"交货及安装"的约定，常发公司负有通知优创公司安装软件的义务。常发公司对第一组证据形式真实性无异议，对优创公司提交证据的证明内容持有异议。第二组证据（3）优创公司被西门子工业软件（上海）有限公司（以下简称西门子公司）授予代理商资格的资质认证证书（2009 年度与 2010 年度）；（4）优创公司于 2009 年 12 月 28 日向西门子公司提交的《采购订单》，订单总价为790 210元，订单编号RSNL091228A；（5）优创公司于2009年12月29日向西门子公司支付软件许可采购款237 063元的贷记凭证；（6）优创公司于2010年4月28日向西门子公司支付软件许可采购款553 147元的贷记凭证；（7）西门子公司于2009年12月29日出具软件临时许可授权文件，被授权人为常发公司；（8）优创公司员工吴某杰于2010年3月8日通过标题为"Fw：转发：changfa's NX&Teamcentertmp license"的电子邮件及附件将临时许可授权文件发送给常发公司员工熊某彩、郭某华等；（9）西门子公司于2010年4月28日发送给优创公司员工谢某强的标题为"FW_confirm cash receipt--RSNL091228A（70%）"的电子邮件及附件"Siemens LF：Sold-To1234907：Contact wu. eml"，将软件永久许可授权文件发送给优创公司，被授权人为常发公司；（10）西门子公司出具的常发公司永久许可授权文件；（11）优创公司吴某杰于2010年3月8日通过标题为"Fw：转changfa's NX&Teamcenter tmp license"的电子邮件的附件"siemens License.txt"将有时间限制（至2010年5月1日止）但无模块范围及数量限制的特别许可证发送给常发公司；（12）优创公司于2010年7月14日通过标题为"转发：常发license"的电子邮件的附件"TC2007_ MP4_ ugslmd_ OCT152010.dat""NX6_ VTK_ GS_ OCT152010_ ugslmd. dat"发送给常发公司有时间限制（至2011年6月14日止）但无模块范围及数量限制的特别许可证。优创公司提交第二组证据证明优创公司是西门子公司授权并认可的销售代理和增值服务供应商，优创公司向西门子公司下单，为常发公司取得符合合同约定的软件许可权。常发公司对证据（3）（5）（6）（7）（8）形式真实性无异议；对证据（4）认为系优创公司与西门子公司之间的合同关系，常发公司对此不清楚，对证据（9）（10）（11）（12），常发公司认为未收到上述许可文件。第三组证据（13）西门子公司于2010年11月15日出具的证明，证明常发公司PLM项目的安装编号1234907，TC版本8.0，许可使用的模块及数量与软件报价一致；（14）西门子公司于2011年8月17日出具的"关于优创公司向常发公司提供西门子公司Teamcenter以及NX软件使用许可（license文件）以及安装介质的几点说明"；（15）《公司更名通知》，证明西门子产品管理软件（上海）有限公司自2010年7月5日更名为西门子工业软件（上海）有限公司；（16）《Siemens PLM Software Guide to Software Piracy Prevention》英文版、西门子网站（support. ugs. com）下载软件、获取License文档（许可证）的界面截图;(17)PLM软件说明书第三章3-1、3-2英文版。优创公司提交第三组证据证明常发公司作为安装编号1234907的唯一被授权人享有的许可权不受安装介质版本的影响,优创公司向常发公司告知了TC软件许可证文件需要修改、获得电子拷贝的许可证的办法。常发公司认为证据(13)(14)系证人证言,证人未到庭接受质询,对真实性持有异议;对证据(15),常发公司无异议;对证据(16)(17),常发公司认为系英文,未能提供中文翻译件,对该证据形式不认可。第四组证据(18)农业银行结算业务申请书,证明常发公司于2010年2月15日向优创公司支付首付款的225 000元。证明根据《软件购买合同》的约定常发公司应当在"合同签订后两周内支付合同总额的30%",即2009年12月12日前应向优创公司支付225 000元,常发延期支付首付款64天(自2009年12月13日计算至2010年2月14日)。常发公司对真实性无异议,但认为按照合同约定付款的时间节点是优创公司向常发公司开具相关数额的发票后。第五组证据(19)2010年7月25日优创公司与常发公司会议录音及录音内容整理。证明常发公司员工熊某彩在会议上明确表示不履行软件合同,构成违约。常发公司对真实性持有异议,且认为系优创公司违约在先,对其证明内容也持有异议。

根据原、被告陈述、举证、质证,一审法院确认以下案件事实:2009年11月28日,常发公司与优创公司签订了《软件购买合同》及附件《软件报价》。《软件购买合同》约定优创公司向常发公司提供Siemens NX&PLM项目,《软件报价》约定具体购买模块、NX软件版本及套数,其中PLM版本约定为Siemens Teamcenter PLM8.0。软件购买分三期执行,其中第一期为Teamcenter和NX系统,计价750 000元,支付方式为合同签订后两周内支付合同总额的30%,即225 000元,软件安装验收后两周内支付合同总额的70%,即525 000元。合同约定,如"各期实施中买方所购买的软件或授权无法满足需求,卖方将根据买方NX&PLM项目的实际要求,免费向买方提供满足买方实际所需套数和功能模块的软件(或授权)供买方正常使用,整体项目实施成功并验收通过后,买方再根据实际情况分期向卖方购买一定数量的软件(或授权),如卖方不能履行本条款,导致买方业务无法正常开展,由此造成买方的损失由卖方承担,买方保留向卖方索赔的权利,并有权终止整体项目合作协议。"合同对交货及安装约定:交货时间为"收到预付款后2周内",交货安装地点为"用户现场",安装时间为"用户通知"。《软件报价》约定第一期软件内容包括：TC（含 TC1DOTC、TC10101、TC10102、TC10231、TC10232、TC30701、TC30702、TC30711、TC30712）、NX（含 NX11110、NX13420、NX13100）、光盘和介质。2009年12月28日，优创公司为购买本案所涉 NX&PLM 产品向西门子公司下单，订单编号为 RSNL091228A，价格为 790 210 元，最终用户为常发公司。订单约定，在采购订单下单后两周内，优创公司向西门子公司支付 30%的首期款项，在优创公司提供最终用户主机标识编号的前提下，西门子公司在收到首期款的 5 个工作日内，向常发公司授予软件的临时许可。在授予临时许可的 9 周内，优创公司将向西门子公司支付 70%的剩余款项，在优创公司支付全部订单款项的前提下，西门子公司授予常发公司永久性的软件许可。2009年12月29日，优创公司向西门子公司支付首期软件款 237 063 元。西门子公司出具了安装编号为 1234907，安装客户为常发公司、版本为 7，授权日期为 2009年12月29日的临时许可文件。2010年2月15日，常发公司向优创公司支付首付款 225 000 元。2010年3月8日，优创公司将临时授权文件通过电子邮件附件的方式发送给常发公司，临时文件有效期至 2010年3月30日，常发公司在庭审中确认收到临时授权文件。2010年4月28日，优创公司向西门子公司支付余款 553 147 元，西门子公司将安装编号为 1234907 的永久授权文件发送给优创公司。庭审中，常发公司称优创公司未向常发公司交付该永久授权文件。另，西门子公司出具了安装编号为 1234907，安装客户为常发公司、版本为 6，授权日期为 2010年3月6日的许可文件；出具了安装编号为 1234907，安装客户为常发公司、版本为 7，授权日期为 2010年5月4日的许可文件；出具了版本为 7.1，授权日期为 2010年6月18日的临时性特别许可文件；出具了版本为 6，授权日期为 2010年6月23日的临时性特别许可文件。常发公司于庭审中陈述未收到上述许可文件。2010年11月15日，西门子公司出具证明，证明西门子公司许可常发公司使用的软件，安装编号为 1234907，许可证文件起始日期为 2009年12月29日，安装的软件版本为 NX7、TC8.0，软件配置清单为 NX11110、NX13100、NX13420、TC1DOTC、TC10101、TC10102、TC10231、TC10232、TC30701、TC30702、TC30711、TC30712、UG10000-WISD。2011年8月17日，西门子公司出具证明，证明优创公司是西门子公司授权并认可的全线产品的销售和增值服务商，优创公司向常发公司提供的 1234907 许可文件的唯一被授权人为常发公司；Teamcenter8.0 和 Teamcenter2007 是同一产品的不同的版本，对常发公司的业务需求来说，无论使用哪个版本都不影响常发 PLM 项目的实施及具体业务实现；上述版本介质均可在西门子公司指定网站自行下载获取，或要求西门子公司提供。另经查明，2010 年 7 月 5 日，西门子产品管理软件（上海）有限公司名称变更为西门子工业软件（上海）有限公司。经庭审及在西门子网站查询，Teamcenter8.0 相比 Teamcenter2007 更为完善与扩展，8.0 版本在嵌入桌面工具和流程、新的 PLM 应用、行业解决方案、SOA 平台可扩展性以及对 IBM 软件兼容性上均有提升。

一审法院认为：本案案由应为计算机软件著作权许可使用合同纠纷。原、被告签订的《江苏常发集团 NX&PLM 项目软件采购合同及项目实施服务合同概述》《软件购买合同》及附件《软件报价》合法有效，对双方均具有法律约束力。合同约定 PLM 软件的版本为 Siemens Teamcenter PLM8.0。优创公司应依约向常发公司交付符合合同约定的版本及授权。但优创公司未能提交证据证明其交付了软件 8.0 版本。从本案证据及庭审查明来看，优创公司为常发公司安装了 2007 版本。8.0 版本相较 2007 版本更为完善和先进，常发公司作为买受人，有理由要求优创公司提供 8.0 版本安装。优创公司虽然认为其已为常发公司从西门子公司处获取相应的 8.0 版本的授权，但这仅仅是优创公司与西门子公司之间的合同履行，不能以此代替优创公司在《软件购买合同》中所承担的与常发公司之间的合同履行义务。综上，优创公司的违约行为构成了对《软件购买合同》的根本违约。故对双方请求解除合同的诉讼请求，本院予以准许，常发公司要求优创公司返还首付款 225 000 元的诉讼请求，理由正当，本院予以支持；优创公司要求常发公司赔偿直接经济损失 525 000 元及利息损失的诉讼请求，缺乏依据，本院不予支持。

本案经一审法院审判委员会讨论，依照《中华人民共和国合同法》第 94 条、第 97 条和《中华人民共和国民事诉讼法》第 64 条第 1 款之规定，判决如下：

（1）解除原告江苏常发实业集团有限公司与被告上海优创信息技术有限公司于 2009 年 11 月 28 日订立的《江苏常发集团 NX&PLM 项目软件购买合同》；

（2）被告上海优创信息技术有限公司于本判决生效之日起 10 日内返还原告江苏常发实业集团有限公司 225 000 元；

驳回被告上海优创信息技术有限公司的其余反诉请求。

三、法律条文

《合同法》（1999 年）

第九十三条 当事人协商一致，可以解除合同。

当事人可以约定一方解除合同的条件。解除合同的条件成就时，解除权人可以解除合同。

第九十四条 有下列情形之一的，当事人可以解除合同：

（一）因不可抗力致使不能实现合同目的；

（二）在履行期限届满之前，当事人一方明确表示或者以自己的行为表明不履行主要债务；

（三）当事人一方迟延履行主要债务，经催告后在合理期限内仍未履行；

（四）当事人一方迟延履行债务或者有其他违约行为致使不能实现合同目的；（根本违约）

（五）法律规定的其他情形。

第九十六条 当事人一方依照本法第九十三条第二款、第九十四条的规定主张解除合同的，应当通知对方。合同自通知到达对方时解除。对方有异议的，可以请求人民法院或者仲裁机构确认解除合同的效力。

第九十七条 合同解除后，尚未履行的，终止履行；已经履行的，根据履行情况和合同性质，当事人可以要求恢复原状、采取其他补救措施，并有权要求赔偿损失。

四、法理分析——根本违约的认定及法律责任

根本违约制度是《联合国国际货物销售合同公约》中的重要制度，该公约第 25 条规定："一方当事人违反合同的结果，如果使另一方当事人蒙受损害，以致于实际剥夺了他根据合同规定有权期待得到的东西，即为根本违反合同，除非违反合同一方并不预知，而且一个同等资格、通情达理的人处于相同情况中也没有理由预知会产生这种结果。"根据该条规定，根本违约由客观条件和主观要件两方面构成，客观要件是指结果损害严重，主观要件是指损害可预见性。损害结果严重以致于"实际剥夺了他根据合同规定有权期待得到的东西"，该规定比较抽象，一般可以通过以下方面进行判断：基于合同目的能否实现的考量；基于违约部分价值占整个合同价值比例的考量；基于

违约方未来继续履行合同可能性的考量;基于解除合同是否会对当事人一方显失公平的考量;基于违约行为持续时间长短的考量。因此,要具体问题具体分析才能准确地判断某一违约行为是否符合根本违约的客观要件。主客观相结合的标准,一方面赋予了当事人宣告合同解除的法定解除权利,用来维护非违约方行使救济的权利;另一方面,严格限定其构成要件,防止当事人对合同解除权的滥用。可以说,根本违约制度实质上体现的是一种平衡合同当事人之间以及合同当事人与社会之间利益的立法价值。只有在强调根本违约客观标准的同时,重视主观标准的运用,才能充分发挥根本违约制度所内含的维护交易安全、促进交易效率等价值,并最终实现合同自由与合同正义的统一。

我国《合同法》没有直接使用根本违约的概念,该法第94条规定,"当事人一方迟延履行债务或者有其他违约行为致使不能实现合同目的",即违约导致合同目的不能实现就构成根本违约。"不能实现合同目的"与"实际剥夺了他根据合同规定有权期待得到的东西",虽然表述不同,但都指代因违约造成重大合同利益损失,系违约造成损失的客观表现。我国《合同法》关于根本违约的规定,并没有要求对损害具有可预见性,该规定充分体现了权利保护功能,没有对促进交易功能给予应有的关注。《合同法》第97条规定,合同解除并不影响当事人要求赔偿的权利,同时为了切实保护无过错方的合同权益,合同解除时,除法律另有规定或者当事人另有约定者外,债权人可以请求损害赔偿的范围,不仅包括债务人不履行的损害赔偿,而且包括因合同解除而产生的损害赔偿,因合同解除而产生的所应赔偿的损害一般包括:债权人订立合同所产生的必要费用;债权人因相信合同能够履行而付出准备所支出的必要费用;债权人因丧失同他人订立合同的机会所造成的损失;债权人已经受领债务人的给付物时,因返还该物支出的必要费用。

我国司法实践的案例。进入OpenLaw网站(2018年1月24日)输入关键词"合同"和"根本违约"查询裁判文书,2017年有30 411件,2016年有68 291件,2015年有59 585件。数据初步表明,因根本违约主张解除合同的纠纷在司法实务中比较多见。华夏英杰文化科技股份有限公司、吉林市电视台著作权转让合同纠纷一案[2016]粤民申1437号,华夏英杰文化科技股份有限公司因著作权人吉林市电视台在双方签订协议前将发行权许可他人,主张构成根本违约,要求全部解除合同。法院认为其没有提交证据证明因为吉林市电视台向案外人转让了发行权而导致其无法实现其他权利,在涉案电视剧各项权利相互独立的情况下,吉林市电视台将发行权转让给案外人的违约行为并不影响受让人对其他著作权权利的实施,一审法院解除了合同中涉及发行权转让内容的条款,并扣除受让人应付的相应转让费用,而维持其他合同条款效力。二审法院维持了一审判决。侯某会、俞某娟与南京感瘦魅力美容有限公司特许经营合同纠纷一案［2017］苏 05 民终 4583 号,双方在合同中对于代理费、培训、技术服务与产品支持等进行了约定,南京感瘦魅力美容有限公司未能按照合同约定,履行向侯某会、俞某娟提供经营所必需的技术服务和支持、岗位培训、经营管理经验、产品配送与器械等合同义务,致使其门店无法开设,合同目的不能实现,已构成根本违约。南京感瘦魅力公司称已履行培训、指导等义务,但未提供相应证据予以证明。一审法院认为,南京感瘦魅力美容有限公司已经构成根本违约,应当向原告返还加盟代理费人民币 760 200 元。二审驳回上诉,维持原判。上述两个案例说明,一方当事人主张对方根本违约的,应当提交证据证明对方违约行为导致其不能实现合同目的,合同目的应当与合同内容相对应,如无法证明,其主张解除合同的诉讼请求将无法获得法院的支持。

  本节案例中,常发公司与优创公司在合同中约定:"各期实施中买方所购买的软件或授权无法满足需求,卖方将根据买方 NX&PLM 项目的实际要求,免费向买方提供满足买方实际所需套数和功能模块的软件(或授权)供买方正常使用,整体项目实施成功并验收通过后,买方再根据实际情况分期向卖方购买一定数量的软件(或授权),如卖方不能履行本条款,导致买方业务无法正常开展,由此造成买方的损失由卖方承担,买方保留向卖方索赔的权利,并有权终止整体项目合作协议。"合同履行中,优创公司为常发公司安装了 2007 版本,不是合同约定的 8.0 版本,常发公司应当根据上述条款,向优创公司说明 2007 版本无法满足 NX&PLM 项目的要求,并要求其免费提供满足其实际需要的功能模块的软件。缺少这一步骤,不能充分证明优创公司构成了根本违约。当然,如果双方同意解除合同,又另当别论。

第三节 著作权侵权举证责任分配
——[2014]苏知民终字第0176号

一、法律要点

民事诉讼举证责任分配的一般原则为"谁主张谁举证",基于公平正义、诚实信用、举证能力的考量以及案件审理的需要,举证责任倒置和举证责任转移成为一般原则的有益补充。举证责任转移实质上是降低承担举证责任方的证明标准,课以抗辩方在举证能力内承担一定的举证义务,以此查明待证事实并据以裁判的证据制度。知识产权诉讼中,由于侵权行为具有隐蔽性,导致权利人举证艰难。合理地确定举证责任的分配原则,适当加重侵权人的举证责任和适当减轻权利人的举证负担,对于加大知识产权保护力度,优化知识产权司法保障具有重要意义。

二、案情介绍

磊若软件公司(简称磊若公司)系"Serv-U"系列软件的著作权人。登录美国版权局网站 www.copyright.gov,搜索 Serv-Ucomputersoftwareversion6 以及 Serv-Ucomputersoftwareversion7 软件的登记信息,著作权人均为磊若公司,创作日期分别为2004年和2008年,公开日期分别为2004年12月7日和2008年4月2日,登记编号分别为 TX0007558280 和 TX0007557425。上海软众信息科技有限公司(以下简称软众公司)是磊若公司"Serv-U"系列软件在中国唯一的供应商。2012年2月1日,新华通讯社重庆分社以人民币300 000元的价格从软众公司购买 Serv-UFTP 文件服务器软件(含一年软件版本升级)黄金版一套。

2012年11月12日,磊若公司代理人戴某俊在上海市东方公证处公证人员的现场监督下,使用公证处电脑上网进行了如下操作:(1)点击打开电脑桌面的"开始"项下的"运行"项。(2)在页面上"打开"右边的空格中输入"telnetwww.dinghongfs.com21",再点击"确定"按键。(3)打开 Internet Explorer 浏览器,在地址栏输入 www.miibeian.gov.cn 进入网页页面。(4)点击页面上"公共查询"链接并浏览相关页面。(5)点击页面上"www.dinghongfs.com"链接并浏览相关页面。上述操作过程均实时打印结果并使用"屏幕录像专家"软件录制。上海市东方公证处对上述过程进行公证并出具了[2012]沪东证经字第16420号公证书。根据该公证书所附的打印结果,输入"telnetwww.dinghongfs.com21"命令后,显示有"220serv-UFTPserverv6.4 forwinsockready……"字样;且经查询,网址为"www.dinghongfs.com"的网站其主办单位为常州市鼎鸿服饰有限公司。

2007年11月30日,常州市鼎鸿服饰有限公司(简称鼎鸿公司)(甲方)与常州市普瑞斯网络工程有限公司(简称普瑞斯公司)(乙方)签订了技术服务协议书。该协议书约定:第一条:乙方通过Internet互联网络向甲方提供硬盘空间租用服务、域名注册和网页制作。第二条:自协议签字日期起一年内,乙方同意向甲方提供如下服务:(1)为甲方申请域名www.dinghongfs.com,域名所有权归甲方;(2)乙方为甲方提供100兆硬盘空间(支持ASP、PHP、数据库)供客户使用;(3)乙方提供甲方1个企业级电子邮箱,共100兆可任意分割大小……(5)网页的制作标准,根据客户所选择的类型和要求而定……第九条:……(6)协议到期后如未接到对方停止租用硬盘空间的书面通知,视双方为自动续约……在鼎鸿公司网站(域名、空间和维护)服务分别于2012年11月27日、2013年11月27日到期之前,普瑞斯公司均向鼎鸿公司发出续费通知函,鼎鸿公司则分别于2012年11月13日、2013年11月27日向普瑞斯公司各支付网站域名空间维护等费用人民币1850元。

磊若公司向一审法院提起诉讼,请求法院判令:(1)鼎鸿公司、普瑞斯公司立即停止侵权行为,卸载盗版的Serv-UFTPServerV6.4软件;(2)鼎鸿公司、普瑞斯公司共同赔偿经济损失及为制止侵权行为而支出的合理费用共计人民币20万元;(3)鼎鸿公司、普瑞斯公司在www.dinghongfs.com网站首页及当地公开发行的报纸上登文向磊若公司赔礼道歉;(4)本案诉讼费用由鼎鸿公司、普瑞斯公司承担。

鼎鸿公司一审辩称:(1)磊若公司应当举证证明其是涉案软件的著作权人。(2)鼎鸿公司与普瑞斯公司签订了服务器租用合同,鼎鸿公司系租用普瑞斯公司的服务器,且鼎鸿公司的网站平时也由普瑞斯公司维护。即使本案构成侵权,也应由普瑞斯公司承担责任。故请求驳回磊若公司对鼎鸿公司的诉讼请求。

普瑞斯公司一审辩称:(1)对于磊若公司是涉案软件的著作权人没有异

议。(2)普瑞斯公司根本未使用过涉案软件，普瑞斯公司使用的是Filezilla服务器软件，只是为了避免网络攻击，普瑞斯公司在磊若公司对鼎鸿公司网站公证取证时正好将相关服务器的欢迎信息设置成了与涉案软件有关的信息。(3)磊若公司网站提供Serv-U软件30天的免费试用，不能排除普瑞斯公司使用的是涉案软件试用版的可能性。(4)磊若公司要求的赔偿数额不恰当，根据对其官网的查询，涉案软件的售价为495美元/套或5000元人民币/套。

2014年3月11日，普瑞斯公司向江苏省常州市常州公证处申请证据保全公证，由公证员操作电脑，登录了"www.serv-u.com"网站，该网站提供Serv-U软件30天免费使用下载，公证员从该网站下载了"SU-FTP-Server-Windows-V15.0.1.zip"文件，同时该网站显示Serv-UFTPServer for windows with 1 year of upgrade protection的售价为495美元。该网站显示"Serv-U当前版本15.0.0.0"，同时该网站"产品报价"显示"Serv-UFTPServer服务器人民币5000元（一年免费升级）"。公证员还登录了www.infomall.cn网站（中国Web信息博物馆），通过该网站的"网页回放"查询"http://www.serv-u.com.cn"在2005年1月2日的网页，2005年1月2日"http://www.serv-u.com.cn"网页内容显示当时"Serv-U"软件的版本为6.0，该网站当时提供6.0版本的30天测试评估版下载。江苏省常州市常州公证处对上述过程出具了[2014]常常证民内字第8381号公证书。庭审中，磊若公司认可上述证据保全过程中所涉的"www.serv-u.com"网站和"www.serv-u.com.cn"网站为其网站。

一审法院认为，磊若公司提交了涉案软件的正版光盘，其上标明涉案软件的著作权属其所有，美国版权局网站的信息对此也予以印证。根据现有证据，可以认定磊若公司是涉案Serv-UFTPServerv6.4计算机软件的著作权人。根据[2012]沪东证经字第16420号公证书以及鼎鸿公司与普瑞斯公司签订的技术服务协议书，磊若公司就普瑞斯公司服务器也即为鼎鸿公司www.dinghongfs.com网站服务的服务器上安装有Serv-UFTPserverv6.4软件提供了初步证据。

关于普瑞斯公司有关使用涉案软件试用版的答辩意见。磊若公司的serv-UV7.0版的创作完成时间及公开时间均为2008年，鼎鸿公司网站进行证据保全公证是在2012年11月，此时鼎鸿公司网站所在服务器不可能使用涉案软件享有的30天的试用期。对普瑞斯公司使用涉案软件试用版的答辩意见，不予采信。关于普瑞斯公司使用的是"Filezilla"服务器软件的答辩意见。在磊若公司已经提供普瑞斯公司服务器使用涉案软件初步证据的情况下,普瑞斯公司作为服务器的管理人和控制人,有义务提供证据证明自己服务器上FTP软件的使用情况,但普瑞斯公司未能提供该方面的证据,普瑞斯公司应就此承担举证不能的后果。故对普瑞斯公司答辩意见,不予采信。

一审法院判决:(1)普瑞斯公司立即停止侵犯磊若公司计算机软件著作权的行为,立即卸载盗版 Serv-UFTPserverv6.4 软件。(2)普瑞斯公司于判决生效之日起10日内赔偿磊若公司经济损失及为制止侵权支出的合理费用共计人民币8万元。(3)驳回磊若公司的其他诉讼请求。

普瑞斯公司不服一审判决,向二审法院提起上诉,请求改判驳回被上诉人诉讼请求。二审本院于2014年7月14日受理了案件,2014年9月3日公开开庭审理了本案,2014年10月30日作出二审判决:驳回上诉,维持原判决。

三、法律条文

《著作权法》(2010年)

第十一条 著作权属于作者,本法另有规定的除外。

创作作品的公民是作者。

由法人或者其他组织主持,代表法人或者其他组织意志创作,并由法人或者其他组织承担责任的作品,法人或者其他组织视为作者。

如无相反证明,在作品上署名的公民、法人或者其他组织为作者。

《最高人民法院关于审理著作权民事纠纷案件适用法律若干问题的解释》(2002年)

第七条 当事人提供的涉及著作权的底稿、原件、合法出版物、著作权登记证书、认证机构出具的证明、取得权利的合同等,可以作为证据。

在作品或者制品上署名的自然人、法人或者其他组织视为著作权、与著作权有关权益的权利人,但有相反证明的除外。

四、法理分析

1. 民事诉讼举证责任及举证责任分配理论

举证责任是指由法律预先规定,在案件的真实情况难以确定的情况下,由一方当事人提供证据予以证明，如提供不出证据证明则承担败诉风险及不利后果的制度。在真伪不明时，法律规定由谁来承担这种不利后果就是举证责任的分配。举证责任的分配是民事诉讼活动的核心，被称为"民事诉讼的脊椎"，它也是司法实务中认定事实的基础手段，往往决定着一个案件的走向。

古罗马举证分配规则提出，肯定主张的人有证明的义务，否定的人没有证明的义务，也即"谁主张谁举证"的分配原则。德国民事诉讼法学家罗森伯格认为，凡主张权利存在的当事人应就权利发生的法律要件存在的事实予以举证；凡否定权利存在的当事人，应就权利妨害法律要件，或者权利消灭法律要件，抑或权利制约法律要件举证。在英美证据法上，举证责任包括提供证据责任（也称主观责任）和说服责任（也称客观责任）。"提供证据责任"是指当事人就某一事实存在据以提供足够证据，使事实审理者加以审理的义务。"说服责任"是指当事人承担说服事实审理者，使之相信事实确实存在的义务。

举证责任的特殊分配包括举证责任倒置和举证责任转移。举证责任倒置是相对于"谁主张谁举证"的分配原则而言的，举证责任之所以"倒置"，是因为在某些特殊情况下，"否定者"的证明成本明显低于"主张者"的证明成本。举证责任倒置属于法定的举证责任分配原则，实体法有明文规定时才能够适用。举证责任转移是指当事人之间的立论、论证、驳论这样一个循环往复的攻防过程，通过降低待证事实的证明标准，当反驳方没有证据反驳或提交的证据不足以反驳时，直接认定待证事实的一种举证责任分配规则。举证责任转移与举证责任倒置，两者均是对可能导致法律适用失当的一般举证责任分配原则的调整，均是将部分举证责任从一方当事人转移至另一方当事人。但是不同于举证责任倒置的法定性，通常情况下，举证责任转移是法官依据实际案件中出现的可能导致举证责任分配失衡的情形，根据公平原则、举证能力等综合因素而作出的，这种裁量不排除相关法律对举证责任转移已经作出的明文规定。

证明标准对举证责任的影响。事实认定以证据调查为基础，法官只有在现有证据对待证事实的证明达到一定的确定程度时，才能认定该事实为真，并支持该当事人的相关主张。那么证据达到何种确定程度时，才能认定一项事实为真？这就是证明标准所要解决的问题。最高人民法院于 2002 年颁布的

《最高人民法院关于民事诉讼证据的若干规定》（简称《规定》）首次对我国民事诉讼证明标准作出了正面规定，根据《规定》第73条第1款，"双方当事人对同一事实分别举出相反的证据，但都没有足够的依据否定对方证据的，人民法院应当结合案件情况，判断一方提供证据的证明力是否明显大于另一方提供证据的证明力，并对证明力较大的证据予以确认"。学界主流观点认为，该条规定在我国民事诉讼中正式确立了高度盖然性的证明标准。

2. 民事诉讼举证责任分配的立法规则

我国《民事诉讼法》第64条规定，当事人对自己提出的主张，有责任提供证据。该条规定确立了民事诉讼一般举证责任的分配原则，即"谁主张，谁举证"。《规定》中只规定了八种举证责任倒置的情形，如果在上述范围以外适用该原则，应当有法律的明确规定。

《专利法》第61条规定，专利侵权纠纷涉及新产品制造方法的发明专利的，制造同样产品的单位或者个人应当提供其产品制造方法不同于专利方法的证明。《专利法》确立此项举证责任倒置的规定，目的是为了降低权利人的举证难度，实际情况却事与愿违。举证责任倒置的前提是，专利方法是新产品的制造方法。新产品是对于专利申请日前一种消极事实的证明，即产品或制造产品的技术方案在专利申请日前不为国内外公众所知，而根据通常理解，对某一消极事实或未曾发生的事实是无法进行举证的，如果由专利权人承担此种举证责任，不仅无形中加大了其举证难度，也不利于对专利权的保护；反之，作为被控侵权人其证明积极事实，即在专利申请日前为国内外公众所知的证明形式更易操作，故应当将新产品消极事实的证明责任归于被控侵权人。

《商标法》第63条第2款规定，人民法院为确定赔偿数额，在权利人已经尽力举证，而与侵权行为相关的账簿、资料主要由侵权人掌握的情况下，可以责令侵权人提供与侵权行为相关的账簿、资料；侵权人不提供或者提供虚假的账簿、资料的，人民法院可以参考权利人的主张和提供的证据判定赔偿数额。该规定一是有前提的，即权利人已经尽力举证，二是有后果的，即可以参考权利人的主张和提供的证据判定赔偿数额。该规定为举证责任转移，本来由原告举证，在一定条件下转移给被告，被告不提交证据时，降低原告证据证明力要求，或支持对原告有利的证据。

近些年，举证责任转移已引起了司法界决策层的高度重视，相关决策者开始倡导其在知识产权诉讼中的推广应用。2014年7月3日召开的知识产权审判工作座谈会上，有人提出"要大力提高证据审查认定和查明客观事实的能力，正确合理分配举证责任，避免机械适用'谁主张谁举证'原则，确保事实认定的准确性。根据民事诉讼法的一般规定和知识产权审判的特殊需求，完善诉讼程序和证据原则，切实减轻知识产权权利人的举证负担。提高证据审核认定能力，正确运用日常生活经验，妥善把握优势证据标准，及时公开心证，适时合理转移举证责任"。

3. 知识产权诉讼中举证责任转移的适用

2018年2月11日笔者打开无讼网，输入关键词"举证责任转移"出现1634篇检索结果，诉讼案由包括知识产权纠纷等，非常广泛。法院审理层级包括基层法院、中级法院、高级法院和最高法院，裁判数量逐年递增。该数据说明，举证责任转移规则的使用越来越受到各级法院法官的青睐，相信还有更多的法院运用举证责任转移规则进行裁判，只不过没有在裁判文书中显示而已。知识产权诉讼中，举证责任转移是为解决举证责任分配失衡的问题，系出于对遭受侵害的权利人给予保护的初衷而设立的，但并不意味着免除当事人的举证义务。

在中兴通讯股份有限公司（简称中兴公司）与华为技术有限公司（简称华为公司）侵犯专利权纠纷［2014］民申字第148号案中，最高人民法院认为，举证责任在双方当事人之间转移，一方面取决于人民法院对负有证明责任的一方当事人所提供证据的证明力的综合评价结果。如果对负有证明责任一方当事人所提供证据进行审查判断后，认为其证明力具有明显优势并初步达到了相应的证明标准，此时可以不再要求该方当事人继续提供证据，而转由另一方当事人提供相反证据。华为公司提供的现有证据并不具有明显的证据优势，亦未初步达到相应的证明标准。对于被诉侵权技术方案是否具备"链型组网"这一特征，华为公司提供的现有证据仅能证明被诉侵权技术方案中两台基站设备串接，且其中一台基站设备位于链路末端。这种连接方式既存在级联的可能，也存在并柜的可能；既存在于链型组网中，又存在于树型组网方式中。据此，现有证据尚不具有足够的证明力，不足以初步确定被诉侵权技术方案的组网特征为涉案专利权利要求1所限定的"链型组网"。举证责任在双方当事人之间转移，另一方面取决于当事人证明能力。中兴公司对于被诉侵权技术方案的组网特征并不具有明显的证明便利。涉案专利权利要求1所保护的是由基站控制器、基站、信号旁路装置组成，各组件之间具有特定连接关系，信号经由特定路径传输的系统。中兴公司是基站控制器、基站设备等的设备制造和销售商。通常情况下，在基站设备及基站控制器等产品售出后，其所有权和运营权均属网络运营商。本案既无证据证明中兴公司在售出相应产品后还实际提供了组网设计和安装服务，又没有充分证据证明通信行业内存在设备经销商帮助设计组网方式并提供安装服务的通行惯例。因此，设备销售商并不当然对销售后设备的组网方式存在举证的便利。因此，对于被诉侵权技术方案是否具备"链型组网"这一事实，华为公司提供的本案现有证据并不具有明显的证据优势亦未初步达到相应的证明标准，一、二审法院未将对此提供反证的责任转移给中兴公司并无不当。华为公司的相关申请再审理由不能成立，本院不予支持。

王某国、福建大阳光电源有限公司侵害企业名称（商号）权纠纷案［2016］闽民终1494号，二审法院认为，中国制造交易网显示联系人为王某国，但联系电话并非王某国电话号码，传真、手机号码、地址及E-mail也无法将信息锁定为王某国，一审有关中国制造交易网中发布广告系王某国所为，依据不足，予以纠正。际通宝网站中联系人为王某国，联系电话系王某国使用的手机号码，联系地址"莆田市荔城区新度镇"与福建大阳光电源有限公司（简称大阳光公司）注册登记地址"莆田市荔城区新度镇下坂村9号1-3幢"相近。王某国曾在莆田市威邦电池有限公司（简称莆田威邦公司）从事销售业务，从莆田威邦公司离职3个多月后注册成立与莆田威邦公司主要经营范围相同的大阳光公司。际通宝网站中联系地址为莆田市荔城区新度镇，并非莆田威邦公司注册地址，不可能是王某国在威邦公司任职期间发布的，王某国、大阳光公司有关发布广告的行为系职务行为的上诉意见，事实依据不足。"谁主张，谁举证"是民事诉讼的基本原则，对负有举证证明责任的当事人提供的证据，人民法院经审查并结合相关事实，确信待证事实的存在具有高度可能性的，应当认定该事实存在。此时举证责任转移到持反驳意见的另一方当事人，此种情形并非举证责任倒置。王某国、大阳光公司有关原审法院违背了举证责任倒置规定的上诉意见，法律依据不足，不予支持。

本节案例中，尽管一审、二审法院裁判文书中没有出现举证责任转移及类似的表述，但法官对著作权侵权行为待证事实的认定却实实在在运用了该规则。法院认为，［2012］沪东证经字第16420号公证书证据保全过程中所使用的 telnet 命令是计算机程序中的正常命令，可以让用户在本地运行，登录到远程服务器，服务器再将运行结果返还本地。根据鼎鸿公司与普瑞斯公司签订的技术服务协议书，鼎鸿公司的网站由普瑞斯公司制作、维护并存储于普瑞斯公司的服务器中，普瑞斯公司对此也予以认可。根据［2012］沪东证经字第16420号公证书的记载，在输入"telnetwww.dinghongfs.com21"命令后，即反馈有"220serv-UFTPserver- v6.4forwinsockready……"的信息，磊若公司已就鼎鸿公司 www.dinghongfs.com 网站所在服务器也即普瑞斯公司的服务器上安装有 Serv-UFTPserverv6.4 软件提供了初步证据。普瑞斯公司称其实际使用的是"Filezilla"服务器软件，作为涉案服务器的实际管理控制者，其有义务也有能力就此提供证据予以证实，但其仅就此说明了技术上的可行性，并未提供包括服务器日志在内的任何证据证实其主张，故法院对其该项主张不予采信。一审法院和二审法院最终均认定侵权事实成立。

以上案例进一步说明，举证责任转移本质上系指举证责任的减轻，是对承担举证责任一方当事人证明标准的降低。知识产权诉讼中，倡导该规则的适用，是为了解决知识产权诉讼中权利人举证难的问题，切实维护和保障知识产权人的合法权利。当然，为了防止该规则的滥用，在司法实务经验的基础上运用时，应当明确该规则的适用条件和要求，维护各方当事人的合法权益，确保公平公正。

第四章 反不正当竞争法

第一节 商业秘密秘密性和保密性认定
——[2011] 常知民初字第142号案

一、法律要点

秘密性是指"不为公众所知悉",也称"非公知性",可以从两个方面来证明,不为所属领域相关人员普遍知悉或容易获得。当事人证明秘密性,既可以提交其项目立项、试验、测试等的数据和分析资料,说明该信息不容易获得,也可以提交鉴定意见证明该信息不为所属领域相关人员普遍知悉。商业秘密纠纷民事案件立案中,不需要当事人提交鉴定意见证明其商业秘密具有秘密性,法官将根据技术的复杂程度以及诉讼案情的发展,决定是否启动鉴定程序或接收当事人提出的鉴定请求。鉴定中,首先是把当事人主张构成商业秘密的秘密点进行文献检索,如果秘密点的技术方案没有被公开,就会得出"不为公众所知悉"的结论。检索的文献主要是出版公开的文献,对于使用公开的证据,如果另一方当事人在重新鉴定时提交了,鉴定意见也许就会截然相反。因此,在鉴定程序、鉴定方法等不变的情况下,当秘密点与对比文献有任何一方的信息发生了变化,鉴定意见也就会发生变化。

保密性是指信息持有人采取了合理的保密措施,从而使一般人不易从公开渠道直接获取。保密性要件表明了信息持有人将信息作为财产进行管理、保护的愿望及行动,与职工签订竞业禁止协议不能代替保密措施,公司法对高管的法定忠诚义务也不能代替保密措施。保密措施应当是适当的、合理的,与保密信息的价值相对应,并满足最低的保密要求,使得接触该信息的人知道该信息是保密的。

二、案情介绍

原告常州特斯克精密注塑有限公司（简称特斯克公司）于2011年7月21日因被告毛某才、江苏金邦利汽车部件有限公司（简称金邦利公司）侵犯技术秘密纠纷一案向常州市中级人民法院提起诉讼，一审法院受理后，依法组成合议庭进行审理。2011年11月14日上午，法院组织当事人进行证据交换。2011年11月14日下午，法院根据当事人申请，依法不公开开庭审理本案。2011年12月12日，法院以特斯克公司依据其与北汽福田汽车股份有限公司北京蒙派克汽车厂（简称北汽福田蒙派克厂）于2008年3月4日签订的零部件开发技术协议提起本案诉讼，该协议约定"由此完成的有关技术文件知识产权归北汽福田蒙派克厂、特斯克公司双方共同所有"，北汽福田蒙派克厂系北汽福田汽车股份有限公司（简称北汽福田汽车公司）的分公司，一审法院依职权追加北汽福田蒙派克厂和北汽福田汽车公司为本案共同原告，并将上述情况告知各方当事人。2012年2月9日，法院根据当事人申请依法不公开开庭审理本案。北汽福田蒙派克厂和北汽福田汽车公司经传票传唤未到庭参加诉讼。

原告特斯克公司诉称：2007年年底，原告与北汽福田蒙派克厂合作开发新产品，由原告在"风景海狮轻客"平台上负责开发新款仪表板、门板总成，被告毛某才系前述项目的总负责人。经过努力，原告完成了"风景海狮轻客"新款仪表板、门板的2D、3D数据的制作，原告对前述数据采取了相应的保密措施。2008年9月，有关模具试模出样并试装。2009年2月，新海狮门板通过国家3C认证。2009年4月，北汽福田蒙派克厂质量控制部对样车评审，评审结论为合格。2009年4月至2009年7月，北汽福田蒙派克厂采购部向特斯克公司发出了1台到100台不等的采购订单。被告毛某才担任原告公司技术总监兼产品开发部经理。2009年3月，被告毛某才在尚未与原告解除劳动合同关系的情况下，与金某庆共同出资成立被告金邦利公司。2009年7月，被告毛某才离开原告单位到被告金邦利公司工作。被告毛某才利用职务之便，违反其与原告签订的劳动合同、保密协议等规定，擅自将原告开发的专有技术带到被告金邦利公司，并开发与原告相同的产品销往北汽福田蒙派克厂，替代原告产品，给原告的生产经营造成巨大冲击。被告金邦利公司利用被告毛某才非法披露的信息进行产品开发的行为对原告构成不正当竞争。两被告的行为侵犯了原告的商业秘密，应承担相应的法律责任。

原告特斯克公司的诉讼请求为：（1）两被告立即停止侵犯原告的商业秘密，停止不正当竞争行为；（2）两被告赔偿原告经济损失3 208 543元；（3）两被告承担原告为本案支出的合理费用及本案诉讼费用。

被告毛某才辩称：（1）原告主张的09款风景海狮仪表板本体、门板本体的3D数据不构成商业秘密，原告对其主张权利的信息也未采取保密措施。原告未有证据证明被告使用的信息与原告所主张的商业秘密存在相同或基本相同的特征。（2）假设原告主张的涉案信息构成商业秘密，那么根据原告与北汽福田蒙派克厂签订的开发协议，有关图纸、样件等均由北汽福田蒙派克厂提供。因此，原告主张的09款风景海狮仪表板本体、门板本体的3D数据应为北汽福田蒙派克厂所有。（3）原告与北汽福田蒙派克厂签订的开发协议还约定，北汽福田蒙派克厂不承诺原告为独家供应商，所以北汽福田蒙派克厂可以将有关信息向第三方公开，由第三方提供相同产品。再者，原告为北汽福田蒙派克厂开发的产品并没有被前者实际使用。（4）被告毛某才未披露原告所主张的商业秘密，根据被告毛某才与原告签订的劳动合同，如涉及商业秘密的，双方应另行签订保密协议，而被告与原告之间未签订保密协议，故原告应没有商业秘密可言，被告更未实施原告所主张的侵权行为。（5）根据原告与北汽福田蒙派克厂签订的协议，原告不得向第三方提供相同的产品，而原告违约向第三方销售前述协议中约定的产品并获利。因此，原告并没有实际损失，被告无需承担任何民事责任。再者，根据常州市中级人民法院［2010］常商初字第42号民事调解书，原告只有在被告金邦利公司违反前述调解书所载义务的情况下才能追究金邦利公司侵犯涉案商业秘密的责任，现被告金邦利公司未违反上述调解书所载义务，故被告金邦利公司无需承担任何侵害原告商业秘密的责任。既然被告金邦利公司无需承担前述责任，被告毛某才承担侵害商业秘密责任的前提就不存在。

被告金邦利公司辩称：金邦利公司生产09海狮仪表板、门板等产品和毛某才没有任何关系，金邦利公司生产09海狮仪表板、门板使用的3D数据来源于权利人北汽福田蒙派克厂；被告切实履行了常州市中级人民法院［2010］常商初字第42号民事调解书的有关义务，原告再次起诉被告金邦利公司没有法律依据；综上，请求驳回原告的诉讼请求。

原告特斯克公司为支持其诉讼请求提交了如下证据：

第一组证据主要用以证明原告主张的信息构成商业秘密。该组证据具体包括：(1) 2007年12月3日的电子邮件，该邮件系案外人设计公司将设计好的涉案09款风景海狮仪表板效果图通过电子邮件发给原告法定代表人并抄送被告毛某才，证明被告毛某才参与了涉案的开发项目。(2) 原告与北汽福田蒙派克厂于2008年3月4日签订的关于仪表板等零部件的开发技术协议，证明原告系涉案3D数据的开发主体。(3) 原告与北汽福田蒙派克厂签订的零部件开发协议，该协议的有效期自2008年5月8日至2008年12月31日，证明目的同证据(2)。(4) 风景海狮技术文件资料及09款风景海狮仪表板本体、门板本体3D数据光盘，证明涉案商业秘密的具体内容。(5) 09款风景海狮仪表板门板快速成型件、模具件以及最终产品的图片，证明原告开发涉案3D数据的不同阶段。(6) 1K16xxx449汽车内饰件国家强制性产品认证（CCC）试验报告，证明原告开发的涉案产品符合CCC认证要求，产品质量没有问题。(7) 北汽福田蒙派克厂于2009年4月1日出具的关于09款前围升级、内饰升级风景轻客TT0（小批量）样车评审报告。(8) 北汽福田蒙派克厂分别于2009年4月6日、2009年6月24日、2009年7月15日、2009年7月23日、2009年8月1日向原告特斯克发出的采购订单，其中2009年8月1日的订单上载明供应商特斯克，供应商业务代表金某庆，证明北汽福田蒙派克厂向原告公司采购涉案仪表板、门板。(9) 原告特斯克公司员工手册及公司电脑使用管理规定，员工手册第16条明确规定了员工有保守商业秘密的义务；公司电脑使用管理规定中对重要部门或核心员工电脑内的秘密信息必须加密，属于公司秘密信息的电脑不得私自外接软盘、硬盘等，证明原告对涉案商业秘密采取了技术上的保密措施。

原告提交的第二组证据主要用以证明被告实施了侵权行为。该组证据具体包括：(10) 原告与被告毛某才于2008年1月25日签订的劳动合同及被告毛某才的工资单。证明毛某才在原告技术开发部工作，有接触涉案商业秘密的机会。(11) 原告公司于2007年3月7日作出的聘任被告毛某才为原告公司技术总监兼产品开发部经理的任免决定，证明被告毛某才系原告技术总监兼技术开发部经理，毛某才参与了涉案产品的开发过程。(12) 被告金邦利公司的工商登记资料，证明被告毛某才在尚未与原告公司解除劳动合同之前，于2009年3月与金某庆共同注册成立了被告金邦利公司。(13) 被告毛某才与原告于2009年7月25日解除劳动合同关系的证明。(14) 原告分别在北汽福田蒙派克厂库房、北汽福田常州销售点拍摄的关于被告金邦利公司 09 款风景海狮仪表板产品照片；[2010] 常武证经内字第 1355 号公证书，该公证书的主要内容系被告金邦利公司的网页宣传内容；自 2009 年至 2010 年由金邦利公司销售给北汽福田汽车公司汽车零部件的发票联 19 本；法院依原告证据保全申请在被告金邦利公司拍摄的照片，证明被告金邦利公司至少在 2009 年 3 月已经有了替代原告涉案产品的新风景海狮仪表板、门板。

原告提交的第三组证据主要用以证明被告的侵权行为给原告造成的损失。该组证据具体包括：（15）原告与案外人签订的关于 08 风景快速样件加工协议及发票。证明原告为涉案商业秘密向案外人支付开模费 47 000 元，毛某才参与了该项目并在前述模具费用的发票上签字。（16）原告与案外人签订的关于涉案商业秘密产品的模具开发协议、开模费及发票，费用为 153.6 万元。（17）差旅费报销单，证明毛某才参与涉案项目的开发，涉案项目产生的费用都有毛某才的签名。（18）同类产品销售资料，证明包含涉案商业秘密的产品的利润大概在 300 元/套~400 元/套。

被告金邦利公司提交了两份证据：（1）[2010] 常商初字第 42 号民事调解书。证明只有在被告金邦利公司违反前述调解协议的情况下，原告才能追究金邦利公司侵犯涉案商业秘密的责任，现被告金邦利公司未违反前述调解协议，故被告金邦利公司不需要承担责任。（2）北汽福田蒙派克厂提供给金邦利公司的 09 款海狮仪表板本体、门板本体的 3D 数据及平面图纸。证明被告金邦利公司使用的有关数据来源于权利人北汽福田蒙派克厂。

一审法院经审理查明：

1. 关于原告特斯克公司、被告毛某才、被告金邦利公司之间的关系

自 1994 年至 2009 年 7 月，被告毛某才一直在原告特斯克公司工作。2007 年 3 月 7 日，原告特斯克公司出具关于成立产品开发部及毛某才等同志的任免决定，前述决定的主要内容如下：对目前公司组织结构进行调整，成立产品开发部，主要职能为专注公司"普通注塑"模块的开发，确定产品开发方向，引进新工艺等，并聘任毛某才为公司技术总监兼产品开发部经理。技术总监分管公司产品开发部及技术部门工作。被告毛某才与原告特斯克公司于 2008 年 1 月 25 日签订的劳动合同载明"毛某才同意按特斯克工作需要安排到开发部工作"；"如毛某才工作涉及特斯克公司商业秘密的，特斯克公司可与毛某才依法签订保守商业秘密协议或竞业限制协议，明确双方的权利义务，

该协议作为本合同的附件"等内容。庭审中,原告特斯克公司与被告毛某才均认可双方未签订保守商业秘密协议或竞业限制协议。2009年3月24日,毛某才出资200万元,金某庆出资300万元,双方共同成立金邦利公司,该公司的经营范围为汽车零部件及配件、五金件的制造、加工、销售。被告金邦利公司认可其自2009年至今向北汽福田汽车公司销售09款海狮仪表板、门板总成。2009年7月21日,被告毛某才向原告特斯克公司提出辞职申请并获准。

2. 关于原告特斯克公司主张的涉案商业秘密的有关情况

原告特斯克公司明确其开发的09款海狮仪表板本体、门板本体3D数据系其在本案中所主张的商业秘密,前述3D数据的内容是关于09款海狮仪表板本体、门板本体形状、尺寸方面的数据。原告还陈述其先开发好涉案3D数据后,北汽福田蒙派克厂才与其签订协议。

3. 关于原告主张商业秘密的涉案3D数据与两被告提供的3D数据的对比情况

原告认可两被告提交的3D数据与涉案09海狮的外形基本一致。庭审中,原告、两被告均认可将原告的涉案3D数据与两被告提交的3D数据进行重叠后能比较出两者是否存在差异。原告就其所提交的3D数据与两被告所提交的3D数据发表如下比对意见:(1)前者与后者基本一致;(2)两者不一致之处有:两被告所提交的3D数据安全气囊加了网格,原告的没有网格;两被告所提交的3D数据仪表安装孔位置不一样,高低有落差,孔位有一点移动,强度进行了加强。两被告所提交的3D数据四个出风口的安装位置、方式有一些变更;左下部在本体的安装孔位置不一样,移了几毫米;(3)两者门板装饰条的安装孔位稍有不同;(4)两者摇窗器的把手安装孔位不同,原告的是方孔,两被告的系圆孔。两被告就其提交的3D数据与原告提交的3D数据发表如下比对意见:(1)前者与后者外表面不一样,没有重合在一起,数据基本上差不多;(2)不一致的地方体现在:杂物斗的安装尺寸不一样;放收录机的部分形状不一样,原告的是四方的;放空调控制面罩的部件形状和结构不一样,两被告的3D数据多出来一块;中控部分结构形状不一样;CD机面罩尺寸形状结构不一样;卡除霜风道的地方不一样,原告的尺寸大;出风口外形也不一样;安装气囊的部位外形也不一样;左下部面罩不一样,两被告的3D数据加了两个支架;杂物斗下口不一样;卡抓位置不一致,两被告的浅,原告的深；安装孔的结构形状不一样，拉手盒形状不一样。两被告陈述其所使用的 3D 数据系北汽福田蒙派克厂提供。两被告提供的 09 海狮仪表板、门板平面图纸均盖有北汽福田蒙派克厂技术中心的公章，图纸上还有"此图仅作为检验、识别用途，未注尺寸见三维数模"等字样。

一审法院认为：原告主张的涉案 3D 数据不具备"不为公众所知悉"的要件，故其不构成商业秘密。案中，原告所主张的商业秘密的内容为 09 款风景海狮仪表板本体、门板本体的 3D 数据；前述 3D 数据是关于仪表板本体、门板本体形状和尺寸的有关数据。且前述数据的形成过程为：第一步做仪表板、门板效果图；第二步根据效果图做油泥模型；第三步做产品造型，由专业测绘公司用专门的测绘仪器对油泥模型进行测绘造型；第四步建模，由专门做测绘和造型的公司将第三步中测绘形成的点做成 3D 模型；第五步快速成型件，检测 3D 数据是否需要修改。前述流程系该行业内的通用流程。此外，通过直接测绘仪表板本体、门板本体亦能够得到相应的 3D 数据，故一审法院认为，原告主张的涉案 3D 数据仅涉及产品的形状、尺寸，相关产品进入市场后相关公众通过专业仪器测绘即可直接获得，且前述获得过程无需付出一定的代价，故原告主张的涉案 3D 数据与《最高人民法院关于审理不正当竞争民事案件应用法律若干问题的解释》第 9 条列举的不构成不为公众所知悉的信息的第二种、第六种的情形相符合。由于原告主张的涉案信息不具备"不为公众所知悉"的要件，故其不构成商业秘密。再者，根据原告与北汽福田蒙派克厂于 2008 年 3 月 4 日签订的仪表板等零部件开发协议，该协议明确约定"由此完成的有关技术文件知识产权归北汽福田蒙派克厂、特斯克公司双方共同所有"，根据该约定，北汽福田蒙派克厂应为涉案 3D 数据的合法权利人之一。本案中，被告毛某才、金邦利公司分别提交的证据 2 充分证明了其所使用的涉案 3D 数据来源于权利人北汽福田蒙派克厂，两被告获取涉案 3D 数据的途径合法。此外，原告在［2010］常商初字第 42 号民事调解书中承诺"金邦利公司生产的 09 款新海狮仪表板、门板不再进入厦门金龙旅行车有限公司、厦门金龙联合汽车工业有限公司，也不借用其他公司名义将上述产品进入厦门金龙旅行车有限公司、厦门金龙联合汽车工业有限公司，原告特斯克公司放弃追究金邦利公司在［2011］常知民初字第 21 号案件中的法律责任"。现原告在本案中要求金邦利公司承担的法律责任与原告在［2011］常知民初字第 21 号案件中要求金邦利公司承担的法律责任系同一责任，而原告未提供证据证明被告金邦利公司生产的 09 款新海狮仪表板、门板进入了厦门金龙旅行车有限公司、厦门金龙联合汽车工业有限公司,故原告要求被告金邦利公司承担本案中的法律责任既无事实依据,又无法律依据。概而言之,应驳回原告对两被告提出的全部诉讼请求。

综上,依照《中华人民共和国反不正当竞争法》第 10 条第 3 款,《最高人民法院关于审理不正当竞争民事案件应用法律若干问题的解释》(简称《不正当竞争司法解释》)第 9 条第 1 款、第 2 款第(二)项、第(六)项之规定,判决如下:(1)驳回原告常州特斯克精密注塑有限公司的全部诉讼请求。(2)案件受理费 32 468 元,由原告常州特斯克精密注塑有限公司负担。

三、法律条文

《反不正当竞争法》(1993 年)

第十条第三款 本条所称的商业秘密,是指不为公众所知悉、能为权利人带来经济利益、具有实用性并经权利人采取保密措施的技术信息和经营信息。

《反不正当竞争法》(2017 年)

第九条第三款 本法所称的商业秘密,是指不为公众所知悉、具有商业价值并经权利人采取相应保密措施的技术信息和经营信息。

《最高人民法院关于审理不正当竞争民事案件应用法律若干问题的解释》(2006 年)

第九条 有关信息不为其所属领域的相关人员普遍知悉和容易获得,应当认定为反不正当竞争法第十条第三款规定的"不为公众所知悉"。

具有下列情形之一的,可以认定有关信息不构成不为公众所知悉:

(一)该信息为其所属技术或者经济领域的人的一般常识或者行业惯例;

(二)该信息仅涉及产品的尺寸、结构、材料、部件的简单组合等内容,进入市场后相关公众通过观察产品即可直接获得;

(三)该信息已经在公开出版物或者其他媒体上公开披露;

(四)该信息已通过公开的报告会、展览等方式公开;

(五)该信息从其他公开渠道可以获得;

(六)该信息无需付出一定的代价而容易获得。

第十一条 权利人为防止信息泄漏所采取的与其商业价值等具体情况相适应的合理保护措施,应当认定为反不正当竞争法第十条第三款规定的"保密措施"。

人民法院应当根据所涉信息载体的特性、权利人保密的意愿、保密措施的可识别程度、他人通过正当方式获得的难易程度等因素,认定权利人是否采取了保密措施。

具有下列情形之一,在正常情况下足以防止涉密信息泄漏的,应当认定权利人采取了保密措施:

(一)限定涉密信息的知悉范围,只对必须知悉的相关人员告知其内容;

(二)对于涉密信息载体采取加锁等防范措施;

(三)在涉密信息的载体上标有保密标志;

(四)对于涉密信息采用密码或者代码等;

(五)签订保密协议;

(六)对于涉密的机器、厂房、车间等场所限制来访者或者提出保密要求;

(七)确保信息秘密的其他合理措施。

四、法理分析

相比其他类型知识产权案件而言,商业秘密维权是比较难的。商业秘密持有人不仅要证明其持有的信息具有秘密性、保密性和价值性,从而构成商业秘密,还要证明被控侵权人实施了侵权行为,即通过不正当的手段获取、使用或披露商业秘密。更为关键的是,被控侵权人侵权行为的对象——信息,与商业秘密持有人的信息构成相同或实质相同。本节案例中,原告提交的证据主要有三组:证明信息具有秘密性、保密性等,构成商业秘密;证明被告接触了信息且信息具有同质性,实施了侵权行为;证明原告损失及合理费用。原告提交证据证明的思路是正确的,关键是能不能证明其主张的事实。

商业秘密的概念和内容。美国《统一商业秘密法》将商业秘密定义为:"一种情报包括公式、图样、汇编、设计、技巧或工序,该信息具有独立的或潜在的经济价值,由于不被普遍所知,不被能从其泄露或使用中获得经济价值的其他人通过正常途径查清。"我国1993年颁布的《反不正当竞争法》第一次从立法上对商业秘密进行了定义,2017年《反不正当竞争法》对这一概念进行了完善。根据这一概念,商业秘密由技术信息和经营信息构成。技术信息,通常是指凭借经验或者技能产生的,在实际中尤其是工业中使用的技术情报、数据或者知识，包括化学配方、工艺流程、技术秘诀、设计图纸等，且未获得知识产权法的保护。而经营信息，则指具有秘密性质的经营管理方法以及与经营管理方法密切相关的资讯和情报，包括管理方法、产销策略、客户名单、货源情报以及对市场的分析、预测报告和未来的发展规划。我国对商业秘密概念的界定基本上与国际趋势保持了一致。

商业秘密作为一种民事权益，其持有人能够依赖该技术信息和经营信息取得市场竞争优势，但这种竞争优势具有非排他性和不确定性。所谓竞争优势的非排他性，是指其他市场竞争主体只要是通过合法途径（如自行研发、被许可、受让或反向工程等）获得商业秘密，就可以正当使用。所谓竞争优势的不确定性，是指该商业秘密通过正当途径被公开，本领域的生产者或经营者普遍知晓该商业秘密。例如，第三人通过合法途径（如自行研发、受让等）获得该商业秘密，其认为该信息通过申请专利能够获得相对稳定的保护，则该商业秘密因其申请专利的公告或公布就失去了秘密性；如竞争对手在现有商业秘密的基础上，研究出更具有竞争价值的新信息，为了打击竞争对手，其公布现有商业秘密，则该商业秘密因公布就失去了秘密性。

商业秘密的构成要件。现代社会是一个信息高度发达的社会，只有具有竞争价值的信息才能够为权利人带来竞争优势，并受反不正当竞争法保护。受反不正当竞争法保护的信息称为商业秘密，必须具备法定的构成要件，包括秘密性、保密性和价值性。当事人指称他人侵犯其商业秘密的，应当对其拥有的商业秘密符合法定条件、对方当事人的信息与其商业秘密相同或者实质相同以及对方当事人采取不正当手段的事实负举证责任。

（一）构成要件之一秘密性

秘密性的认定和举证。"商业秘密的核心构成要件是秘密性"。所谓秘密性，《反不正当竞争司法解释》第9条第1款规定，有关信息不为其所属领域的相关人员普遍知悉和容易获得，应当认定为《反不正当竞争法》第10条第3款规定的"不为公众所知悉"（也称为"非公知性"）。秘密性是相对的，其拥有者不一定是唯一的，只要所属领域的相关人员不公知即可认定为具有秘密性。关于公众的理解，是信息所属领域内的同行或内行中的一般人或多数人，即公众不是各行各业的所有人，而是信息所属领域内的同行业或内行的人。如果商业秘密信息已被信息所属领域内的同行或内行中的多数人或一般人知悉，那就失去了秘密性的特征，即"为公众所知悉"。值得注意的是，在权利人采取保密措施的前提下或依法律规定或合同约定在相关人员负有保密义务的情况下向其公开秘密，并不会导致商业秘密信息丧失秘密性。

根据举证责任的一般原则，当商业秘密所有人主张该信息属于"不为公众所知悉"，需要对该主张提交证据以证实自己的主张。但是，"非公知性"是消极事实，证明"非公知性"是不能穷尽的，所以要求原告证明自己的信息是"秘密"，事实上是不可能的。原告需要证明的是自己的信息是其经过反复测试或者研发获取的，应当推定属于商业秘密，当然原告也可以通过提交专家"鉴定意见"证明自己的主张。而被告如果要证明该信息不是秘密，只需要提供证据证明该信息被公开即可。如果被告不能提交证据证明信息已经公开，则视为原告已经完成了举证的义务，涉案信息属于"非公知"。被告反驳的证据可以是公开出版物或使用公开之证据。

被控侵权人抗辩的尚方宝剑——反向工程。能够通过反向工程获取的信息还具有秘密性吗？所谓反向工程，是指通过对产品进行分解、解剖得到的产品的构造、成分、制造方法等信息。日本将反向工程分为以下几种情形：第一，如果产品售出后经分析很容易发现秘密信息，则自该产品售出后，该消息认为已被公知；第二，虽实施反向工程，但在短期内很难掌握其耐久度、成本价格的，不能认为已被公知；第三，如经过反向工程掌握了信息的人，将其作为秘密管理时，也不能说是为人所公知。美国对反向工程（或逆向工程）抗辩进行了限制：一是所用逆向工程的产品不能是非法获得的；二是不能违反与他人订立的禁止逆向工程的协议。在日本"陶瓷电容器"案例[1]中，原告公司所主张的商业秘密是 6000 张陶瓷电容器积层机及印刷机的设计图，这些信息以电子文档的方式储存在硬盘以及 CAD 之中，是原告公司从 1988 年创业以来所有的设计图片的总和。首先，法院认可上述信息的秘密性。这么庞大的信息量，不能说通过反向工程完全不能够将这些信息推算出来，但至少从涉案电子信息的量、内容以及形式来看，即便是通过反向工程能够获得与涉案电子信息相近的信息，可以推定也需要通过专家、支付高额的费用、进行长时间的研究分析才能够获得。为此，法院认定，公开使用，即销售大量陶瓷电容器积层机及印刷机，不会造成该秘密信息的公开。其次，法院不予认可被告反向工程的主张。被告要证明通过反向工程能够获得这些信

---

[1] 陈爱华："日本关于商业秘密构成要件的认定"，载《知识产权》2012 年第 12 期。

息,那么提交实施反向工程过程的证据是具有说服力的。而该案中,被告并未提供相应证据。

本节案例中,原告主张09款风景海狮仪表板本体、门板本体的3D数据构成商业秘密,但该3D数据仅涉及产品的形状、尺寸,相关产品进入市场后相关公众通过专业仪器测绘即可直接获得,且前述获得过程无需付出一定的代价,因而法院认定其不具有秘密性。

美国司法实践中关于秘密性的举证。美国商业秘密权利人应当就秘密性事实进行初步的举证。美国《统一商业秘密法》中对秘密性的界定是"不为公众知悉或者容易获得",不为公众知悉或容易获得是消极事实,证明消极事实是一项困难的工作。原告至少应当提供证据说明他的技术或经营信息与公知认识不同,这些差异是原告通过时间、精力和金钱的投入获取的,只有这样才能初步说明该行业的相关公众不知悉或者不能轻易获取原告主张商业秘密的信息。美国法院裁判时十分注重原告证明其获得争议信息的方式的证据,例如在 Computer Care 案中,原告 Computer Care 公司是一家提供"自动提示信"服务的企业,其在诉讼中主张被告侵犯了包括多触发器系统在内的五项个别技术和一项整体技术的商业秘密。地区法院审理后认定原告的主张成立。而审理该案的第七巡回上诉法院则认为原告没有提供任何证据证明多触发器系统不为该行业的其他企业所公知;原告也没有提供任何证据证明其在确认多触发器系统更加优越这一问题上花费了时间和金钱。因此根据伊利诺伊斯法,原告使用的多触发器系统不是受保护的商业秘密。在 VALCO CINCINNATI 案中,原告为证明其主张的技术为商业秘密,提供证据证明其在产品材质的选择上投入了时间、精力和金钱,只有在经过细致考虑、测试和实验论证,确保该材料能够达到预期的效果并且能使该部件和整个产品都稳定运行后才会决定使用。而这样的测试通常需要经过多个产品周期,花费几年的时间才能完成。因此在没有其他证据表明原告使用的材料是行业内的公知选择的情况下,法院认为争议技术具有秘密性。

我国司法实践的典型案例。(1)充分的研发资料和完整的研发过程能够初步证明权利归属。国核宝钛锆业股份公司与西部新锆核材料科技有限公司、惠某宁侵害商业秘密纠纷案[2016]陕民终451号,二审法院认为,国核宝钛锆业股份公司从2014年6月开始,进行了海绵锆表面钙、镁、钠分析方法,锆及锆合金中钾、锂含量分析方法、锆及锆合金中铍含量分析方法的研发试验工作,并形成了相关试验方案、试验报告、分析作业指导书、分析报告单。分析作业指导书等技术资料载明的涉案三项技术方案的方法、步骤、条件、参数等内容非常具体详细,能够证明涉案三项技术方案系宝钛公司经过多次试验自行研发完成,非本领域相关技术人员普遍知悉和容易获得,故应认定宝钛公司要求保护的涉案三项技术方案具有"不为公众知悉"的特征。(2) 秘密性证明可以通过鉴定意见的形式,但鉴定意见仅仅是参考,通过反证可以推翻鉴定意见的结论。刑事案件中,秘密性的证明必须达到排除合理怀疑的证明标准。"蒋某辉、武某军侵犯商业秘密罪案"〔2017〕苏02刑终38号,关于涉案秘密点是否属于"不为公知知悉",有多份鉴定意见,无锡市公安局直属分局委托上海市知识产权司法鉴定中心出具的鉴定意见①,认定秘点1、秘点2针对出版物而言,构成属于不为公众所知悉的技术信息;无锡市公安局直属分局委托江苏省科技咨询中心出具的鉴定意见⑤,认定秘点1、秘点2不为所属领域的相关人员普遍知悉和容易获得;无锡大山机械有限公司(简称大山公司)委托上海市知识产权司法鉴定中心出具的鉴定意见⑥,认定秘点1、2属于不为公众所知悉的技术信息;常州双益铸工机械科技有限公司(简称双某公司)委托北京紫图知识产权司法鉴定中心出具的鉴定意见②,认定秘点1与常州东风农机集团有限公司(简称东风公司)铸造分厂使用的水平分型冷芯盒射芯机中相关技术信息结构相同,具有同一性,东风公司铸造分厂的冷芯盒射芯机产品由"大山机械无锡"制造,结合东风公司与大山公司的产品订货合同以及大山公司开具的增值税专用发票,秘点1最迟自2012年12月已经销售使用,依据"该信息仅涉及产品的尺寸、结构、材料、部件的简单组合等内容,进入市场后相关公众通过观察产品即可直接获得"的规定,秘点1最迟自2012年12月不构成不为公众所知悉的技术信息,秘点2在市场上可以获得该信息,秘点2从其他公开渠道可以获得且无须付出一定的代价而容易获得,不属于不为公众所知悉的技术信息;北京市联拓律师事务所委托上海市科技咨询服务中心知识产权司法鉴定所出具的鉴定意见③,认定秘点1在2010年12月31日前不属于不为公众所知悉的技术信息;北京市联拓律师事务所委托上海市科技咨询服务中心知识产权司法鉴定所出具的鉴定意见④,认定鉴定意见⑤所涉及的技术信息不构成不为公众所知悉。一审法院认为辩护人的抗辩不足以说明秘点1、2的全部技术信息已为相关人员普遍知悉和容易获得。二审法院认为,蒋某辉、武某军及辩护人提交的数份鉴定意见提出秘点所涉的机械活动、设备构造现象等可观察,符合秘点为结构类技术特征而缺乏保密性的特点,系合理质疑,鉴定意见⑤不应予以采信。综上,秘点1、2所涉技术信息因使用而公开系合理怀疑,鉴定意见⑤等证据尚不能达到排除合理怀疑的证明标准,蒋某辉及其辩护人、武某军及其辩护人提出秘点1、2不符合商业秘密非公知性要件的上诉意见,法院予以采纳。

总而言之,商业秘密要件之秘密性证明要注意以下几点:第一,秘密性是指"不为公众所知悉",也称"非公知性",可以从两个方面来证明,不为所属领域的相关人员普遍知悉或容易获得。第二,秘密性的证明。当事人证明秘密性,既可以提交其项目立项、试验、测试等的数据和分析资料,说明该信息不容易获得,也可以提交鉴定意见证明该信息不为相关人员普遍知悉。第三,秘密性属于消极事实,商业秘密持有人证明具有相对性,当事人提交初步证据证明该信息不为所属领域人员普遍知悉或容易获得即可,被控侵权人有权提交证据进行抗辩。第四,鉴定意见的地位。鉴定意见属于法定的证据种类,除国家机关以及其他职能部门依职权制作的公文文书外,证明力与其他证据种类证明力相当。在商业秘密纠纷民事案件的立案程序中,不需要当事人提交鉴定意见证明其商业秘密具有秘密性,法官将根据技术的复杂程度以及诉讼案情的发展,决定是否启动鉴定程序或接收当事人提出的鉴定请求。本案中所涉及的技术并不复杂,法官根据当事人提交的其他证据材料就能认定案件事实。因此,进行鉴定没有意义,法官没有同意当事人的申请。第五,鉴定意见相冲突问题。鉴定时一般是把当事人主张构成商业秘密的秘密点进行文献检索,如果秘密点的技术方案没有被公开的文献,就会得出"不为公众所知悉"的结论。检索的文献主要是出版公开的文献,对于使用公开的证据,如果另一方当事人在重新鉴定时提交了,鉴定结论也许就会截然相反。因此,在鉴定程序、鉴定方法等不变的情况下,当秘密点与对比文献,有任何一方的信息发生了变化,结论也就会发生变化。需要正确看待鉴定意见。第六,秘密性的证明标准。严重的侵犯商业秘密的行为,不仅要承担民事责任,还要承担刑事责任。一般而言,刑事案件的证明标准是排除合理怀疑,民事案件的证明标准是优势证明标准。在刑事案件中对秘密性证明采取排除合理怀疑标准时,需要注意商业秘密权利人的非排他性。第七,反向工程抗辩的限制。理论上,任何的技术都可以通过反向工程掌握,承认反向工程的绝对性就是否定商业秘密的秘密性。蒋某辉、武某军侵犯商业秘密案中,二审法院认为，使用公开处于任何人想得知就能够得知的状态，秘点所涉的机械活动、设备构造现象等可观察，秘点为结构类技术特征而缺乏保密性的特点的这一观点不利于商业秘密的保护。

(二) 构成要件之二保密性

商业秘密的保密性是指对信息采取了合理的保密措施。该要件强调的是权利人的保密行为，而不是保密的结果。之所以有此规定，是因为法律鼓励为权利而斗争者，不应保护权利上之睡眠者。保密性的客观存在，使得竞争对手在正常情况下通过公开渠道难以直接获悉该信息。因此，有学者指出，"保密性要件表明了信息所有人将信息作为财产进行管理、保护的愿望及行动。如果说'秘密性'可以称为'客观秘密性'的话，那么'保密性'则可以称为'主观秘密性'。"[1]

保密性的认定。虽然最高人民法院司法解释的规定明确而具体，但实务中保密性认定依然是难点。一般情况下原告或多或少均能举出采取了保密措施的证据，但这种保密措施是否合理，仍是判断的难题。实践中争议最大的是签订保密合同、制定保密规章的措施是否能够构成合理的保密措施，其中又以在保密条款、保密规章未具体载明保密内容的情况下是否可以构成合理的保密措施争议最大。对此问题，法院主要存在两种观点：一种观点认为，通过合同约定或者保密规章的方式主张保密措施，应当在合同中或者规章制度中明确保密的内容、范围，如果没有具体指向何为应当保密的对象，则不能认为原告采取了保密措施或者保密意图被员工所知悉。另一种观点认为，只要能够证明存在保密条款和保密规章，即便保密内容不明确，也可以认为原告采取了合理的保密措施。采取了保密措施，是商业秘密持有人具有保密意思的重要体现，法律仅规定要求权利人采取保密措施，但并不要求保密措施不计成本或万无一失。商业经营活动中，企业的商业秘密往往不是一成不变的，而是在不断地开发、变化，如果强求企业针对每一项新的技术成果或客户名单都要另行订立合同或者颁布保密规章，既不现实也无必要。

从美国判例看保密措施合理性标准。"杜邦公司诉克里斯托夫"案[2]

---

[1] 冯晓青："使用秘密信息具有合法来源不构成对他人商业秘密的侵犯"，载《不正当竞争及其他知识产权侵权——专题判解与学理研究》（第1分册），中国大百科全书出版社2010年版，第102页。

[2] 李明德："杜邦公司诉克里斯托夫——美国商业秘密法研究"，载《外国法译评》2000年第3期。

中，被告提出，他们拍摄杜邦公司的厂房，将照片提供给第三人，没有侵权。因为，他们是在属于公有的空中拍摄的，既没有违反政府的航空法案，也没有欺诈的或非法的行为存在。也就是说，杜邦公司的生产方法是暴露在公共视野中的，不属于采取了预防措施的秘密。对于这个问题，第五巡回上诉法院认为只要商业秘密的所有人采取了合理的预防措施即可，有关的保密措施不必是过于繁重或极端的措施。法院指出，原告的工厂正在建设之中。尽管在完工之后，从空中不会再看到原告的生产过程，但现在却能够从空中观察到原告的商业秘密。在这种情况下，不能过分地要求原告在未完成建设的厂房上加上顶棚，以防他人从空中观察其生产工艺。我们可以要求合理地针对掠夺性眼睛的预防措施，但"针插不进的堡垒"是不合理的要求。我们没有理由将此种责任强加在产业发明者的头上，从而去保护他们的创造成果。也许应当修建一般的栅栏和顶棚，以挡开投来的眼光，但我们不必要求商业秘密的发明人提防不能预见的、不能察觉的或不能防备的现有间谍方式。"USM诉玛森"一案。一审法院经过审理认定，原告开发的技术可以作为商业秘密，但原告没有采取必要的保密措施，因而不能获得保护。本案的事实是，原告工厂有隔离墙，雇员和参观者入厂要经过有人把守的大门；雇员只能在其工作区活动，跨地区活动要经过盘问；参观者须成批出入，并只能在接待区活动，没有厂方人员陪同不得擅入其他区域；设计草图和图纸由工程设计部门管理，因工作需要调阅的，需要办理专门手续；所有管理人员、技术人员、研究和设计人员都与厂方签订了保密合同。上诉法院认为本案中原告的保密措施是极为合理完善的，法院为此作出了原告胜诉的判决。当然，原告的保密措施也不是万无一失的。例如，没有对上下班的员工进行检查，是否带走了产品、文件或图纸，没有在所有的文件或者图纸上打上保密的标记。再如，没有在保密合同或者必要的场合具体指明哪些是自己的商业秘密。美国法院指出："最完美的保密措施未必是适当的保密措施，保密措施不能要求过高和损害生产能力。"由于不侵害他人合法权益是每个人的法定义务，因此只要权利人采取的保密措施能为他人所识别，他人就应望而却步，此时权利人的保密措施就可被认定为合理的。有关的保密措施不必是过于繁重的或极端的措施。当然，权利人所采取的保密措施，不能低于法律能够给予确认的最低标准，或者如果当事人懈怠于采取合理措施保护其商业秘密，疏于对商业秘密的管理，其商业秘密必然得不到保护。美国在司法实践中认为合理的保密措施包括：(1)把接近商业秘密的人员限制到极少数；(2)利用物质障碍使非经授权人许可的人不能获取任何有关商业秘密的知识；(3)在可行的情况下，规定雇员只接触商业秘密的一部分；(4)对所有涉及商业秘密的文件，都用表示秘密等级的符号一一标出；(5)要求保管商业秘密文件的人员采取妥善的保护措施；(6)要求有必要得知商业秘密的第三人签订适当的保密合同；(7)对接触过商业秘密又即将解职的职员进行退出检查。[1]

我国司法实践的典型案例。(1)保密措施不能以他人法律义务替代。蓝星商社、南通中蓝工程塑胶有限公司、南通星辰合成材料有限公司与南通市旺茂实业有限公司侵害商业秘密纠纷再审案[2017]最高法民申1602号，最高人民法院再审认为：第一，涉案信息共有的状态下，各共有人采取的保密措施不能互相替代。即使某一共有人采取了合理的保密措施，但不能当然视为其他共有人已采取了合理的保密措施。第二，基于公司法所规定的董事、监事、高级管理人员忠实义务中的保密义务，并不能完全体现商业秘密权利人对其主张商业秘密所采取保密措施的主观意愿和积极态度，不能构成作为了积极行为的保密措施，显然亦不能免除权利人对商业秘密采取合理保密措施的证明责任。(2)保密措施合理的认定。沈阳化工股份有限公司与唐山三友氯碱有限责任公司、辽宁方大工程设计有限公司等侵害技术秘密纠纷申诉案[2016]最高法民申2857号，最高人民法院认为，沈阳化工股份有限公司（简称沈化公司）自20世纪60年代伊始即制定并实施严格的保密制度及泄密处罚条例；与本案相关生效刑事案件被告人原沈化公司技术人员孙某与沈化公司签订的劳动合同书对保密义务有作出明确约定；生效刑事案件被告人原沈化公司技术人员解某文供述称沈化公司有严格的保密制度，其从沈化公司退休后无法再进入相关生产厂区。沈化公司对涉案技术信息采取的保密措施已经满足司法解释规定的要求，在正常情况下足以防止涉案技术信息被不当泄露。故二审法院认定沈化公司采取了合理的保密措施并无不当。(3)竞业禁止和商业秘密保护分别调整不同的法律关系，竞业禁止约定虽然能够有效保护商业秘密，但其不代表保密措施。唐山玉联实业有限公司、玉田县科联实业有限公司侵害商业秘密纠纷再审案[2017]最高法民申2964号，最高人

---

[1] 刘金波、朴勇植："日美商业秘密保护法律制度比较研究"，载《中国法学》1994年第3期。

民法院认为，首先，《关于保密工作的几项规定》仅有四条，且内容仅原则性要求所有员工保守企业销售、经营、生产技术秘密，在厂期间和离厂二年内，不得利用所掌握的技术生产或为他人生产与本公司有竞争的产品和提供技术服务，仅此不属于切实可行的防止技术秘密泄露的措施，在现实中不能起到保密的效果。其次，《关于技术秘密管理的具体措施》系玉联公司在一审法院于2015年5月18日第二次开庭时提供，且仅有电子档，不具有真实性。再次，《销售管理制度》《营销服务责任书》采取的措施内容基本一致，即要求公司营销人员在职期间和离职三年之内不得利用原销售渠道销售公司同类产品。上述约定没有明确于某奎应当承担的保密义务，而仅限制于某奎在一定时间内通过原有渠道销售公司同类产品，该约定应当认定为竞业限制约定。竞业限制约定通过限制负有保密义务的劳动者从事竞争业务，而在一定程度上防止劳动者泄露、使用用人单位的商业秘密。但是，相关信息作为商业秘密受到保护，必须具备反不正当竞争法规定的要件，包括采取了保密措施，而并不是单纯约定竞业限制就可以实现的。最后，《劳动合同协议书》为劳动人事局等部门制定的格式合同，其第11条第五项规定，乙方要保守甲方的技术经营机密，泄露甲方机密或利用厂技术机密与厂竞争者，甲方保留追究经济损失的权利。该规定同样不能认定为构成符合规定的保密措施。综上，虽然玉联公司主张其采取了一定的保密措施，但上述措施并不符合相关规定。因此，其请求保护的技术信息和经营信息不构成《反不正当竞争法》第10条规定的商业秘密的保护要件。

综上，判定商业秘密持有人是否采取了合理的保密措施主要从以下方面考虑：其一，商业秘密持有人应当有积极的保密意愿。与职工签订竞业禁止协议不能代替保密措施，公司法对高管的法定忠诚义务也不能代替保密措施。其二，商业秘密持有人主观保密意愿应当通过客观保密措施来体现，具体保密措施的采取可以参照司法解释的规定。其三，保密措施应当是适当的、合理的，与保密的信息相对应，并满足最低的保密要求，使得接触该信息的人知道该信息是保密的。本节案例中，特斯克公司与毛某才于2008年1月25日签订的劳动合同载明，"如毛某才工作涉及特斯克公司商业秘密的，特斯克公司可与毛某才依法签订保守商业秘密协议或竞业限制协议，明确双方的权利义务，该协议作为本合同的附件"。由于特斯克公司没有与毛某才签订保守商业秘密协议，且在劳动合同中也没有要求毛某才保守其商业秘密的约定，视为特斯克公司主观上没有保护其商业秘密的意愿，或者可以说明其没有商业秘密需要保护。就其他证据而言，仅能证明毛某才接触了相关技术信息，但由于特斯克公司没有明确限定接触该技术信息的人员范围，禁止接触该信息的人员擅自泄露、使用或许可他人使用该信息，客观上属于没有采取任何相应的保密措施。关于"保密措施"的认定，《反不正当竞争法司法解释》第11条进行了具体的规定。因此，特斯克公司未能举证证明其采取了相应的保密措施，所主张的技术信息不符合《反不正当竞争法》的规定，不属于商业秘密。

商业秘密是企业的隐性财产，企业只有采取合理的保密措施，法律才对其财产进行保护。商业秘密侵犯认定中，侵权行为的认定也是难点，商业秘密权利人不仅要证明涉嫌侵权人实施了《反不正当竞争法》第9条列举的行为，还要证明涉嫌侵权人窃取、披露、使用和允许他人使用的商业秘密与权利人是相同的或实质相同。关于实质相同的判定，可以参考专利等同原则适用规则的相关内容。

第二节 商业秘密客户名单保护

——[2015] 常知民初字第68号

一、法律要点

商业秘密中的客户名单，包含客户名称、地址、联系方式以及交易习惯、意向、内容等构成区别于相关公知信息的单一客户深度信息，以及保持长期稳定交易关系的众多名册广度信息。客户名单构成商业秘密，同样需要满足秘密性、保密性和价值性。秘密性认定是客户名单的难点，需要满足一定的条件，其一客户名单中独立名单包含的信息不能为业内所公知，其二权利人为掌握客户名单投入大量人力物力，其三通过正当手段难以获得客户名单。赋予客户名单合法来源的抗辩理由，是为了维护离职员工与客户的信赖关系，司法实践中把信赖关系的保护局限于执业技能高的行业具有一定的偏见。关于离职员工公平竞争权的保护，法律缺少关注。

二、案情介绍

江苏孜航精密五金有限公司（简称孜航公司）因姬某建、方某、常州市朗轩斯精密机械有限公司（简称朗轩斯公司）不正当竞争纠纷一案诉讼至常州市中级人民法院。

原告孜航公司向本院提出诉讼请求：(1)判令姬某建、方某、朗轩斯公司立即停止从事与孜航公司相同或相关的生产经营活动；停止侵害孜航公司商业秘密的侵权行为。(2)判令姬某建、方某、朗轩斯公司共同向孜航公司赔偿损失300万元及合理支出费用10万元。(3)判令姬某建、方某、朗轩斯公司承担本案全部诉讼费用。事实和理由：孜航公司成立于2008年5月，2013年11月，股东为王某龙、江某华、江某红、吴某雷、丁某全、姬某建，其中姬某建占股12%，同时姬某建为该公司监事，在该公司担任副总，负责生产经营及日常管理。2013年11月19日，王某龙、江某华、江某红、吴某雷、丁某全、孜航公司为一方，姬某建为一方，双方当事人订立协议一份。协议内容为：原孜航公司股东姬某建因个人原因主动提出退股离开公司，将原持有公司的12%股份分别转让给王某龙、江某华、江某红、吴某雷、丁某全；姬某建所持公司股份作价153.2万元；公司章程及营业执照变更结束前，以上五位股东需将股份作价金额一次性支付结清（2013年12月30日前）；三年内姬某建不得从事与孜航公司相同或相关的经营生产和营销活动，否则孜航公司有权追溯其法律责任。合同签订后，王某龙、江某华、江某红、吴某雷、丁某全、孜航公司等已经按约将股权款153.2万元支付给姬某建。但是孜航公司发现：第一，姬某建、方某于2014年3月设立了朗轩斯公司，法定代表人方某（与姬某建为夫妻关系），姬某建为该公司股东，该公司经营范围为模具、五金件、机械零部件的加工和销售，其经营范围与孜航公司重合，生产销售的产品与孜航公司相同。第二，姬某建利用原在孜航公司获知的客户信息、价格信息等，从事朗轩斯公司的生产经营活动。孜航公司认为，双方于2013年11月19日签订的协议系双方当事人的真实意思表示，符合法律规定，应为合法有效，对双方当事人均具有法律约束力。现姬某建已经收到向其支付的股权协议款，应当严格按约履行，并且严格依照诚实信用原则，恪守公司的商业道德，不得侵犯孜航公司商业秘密等。但姬某建、朗轩斯公司的前述行为，违反其自身承诺，恶意占据市场，从事与孜航公司相同的生产经营活动，利用孜航公司特有的客户信息和价格信息，侵害孜航公司商业秘密，严重违反诚实信用的经营准则，损害公平竞争的市场秩序，对孜航公司构成不正当竞争，给孜航公司造成了巨大的损失。

姬某建、方某、朗轩斯公司辩称，孜航公司在诉状中陈述的事实与理由根本不是事实，孜航公司所指的客户名单不符合商业秘密的规定。被告不存在侵犯商业秘密的行为，方某和朗轩斯公司不是孜航公司的相对人，非本案适格被告。孜航公司提起本案诉讼是滥用诉权，请求驳回孜航公司的全部诉讼请求。孜航公司起诉的商业秘密事实上不构成法律上严格的商业秘密，三被告不构成侵权，方某、姬某建作为个人在本案中的行为按照孜航公司的说法应该是职务行为，其个人不是孜航公司的相对方，所以两个个人不是本案适格的被告。请求法庭在查明事实的基础上驳回孜航公司的全部诉请。

原告孜航公司在庭审中提交以下证据证明其主张：

第一组证据：（1）孜航公司制作的主张商业秘密的客户名单简表，共32个客户。商业秘密保护范围包括以下三点：第一，每个客户的联系人和联系方式，即A、B栏；第二，客户的定价单，即H栏；第三，E、J栏，每个客户CFDA许可产品数以及委托孜航公司加工的CFDA产品。联系人、联系电话证明孜航公司商业秘密不为公众所知悉，而且为孜航公司付出劳动和努力才获得的。交易时间和发票证明这些客户是孜航公司长期稳定的客户。E、J栏证明这些信息不为公众所知悉，孜航公司对此付出了劳动和努力以及姬某建对这些商业秘密的接触。F、G、H栏共同证明了这些客户为孜航公司长期稳定的客户以及姬某建对这些商业秘密的接触，有姬某建签字，以及孜航公司为获得商业秘密付出了劳动和努力。I栏采购单证明姬某建对商业秘密的接触，其中的部分采购单也证明了姬某建的身份是副总，上面写的是姬总。第一组证据证明孜航公司在本案中主张的商业秘密保护范围以及所主张的这些商业秘密符合法定构成要件：第一，不为公众所知悉；第二，客户长期稳定，孜航公司为此付出了劳动和努力。孜航公司补充陈述：第一组证据中的A、B栏联系人、联系电话，是依据客户档案管理台账得出。对于C、D栏交易时间和发票，这些客户交易时间很早，发票也非常多，在提取证据时交了复印件，发票原件有。对于E、J栏产品许可数以及委托孜航公司加工，这栏在国家食品药品监督总局网站上可以查询到，E栏从给客户的送货单中提取，送货单非常多，如果需要可以提交。F栏开模协议有部分原件。对于G栏技术图纸当时提供了复印件,原件在孜航公司电脑中。关于 H 栏定价单,定价单是孜航公司与客户签订的交易合同的附件,记载了基本交易合同中确定的 E 栏零件的价格的细分价格。关于 I 栏订单提交了原件。

第二组证据:证明孜航公司对这些商业秘密采取了保护措施。(2) 孜航公司员工手册,有员工签名,其中有对商业秘密的保护措施。(3) 员工手册承诺人汇总表,证明孜航公司所有员工均签字认可员工手册,进一步说明姬某建作为孜航公司的董事、监事以及副总对此明知,且负有更高的注意义务。汇总表每年都有。(4) 孜航公司前章程及股东会决议。(5) 孜航公司与姬某建所签协议、收据一份、孜航公司 2013 年度财务报表。证明:第一,姬某建是孜航公司原股东、监事、高管;第二,协议禁止姬某建从事与孜航公司相似的行业,协议是双方对商业秘密保密措施的另一种形式的约定;第三,姬某建作为公司的高管明知员工手册中的规定内容;第四,结合财务报表,姬某建所获得的股权转让款是有一部分溢价的,另一方面也说明姬某建对商业秘密及保密措施的知晓;第五,姬某建收到了转让款。第三组证据:(6) 朗轩斯公司章程及工商登记信息,证明姬某建及方某是朗轩斯公司的股东;朗轩斯公司章程第 5 条经营范围与孜航公司重合;方某是朗轩斯公司的法定代表人;姬某建和方某是夫妻关系,在本案中为共同侵权人,在明知侵犯商业秘密的情况下实施了共同侵权。(7) 法院向武进区国税局调取的朗轩斯公司 2014 年 4 月到 2015 年 6 月部分销项发票报税情况,孜航公司依据报税情况上的税号所做的汇总表。证明:第一,朗轩斯公司在此份清单中的所有销售企业均在孜航公司作为商业秘密的客户名单保护范围内,侵犯了孜航公司的商业秘密;第二,在 2014 年 4 月至 2015 年 6 月中朗轩斯公司仅在国税局有开票的销售中达到 2 057 349.9 元。依据开办公司商业活动的常识,在短短 10 个月中以全部客户都是孜航公司之前客户的情况来看,朗轩斯公司以及其股东对孜航公司商业秘密侵犯严重(一审法院根据孜航公司申请,于 2015 年 7 月份向武进区国税局调查了孜航公司提供的客户名单中与朗轩斯公司发生往来的开票情况,朗轩斯公司总共开具了 41 份发票,涉及 11 个单位,时间跨度从 2014 年 4 月份到 2015 年 6 月份。国税局电脑系统中只有以上这段时间有相关往来)。第四组证据:委托代理合同、发票,因为是孜航公司的常年法律顾问单位,孜航公司先支付了代理人 1 万元律师费,但本案中孜航公司主张合理支出为律师费 10 万。

三被告质证意见：

第一组证据：该份材料由孜航公司单方制作，对其真实性不予认可。孜航公司所说的证明目的在这上面不能证明，该份表格充其量只能证明表格上列出的文字内容而已，而不能证明所主张的内容。

第二组证据：对员工手册、汇总表因为没有原件，不予认可。对章程没有异议，但是不能证明监事身份，仅能证明其为小股东。对股东会决议因为没有原件，不予认可。对协议真实性没有异议，但是该协议针对股权转让，而姬某建没有收到全款，协议中第3条所列的竞业禁止的条款与协议的内容是相悖的，该协议签订之前和之后姬某建都没有收到过任何补偿金，该条款应该属于无效条款。而且姬某建夫妻俩从苏北来到常州当时借债投入到公司，在被迫离开公司后被要求不能从事相关的生产营销活动，这也不合情理。收据是写了，其实没有收到全款，具体情况庭后说明。财务报表没有原件，不能证明孜航公司的主张。

第三组证据：工商登记信息和章程没有看到原件，说明一下，朗轩斯公司的经营项目和内容与孜航公司只是部分有相同相似。朗轩斯公司的生产经营活动也不是依赖孜航公司的商业秘密进行的，其生产经营活动没有侵犯孜航公司的权利。关于法院根据孜航公司申请调取的报税情况真实性没有异议，但对孜航公司据此提出的证明目的不予认可，而且这些内容仅仅能证明朗轩斯公司开具发票的情况，不能证明侵犯商业秘密行为的事实。对孜航公司自己制作的汇总表内容真实性不认可。

第四组证据：这是孜航公司当庭提交的证据，且不属于新证据，孜航公司代理人陈述孜航公司已经支付了1万元代理费，即整个为了实现权利维护所付出的费用目前只有1万元，至于后面是否能发生到10万还需根据代理合同的内容，因此这是不确定的。

三被告举证：第一组证据：朗轩斯公司与本案讼争的相关单位的往来情况证明，有八家单位。这八家单位都出具了往来情况说明，加盖公司公章，证明朗轩斯公司之所以与相关单位产生业务往来，主要是这些相关的公司主动找到朗轩斯公司或者主动联系朗轩斯公司以后才发生的合作，而且有一部分是相关单位和朗轩斯公司之间新开发的加工项目。第二组证据：基本交易合同书一份，证明北京中法派尔特医疗设备有限公司是主动与朗轩斯公司订立合同的，中法派尔特公司出现在合同采购方。第三组证据：常州安康医疗器械有限公司和常州健瑞宝医疗器械有限公司的样本摘要,证明与朗轩斯公司发生往来的两家单位的样本以及其他相关样本都是随手可得的,与朗轩斯公司往来所有公司的信息都像样本一样是公开的。第四组证据:百度网络查询信息共10页,证明所有与朗轩斯公司往来的单位在互联网上都是可查得的,即相关公司的经营信息完全是公开的,不存在孜航公司所认为的商业秘密。原告认为,上述证据不能达到朗轩斯公司的证明目的。

关于孜航公司主张的赔偿金额,孜航公司陈述:第一,朗轩斯公司在2014年4月到2015年6月实际开票的金额,一年两个月中与9家客户开票金额达到200万元,我们行业毛利率在50%左右,朗轩斯公司违法获利100万。同时,如果这些客户不因朗轩斯公司的侵权行为而与朗轩斯公司发生交易,这些订单本应归属于孜航公司。由此孜航公司丧失了这些可期待利益即100万。第二,自2015年6月份之后截至今日又过了半年,这期间朗轩斯公司并未停止销售,并仍在扩大生产,在这半年期间内有理由相信朗轩斯公司的销售不会低于这个数字,由此产生的利润以及对我方造成的可期待利益损失都应由朗轩斯公司赔偿。第三,朗轩斯公司的主观恶意,姬某建是原来孜航公司的股东、监事、副总,在孜航公司有极大的便利,在姬某建离职后,违背基本商业道德和伦理,违反协议,协议中付给姬某建153万,他只占12%股份,按照2013年所有者权益实际作价673万,12%也就80万,剩余的73万都是孜航公司付给姬某建的,使其遵守协议的对价。这笔金额也应计算在内。

被告陈述,孜航公司所说的所谓的损失都是其自己想象的,没有事实证据证明,所以对这些损失以及合理支出的费用不予认可,更是因为被告没有构成商业秘密侵权。

一审法院认为,孜航公司主张的商业秘密包括普瑞斯星(常州)医疗器械有限公司在内的21家客户名单,据现有证据,被告与该21家客户中的9家发生业务往来。因此,本案仅就该9家客户构成的客户名单信息,相对于被告是否构成商业秘密进行审查及认定;被告没有与其他12家客户发生业务往来,没有证据证明被告对该12家客户信息有侵权行为,该12家客户相对于被告是否属于商业秘密,既没有进行审查的必要,也没有进行审查的法律依据,故对该12家客户信息是否属于商业秘密本案中不作审查。本案对下述9家客户的名单是否构成孜航公司的商业秘密进行审查,9家客户为:普瑞斯星(常州)医疗器械有限公司、无锡市神康医疗器械设备有限公司、江苏钱璟医疗器械有限公司、北京中法派尔特医疗设备有限公司、常州安康医疗器械有限公司、常州健瑞宝医疗器械有限公司、苏州澳力欣精密技术有限公司、常州洛克曼医疗器械有限公司、常州奥尔医疗器械有限公司。

（一）孜航公司主张的上述9家客户名单是否构成商业秘密

（1）孜航公司提供的客户名单列表，包含了客户的具体联系人及电话、许可的产品名称及品种、交易时间及大致交易金额、技术图纸、定价单、零件价格的细分价格等相关经营信息。这些信息作为一个整体，即使普通公众通过互联网等公开渠道能获知相关客户的企业名称、地址、联系人及联系电话等信息，但许可的产品名称及品种、零件单价等相关经营信息，是公众通过互联网等公开渠道完全难以获得的特有信息。并且，从发生交易时间看，这些客户与孜航公司之间具有相对稳定的交易关系。综上，这些信息是不为公众所知悉，孜航公司付出人力、物力、时间与客户维护关系，逐步建立起来的特有的信息。

（2）被告辩称这些信息属于公众信息，并提供网络查询资料、有关单位的宣传册等予以证明，但被告提供的上述证据中并没有包含孜航公司客户名单中的全部信息内容，尤其是许可的产品名称及品种、零件单价等信息，故被告的抗辩不能成立，本院不予支持。

（3）孜航公司在员工手册中规定了员工负有保守公司商业秘密的义务，所有员工在公司内外都有责任维护公司的知识产权，不泄露公司的商业秘密。可见，孜航公司已经对可能接触到公司商业秘密的员工均告知相应的保密义务，对其商业秘密采取了适当的保密措施，姬某建应当明知本案中孜航公司的相关经营信息属于应当保密的范围。综上，上述9家客户名单的相关信息属于孜航公司的商业秘密。

（二）孜航公司所诉侵权行为是否成立

姬某建曾为孜航公司的股东、高管，能接触到孜航公司的上述经营信息。姬某建和其妻子方某设立了朗轩斯公司，朗轩斯公司的经营范围基本与孜航公司的相同。现有证据证明朗轩斯公司与孜航公司的上述9家客户发生了业务往来。首先，姬某建明知相关经营信息属于孜航公司的商业秘密，仍然向朗轩斯公司披露；其次，朗轩斯公司与上述9家客户发生业务往来，不当利用了孜航公司的该商业秘密。姬某建向朗轩斯公司披露孜航公司商业秘密的行为构成侵犯商业秘密；姬某建是朗轩斯公司的股东，为朗轩斯公司法定代表人方某的丈夫，朗轩斯公司应当知道姬某建披露的信息属于孜航公司的商业秘密，仍然利用该商业秘密进行经营活动，朗轩斯公司的行为视为侵犯商业秘密。没有事实及法律依据认定方某侵犯商业秘密。本案所涉经营信息指向的相关产品，没有证据证明需要涉及利用姬某建的个人技能，也没有证据证明在此之前，客户是基于与姬某建的特殊信赖关系与孜航公司发生业务往来，而姬某建离开孜航公司设立朗轩斯公司后，仍是基于此种个人信赖关系，与朗轩斯公司发生业务往来。因此，被告关于9家客户是基于与姬某建个人信赖的抗辩及举证，本院均不予采信。

（三）朗轩斯公司、姬某建、方某各自应当承担的民事责任

（1）孜航公司与姬某建签订协议的时间为2013年11月9日，协议约定三年内姬某建不得从事或与孜航公司相同及相关的经营生产和营销活动，而到本案判决，已超过三年时间，因此孜航公司关于判令姬某建立即停止从事与孜航公司相同或相关的生产经营活动的诉讼请求，本院不予支持。方某、朗轩斯公司与孜航公司间没有关于竞业限制的约定，故孜航公司请求判令方某、朗轩斯公司立即停止从事与孜航公司相同或相关的生产经营活动缺乏事实和法律依据，本院不予支持。

（2）姬某建和朗轩斯公司侵害孜航公司的商业秘密，给孜航公司造成损失，违反了法律规定，姬某建和朗轩斯公司应当立即停止侵害孜航公司的商业秘密，并应当赔偿孜航公司经济损失。方某不承担责任。

综上，一审判决如下：①被告姬某建和常州市朗轩斯精密机械有限公司于本判决生效之日起立即停止侵害原告江苏孜航精密五金有限公司涉案商业秘密的行为；②被告姬某建和常州市朗轩斯精密机械有限公司共同赔偿原告江苏孜航精密五金有限公司经济损失及制止侵权行为支出的合理费用共计168 000元；③驳回原告江苏孜航精密五金有限公司其他诉讼请求。

三、法律条文

《最高人民法院关于审理不正当竞争民事案件应用法律若干问题的解释》（2006年）

第十三条　商业秘密中的客户名单，一般是指客户的名称、地址、联系方式以及交易的习惯、意向、内容等构成的区别于相关公知信息的特殊客户信息，包括汇集众多客户的客户名册，以及保持长期稳定交易关系的特定

客户。

　　客户基于对职工个人的信赖而与职工所在单位进行市场交易，该职工离职后，能够证明客户自愿选择与自己或者其新单位进行市场交易的，应当认定没有采用不正当手段，但职工与原单位另有约定的除外。

四、法理分析

　　客户名单包括销售商客户名单和原材料供应商客户名单等信息，与技术信息相比，该类信息的保护难度更大。

（一）客户名单之秘密性认定

　　客户名单（Customer Lists）属于经营秘密的一种，此类案件常常与雇员跳槽相联系，不仅事关雇主商业秘密的保护，还关系到雇员的就业权。将客户名单作为商业秘密保护，有其特点：一是秘密性不高，二是内容确定性和稳定性差。因此在实务中，确认客户名单的秘密性难度较大，单纯以侵犯客户名单为由提起的侵权诉讼，权利人胜诉率相对较低。

　　美国客户名单的保护及秘密性认定。"客户名单"最早来源于美国，它是美国判例中"Customer Lists"一词的中文翻译，1939年美国《侵权行为法重述》第757条评论之（b）对商业秘密的涵义做了如下说明："一项商业秘密可包括应用于营业上的任何配方（formula）、模型（pattern）、方法（device）或信息的汇编（compilation of information），其可被用于某人的商业事务，并能使之获得优于其他不知道或不使用该商业秘密的竞争者的竞争优势，其可以是一种化学成分的配方，制造、处理或保存某种物品的方法，机械的模型或其他装置，或者是客户名单（Customer Lists）"。客户名单秘密属性认定考虑的因素，主要有以下方面：第一，开发客户名单所耗费的人力财力。英国格瑞额勋爵曾经指出："从任何人都可以使用的资料中经过劳动所取得的工作成果，完全可以成为一种秘密文件……使其成为商业秘密的是，文件的制造者业已动过脑筋，才取得了该成果，而他人只有经过这一同样的过程才能取得该成果。"因此在确定客户名单是否构成商业秘密时，首先就应该衡量权利人是否为开发该客户名单耗费了人力和财力。彼德蒙特烟花公司诉萨特克立夫案中，当事人对原告开发客户名单是否耗费了人力财力进行了充分的辩论，法庭最终确认该案中的客户名单构成商业秘密。原告彼德蒙特烟花公司从事烟花零售和批发业务，并为客户提供烟花表演服务。被告萨特克立夫曾受雇于原告，离职后自己开公司从事与原告竞争的烟花行业。对烟花行业来说，客户资源要靠不断地挖掘和培养，市场上不存在现成的客户。客源存在不确定性，你永远不可能准确地获知哪些人对烟花生意感兴趣。如果当事人在编辑客户名单时，取材于公共信息，而后花费了大量的时间和成本汇编成册，并采取了适当的保密措施，则该客户名单应被视为商业秘密，受有关商业秘密保护法的保护。本案中，双方当事人都承认，原告客户名单是花费了大量的人力、物力才做成的。第二，他人正当获取客户名单的难易程度。商业秘密必须是不易通过正当手段或途径取得的信息，易于取得的信息不允许独占使用，即不能构成商业秘密。敦斯摩尔公司诉阿勒斯案，[1]原告敦斯摩尔公司是康涅狄格州的一家公司，主要业务为物色市场研究人员，将他们推荐给全美最大的消费品公司，从中收取中介费用。经过一段时间，原告与许多大公司的市场研究部门的关系得到发展，开发了由几千个市场研究人员组成的真正的信息库——客户名单。虽然美国市场协会指南记载了大量的信息，包括几千名市场研究人员的姓名、专业或专长（如消费市场、市场分析）、职位、雇主，所涉人员总量超过2万，其中也包括许多本身并不从事市场研究的人员，以及那些只从事这方面理论研究的学者，且指南所记载人员的大部分信息只录入了其家庭住址和私人电话。相比之下，原告客户名单则还包括有关薪金或工作经历方面的信息。虽然，原告客户名单记载的市场研究人员的姓名及其现雇主等信息都是公共信息，但是原告并不需要证明该商业秘密中的每一个组成部分都不可能从其他渠道获得。但市场研究人员现在的薪金水平及其工作履历并非人所皆知，且这些信息也不可能有确切的方法获得，原告可以利用这些信息获得经济利益。一旦从原告的名单中，获取候选人的有关薪金、工作经历、年龄及其他个人资料，像被告这样新成立的公司就可以顺利地开展工作，为客户物色合适的人选。第三，客户名单信息具有一定的深度和广度。如果客户名单中只有客户的姓名、住址、电话、传真、联系人等简单信息，则该名单很难得到保护；但如果该名单还包含某些深层信息，如交易数量、品种、产品规格、客户能够接受的价格、客户的购买频率、交易的历史、客户的特殊要求及交易习惯、结算方式、支付条件等，形成比较

---

[1] 彭学龙："从美国最新判例看客户名单商业秘密属性的认定"，载《知识产权》2003年第3期。

复杂的信息网络，是权利人长期积累的结果，就比较容易受到保护。因为在现实的市场经济运作中，客户名称、电话号码、产品价格都是公开的，许多行业的行业协会都会制作本行业的电话号码黄页。因此，包含客户信息复杂、多样的名单才更容易受到商业秘密法的保护。

我国司法实践的典型案例。（1）同行业竞争者通过正当途径不容易获得的客户信息，具有秘密性。佛山市众达机械设备有限公司等与佛山市正大机电设备有限公司侵犯商业秘密纠纷案［2003］粤高法民三终字第39号。一审法院认为，佛山市正大机电设备有限公司（简称正大公司）在本案中要求保护的商业秘密，有证据证明的是其在经营过程中投入一定的人力、物力并经反复接触、交易后才开发形成的销售客户资料，这属于经营信息。这一经营信息在陈某朗向霍某荣披露之前，以及在陈某朗、何某荣向佛山市众达机械设备有限公司（简称众达公司）披露并为众达公司使用之前，没有证据证明已为没有保密义务的人所知晓。虽然这一经营信息中的某些资料可以通过朋友介绍、公用电话簿上查找、有关企业发布的广告和宣传单册等途径去获得，但从霍某荣多年作同类经营而在陈某朗、何某荣将这一经营信息向其披露之前其并未掌握这一经营信息的事实来看，这一经营信息是具有秘密性，不为公众所知悉的（这里应明确一个问题，客户和客户资料或信息是两个不同的概念，客户作为一个个人或者单位存在，是公开的，但有关它的具体信息，如联系人、电话、地址、经营范围、项目、需求和交易的条件等，却不都是公开的，一般都需要通过投入一定的人力、物力并经反复接触、交易后才能了解，不是任何人想知道就可以知道的）。仅半年时间，众达公司由于使用陈某朗提供的销售客户资料或在陈某朗、何某荣的直接参加下，利用其二人所掌握正大公司的销售客户资料，就与正大公司的16个销售客户快速地建立了机电产品的销售业务关系，累计销售额为340 346元。而同期，众达公司自行开发的销售客户仅有3个，即其总共19个销售客户中，就有16个与正大公司的销售客户重叠。（2）客户信息的形成耗费了大量的人力、物力，该稳定的交易习惯和交易关系具有秘密性。王某瑞与山东五莲山狮钢球有限公司侵犯商业秘密再审案［2009］民申字第249号，山东省高级人民法院认为：山狮钢球有限公司自成立后长期生产经营钢球系列产品，在市场经营中其客户具有很大的不确定性，需要付出大量的人力、物力逐一进行联系和交往，才能建立较为稳定的客户关系。山狮钢球有限公司自1994年就与中国轴承公司、

1997年与江苏华隆兴公司和南京东沛公司建立了业务合作关系,为保持双方之间长期的业务往来,山狮钢球公司积极配合上述三家公司的业务人员及其国外客户对山狮钢球公司的考察,并根据其不同要求,不断提高研发能力和产品质量,改进生产技术,投入了大量的人力、物力,逐步了解掌握了该三家公司所需求的钢球产品的种类、规格、价格、供求状况及质量要求等相关信息,经过长期的业务往来,双方之间在交易的习惯、意向、价格条款、交货规则、货款结算等方面均已达成默契,形成了相对稳定的交易习惯,上述三家客户已从一般的、不特定的、可以从公共信息中获知的客户群中分离出来,成为山狮钢球公司特定的客户名单。兖州市量子科技有限责任公司与邹城兖煤明兴达机电设备有限公司、吴某庆等侵害商业秘密纠纷案〔2016〕鲁民终1364号。一审法院认为,量子公司通过与靖远煤业、王家山煤矿、郑州煤电等客户长期、多次地进行甲带式给料机买卖,建立了持续、稳定的交易关系,上述客户的范围无法从公开信息渠道或通过简单的劳动所能获悉,具有秘密性。同样,对于量子公司与上述客户进入实质性磋商、签订买卖合同相应的交易意向、交易需求、交易习惯等信息,有赖于通过参加行业展会、市场开拓等途径予以掌握,亦无法从公开信息渠道或简单劳动可以获悉,具有秘密性。(3)交易次数的多少,不是客户名单秘密性判断的要件。李某宁等与上海佰斯特电子工程有限公司侵害商业秘密纠纷案〔2016〕沪73民终22号中,李某宁等提出佰斯特公司与有的客户的交易次数仅为1次或2次,上述客户名单不能构成商业秘密。法院认为,佰斯特公司与客户名单中的客户交易次数并非判断是否构成商业秘密的唯一因素,部分客户与佰斯特公司交易后,立即与李某宁等所在新公司发生交易,不能排除接触该信息的行为人将该信息提供给新公司的可能。因此,不能从交易次数推定不构成商业秘密。

通过以上案例的介绍,我们不难发现,客户名单要作为商业秘密保护,同样需要符合商业秘密构成的要件。就客户名单而言,由于构成客户名单的基本信息,如单位名称、地址、联系方式等,基本都能够通过公开渠道获悉,其秘密性的认定具有一定的难度。总结来看,客户名单具有秘密性,应当通过以下方面来证明。第一,客户名单中独立名单包含的信息不能为业内所公知。如由10个供应商构成的客户名单,其中某一个供应商的信息,包括名称、地址、联系人、交易需求、交易意向、交易内容(包括价格区间、产品类型、型号、交易方式)等,不能为业内相关公众普遍知晓。通过公开渠道,能够直接获知的信息,不能由任一方独占使用。第二,权利人为掌握客户名单投入大量人力、物力、财力。由于不能通过公开渠道获取需要的经营信息,权利人就需要从零开始,投入人力、物力有目的、有意识地进行收集,或上门推广或参加交易会,尽可能地通过多种途径获取信息。互联网具有海量的信息,经营者也可以通过对互联网信息进行整理、归类,在此基础上拓展深度信息,发展自己的客户。第三,通过正当手段不容易获得客户名单。对商业秘密进行保护,是为了禁止不正当的竞争行为,法律并不排除通过正当渠道,如自行研发、合法许可等,获得相同的技术信息和经营信息的行为。如所属领域的相关人员只要有需要的意愿,就能够通过正当途径很容易获得客户名单,法律就不应当对该名单进行保护,并禁止他人使用,从而导致不公平竞争。与第一点相比,这是一种主动获取信息的状况;与第二点相比,对于通过正当途径容易获得的信息,即便市场主体投入了大量的人力、物力,也不应当进行保护,这样的市场主体应当由市场淘汰。本节案例中孜航公司制作的主张商业秘密的客户名单简表,包括每个客户的联系人和联系方式(A、B栏),交易时间和发票(C、D栏),开模协议(F栏),产品许可数以及委托(E、J栏),技术图纸(G栏),定价单(H栏,交易合同附件),订单(I栏),上述简表的信息都与具体证据相对应,形成证据链。分析孜航公司的客户名单,不仅包括公司名称和地址,还包括客户需求的商品名称(订单)、型号(模具、图纸)、价格(定价单)等,上述信息不同于从公开途径获得的信息。一方面,单个客户名单的交易习惯非常详细,信息具有一定的深度;另一方面,经过长期的开拓,孜航公司与众多客户建立了合作关系,其客户名单又具有一定的广度。这些信息一般由孜航公司内部相关人员所掌握,并不是无需付出一定代价可以从公开渠道容易获得或者为所属领域普遍知悉的信息,该信息符合秘密性的要件。

(二)客户名单使用之合法性抗辩

对于被认定为商业秘密的客户名单,他人的使用行为,如果符合一定的条件,则不为法律禁止。《最高人民法院关于审理不正当竞争民事案件应用法律若干问题的解释》第13条第2款规定:客户基于对职工的个人信赖,与职工所在单位发生交易,职工离职后,客户与职工或其新单位发生交易,应当认定没有采用不正当手段,但职工与原单位另有约定的除外。此为我国法律中使用客户名单的合法性抗辩。

美国司法实践的借鉴。在涉案信息构成商业秘密的前提下，如使用行为没有合法性，被认定为是引诱行为，该行为在美国将被界定为对商业秘密的一种"直接使用"行为。下面通过一个典型的案例来介绍，不正当行为与合法行为之间的界限。第一，不正当使用客户名单"引诱"的认定。加州最高法院审理的经典案例 Aetna Bldg. Maintenance Co. v. West（简称 Aetna 案），对什么是引诱作出了形象和精辟的阐释："（引诱是指）诚挚请求、祈求，试图获得、使意识到或引起行动、投其所好、引起兴趣，或者邀请。其向特定对象暗示个人祈求和请求以使对象作出特定行为……"在 American Credit indemnity Co. v. Sacks[1]一案（下文简称 ACI 案）中，原告暨上诉人 American Credit indemnity Co.（下文简称 ACI）是一家全美信用保险公司，并且在信用保险的销售领域处于领先地位。被告暨被上诉人 Sacks 于 1979 年成为 ACI 信用保险的承销员，到 1987 年，她已经成为 ACI 顶尖级别的承销员，她经办的保单中，一部分是由 ACI 提供的，另一部分则是她自己发展的客户。1988 年 3 月 4 日 Sacks 从 ACI 辞职，此时她向大约 50 位曾经服务过的 ACI 公司的客户寄出了一封日期标注为 1988 年 3 月 7 日的信。信的开头这样写道："在我们大约合作了 15 年之后，我现在已从 ACI 公司离职，并且很高兴地通知你们一家独立保险公司的成立。我将继续专注于信用保险领域的工作，不过将主要作为马里兰州 Fidelity and Deposit Company 公司（下文简称 F&D）的代表，F&D 现在为客户们提供与 ACI 和 Continental 公司签发的保单种类相同的，令客户们非常感兴趣的选择。如果你想要了解更多 F&D 保单的相关信息，我将很高兴地在你们需要更新合同时，与你们就信用保险的续期问题详细谈判。与此同时，ACI 将为你们的保单委派新的承销员。如果我能在过渡期为您提供服务或者在任何时候为您答疑解惑，请您不要犹豫，打电话给我。我为我们过去的合作感到十分高兴，并希望我们能保持联系。"ACI 于 1988 年 3 月 23 日向本案的初审法院，洛杉矶郡高等法院（简称初审法院），提交了诉状，主张 Sacks 使用 ACI 的"商业秘密"引诱了 ACI 的客户，寻求法庭给予禁止性救济。ACI 同时表示其已经要求员工签署保密协议，而 Sacks 并未对此表示异议。随后的调查发现，部分客户已经决定终止与 ACI 的合作，并准备与 F&D

---

[1] 刘肖："柳暗花明又一村 详解美国商业秘密案件中的引诱规则"，载《电子知识产权》，2012 年第 10 期。

订立合同。这其中包括一家每年投入 23 万美元保费，占 Sacks 每年经办保费总额 30%的主要客户。初审法院没有支持雇主的诉求，上诉法院认为 Sacks 一直在尝试获得 ACI 客户名单上的客户的生意。简言之，Sacks 实施了引诱。因此，依法可以认定 Sacks 3 月 7 日的信构成引诱，并且已经构成对 ACI 客户名单的使用。第二，Aetna 规则（合法性抗辩）适用。从利益衡量的角度来看，引诱行为侧重于保护前雇主的利益，而 Aetna 规则从相反的角度出发，侧重于保护离职雇员的合法利益，为离职雇员的行为提供"抗辩理由"，形成了法律对双方利益平衡保护的态势。Aetna 规则使前雇主的商业秘密不能过度控制雇员的行为，保护雇员在离职时和离职后能够不受干预地进行正当的从业行为。但是，前雇员的行为必须严格符合 Aetna 规则的要求，"普通法上，对于受保护的客户名单，区分其上的公平竞争和不正当竞争的界限在于，做出的行为是声明还是引诱"。加州最高法院对判断前雇员行为的 Aetna 规则作出了精辟的阐释："仅仅是通知前雇主的客户，雇主、雇佣关系发生变化，而不包含更多内容的，不属于引诱。作为被邀请的一方，在收到对方的邀请后产生了商谈交易的意愿，也不构成引诱。衡平法不会禁止一位前雇员由于其前雇主客户的交易意愿而收到交易，即便是在该雇员应当被禁止引诱这样的交易产生的情形下。"上诉法院从普通法对引诱的定义和 Aetna 规则二者相结合的角度，对 Sacks 的行为进行了综合分析，并指出："Sacks 称其 3 月 7 日的信仅仅是新任职声明。虽然这封信是以她从 ACI 的离职并加盟 F&D 的声明开头的，但其很快呈现出了一种不同的语气，Sacks 告知 ACI 的客户，相较于 ACI 的具有利益竞争关系的另一选择 F&D 公司，Sacks 邀请他们咨询 F&D 的产品并表示她乐于在客户们准备续期时与他们商谈。她以个人名义请求、纠缠和恳求 ACI 的客户，可在任何时间打电话给她，以获取 F&D 可以提供的更好的产品信息，并在承销员更换过渡期为客户答疑解惑"。Sacks 实质上承认了，她已经为这家主要客户推荐了 F&D，并因为 F&D 保单的签发而获得了报酬。Sacks 承认她对这家客户所为之行为，与过去她对自己所服务的客户表达出对竞争对手的兴趣时的态度截然不同。上诉法院对 Sacks 抗辩的最终否定，彻底使其行为失去了最后可能的合法来源，也使其行为侵犯 ACI 商业秘密的判决结果成为必然。

我国司法实践的典型案例。李某宁、上海森亿电子工程有限公司等与上海佰斯特电子工程有限公司侵害商业秘密纠纷案［2016］沪 73 民终 22 号。

李某宁等系上海佰斯特电子工程有限公司（佰斯特公司）的员工，后离职成立上海森亿电子工程有限公司（简称森亿公司）。根据增值税发票抵扣信息来看，森亿公司与佰斯特公司主张保护的客户名单中的 40 个客户均有交易，且从佰斯特公司提供的与客户交易的发票、ERP 系统反映的交易记录来比较，佰斯特公司与涉案 40 个客户初始交易时间均在森亿公司之前。森亿公司抗辩，客户名单中的 4 号誉星公司、12 号德润胜达公司、14 号沃立公司、17 号瑞诚公司、24 号南京国电南自电网公司、27 号卓君公司分别出函表示系基于对李某宁、韩某娟、李某、陈某侠的信赖，而与森亿公司进行交易。一审法院认为，本案中客户名单涉及的客户均是李某宁、李某、陈某侠、韩某娟在职期间佰斯特公司的客户，李某宁、李某、陈某侠、韩某娟在职期间与上述客户的联系均是基于佰斯特公司的物质条件和交易平台，没有证据可以证明上述客户系基于对李某宁、李某、陈某侠、韩某娟的个人信赖而与佰斯特公司进行交易，且佰斯特公司与李某宁、李某、陈某侠、韩某娟签订的劳动合同或保密协议中均已明确，佰斯特公司的客户名单系公司的商业秘密。因此，李某宁、李某、陈某侠、韩某娟不能证明其离职后，上述客户选择与森亿公司进行交易不是其采用不正当手段的结果。此外，对于李某宁、李某、陈某侠、韩某娟、姜某和森亿公司抗辩有一部分客户系主动联系森亿公司发生交易、一部分客户系森亿公司自主开发以及森亿公司参加慕尼黑展会而吸引了客户的主张，因未提供证据予以证明，一审法院不予采信。南通明康复合材料有限公司与钱某琴、南通顺吉复合材料有限公司等侵犯商业秘密纠纷案［2008］苏民三终字第 0159 号。本案的关键在于被上诉人钱某琴、南通顺吉复合材料有限公司（简称顺吉公司）等是否侵犯了上诉人南通明康复合材料有限公司（简称明康公司）关于英国顺吉安踏公司、英国顺吉国际公司、葡萄牙 STEP 公司、台湾中凡实业有限公司、日本 U-系统公司的客户名单。在上诉人涉案商业秘密成立且已证明钱某琴参与顺吉公司的设立及对外业务工作的情况下，结合钱某琴在上诉人处工作期间掌握涉案客户名单，顺吉公司与英国顺吉安踏公司、英国顺吉国际公司、葡萄牙 STEP 公司、台湾中凡实业有限公司、日本 U-系统公司等客户实际发生玻璃钢格栅贸易等相关事实。法院认为，顺吉公司应举证证明其与上述客户交易的正当性，即其客户信息来源的合法性，否则应推定被上诉人构成侵权。顺吉公司在自认与上述客户发生交易的同时，也证明了英国顺吉安踏公司和英国顺吉国际公司是其实际的投资人。因此,其与这两家公司的交易是公司与其投资人之间的交易,其掌握投资人的信息具有正当性。顺吉公司还证明了其与葡萄牙 STEP 公司的业务来自于其投资人英国顺吉国际公司的业务分配,也应当认定顺吉公司与葡萄牙 STEP 公司的交易信息同样具有合法来源。本案中,被上诉人必须证明台湾中凡实业有限公司、日本 U-系统公司之前是基于对钱某琴的个人信赖才与明康公司进行市场交易。但被上诉人对此并未能予以证明,因此被上诉人并不能以存在信赖关系为由而免除责任。

关于客户名单使用的合法性抗辩,我国与美国的司法实践具有一定的区别。

美国从利益平衡的角度考量,一方面是为了保护前雇主的利益,确立引诱规则,防止员工通过不正当手段损害前雇主的利益;另一方面为了保护离职员工的正当利益,又确立了 Aetna 规则,为离职雇员的使用行为提供合法来源的"抗辩理由"。我国法律赋予离职员工对客户名单使用的合法性抗辩理由,仅限于客户与离职员工之间的信赖关系,而且必须符合两个前提条件,一是客户是基于对离职员工的信赖而与离职员工的前雇主发生交易,二是离职员工没有与前雇主就该类信息的归属和使用作出约定。就两者的规定而言,我国司法解释具有一定的局限性,没有从更高的视野分析离职员工对客户名单使用的正当性,维护离职员工的就业权和公平竞争权。客户名单本身就具有不稳定的特点,就市场经济而言,寻求最佳的资源配置是市场经济的内在规律,客户总是在寻求最佳的合作者。职工离职,客户主动寻求与其合作的机会,具有正当性,应当可以作为合法性抗辩的理由。当然,离职员工需要提交证据证明其正当性。

本节案例中,法院根据孜航公司申请,向武进区国税局调取了朗轩斯公司 2014 年 4 月到 2015 年 6 月部分销项发票报税情况,显示朗轩斯公司与孜航公司主张的 21 家客户名单中的 9 家发生业务往来,其初次交易日都是在孜航公司之后,交易的内容均与孜航公司一致,上述证据证明朗轩斯公司使用了孜航公司的客户名单。关于朗轩斯公司和姬某建正当使用客户名单的抗辩,人民法院认为,个人信赖抗辩一般用于律师、教师、会计师等对职业技能要求较高的服务类行业。本案中所涉经营信息指向的相关产品,没有证据证明需要涉及利用姬某建的个人技能,也没有证据证明在此之前,客户是基于与姬某建的特殊信赖关系与孜航公司发生业务往来。而姬某建离开孜航公司设立朗轩斯公司后，仍是基于此种个人信赖关系，与朗轩斯公司发生业务往来。因此，朗轩斯公司和姬某建关于9家客户是基于与姬某建个人信赖的抗辩及举证，法院均不予采信。笔者以为，把信赖关系局限于执业技能要求较高的行业是不明智的，信赖的基础不仅仅包括对技能的信赖，还包括对人的品德的信赖等其他方面的信赖。

第三节 有一定影响的商业标识保护
—— [2013] 常知民终字第6号

一、法律要点

商品名称、包装、装潢、企业名称、姓名、域名等商业标识，因为市场主体的使用，具有了指示商品和服务的功能，可以通过商标法和反不正当竞争法进行保护。市场主体主张他人实施不正当行为，应当证明两点，一是要证明其拥有的商品名称、包装、装潢等商业标识具有一定的影响，具有应当受到法律保护的商誉。具体就是商品名称、包装、装潢等具有了第二含义，已经将商品或服务与其提供者紧紧联系在一起。证明该事实的证据包括各类使用的证据，如广告宣传、销售活动、销售额等。二是要证明侵权事实的存在，即侵权人对于商品名称、包装、装潢等的使用，有可能在商品或者服务的来源上造成混淆、误导或欺骗，其判定标准与判定注册商标侵权的标准是一样的，即"混淆的可能性"。

二、案情介绍

原告青岛客必思味餐饮管理服务有限公司（简称客必思味公司）因与被上诉人浦某亮、吉某东不正当竞争纠纷一案，不服常州市钟楼区人民法院[2013]钟知民初字第9号民事判决，向常州市中级人民法院提起上诉。2013年12月4日立案受理，并于2014年1月16日、2月26日、3月18日公开开庭审理了本案。

客必思味公司一审诉称：其为"N多寿司"标志设计图著作权人（登记号为2010-F-030134），是"N多寿司"30类（商标注册号：8392681）和35

类（商标注册号：8033382）商标权人。浦某亮、吉某东擅自使用与"N多寿司"近似标志的行为严重损害了客必思味公司"N多寿司"品牌形象，其恶意模仿行为及宣传行为造成消费者误认，扰乱了市场秩序，严重侵害了客必思味公司"N多寿司"知名商品的合法权利及标志的著作权，违反诚实信用原则及商业道德，已经构成不正当竞争。故客必思味公司诉至法院，请求判令：（1）浦某亮、吉某东停止对客必思味公司的不正当竞争行为，并销毁侵权资料（包括店面装潢、商品外包装、宣传单、互联网上设计侵权的宣传、招聘信息）和停止在百度网上的推广行为；（2）浦某亮、吉某东在其店招和宣传资料上不得将"N多"与"寿司"进行组合使用；（3）浦某亮、吉某东在《常州日报》上刊登声明，以消除影响；（4）浦某亮、吉某东赔偿客必思味公司经济损失共计人民币50万元；（5）浦某亮、吉某东赔偿客必思味公司为制止侵权支出的合理费用包括公证费、律师费等合计5万元；（6）本案诉讼费用由浦某亮、吉某东承担。

吉某东一审辩称：吉某东的加盟店是合法有效的，知名度很高，反映也很好。客必思味公司所开的店在常州据了解已经关闭了4家，由于信誉不好，味道不好，不如其店铺，其店铺管理规范，不存在虚假宣传广告，不构成不正当竞争，客必思味公司起诉不符合事实。相反，客必思味公司实施了不正当竞争而侵犯了浦某亮的商标权。请求法院驳回客必思味公司诉请。

浦某亮一审辩称：（1）浦某亮是"N多"注册商标的合法持有人，该注册商标核定的服务项目为第43类餐饮服务，浦某亮所经营的是寿司餐饮服务，浦某亮将"N多寿司"使用于店面装潢、服务宣传，是法律授予的权利，任何个人和组织不得干涉。（2）在浦某亮起诉客必思味公司商标侵权时，客必思味公司答辩称，"我方使用商标与浦某亮商标之间存在区别性，且商品服务类别之间互不相同"。而本案中，客必思味公司又称浦某亮使用的商标与客必思味公司商标近似，浦某亮认为客必思味公司在不同场合就同一事实做完全不同的陈述，这种行为明显缺乏诚信，是对审判机关的一种欺骗，客必思味公司的行为应当得到驳斥。（3）客必思味公司的诉请没有任何事实依据和法律依据，且其言行前后矛盾。（4）客必思味公司是"N多寿司"第30类和35类商标所有人，客必思味公司应当在30类和35类使用其注册商标，而非在43类使用。客必思味公司的行为已经构成跨类别使用注册商标，也构成对浦某亮的不正当竞争。浦某亮保留对客必思味公司提起诉讼的权利。综上，请求法院对客必思味公司的诉请予以驳回。

一审法院查明：

（1）浦某亮以侵害商标权为由将纪某梅、客必思味公司起诉至常州市中级人民法院。在该案中浦某亮诉称，其为第4747474号"N多"注册商标合法持有人，纪某梅未经许可，擅自在类似服务上使用"N多"商标，纪某梅系客必思味公司的加盟商。纪某梅与客必思味公司的行为已使消费者对服务来源产生混淆误认，扰乱了正常的市场秩序，严重侵犯了浦某亮的商标权。常州市中级人民法院于2011年10月11日立案受理，该院认为，客必思味公司不具有攀附"N多"商标信誉的主观恶意，被诉标识属于服务商标的使用，但能够独立地指示其服务来源，与浦某亮"N多"注册商标并不相同，存在较大差别，也不构成混淆性近似，并于2012年4月16日作出［2011］常知民初字第0236号民事判决：驳回浦某亮的诉讼请求。浦某亮不服一审判决，上诉至江苏省高级人民法院，该院于2012年5月21日受理。2012年11月1日，江苏省高级人民法院作出［2012］苏知民终字第0188号（简称前案）终审判决：驳回上诉，维持原判决。

（2）吉某东系浦某亮加盟商，其门店于2012年6月15日开业，经营地址位于钟楼区南大街乐购超市内，该店铺店门头标识为"N多寿司"。

（3）2010年1月28日、同年6月13日，客必思味公司就"N"向国家工商行政管理总局商标局申请注册商标。2013年9月，该商标已经核准予以注册，客必思味公司已经取得注册商标权，核定使用商品为第30类：寿司，核定服务项目为第35类：替他人推销；替他人采购（替其他企业购买商品或服务）；商业管理和组织咨询；广告宣传；货物展出；样品散发；电视广告；商业橱窗布置；数据通讯网络上的在线广告；广告设计。2011年9月16日，浦某亮就"N多寿司"向商标局申请注册，申请使用类别为第43类，在初审公告期内客必思味公司提出异议；2013年9月4日，商标局认为客必思味公司称浦某亮恶意抄袭、摹仿及抢注其"N多寿司 NDUOSUSHI 及图"商标并侵犯其在先著作权证据不足，客必思味公司的异议理由不成立，予以驳回。

（4）2013年4月2日，客必思味公司委托代理人董某友向江苏省常州市常州公证处申请进行证据保全，该公证处公证员陆某洪、公证员助理邵某俊使用公证处电脑，进行了如下保全证据行为：①打开电脑的"屏幕录像专家"软件，按照董某友的提示在该计算机上的后续操作进行屏幕录像；②打开计算机桌面上的"Internet Explorer"浏览器……2013年4月7日,公证员陆某洪就2013年4月3日的证据保全行为出具[2013]常常证民内字第7233号公证书。公证书所附光盘中所载照片即为公证过程中登录网站、浏览网页的内容。

一审法院认为:(1)吉某东加盟店门头所用招牌标识在"N多"后加注"ⓒ",意在表明其就"N多"享有注册商标专用权。虽然"N多"二字并未严格按照其注册商标证上的字体书写,但"N多"与第8033382号注册商标"N多寿司图文商标"在整体上并不近似,两者"N多"字体并不相同,后者还有小人头图像,并在"N多寿司"文字右侧竖排标注"NDUOSUSHI"字样。前者标识的使用不会造成与后者相混淆,使购买者产生误认。(2)客必思味公司单独或与他人合作或许可他人,通过租赁店面或售货亭制售寿司,向消费者提供食品服务,与"N多"商标核准使用的第43类服务类别尤其是餐饮服务相同。但客必思味公司商标核准使用范围为第30类寿司,客必思味公司已经超出了该范围使用标识,且前案判决认定第8033382号注册商标标识在相关公众中享有较高的知名度,也主要是指该标识在寿司食品上具有较高的知名度,而并非在餐饮服务上具有较高的知名度。因此,前者的使用亦不足以与后者构成混淆,使购买者产生误认。(3)吉某东的加盟店开业于2012年6月15日,在前案判决时间之后开业,且吉某东也并非前案的当事人,故不能以前案判决书认定的事实推定吉某东构成侵权。需要特别强调的是,尽管一审法院认为吉某东、浦某亮并未构成不正当竞争,但在目前浦某亮和客必思味公司分别就"N多""N多寿司图文商标"获得商标专用权的情况下,二者均应规范使用各自的商标标识,不得过度改变字体、图形及扩张核准使用范围,以防止侵犯他人知识产权。

综上,客必思味公司关于吉某东、浦某亮构成不正当竞争的请求均不能成立,应予驳回。依照《中华人民共和国反不正当竞争法》第6条第(二)项、《最高人民法院关于审理不正当竞争民事案件应用法律若干问题的解释》及《中华人民共和国民事诉讼法》第39条第1款、第134条第1款之规定,一审法院判决:驳回青岛客必思味餐饮管理服务有限公司的诉讼请求。案件受理费9540元,由青岛客必思味餐饮管理服务有限公司负担。

客必思味公司不服一审判决,向本院提起上诉。理由如下:(1)本案是针对浦某亮、吉某东不正当竞争行为提起的诉讼,而非商标侵权纠纷案件。

一审法院仅查明了浦某亮、吉某东使用的商标与客必思味公司引证商标是否近似的问题，并以不构成近似为主要理由，驳回了客必思味公司的诉讼请求，对浦某亮和吉某东的其他行为并未查明，包括前案中已经认定的浦某亮的侵权行为及其侵权行为的延续和变化。（2）吉某东经营的位于南大街乐购超市内的"N多寿司"餐饮店早在2011年2月25日就开始经营，一审法院没有审核吉某东的工商营业执照，仅以签有董某友名字的照片上载明的开业时间确认吉某东门店的开业时间为2012年6月15日，属查明事实错误。（3）客必思味公司知名商品的特有名称为"N多寿司"，其知名度已在前案判决书中明确认定。浦某亮及加盟商吉某东在店招、商品、百度搜索、网站宣传推广中使用的相关名称、包装、店招装潢与客必思味公司知名商品特有名称、包装、装潢相同或近似；并冒用客必思味公司名称，套用客必思味公司历史进行企业信息宣传，造成消费者的误认，属于虚假宣传的不正当竞争行为。（4）吉某东在12580团网站从2012年12月6日至2013年1月6日关于N多寿司（南大街乐购店）的团购信息宣传页面显著位置使用了客必思味公司的标志，证明吉某东在前案判决后，继续在互联网宣传及门头使用客必思味公司知名商品的特有名称和标志，实施了不正当竞争行为。而吉某东是浦某亮的众多加盟商之一，上述使用"N多寿司"名称的行为应经浦某亮的认可，因此浦某亮也存在擅自使用及授权他人使用客必思味公司知名商品特有名称的不正当竞争行为。（5）一审法院仅审理了浦某亮、吉某东使用"N多寿司"的行为是否构成不正当竞争，对于客必思味公司提出的其他诉请未理会，严重漏判。综上，一审判决缺乏事实和法律依据。吉某东、浦某亮使用知名商品特有的名称、包装、装潢以及虚假宣传的不正当竞争行为已违背诚实信用原则，侵害了客必思味公司的合法利益，故请求撤销一审判决，改判支持其一审诉讼请求。

吉某东二审辩称：（1）客必思味公司没有证据证明吉某东构成不正当竞争，证据材料中大多是间接证据，都是网络上的图片资料，并没有提供吉某东实际使用的宣传单、打包袋等资料。（2）客必思味公司以前案判决作为证据证明浦某亮、吉某东构成不正当竞争不能成立，理由为：前案与本案是不同的法律关系，前案未将浦某亮的行为判定为不正当竞争行为，而是要求双方在各自注册商标核定使用范围内规范使用；吉某东开业于2012年6月15日，在前案判决之后，故不能以前案判决认定的事实来推定吉某东构成侵权；

前案判决书中随便一段文字、一段说明并不能作为证据使用，只有判决结果可以作为证据使用；前案判决书认定客必思味公司为知名品牌，但没有否认浦某亮具有知名品牌，浦某亮经过两年多的经营，现已有遍布九省一市的连锁店200余家。(3) 一审判决查明事实清楚，已经认定"N多"商标与上诉人商标并不相同，有较大差别，不构成混淆性近似，故不正当竞争不成立，对客必思味公司其他诉讼请求自然也不予支持。综上，浦某亮、吉某东的行为是正当合法的市场行为。一审法院查明事实清楚，适用法律正确，应当予以维持，请求驳回上诉，维持原判。

浦某亮二审辩称：一审判决事实清楚，证据充分，适用法律正确，客必思味公司提出的上诉理由与事实不符，于法无据，请求驳回上诉，维持原判。此外，常州恩多餐饮管理有限公司（简称常州恩多公司）成立后，所有门店都是与常州恩多公司签订的商标许可协议，浦某亮个人仅是实际负责人或者业务经办人，相应法律责任应当由常州恩多公司承担。浦某亮个人直营或许可的门店仅十几家。

二审中，客必思味公司提供了以下证据：(1) 客必思味公司使用的打包袋、打包盒的样式图片、实物和门店照片，用于证明客必思味公司特有的名称、包装、装潢的具体情况。(2) 吉某东作为个体工商户经营的位于钟楼区南大街的哦吆点心店（简称哦吆点心店）的工商档案资料，用于证明一审法院认定的该店开业时间与该店的实际开业时间不符。(3)［2013］常常证民内字第14294号公证书，内容为在百度搜索中输入"N多寿司常州乐购店"及"常州N多寿司"的相关搜索页面的打印件。(4)［2011］常常证民内字第4704、4705、4706、4707号公证书及所附封存实物，内容为2011年6月公证保全浦某亮四家门店打包盒、打包袋、门头店招的使用情况，用于证明浦某亮2011年6月起即使用、模仿客必思味公司知名商品特有的名称、包装、装潢。(5)［2013］常常证民内字第14293号公证书，内容为在百度搜索中输入"N多寿司"所出现的团购信息，用于证明浦某亮经营的"N多"寿司与客必思味公司经营的"N多寿司"二者之间形成混淆。(6) 王某的证人证言及王某与常州恩多公司签订的《N多商标使用许可协议》，用于证明浦某亮的不正当竞争行为已造成了加盟者的混淆。(7) 情况说明，用于证明浦某亮的侵权规模，以此作为赔偿的依据，即截至2014年1月16日浦某亮侵权加盟店的数量为95家，其因此获得利益约为475万元。(8) 公证费发票2张（发票号码：00384611、01837755），用于证明客必思味公司为本案支出公证费3580元。（9）常州恩多公司工商档案查询材料（查询日期2013年12月30日），证明该公司为个人独资企业，股东为蒲某梅。

二审中，浦某亮、吉某东提供了以下证据：（1）浦某亮、吉某东使用的打包盒（大中小各一个）、打包袋、门头照片等，浦某亮称其与常州恩多公司自［2011］常知民初字第236号案件判决前（即2012年4月16日前）已经开始使用至今，除上面的寿司照片会更新外，基本样式及标志不变，证明其使用的打包盒、打包袋、门头等与客必思味公司主张的打包盒、打包袋及门头设计不同，且其也早已不使用［2011］常常证民内字第4704、4705、4706、4707号公证书所保全的打包袋、打包盒了。（2）常州恩多公司的营业执照，证明该公司的主体情况。

吉某东对客必思味公司在二审中提供的证据质证如下：对证据（1）确认2011年10月前案起诉时，客必思味公司即使用该包装和装潢。对证据（2）（4）（6）（9）的真实性没有异议。对证据（3）（5）的真实性有异议，认为其使用的包装、装潢与客必思味公司主张的包装、装潢不同。对证据（7）的真实性陈述其无法判断。对证据（8）的关联性有异议，认为不属于二审新证据。对一审法院查明的事实，除客必思味公司对吉某东经营的哦吆点心店的开业时间有异议外，各方当事人对其他事实均无异议，本院予以确认。

二审法院认为：

（1）客必思味公司制售的"N多寿司"商品构成知名商品。根据《最高人民法院关于审理不正当竞争民事案件应用法律若干问题的解释》第1条的规定，在中国境内具有一定的市场知名度，为相关公众所知悉的商品，应当认定为"知名商品"。本院认为客必思味公司的"N多寿司"商品在江苏、青岛、浙江等省市具有较高的市场知名度，构成知名商品。

（2）"N多寿司"构成客必思味公司知名商品特有的名称，其打包袋、打包盒构成知名商品特有的包装，其门头装潢构成知名商品特有的装潢。《最高人民法院关于审理不正当竞争民事案件应用法律若干问题的解释》第2条规定，具有区别商品来源的显著特征的商品的名称、包装、装潢，应当认定为《反不正当竞争法》第6条第（二）项规定的"特有的名称、包装、装潢"。关于特有名称，本院认为在普通商品寿司之前冠以"N多"两字，已经赋予商品名称特殊意义，使该商品名称具有独特性，与普通商品名称区别较大，具有较好的可识别性，故"N多寿司"具备区别商品来源的显著特征，应认定为知名商品特有的名称。关于特有的包装、装潢，前案已查明，浦某亮的门店在相同的寿司商品上使用了与客必思味公司知名商品相同的名称，并使用了视觉上基本无差异的商品包装、装潢等，易使购买者造成混淆，误认为是客必思味公司的知名商品或者与其有许可使用等特定联系，构成不正当竞争。因浦某亮当庭认可，其加盟店的店招、门头、装潢、打包袋、打包盒、宣传单的样式由其提供，故浦某亮应对其门店的上述被控侵权行为承担相应的法律责任。

（3）关于广告、网站宣传。本院认为浦某亮主观上存在不当攀附客必思味公司知名商品"N多寿司"已有市场知名度的恶意，客必思味公司提供的证人证言、新闻报道等多份证据证明，浦某亮的行为客观上也造成了消费者的混淆和误认，故浦某亮门店上述被控侵权行为属于擅自使用知名商品特有的名称、擅自使用与知名商品近似的包装、装潢，造成与客必思味公司知名商品相混淆的不正当竞争行为，应当承担停止侵权、赔偿损失的法律责任。

（4）对于客必思味公司认为浦某亮构成虚假宣传的诉讼理由，不能成立。客必思味公司认为浦某亮存在虚假宣传行为，对此提供了［2013］常常证民内字第7233号公证书，该公证书中证据保全的内容表明，百度百科关于"N多寿司"词条的介绍将"N多寿司"作为常州恩多公司的品牌进行宣传，但客必思味公司未能证明百度百科词条的上述内容由浦某亮进行发布或者修改，故对于客必思味公司的该上诉理由，本院不予支持。

（5）吉某东涉案被控行为亦构成不正当竞争。浦某亮因侵权获得的利润无法查清，本院在综合考虑客必思味公司"N多寿司"商品的知名度、浦某亮的经营规模、经营范围、经营时间、主观过错、客必思味公司为调查不正当竞争行为支付的合理费用（公证费3580元）等因素的基础上酌情确定本案赔偿数额。

综上，客必思味公司的上诉请求和理由，有事实和法律依据，依法应予支持。一审判决查明事实不清，本院在查清事实后依法予以改判。现判决如下：（1）撤销常州市钟楼区人民法院［2013］钟知民初字第9号民事判决。（2）浦某亮于本判决生效之日起立即停止在寿司商品上的涉案不正当竞争行为。（3）吉某东于本判决生效之日起立即停止在寿司商品上的涉案不正当竞争行为。(4) 浦某亮于本判决生效之日起 20 日内在《常州日报》上刊登声明，以消除影响（声明内容需经本院审核，逾期不刊登，本院将刊登本判决主要内容，其费用由浦某亮承担）。(5) 浦某亮于本判决生效之日起 10 日内赔偿青岛客必思味餐饮管理服务有限公司经济损失及合理费用共计 15 万元。(6) 驳回青岛客必思味餐饮管理服务有限公司的其他诉讼请求。

三、法律条文

《商标法》（2013 年）

第三十二条　申请商标注册不得损害他人现有的在先权利，也不得以不正当手段抢先注册他人已经使用并有一定影响的商标。

第五十六条　注册商标的专用权，以核准注册的商标和核定使用的商品为限。

《反不正当竞争法》（2017 年）

第六条　经营者不得实施下列混淆行为，引人误认为是他人商品或者与他人存在特定联系：

（一）擅自使用与他人有一定影响的商品名称、包装、装潢等相同或者近似的标识；

（二）擅自使用他人有一定影响的企业名称（包括简称、字号等）、社会组织名称（包括简称等）、姓名（包括笔名、艺名、译名等）；

（三）擅自使用他人有一定影响的域名主体部分、网站名称、网页等；

（四）其他足以引人误认为是他人商品或者与他人存在特定联系的混淆行为。

《最高人民法院关于审理不正当竞争民事案件应用法律若干问题的解释》（2007 年）

第一条　在中国境内具有一定的市场知名度，为相关公众所知悉的商品，应当认定为反不正当竞争法第五条第（二）项规定的"知名商品"。人民法院认定知名商品，应当考虑该商品的销售时间、销售区域、销售额和销售对象，进行任何宣传的持续时间、程度和地域范围，作为知名商品受保护的情况等因素，进行综合判断。原告应当对其商品的市场知名度负举证责任。

在不同地域范围内使用相同或者近似的知名商品特有的名称、包装、装潢，在后使用者能够证明其善意使用的，不构成反不正当竞争法第五条第（二）项规定的不正当竞争行为。因后来的经营活动进入相同地域范围而使其商品来源足以产生混淆，在先使用者请求责令在后使用者附加足以区别商品来源的其他标识的，人民法院应当予以支持。

第二条 具有区别商品来源的显著特征的商品的名称、包装、装潢，应当认定为反不正当竞争法第五条第（二）项规定的"特有的名称、包装、装潢"。

第三条 由经营者营业场所的装饰、营业用具的式样、营业人员的服饰等构成的具有独特风格的整体营业形象，可以认定为反不正当竞争法第五条第（二）项规定的"装潢"。

第四条 足以使相关公众对商品的来源产生误认，包括误认为与知名商品的经营者具有许可使用、关联企业关系等特定联系的，应当认定为反不正当竞争法第五条第（二）项规定的"造成和他人的知名商品相混淆，使购买者误认为是该知名商品"。

在相同商品上使用相同或者视觉上基本无差别的商品名称、包装、装潢，应当视为足以造成和他人知名商品相混淆。

认定与知名商品特有名称、包装、装潢相同或者近似，可以参照商标相同或者近似的判断原则和方法。

四、法理分析

本节案例中的客必思味公司具有一定的商标注册意识，但其商标战略意识明显欠缺，导致后期产生诸多的纷争，最后仅能通过反不正当竞争法进行保护。

（一）客必思味公司商标注册战略失误的启示

第三人于2005年6月28日提出"N多"注册申请类别为第43类：餐馆；快餐馆；餐厅；咖啡馆；饭店；自助餐馆；茶馆；酒吧；流动饮食供应；汽车旅馆等，2009年2月7日获准注册，注册号为第4747474号（历经撤销/无效宣告程序）。后浦某亮受让该商标。

客必思味公司于2010年1月28日提出"N多寿司及图"注册申请，类别为第35类：电视广告；广告设计；广告宣传；货物展出；商业橱窗布置；商业管理和组织咨询；数据通讯网络上的在线广告；替他人采购（替其他企业购买商品或服务）；替他人推销；样品散发等，2011年3月21日获准注册，注册号为第8033382号（历经异议程序）。客必思味公司于2010年6月13日提出"N多寿司及图"注册申请，类别为第30类：寿司，2012年1月14日获准注册，注册号为第8392681号（历经异议程序、撤销程序）。

浦某亮于2011年9月16日提出"N多寿司"注册申请，类别为第43类：日间托儿所（看孩子）；提供野营场地设施；养老院等，2016年7月21日获准注册，注册号为9970865号（历经异议程序、复审程序、评审应诉）。

第9970865号"N多寿司"（以下简称被异议商标）商标注册初审公告期内，客必思味公司提出了异议，商标局作出了［2013］商标异字第29719号"N多寿司"商标异议裁定：被异议商标予以核准注册；客必思味公司不服该裁定，向商标评审委员会申请复审，商标评审委员会作出商评字［2014］第69396号《关于第9970865号"N多寿司"商标异议复审裁定书》（简称第69396号裁定），裁定被异议商标在"提供野营场地设施；养老院；日间托儿所（看孩子）"三项服务上予以核准注册，在"流动饮食供应；茶馆；住所（旅馆、供膳寄宿处）；咖啡馆；饭店；酒吧"六项服务上不予核准注册；浦某亮不服商标评审委员会作出的第69396号裁定并提起诉讼，一审法院、二审法院均维持了商标评审委员会的裁定，最高人民法院驳回了浦某亮的再审申请。

被异议商标申请注册前，客必思味公司"N多寿司"商标在寿司商品上使用，并提供流动餐饮服务，截至2011年1月13日，客必思味公司已经在江苏苏州、无锡、常州、镇江、盐城、南京、南通、山东青岛以及浙江富阳、嘉兴等地设立了35家"N多寿司"店，该商标在江苏、青岛等省市具有较高知名度，为在先使用并有一定影响的商标。被异议商标与客必思味公司"N多寿司"商标文字组成相同，被异议商标指定使用的服务"流动饮食供应；茶馆；住所（旅馆、供膳寄宿处）；咖啡馆；饭店；酒吧"与客必思味公司"N多寿司"在寿司以及流动餐饮服务在服务的目的、内容、方式、对象等方面存在共同性。被异议商标在上述六项服务上的注册、使用易使相关公众混淆，构成2013年《商标法》第32条所指的对客必思味公司在先使用并有一定影响商标的抢注。浦某亮受让取得的第4747474号"N多"商标与被异议商标"N多寿司"在文字组成、含义等方面存在一定差异，不能作为被异议商标在上述六项服务上予以核准注册的当然依据。

本案中，客必思味在寿司上使用"N多寿司"标识，在各地餐饮门店上也使用了"N多寿司"标识，还利用媒体进行广泛的宣传，"N多寿司"在一定区域具有广泛的知名度。遗憾的是，客必思味公司仅仅在第30类和35类上注册了"N多寿司及图"商标，并没有在其主要经营范围餐饮服务上申请注册商标。就商标战略而言，客必思味公司处于被动地位。当浦某亮在第43类"流动饮食供应；茶馆；住所（旅馆、供膳寄宿处）；咖啡馆；饭店；酒吧"等类别上申请"N多寿司"商标注册时，客必思味必须全力以赴进行阻却。第9970865号"N多寿司"商标注册，历经了异议程序、复审程序、行政诉讼一审、行政诉讼二审程序以及再审申请程序，客必思味公司最终成功阻却浦某亮在第43类流动饮食供应等类别上注册"N多寿司"。决定客必思味公司取胜的关键，是"N多寿司"商标在流动饮食供应等服务上大量使用的证据。假如，客必思味公司无法证明其商标因为使用具有一定知名度，一旦浦某亮注册成功，客必思味不仅会丧失战略发展机遇，还要承担被控侵犯注册商标专用权的风险。就警示意义而言，客必思味公司败诉更具有价值。

"N多寿司"商标注册案与"微信"商标注册案，尽管不予核准的理由不同，前者是抢注他人使用并有一定影响的商标，后者是不具有显著性。但对两者的利害关系人而言，教训都是一样的，在商品或服务投放市场前，没有合理布局商标注册类别。

(二) 知名商品特有名称、包装、装潢的保护（有一定影响的商业标识的保护）

商业标识的保护。《商标法》和《反不正当竞争法》都发挥着保护商业标识的功能和作用，两者之间有密切联系。第一，《商标法》的保护对象。是注册商标和未注册商标，注册商标的专用权范围以核准注册的标识和核定使用的商品和服务为限，未注册商标的保护以使用并具有一定影响为必要条件，保护范围取决于未注册商标因使用取得的显著性。第二，《反不正当竞争法》保护的对象。是市场主体使用的除注册商标以外的其他商业标识，这些商业标识与注册商标一样，都具有指示商品和服务的功能，但这些商业标识除名称权、姓名权外，并不是具体的民事权利。市场主体对这些商业标识的使用，具有一定的商业投入，它们发挥着市场主体与消费者之间的沟通和桥梁作用，是市场主体商誉的有效组成部分。第三，《商标法》的原则。《商标法》保护的是注册商标专用权，并禁止抢注他人使用有一定影响的商标，以及保护先用权，维护商标注册和使用的公平和市场秩序。第四，《反不正当竞争法》的原则。禁止恶意混淆的市场行为，不禁止主观不具有恶意的与他人商业标识相同或近似的使用行为，维护诚信的市场经济秩序。第五，《商标法》和《反不正当竞争法》保护的条件。根据《商标法》，具有固有显著性的商业标识符合商标注册的条件，核准注册后就享有商标专用权。构成不正当竞争的商业混淆行为，必须具备两个要件，一是商业标志经过使用取得一定影响，二是行为人主观有恶意。市场主体如希望对某商业标识拥有专用权，申请商标注册，取得注册商标专用权，是拥有权利最好的选择。

《反不正当竞争法》对商业混淆行为的保护。2017年《反不正当竞争法》与1993年《反不正当竞争法》具有显著区别。旧法对商业标识的保护必须符合两个前提条件，一是商品知名，二是名称、包装、装潢等特有，该规定不仅徒增了权益人的举证负担，而且没有认清楚知名商品特有名称保护的本质。市场上销售的各类商品，商品本身没有知名与不知名之分，对知名商品特有名称、包装、装潢等进行保护，是因为该商品特有名称、包装、装潢经过长期的使用，已经被相关公众知晓，该特有名称、包装、装潢事实上发挥着区分商品和服务的功能，与商标功能别无二致。所以，相对而言，2017年《反不正当竞争法》关于混淆行为的规定，与《商标法》原理相对应，并成为商业标识保护的有益补充。

美国相关规定和司法实践。在《兰哈姆法》实施以前，可以指示商品或服务来源的商业外观，主要由各州的反不正当竞争法保护，随着《兰哈姆法》的制定和实施，以及司法判例的发展，商业外观在更大的程度上获得了联邦商标法和反不正当竞争法的保护。《兰哈姆法》第43条第1款规定，在商业活动中使用的文字、术语、姓名、象征、设计或以上之组合，如果有可能就使用者与他人的从属、关联或者联系，有可能就使用者商品或服务的来源、认可或批准，或者有可能就他人的商业活动，造成混淆、误导或欺骗，应当承担法律责任。该法条没有明确列出商业外观概念，法院在其中的"象征、设计"的基础上，逐步提出了"商业外观"（trade dress）的概念，包括商品的外观设计、商品包装和服务包装。在 Truck Equipment Service Co. V. Fruehauf Corp.，536 F. 2d 1210（8th Cir. 1976）案中，原告设计了一款独特的农用拖车，取名"玉米壳800"，被告也是农用机械的制造和销售者，全然模仿了原告的农用拖车。地方法院认为，原告拖车的外观设计是独特的，而且是非功能性的,已经在市场上获得了第二含义,被告的模仿造成了消费者混淆的可能性,应当予以制止。第八巡回上诉法院维持了地方法院的判决。巡回法院认为,由商标法和反不正当竞争法所赋予的保护,比专利法所赋予的保护更为重要。二者指向的目的不同,后者保护发明成果,并且在一定的期限之后进入公有领域,前者保护商业成果,在我们的社会里基本是私有的……专利权的基本意义和实质不同于商标的基本意义和实质,而且二者相互分离。产生这个法律的权利不依赖于或者说受限于附着于另一个法律的权利。根据商标法和反不正当竞争法,商业外观只有在获得了显著性或者第二含义的情形下,才能获得商标法或者反不正当竞争法的保护。第二含义是指产品的外观设计、商品包装或者服务包装,通过市场上的使用,已经将商品或服务与其提供者紧紧联系在一起。如最高法院在1982年的"英武德"一案的一个脚注中指出:"为了确定第二含义,生产厂商必须说明,在公众的头脑中,产品的某一特征或某一词语主要具有表明产品来源而非产品本身的意义。"

我国司法实践的典型案例。(1)在本领域获得系列荣誉和奖项,足以证明该任意词语在商品上的使用具有了显著性。上海帕弗洛文化用品有限公司与王某霞、深圳市恒天穗实业有限公司侵犯知名商品特有名称装潢案[2013]深中法知民终字第276号,帕弗洛公司于2003年成立,持续生产销售"毕加索"书写工具,在全国多地设立销售专柜,帕弗洛公司及其生产的"毕加索"书写工具获得了一系列荣誉和奖项,在全国范围内帕弗洛公司对该产品也进行了持续性宣传推广,其销售范围逐步扩大,帕弗洛公司"毕加索"书写工具在相关公众中已经具有一定知名度。多份判决书已经将"毕加索"书写工具认定为知名商品。知名商品的知名度是经过长期的经营、大量的资金投入、持续的宣传推广而形成,知名商品的知名度和影响力一旦形成,经营者持续保护品牌、维护市场,其知名度和影响力会相应增强而不会在短时间内无故丧失。对此,法院认定被上诉人帕弗洛公司的"毕加索"书写工具为知名商品。没有证据表明,在被上诉人将"毕加索"使用在书写工具上之前,已有相同或类似的名称使用在相同或相类似的产品上,"毕加索"也并非该类商品的通用名,被上诉人以"毕加索"作为书写工具的商品名称已起到了区别商品来源的意义,构成知名商品特有名称。王某霞销售的被控侵权商品与被上诉人的"毕加索"书写工具为同类商品,两者进行对比,被控侵权物在笔盒、盒套及手提袋的显著位置使用了"法国毕加索""毕加索艺术殿堂""毕加索金笔"等文字,两者在笔盒、盒套及手提袋上均使用了红黄黑色块组合图案,整体视觉效果基本无差别,故上诉人王某霞销售的被控侵权商品在商品名称、包装装潢上足以使相关公众造成混淆和误认,可确认王某霞对其销售商品存在侵权是知晓的,主观存在过错。因此,上诉人王某霞销售被控侵权商品的行为亦已构成对被上诉人的不正当竞争,应承当相应的侵权责任。(2)通过电视广告、车体广告等多种方式宣传,销售区域范围大,销量领先,足以证明该商品名称具有一定影响。山东心连心酒业有限公司、冯某科与山东济宁心心酒业有限公司、济南鲁酒王酒厂、朱某玲擅自使用知名商品特有名称、包装、装潢纠纷再审案〔2013〕民申字第362号,再审法院认为,关于山东济宁心心酒业有限公司(简称心心公司)生产、销售的"天地同心"白酒商品名称及其包装装潢能否认定为知名商品的特有名称、包装、装潢的问题,在一、二审诉讼及本院诉讼过程中,心心公司均提交了大量广告宣传及销售证据予以证明。根据心心公司提交的证据,心心公司生产的"天地同心"白酒产品自2004年上市以来,该公司在山东卫视、济宁市广播电视台、济宁市市中区广播电视台、济宁市任城区广播电视台、济宁日报、济宁广播电视报等多家媒体发布了大量广告,并通过车体广告、墙体广告等多种方式对该产品进行宣传,在山东省特别是济宁地区享有很高的知名度,为相关公众所知悉,已经与心心公司建立起稳定的联系。现山东心连心酒业有限公司(简称心连心公司)认为原判决认定的基本事实缺乏证据证明,但其举出的证据不足以证明其主张,因此原审法院认定心心公司生产、销售的"天地同心"白酒的相关名称及其包装装潢产品属于《中华人民共和国反不正当竞争法》第6条第(二)项规定的知名商品的特有名称、包装、装潢,并无不当。(3)不正当竞争仅对中国境内的侵权行为有约束力,如不能证明境内销售使得商品名称具有一定影响,就不构成商业混淆。桂林玖玖加药业有限公司与普宁市原野医疗器械有限公司擅自使用知名商品特有名称、包装、装潢纠纷再审案〔2015〕桂市民再字第22号,一审法院认为,原告普宁市原野医疗器械有限公司(简称原野公司)生产的"花梦"系列避孕套于2002年开始主要通过边贸方式销往越南市场,该产品的商品名称、包装、装潢自2002年开始一直沿用至今。被告桂林玖玖加药业有限公司(简称玖玖加公司)于2008年底与越南公司签订合同,生产"HUAMEN"商标避孕套销往越南市场,被告生产销售的该避孕套产品的外包装除用英文字母"HUAMEN"替换了"花梦"中文文字外,其他包装、装潢的内容均与原告"花梦"产品的包装、装潢基本相同,足以让相关公众造成混淆,被告与原告生产同类产品,且在相同市场销售,被告故意使用与原告产品相同的包装和相似的名称,造成消费者的混淆,属于不正当竞争行为。再审法院认为,首先要确定被申请人生产的"花梦"牌系列避孕套产品是否为"知名商品"。根据司法解释的规定,原野公司应当对其商品的市场知名度负举证责任。"知名商品"必须是在中国境内销售的商品,但按被申请人原野公司所称其生产的"花梦"牌系列避孕套产品从2000年开始都是销往越南市场,而不是中国市场。从其提供的证据证实其在中国境内有销售的记录是在2009年至2013年期间,综合考虑被申请人生产的"花梦"牌系列避孕套产品的销售时间、销售区域、销售额和销售对象,进行宣传的持续时间、程度和地域范围,作为知名商品受保护的情况等因素,加之其在审理中也并未对其商品在中国境内的市场知名度提供足够的证据予以证实。因此,再审法院认为被申请人原野公司生产销售的"花梦"牌系列避孕套产品不宜认定为"知名商品"。关于被申请人原野公司的生产、销售资格,原审中已经对此进行了查明,且对"知名商品"的认定与否无过多影响,在本案中不应作为焦点问题进行审查。综上所述,再审申请人玖玖加公司生产、销售的"HUAMEN"或者"HUANGFAN"牌系列避孕套的包装、装潢并未构成对被申请人原野公司的"花梦"牌系列避孕套产品的特有包装、装潢的擅自使用。据此,法院对被申请人的诉请应不予支持。

综上,关于有一定影响的商品名称、包装、装潢等标识的保护,要注意以下方面:首先,保护依据。我国对有影响的商业标识的保护是通过《反不正当竞争法》,而美国是通过《商标法》和《反不正当竞争法》保护。对商业外观的保护,可以通过《专利法》《版权法》《商标法》《反不正当竞争法》分别保护,但他们保护的对象不同,《版权法》《专利法》保护文学、科技领域的创造成果,而《商标法》《反不正当竞争法》保护的是商业领域的商誉成果。其次,关于保护条件,2017年《反不正当竞争法》对1993年《反不正当竞争法》进行了修订,删除了知名商品的前提条件,只要商品名称、包装、装潢等标识具有一定影响就满足保护的条件。美国对上述标识的保护是借助商业外观这个概念,"商业外观"概念是经过一系列的判例得以确定和丰富的,指向更明确,相对更合理。当然,如果商业标识是商业外观且具有功能性的,就不应当受到保护,防止权利人垄断。最后,关于侵权认定。权利人主张他人实施不正当行为,应当证明两点,一是要证明其拥有的商品名称、包装、装潢具有一定的影响,具有应当受到法律保护的商誉,具体就是商品名称、包装、装潢具有了第二含义或显著性,已经将商品或服务与其提供者紧紧联系在一起。证明该事实的证据包括各类使用的证据,如广告宣传、销售量、获得的荣誉等证据。二是要证明侵权事实的存在,即被告对于商品名称、包装、装潢的使用,有可能在商品或者服务的来源上造成消费者混淆、误导或欺骗。在法院的审理中,其判定标准与判定注册商标侵权的标准是一样的,即"混淆的可能性"。

本节案例中,一审法院审理没有围绕原告的诉讼请求展开,原告的诉讼请求是不正当竞争,法院应当就原告的商品是否知名、名称是否特有,就原告使用上述标识的销售时间、销售区域、销售额、销售对象、宣传的持续时间、程度等进行审理,并认定是否知名和特有,从而确定其保护范围。二审法院对一审法院的审理进行了纠正,认为:客必思味公司在江苏、青岛、浙江等省市有数十家加盟店,在加盟店名称、打包盒、打包袋、门头店招等上面大量使用"N多寿司",在该区域内具有较高的市场知名度,构成知名商品。同时,法院认为在普通商品寿司之前冠以"N多"两字,已经赋予商品名称特殊意义,使该商品名称具有独特性,与普通商品名称区别较大,具有较好的可识别性,故"N多寿司"具备区别商品来源的显著特征,应认定为知名商品特有的名称。最终,二审法院认定被上诉人构成不正当竞争,并撤销了一审判决。该案中,法院认为"N多寿司"具有独特性,主要是从名称构成要素角度判定。事实上,具有一定影响的标志,内在显著性是一方面,重要的是使用获得的显著性,标志具有第二含义,能够指代商品或服务的提供者。

第四节　反不正当竞争法一般条款法律适用

——[2017]苏04民终416号

一、法律要点

《反不正当竞争法》与《商标法》《专利法》和《著作权法》,构成了我国知识产权法律体系。反不正当竞争法的一般条款是针对违背诚实信用的行为，一般条款界定的模糊性，不仅会成为反不正当竞争法发展的绊脚石，还会引发一般条款适用上的盲目性、不可预见性和不准确性。国外反不正当竞争法对"一般条款"的立法和司法适用比较谨慎，通常只有明确列举的不正当竞争行为才是法律制裁的对象。该现象说明这样的理念，即反不正当竞争法应尽量不干预市场，在没有确切依据的情况下，应当尊重市场自由竞争的基本原则。我国司法实践对"一般条款"的适用经历了从适用但判决书不体现到扩张适用判决书明确体现，再到目前谨慎适用的历程，说明我们已经越来越认识市场经济的本来面目。

二、案情介绍

齐某民是"啃比萨"店的经营者，并以其经营者的名义与多家网络信息科技公司签订了网络团购推广、网络外卖服务合同。2015年7月11日，齐某民以啃披萨常州店名义与陆某签订《啃披萨加盟协议》，约定由陆某在常州市武进区设立啃披萨联盟湖塘分店。

2015年8月21日，陆某作为齐某民的加盟商开设武进区湖塘啃披萨点心店，经营范围为制作披萨、奶茶，经营场所为武进区湖塘镇人民中路560-52号。2016年3月1日，陆某开设钟楼区荷花陆某的啃披萨店，经营范围为餐饮服务，经营场所在玉隆花园6-2号。陆某在经营实体店的同时，通过大众点评网、美团网、糯米网、饿了么、微信等电子商务平台进行网络销售。同时，陆某自行注册了账号主体为其钟楼区荷花的店的公众号。

2015年11月19日，在未经齐某民同意的情况下，陆某向国家商标局申请注册第18374040号"肯披萨"商标，使用于第43类商品：住所代理（旅馆、供膳寄宿处）、咖啡馆、茶馆、餐厅、饭店、流动饮食供应、酒吧服务、旅游房屋出租、养老院、动物寄养；申请注册第18374041号"肯披萨"商标，使用于第30类商品：咖啡、茶、甜食（糖果）、蜂蜜、面包、谷粉制食品、比萨饼、冰淇淋、调味品、搅稠奶油制剂；申请注册第18374042号"肯披萨"商标，使用于第35类商品：为零售目的在通讯媒体上展示商品、广告、商业管理咨询、市场营销、替他人采购（替其他企业购买商品或服务）、为商品和服务的买卖双方提供在线市场、进出口代理。2015年12月9日，陆某向国家商标局申请注册第18559993号"啃披萨"商标，使用于第30类商品：咖啡、茶、甜食（糖果）、蜂蜜、面包、谷粉制食品、比萨饼、冰淇淋、调味品、搅稠奶油制剂。其中，第 18559993 号"啃披萨"商标已被驳回。第 18374040 号"肯披萨"商标、第 18374041 号"肯披萨"商标处于被驳回复审的状态中。第 18374042 号"肯披萨"商标于 2016 年 9 月 27 日初审公告（上述商标为诉讼时的注册状态）。

齐某民经调查发现了上述事实，认为陆某违反了加盟协议的约定，包括以商标方式使用齐某民未注册商标、以字号名称的方式使用齐某民未注册商标、申请"啃披萨"微信公众号等使用"啃披萨"作为多种商业标识。其行为已构成了不正当竞争，故诉至常州市武进区法院，请求判令：

（1）陆某立即停止不正当竞争行为（即以商标方式使用原告未注册商标的行为、以字号名称的方式使用原告未注册商标的行为以及申请"啃披萨"微信公众号的行为等使用"啃披萨"作为任何商业标识的行为）；

（2）陆某以登报申明的方式向齐某民赔礼道歉、消除影响并承担登报费用；

（3）陆某赔偿齐某民经济损失 120 000 元及维权合理费用 5000 元，共计 125 000 元；

（4）陆某承担本案全部诉讼费用。

陆某答辩称：其只经营了人民路及北大街两家店铺，并未超出双方加盟协议约定的范围。同时，其并未许可他人加盟，美团网（七店通用）代金券、微信公众号"啃披萨"显示的多家合作商家系因生意往来整合资源、帮助宣传。而且"啃披萨"缺乏显著性，齐某民经营的时空范围有限，不具有知名度。因此其行为不构成不正当竞争。

陆某在答辩中并未提交任何证据。

一审法院认为，从行为人的主观方面看，陆某违反了诚实信用的基本原则。本案中齐某民自 2014 年 7 月与上海拉扎斯信息科技有限公司签订的《外卖服务合同》中首次明确使用"啃披萨"作为商户名称，通过经营实体店、发展加盟商、通过电子商务平台进行网络销售等渠道，在常州市各辖区范围内取得了一定知名度，可以认定具有构成民事权益的商业标识的意义，其合法权益应受到法律保护。陆某作为齐某民的加盟商，对"啃披萨"标识的使用并非始于其具有独创性的经营行为，而是基于齐某民与陆某之间的合作关系。其在加盟经营的过程中违反合同约定，超出授权范围使用"啃披萨"字样作为商标、企业名称、微信公众号的行为在主观上具有恶意，违背了诚实信用的商业道德、商业惯例。而即使陆某的答辩属实，其作为齐某民的加盟商，在明知状态下为不具备齐某民授权资格且超出双方加盟协议约定授权范围的店铺进行推广宣传和联合经营，违背了诚实信用原则。

从客观方面看，陆某的行为影响了公平有序的市场竞争环境，影响了消费者在遴选商品和服务时的判断和自由选择性，使消费者和相关公众对商品来源产生误认。包括误认为陆某位于钟楼区荷花的店与齐某民具有许可使用、关联企业关系等特定联系。

综上，认为陆某的行为构成不正当竞争，应承担停止侵权损失的民事责任。遂判决：（1）陆某立即停止不当使用"啃披萨"字样的不正当竞争行为。（2）陆某于判决生效之日起10日内赔偿齐某民经济损失35 000元（含制止侵权行为的合理开支）。（3）驳回齐某民的其他诉讼请求。

陆某不服一审判决，提起上诉，上诉请求为：（1）撤销原审判决或直接改判驳回齐某民的一审诉讼请求；（2）一、二审诉讼费用由齐某民承担。

陆某主张如下事实和理由：

（1）上诉人享有使用"啃披萨"字样的权利，不构成不正当竞争。2015年7月11日，上诉人和被上诉人齐某民签订加盟协议，被上诉人同意上诉人设立啃披萨店，区域范围为：南到长虹路，东到青洋高架，西到长江南路，北以总店交叉到怀德路（签订合同时，总店位于钟楼区怀德北路附近）。该授权范围涵盖常州市的行政区域包括武进区、天宁区、钟楼区等地域范围。此后，上诉人开始经营"武进区湖塘啃披萨点心店"和"钟楼区荷花陆某的啃披萨店"，经营地址是覆盖在被上诉人授权范围内的。而且，虽然"啃披萨"不是注册商标，但上诉人仍然根据双方约定，在授权范围内展开经营活动，并且已经足额向被上诉人支付了加盟费，并没有违反合同约定，也没有超地域范围使用"啃披萨"字样。上诉人在约定地域范围的使用，只会对"啃披萨"更加提高知名度有所帮助，不会有任何贬损效果。所以，无论是根据法律规定，还是根据上诉人和被上诉人之间的约定，上诉人都有权使用"啃披萨"字样，并不构成不正当竞争。

（2）被上诉人在授权地域范围内自己使用和许可他人使用"啃披萨"字样，构成不正当竞争行为。被上诉人无权在授权上诉人地域范围内使用"啃披萨"字样。被上诉人本应该根据和上诉人之间的独家授权约定，在双方约定的地域范围内使用"啃披萨"字样。但是，被上诉人违反诚实信用原则，在上诉人被授权地域范围内一而再、再而三地展开其他与"啥披萨"字样相关的经营活动。被上诉人经营的红梅店、丽华店、清潭店,都是在上诉人独家被授权使用区域范围内的。而且,被上诉人和这三家经营者签订加盟协议的时间均晚于上诉人与被上诉人签订协议的时间。在上诉人独家经营范围内,被上诉人同样授权给他人在同一地域内,同样可以使用"啥披萨"字样的权利,且已经付诸行动。根据上诉人和被上诉人之间签订的《啥披萨加盟协议》第4条第2款约定:"被上诉人不得在上诉人经营区域内设同类分店,该区域的下级分店和工作站必须经上诉人同意,被上诉人方可设立该区域内其他的分店和代理站"。上诉人并没有授权被上诉人,也没有同意被上诉人允许他人在上诉人独家经营地域范围内设立门店。被上诉人的主观恶意极大,违背诚实信用原则,严重损害上诉人的合法权益,构成不正当竞争。

(3) 一审法院在认定被上诉人权利基础时突破了"不告不理"的民事审判原则,二审法院应予纠正。"啥披萨"字样不属于未注册商标。一审法院已经认定被上诉人是以未注册商标作为权利基础来起诉的,"啥披萨"字样不是未注册商标。那么,一审法院擅自主动变更和曲解被上诉人的诉讼请求,是错误的。同时,也突破了"不告不理"的民事审判原则,二审法院应予纠正。

(4) 一审法院作出的"停止不当使用'啥披萨'字样"的判决主文超出了被上诉人诉讼请求范围,同样突破了"不告不理"的民事审判原则,二审法院应予纠正。即便"啥披萨"字样是注册商标,也是保护相同或类似商品上对于相同或近似商标的排斥权,只有在相同或类似商品上使用注册商标才构成侵权。但是,一审法院要求上诉人只要和"啥披萨"字样相关,上诉人就不能使用,一审法院对权利的无限扩大保护是错误的,必须加以纠正。

(5) "啥披萨"字样不属于未注册商标,不属于注册商标,不属于企业名称,不属于字号。因此,一审判决只能围绕合同之诉确定责任承担方式,但是一审法院判决主文已经超越合同之诉的责任承担方式。未注册商标不享有商标专用权,不能援用《商标法》进行保护。"啥披萨"不是未注册商标,被上诉人没有证据表明其是在某一类别的商品或服务之上使用。而且,一审法院判决主文也表明其认可"啥披萨"三字仅仅为字号,而非商标。本案是一起简单的合同之诉,应该按照双方签署的加盟协议条款来履行。如果涉及违约,根据法律规定,违约的责任后果是承担继续履行、采取补救措施或者赔偿损失等违约责任。被上诉人所主张的包含停止侵权行为在内的所有诉讼请求并没有约定在合同内容中。所以，一审法院判决主文的第（1）项并没有法律依据和合同基础。

（6）被上诉人没有在具体某类别的商品或服务上在先使用"啃披萨"字样。被上诉人没有举证证明其将"啃披萨"字样用于某商品或服务上，以及使用时间。因此，被上诉人应承担举证不能的后果，其据此提出的诉讼请求不应被支持。被上诉人首次明确使用"啃披萨"字样是源于2014年7月与上海拉扎斯信息科技有限公司签订的《外卖服务合同》，使用在"商户名称"之上。在"商户名称"上的使用也不符合未注册商标的使用规则。被上诉人并未举证证明"啃披萨"字样属于未注册商标。

（7）"啃披萨"字样缺乏显著特征，不具有市场区分度，属于通用名称，不属于具有市场区分度的商业标识。"啃披萨"字样本身就缺乏显著性，披萨属于大众商品，是商品的通用名称，"啃"字是作为常用动词。上述名称作为商标保护，只要有人在先使用，他人就无法使用，这是不符合法律规定的，导致被上诉人字样的保护范围远远大于注册商标。上诉人向商标局申请商标注册后，同样得出该结论，"啃披萨"缺乏显著性。"啃披萨"字样在使用过程中，天然就不可能获得显著性，因此，法律不应予以保护。

（8）一审法院认为上诉人剥夺了被上诉人获得显著性机会的主要观点错误。上诉人的经营行为只会对"啃披萨"字样产生更大的影响力，不可能会剥夺被上诉人通过经营活动扩大知名度的权利。

（9）被上诉人开店经营时间非常短，被上诉人的销售时间、规模、销售区域、销售额、销售对象极为有限，并不为公众所知悉。一审法院认为"啃披萨"字样在本市各辖区范围内取得一定知名度，可以认定具有构成民事权益的商业标识的观点错误。被上诉人于2015年4月21日才注册"钟楼区南大街啃啃小吃店"，开始经营行为，2015年9月8日注册"武进区湖塘爱民披萨店"。从被上诉人最早开店的2015年4月21日到和上诉人签订合同的2015年7月11日，只有两个多月时间。因此，一审法院认定事实错误，被上诉人并没有也不可能通过自身极其短暂的经营活动，就使"啃披萨"字样成为知名商品，在整个常州辖区获得知名度。

（10）上诉人使用的企业名称和被上诉人不一致，没有相同性。在北大街店的企业名称和字号上使用"啃披萨"字样不存在法律障碍。被上诉人申请注册的是"钟楼区南大街啃啃小吃店"和"武进区湖塘爱民披萨店"个体工商户营业执照，而上诉人申请注册的是"武进区湖塘啃披萨点心店"和"钟楼区荷花陆某的啃披萨店"，是经过工商部门核准的。上诉人和被上诉人的企业名称明显不同，也没有使用相同字号。

（11）一审法院确定的 35 000 元赔偿金额过高。根据法律规定，被上诉人应举证证明其损失金额或者授权期间上诉人因为侵权所获得的利润金额。但是，一审法院在被上诉人并未提供充分证据证明其损失的前提下，仍然确定了 35 000 元的赔偿金额，该赔偿金额过高，且没有法律依据，二审法院应予纠正。

（12）一审法院判决上诉人承担全部诉讼费用错误。被上诉人起诉主张的赔偿数额为 125 000 元，还包括其他诸多诉讼请求。但是一审法院并未全部支持，而且在赔偿数额上支持的是 35 000 元。根据法律规定，部分诉讼请求被支持的，应该合理分担诉讼费用数额。但是一审法院却判决上诉人承担全部诉讼费用，不符合法律规定和立法精神。

就其上诉请求，陆某提供如下证据：

（1）2015 年 7 月 11 日陆某与齐某民签订的协议一份及地图 2 张，证明双方设立的啃披萨店的经营范围是南到长虹路，东到青洋高架，西到长江南路，北与总店交叉到怀德路。而且该合同约定了如果没有经过陆某的同意，被上诉人是不可以在该区域内设立其他分店和代理站的。而且上诉人经营的人民路店和荷花店均在被上诉人授权的经营范围内，并未超过经营范围。相反，被上诉人设立的清潭店、丽华店和红梅店在授权陆某独家经营的范围内。

（2）被上诉人在一审时提供的其自有的加盟店店址 1 份和加盟协议 3 份。证明被上诉人授权他人设立的红梅店、丽华店、清潭店均在上诉人被授权的独家经营范围内。

（3）2014 年 12 月 11 日签订的房屋租赁合同 1 份，证明被上诉人在加盟协议中的总店在常柴厂附近及怀德路。

（4）被上诉人外卖合同一份，证明被上诉人并没有将"啃披萨"字样作为商标使用，且签约时间在 2015 年 4 月 10 日。

被上诉人齐某民口头答辩称，关于上诉人提出的经营范围，被上诉人认为上诉人随意扩大合同约定的经营范围，合同的经营范围只是武进区湖塘，被上诉人从未许可上诉人转授权该权利，所以上诉人许可他人使用啃披萨行为是违法行为。上诉人主张被上诉人构成不正当竞争的，不是抗辩，应当另案上诉。上诉人认为原审法院突破不告不理，原审法院适用《反不正当竞争法》第 20 条，适用法律正确。被上诉人所基于的法条是《反不正当竞争法》，故上诉人所称的《商标法》意见与本案无关。关于上诉人认为赔偿金额过高及诉讼费承担问题，一审法院认定事实没有错误，适用法律正确。综上，被上诉人请求法院驳回上诉人的上诉请求，维持一审判决。

同时，被上诉人齐某民就上诉人陆某提交的证据发表质证意见：第一，被上诉人与上诉人签订的协议中明确约定上诉人经营范围为武进区湖塘且分店为湖塘分店，上诉人任意扩大经营范围，曲解合同，存在恶意的主观过错。第二，在加盟协议中第 4 项的第 4 条，约定上诉人不得在区域外开设分店。被上诉人从未许可上诉人转授该权利。上诉人提供的相应证据证明的事项系基于合同，与本案无关，应当另案起诉，本案不予受理，不对其实体进行审查。对证据（3）的真实性无异议，但是与本案上诉人所证事实无关。对证据（4），被上诉人在一审中提交的外卖合同一共有 4 份，最早在 2014 年 8 月 4 日糯米网就使用了"啃披萨"的字样，故证明被上诉人对该注册商标权利有优先权。

一审查明的事实，双方无争议，二审法院予以确认。

二审法院另查明，齐某民自 2015 年 1 月起，均是以"啃披萨常州店"名义与王某、陆某等人签订《啃披萨加盟协议》。齐某民与陆某于 2015 年 7 月 11 日签订的《啃披萨加盟协议》约定，啃披萨常州店（甲方），陆某（乙方），甲乙双方一致同意在武进（区域名称）设立啃披萨联盟湖塘店。（区域范围：南到长虹路，东到青洋高架，西到长江南路，北与总店交叉打谁电话就谁送）。分店自主经营，独立核算，自负盈亏。甲方同意乙方在武进设立啃披萨联盟湖塘分店。甲方同意由乙方全权管理、开展该分店的业务。批准乙方的业务范围为湖塘（区域名称）。甲方必须对乙方的经营管理、业务开展和经营范围进行监督和指导。本协议生效后，甲方不得在乙方区域内设同类分店。该区域的下级分店和工作站必须经乙方同意，甲方方可设立该区域内其他的分店和代理站。如果乙方擅自开设协议区域外的分店，甲方有权追究乙方的法律责任。

二审法院认为，齐某民于 2014 年 7 月在电子商务平台进行网络销售，首次明确使用"啃披萨"作为商户名称；之后，齐某民与包括陆某在内的加盟商签订加盟协议时，协议名称均为《啃披萨加盟协议》，甲方均是以啃披萨常州店的名义。由此可以看出，齐某民自始都是以"啃披萨"字样作为商业标识，以该标识作为其企业的代号代表其企业，以该标识与其他商户区别商品和服务的来源。因此，案涉"啃披萨"标识具有民事权益的商业标识属性，其合法权益应当受到法律保护。

陆某对"啃披萨"标识的使用，并非始于其具有独创性的经营行为，而是基于与齐某民的合作关系，作为齐某民的加盟商被授权使用"啃披萨"字样。

齐某民与陆某于2015年7月11日签订的《啃披萨加盟协议》明确约定，同意陆某在武进设立啃披萨联盟湖塘分店（即所称人民路店），同意由陆某全权管理、开展该分店的业务；但是，该加盟协议没有允许或授权陆某在该业务范围之外使用"啃披萨"标识；并且，协议进一步约定陆某不得擅自开设协议区域外的分店。陆某作为齐某民的加盟商，基于齐某民的授权，被允许使用"啃披萨"。但是，陆某违反合同约定，超出合同授权范围使用"啃披萨"字样，将"啃披萨"字样作为商标、企业名称、微信公众号等。陆某在明知不具备齐某民授权的情况下，超出双方加盟协议授权范围为上述行为，违背了诚实信用的原则，不遵守公认的商业道德，采用不正当手段从事市场交易，陆某存在主观恶意。陆某的行为由此损害了齐某民的合法权益。同时，陆某的行为扰乱了竞争秩序，直接影响消费者和相关公众误认商品的来源，误认陆某推广宣传的其他几家商户与齐某民具有特定联系。

综上，陆某的行为违反诚实信用的原则，不遵守公认的商业道德，以不正当手段从事市场交易，损害其他经营者的合法权益，扰乱竞争秩序，属于不正当竞争行为，违反了不正当竞争法。因此，陆某依法应当承担民事赔偿责任。

关于陆某其他上诉理由：

虽然陆某享有使用"啃披萨"字样的权利，但超出双方加盟协议约定授权范围的行为，许可他人使用"啃披萨"字样，属于不正当竞争行为。

齐某民是否在授权陆某的地域范围内使用或许可他人使用"啃披萨"字样，是属于违约还是不正当竞争，不属于本案审理范围，本院对陆某的此上诉理由不予处理。

一审齐某民提出的诉讼请求：陆某立即停止不正当竞争行为。一审法院依据齐某民的诉讼请求，判令陆某立即停止不当使用"啃披萨"字样的不正当竞争行为。一审判决书明确认定，陆某在人民路店（即加盟协议约定的湖塘分店）经营过程中使用"啃披萨"字样并无不当，即对于陆某正当使用"啃披萨"字样的行为，未予限制和禁止；对于超出授权范围，在与人民路店经营行为无关的同类经营活动中使用"啃披萨"字样作为商标、企业名称、字号、微信公众号等，认定属于不正当竞争行为，应当予以制止。因此，一审法院既没有违反"不告不理"的民事审判原则，也没有超出齐某民的诉讼请求进行判决。

《反不正当竞争法》第 20 条规定，经营者违反本法规定，给被侵害的经营者造成损害的，应当承担损害赔偿责任。虽然齐某民未提交充分证据证明其损失的具体情况，但一审法院考虑陆某侵权行为的持续时间、行为性质等具体情况，酌定赔偿金额。陆某在二审期间也没有提供证据证明一审酌定的赔偿金额 35 000 元明显过高。因此，对于一审法院判决赔偿 35 000 元并无不当，本院予以支持。

法院可以依据案件情况确定当事人应负担的诉讼费，一审法院确定陆某承担本案一审的全部诉讼费用并不违反法律规定，本院予以支持。

综上，上诉人陆某的上诉理由均不能成立，本院不予采纳。原审判决查明事实清楚，适用法律正确，判决并无不当，应予维持。依照《中华人民共和国民事诉讼法》第 170 条第 1 款第（一）项的规定，判决如下：

驳回上诉，维持原判决。

三、法律条文

《反不正当竞争法》（1993 年）

第二条 经营者在市场交易中，应当遵循自愿、平等、公平、诚实信用的原则，遵守公认的商业道德。

本法所称的不正当竞争，是指经营者违反本法规定，损害其他经营者的合法权益，扰乱社会经济秩序的行为。

本法所称的经营者，是指从事商品经营或者营利性服务（以下所称商品包括服务）的法人、其他经济组织和个人。

《反不正当竞争法》（2017 年）

第二条 经营者在生产经营活动中，应当遵循自愿、平等、公平、诚信的原则，遵守法律和商业道德。

本法所称的不正当竞争行为，是指经营者在生产经营活动中，违反本法规定，扰乱市场竞争秩序，损害其他经营者或者消费者的合法权益的行为。

本法所称的经营者，是指从事商品生产、经营或者提供服务（以下所称商品包括服务）的自然人、法人和非法人组织。

四、法理分析

《反不正当竞争法》属于知识产权法律体系的认知。目前，我国的理论界和实务界，对于《反不正当竞争法》是否属于知识产权法，尚未有统一的认知。但是，在相关的国际公约以及大多数国家的立法中，《反不正当竞争法》都属于知识产权法，系知识产权法律体系的一个组成部分。《保护工业产权巴黎公约》（简称《巴黎公约》）第1条第2款规定，"工业产权"的客体包括发明专利、实用新型、外观设计、商品商标、服务商标、商号、货源标记或者原产地标记，以及制止不正当竞争。《巴黎公约》第10条之二则进一步规定，成员应当确保各成员的国民享有制止不正当竞争的有效保护。同时规定，工商业活动中违反诚实信用的所有行为，均构成不正当竞争；成员尤其应当制止仿冒、商业诋毁和虚假宣传等不正当竞争行为。美国联邦的《反不正当竞争法》是《兰哈姆法》第43条第1款和第3款，前者规定了制止仿冒、虚假宣传和商业诋毁，后者规定了制止商业标识的淡化。除此之外，各州的《反不正当竞争法》还提供了对于商业秘密和形象权的保护，1995年美国法学会总结联邦和各州的《反不正当竞争法》，颁布了《反不正当竞争法重述》，系统规定了制止仿冒、虚假宣传、商业诋毁、淡化，以及对于商业秘密和形象权的保护。德国依据其《民法典》关于侵权责任的第826条，于1896年制定了世界上第一部《反不正当竞争法》，列举了误导、贬低、商业诋毁、仿冒和泄露企业秘密等不正当竞争行为。尽管后来德国《反不正当竞争法》加入了一些有关消费者保护的内容，但是有关制止仿冒、虚假宣传、商业诋毁和窃取商业秘密的规定，依然是《反不正当竞争法》的主体。同属大陆法系的日本，于1934年制定《不正当竞争防止法》，依据《巴黎公约》规定了对于仿冒、商业诋毁的制止，到了1965年规定了对于虚假宣传的制止，1991年提供了对于商业秘密的保护，1993年规定了制止商业标识的淡化和模仿。尽管日本的《不正当竞争防止法》中还有一些其他的内容，但有关知识产权的规定，构成了这部法律的主体。一般认为，我国1993年《反不正当竞争法》，再加上《商标法》《专利法》和《著作权法》，构成了我国现代的知识产权法律体系。

《反不正当竞争法》中"一般条款"的由来。诚实信用是民事主体从事民事活动时应当遵守的基本原则。2017年3月通过的《民法总则》第6条规定，民事主体从事民事活动，应当遵循诚实信用原则。《巴黎公约》和很多国家有关制止不正当竞争的法律，也规定了诚实信用的原则。《巴黎公约》第10条之二第2款规定："在工商业活动中，任何违反诚实信用的行为，属于不正当竞争的行为。"因此，在制止不正当竞争的法律中，有关诚实信用原则的规定，又被称为"一般条款"。[1]反不正当竞争法一般条款的解读主要采取两种标准，一是依据特定商业领域中市场参与人的伦理标准加以判断的"商业道德"标准，如诚实信用标准，二是依据行业内认同的通行做法的"商业惯例"标准。这些标准均是抽象的概念，不可避免地给不正当竞争行为的界定带来一定的模糊性。因此，一般条款界定的模糊性，不仅会成为反不正当竞争法发展的绊脚石，还会引发一般条款适用上的盲目性、不可预见性和不准确性。正是由此出发，《巴黎公约》经过多年的发展，逐步将新出现的应当制止的不正当竞争行为纳入明确的调整范围，目前《巴黎公约》明确制止的不正当竞争行为包括制止仿冒、商业诋毁、虚假宣传、窃取他人商业秘密、商标淡化。事实上，我国《反不正当竞争法》第二章的标题就是"不正当竞争行为"。这样，将第2条与第二章规定的不正当竞争行为结合起来，我国《反不正当竞争法》所要制止的行为就很明确。

国外《反不正当竞争法》"一般条款"立法和适用的限制。在一般条款与具体事例的关系上，德国的变化也值得我们深思。德国1896年《反不正当竞争法》没有关于诚实信用的一般条款。然而，无论是市场主体还是法院，都认为仅仅列举误导、贬低、商业诋毁、仿冒和窃取商业秘密，不足以规范市场上出现的不正当竞争行为。于是，1909年《反不正当竞争法》规定了一个一般条款："在商业交易中，以竞争为目的违背善良风俗的，其他竞争者可以请求其不作为以及支付损害赔偿。"随后，德国法院频繁诉诸"善良风俗"的一般条款，将依样模仿、不当比较广告、利用他人声誉纳入不正当竞争的范围。至于立法者，又会在适当的时候，将法院所创设的事例予以法典化。

---

[1] 邵建东："《反不正当竞争法》中的一般条款"，载《法学》1995年第2期。

一时之间,有关"善良风俗"的规定,甚至有了"帝王条款"的说法。然而"善良风俗"的一般条款具有很大的模糊性,也造成了司法和市场主体对于自己行为的可预期性的混乱,进而妨碍了市场的竞争秩序。到了2003年,德国修订《反不正当竞争法》,在一般条款与具体事例的关系上做出了两个改变。一是将原来的"违背善良风俗的行为"改为"不正当商业行为",从而弱化了商业伦理的色彩;二是通过列举11种不正当商业行为,将一般条款的规定具体化。按照这种规定,在发生了不正当竞争纠纷的时候,当事人和法院应当首先诉诸11个具体事例。只有在穷尽了11个具体事例之后,并且认为确实有必要加以规范的时候,才可以适用一般条款。按照立法的宗旨,适用一般条款应当是例外。事实上,谨慎适用"一般条款",有助于提升市场主体对于自己行为是否违法的预期,进而有助于市场竞争秩序的建立。日本修订《不正当竞争防止法》,立法者否定了在《不正当竞争防止法》中规定一般条款的建议,担心法院在司法实践中宽泛适用"诚实信用"的原则,降低市场主体的可预期性,从而损害自由竞争的市场秩序。在这方面,美国《反不正当竞争法重述》的做法更具启发意义。根据规定:"任何人,在商业或者贸易活动中,即使对他人的商业关系造成了损失,也不应当就该损害向他人承担责任",除非相关的损害是由《反不正当竞争法重述》所列举的仿冒、虚假宣传、商业诋毁、淡化、窃取他人商业秘密和侵犯形象权的行为所造成的。"[1]因此,只要法律不禁止,就是合法的竞争行为,是正当的。

  我国《反不正当竞争法》"一般条款"的法律适用。笔者进入无讼网,输入关键词"反不正当竞争法"和"第2条",共出现196篇搜索结果。自2014年开始都是两位数,上述数据在一定程度上说明,企业、律师和法官热衷于将目光投向《反不正当竞争法》的"一般条款",以解决不正当竞争纠纷。(1)将他人有一定影响的注册商标登记为企业字号,并经营同类商品或服务,直接依据《商标法》保护即可,不应当依据《反不正当竞争法》第2条进行兜底保护。和成(中国)有限公司与泉州和成卫浴洁具有限公司侵犯商标权、不正当竞争纠纷案[2008]闽民终字第166号,上诉人和成(中国)有限公司(简称和成公司)依据《反不正当竞争法》第2条主张被上诉人泉州和成卫浴洁具有限公司(简称和浴公司)构成侵权,尽管二审法院没有在

---

[1] See American Law Society: Restatement (Third) of Unfair Competition, article one, 1995.

判决书中明确适用该条款,但实际依据该条款作出了认定。二审法院认为,和成公司拥有我国台湾地区和成欣业股份有限公司注册的"和成"商标在中国大陆地区的独家使用权,该商标注册在先,尚处于有效期限内,并在其注册的商品类别中具有较高知名度。和浴公司系在后登记成立的法人,从其经营范围及注册的商标类别看,其与和成公司系同业竞争者,其将已被和成公司在先注册为商标的在同行业具有较高知名度的"和成"登记为自己的字号,主观上具有"搭便车"的故意,且足以使相关消费者对两个不同的市场主体及其产品存在某种关联性产生联想造成混淆,其行为违反市场经营者应遵循的诚实信用基本原则,构成不正当竞争。(2)《最高人民法院关于审理商标民事纠纷案件适用法律若干问题的解释》还没有颁布实施,对域名仿冒注册商标的行为还不能依据《商标法》制裁。上海晨铱智能科技发展有限公司与(美国)普罗克特和甘布尔公司不正当竞争纠纷案[2001]沪高(知)终字第4号,(美国)普罗克特和甘布尔公司(简称保洁公司)是"safeguard"注册商标权人。1999年1月18日,上海晨铱科贸有限公司向中国互联网络信息中心申请注册了Safeguard.com.cn域名。2000年1月3日,上海晨铱科贸有限公司更名为上海晨铱智能科技发展有限公司(简称晨铱公司)。晨铱公司辩称:"Safeguard"具有"保卫、保护"的含义,与其经营范围和产品"安防系统工程的设计安装维修"的意思吻合,将safeguard注册为三级域名并无不当,该域名与宝洁公司safeguard商标相同是一种巧合,注册域名的行为属善意注册在先,而非恶意抢先注册。最后,二审法院依据我国《反不正当竞争法》第2条第1款的规定,认定晨铱公司的行为构成了不正当竞争。(3)将他人注册商标作为搜索关键词使用,并且在相同商品或服务上使用造成消费者"混淆",显然可以依据《商标法》第57条"给他人的注册商标专用权造成其他损害的"这一兜底规定进行维权。上海中饮餐饮管理有限公司与上海新翔餐饮有限公司等其他不正当竞争纠纷案[2015]普民三(知)初字第481号,法院认为,被告上海新翔餐饮有限公司(简称新翔公司)成立于2014年10月10日,在此之前,原告上海中饮餐饮管理有限公司"巴比"注册商标经过持续经营及广告宣传,已在同行业和相关公众中取得了一定的知名度。原告与被告均为餐饮企业,两者存在同业竞争关系,被告新翔公司在成立时应当知晓原告"巴比"商标的知名度,但被告新翔公司在百度网上对其经营的"www.shbbmt.com"网站以及在"一路商机""91加盟网"进行推广过程中所使用的关键词"巴比"与原告存在明确的指代关系，被告新翔公司将与原告具有极高关联性的词语作为搜索关键词进行使用的行为，会使得一些本应属于原告的商业机会和潜在客户为被告新翔公司获得，该行为违反了诚实信用原则，构成对原告的不正当竞争。（4）维护公平竞争的市场秩序和消费者权益，是反不正当竞争法的立法宗旨。深圳市腾讯计算机系统有限公司诉北京世界星辉科技有限责任公司不正当竞争案［2017］京0105民初70786号，法院认为：市场竞争必然导致损害，损害本身不单独构成评价竞争行为正当性的倾向性要件。不正当竞争行为的认定，必须考虑社会公众的利益，科技进步所带来的商业模式的改变和技术创新，公众有权利享受。就具有选择性屏蔽广告功能的浏览器而言，其不针对特定视频经营者，亦未造成竞争对手的根本损害，故法院依据《反不正当竞争法》第2条驳回了深圳市腾讯计算机系统有限公司的全部诉讼请求。

本节案例中，法院查明齐某民于2014年7月在电子商务平台进行网络销售，首次明确使用"啃披萨"作为商户名称。之后，齐某民与包括陆某在内的加盟商签订加盟协议时，协议名称均为《啃披萨加盟协议》。陆某对"啃披萨"标识的使用，并非始于其具有独创性的经营行为，而是基于与齐某民的合作关系，作为齐某民的加盟商被授权使用"啃披萨"字样。陆某违反合同约定，超出合同授权范围使用"啃披萨"字样，并将"啃披萨"字样作为商标、企业名称、微信公众号使用。笔者以为，如果有证据能够证明齐某民把"啃披萨"作为字号使用的事实，且具有了一定的影响，陆某在同类服务上使用相同的标识，侵犯其取得交易的机会，造成消费者混淆，可以依据《民法总则》第58条或《民法通则》第99条所规定的企业名称权，以及《反不正当竞争法》第6条第2项的规定，主张他人侵犯其名称权实施商业混淆行为。

总结我国司法实践"一般条款"的适用，以及外国立法对"一般条款"规定，可以概括以下几点：第一，外国反不正当竞争法对"一般条款"的立法和司法适用比较谨慎，通常只有明确列举的不正当竞争行为才是法律制裁的对象。该现象说明这样的理念，即《反不正当竞争法》应尽量不干预市场，在没有确切依据的情况下，应当尊重市场自由竞争的基本原则。第二，我国司法实践对"一般条款"的适用经历了这样的历程：第一阶段，认可"一般条款"法律规范的效力，但裁判文书不直接体现，该阶段的特点是犹抱琵琶半遮面；第二阶段，裁判文书中大量、直接地适用"一般条款"，也有把"一般条款"与第二章不正当竞争行为的具体条款同时适用，该阶段的特点是律师、法官没有节制地偏好"一般条款"；第三阶段，以［2017］京0105民初70786号民事判决为分界点，法官开始回避"一般条款"，该阶段的特点是法官开始接受尊重市场经济自由竞争的基本理念。第三，司法实践没有充分认识反不正当竞争法对知识产权保护的补充性地位。《反不正当竞争法》《商标法》《版权法》《专利法》和《民法通则》（名称权等规定）构成了知识产权保护法律体系，对于可以依据《商标法》《版权法》和《专利法》制止的侵权行为必须依据上述法律。比如，对于侵犯商标权造成混淆、误认的行为，应当纳入《商标法》的保护范围，上述案例中把具有一定知名度的注册商标注册为域名、字号、搜索关键词等行为，可以直接依据《商标法》进行制裁，而不是依据《反不正当竞争法》，《商标法》第57条第（七）项已经规定了兜底条款：给他人的注册商标专用权造成其他损害的。目前，2013年《商标法》和2017年《反不正当竞争法》已经理顺了这一关系。总而言之，司法实务中，律师可以在《商标法》《专利法》《版权法》《反不正当竞争法》具体条款之外，积极寻求《反不正当竞争法》"一般条款"的保护，但法官应当谨慎适用该条款，防止不当阻碍市场经济自由发展。

第五节　基于警告函引起的确认不侵害知识产权诉讼

——［2015］常知民终字第26号

一、法律要点

权利人发送警告是其维护自身权利、行使民事权利的应有之义，但权利人发送警告措辞应当中立、内容应当明确，就内容而言，不应当笼统，对于权利人的身份、所主张的权利的有效性、权利的保护范围，以及其他据以判断被警告行为涉嫌构成侵权的必要信息（对比分析），均应当予以披露。措辞中立是指，警告函仅仅是告知对方存在可能的侵权事实，由其自行判断是停止侵权，还是选择与权利人沟通，而不能以法院裁判书的口吻，要求对方停止侵权并进行威胁。

把确认不侵害知识产权诉讼纳入民事诉讼的案由，是维护与知识产权人具有利害关系一方当事人合法权益的一种表现。确认不侵害知识产权诉讼应当符合一定的受理条件，知识产权人向行政机关投诉或发送警告函，知识产权人迟迟不向法院提起侵权之诉，被控侵权人的现实或潜在利益受到影响，司法机关有权对该争议进行最终确认。确认不侵权之诉与不正当竞争之诉属于不同的法律关系，应当分别审理。不当发送警告，造成对方损失，构成不正当竞争的，应当承担赔偿损失等民事责任。

二、案情介绍

常州常荣电器公司（简称常荣公司）与宁波生方横店电器公司（简称生方公司）均生产压缩机保护器。2007年，生方公司向国家工商总局举报常荣公司侵犯其商业秘密，于是国家工商总局责成江苏省工商局查处。同年11月27日，江苏省工商局、常州市工商行政管理局、常州市新北区工商局联合行动，出动了近50人的执法队伍包围了常荣公司的各个区域，包括进入了常荣公司无尘车间，使常荣公司的生产陷于停顿。生方公司在工商局行动后即向常荣公司的客户散布常荣公司因为侵犯商业秘密已被工商局查处的信息。工商局经查生方公司的举报不构成立案的条件，遂常州市工商行政管理局于2007年12月11日出具了解除行政强制措施通知书。

2010年，生方公司再次要求工商局查处，并进行技术鉴定。同年9月，常州市工商行政管理局、常州市新北区工商局再次采取联合行动，当场扣押了常荣公司流水线上的产品。而生方公司人员甚至还混在执法队伍里闯入常荣公司的无尘车间。当常州市工商行政管理局决定启动商业秘密技术鉴定程序时，生方公司拒绝进入鉴定程序。

生方公司主张的5个技术秘密点为：（1）动接点的高度调整工艺；（2）双金属片组件的深冲模具冲面的几何特征；（3）零部件之间距离的管理公差；（4）加热熔丝、双金属片和支架板的几何特征、材质以及前述几何特征、材质和气体比例的组合；（5）动接点和静接点的高度组合。

常荣公司认为生方公司的上述行为，严重干扰了常荣公司的正常生产经营，同时使常荣公司在行业内的信誉受到严重损害；认为生方公司的行为不是为了维护其商业秘密的正当权利，而是以此为手段打压、干扰竞争对手。为防止生方公司将公权力沦为其恶意打压竞争对手的工具，故常荣公司诉至法院，请求法院：确认常荣公司在2009年4月至2011年年底期间生产的

HPA530 产品不侵犯生方公司的商业秘密，并判令生方公司承担本案诉讼费等相关费用。

为支持其诉讼请求，常荣公司向法院提交了下列证据：

（1）2007 年 12 月 11 日江苏省常州市工商行政管理局解除行政强制措施通知书复印件 1 份，证明生方公司 2007 年曾向工商机关投诉常荣公司侵犯其商业秘密。

（2）国科知鉴字〔2007〕46 号鉴定报告书复印件 1 份，证明生方公司向工商机关对常荣公司的投诉包括了具体的商业秘密内容。

（3）专家咨询意见原件 1 份，证明常荣公司没有侵犯生方公司的商业秘密。

（4）〔2013〕常常证民内字第 9584 号公证书原件 1 份、公证书附光盘原件 1 张及公证封存的空调压缩机保护器产品原件 3 个、广东增值税专用发票原件 1 份，证明常荣公司获取以前生产的 HPA530 产品的过程。

（5）2009 年 7 月 26 日、2010 年 10 月 13 日，2010 年 7 月 29 日、2011 年 7 月 25 日的购销合同原件 4 份以及江苏增值税专用发票原件 7 份，证明常荣公司一直向珠海凌达压缩机有限公司供应压缩机保护器产品。

（6）常荣公司技术资料及说明 1 套，证明常荣公司 HPA530 产品的技术方案内容。

（7）常荣公司企业标准（电动机-压缩机内置式过载保护器）1 份，证明常荣公司技术方案的可实现性。

（8）〔2013〕常常证民内字第 11744 号公证书原件 1 份，证明常荣公司取得了涉案时间段的以往产品实物。

（9）广东美芝制冷设备有限公司图纸 2 份，证明涉案产品编码的意义。

生方公司辩称：

（1）本案不符合确认不侵权之诉的要求。鉴于目前我国尚未有对确认不侵权商业秘密之诉的受理的相关规定，根据《最高人民法院关于审理侵犯专利权纠纷案件应用法院若干问题的解释》第 18 条之规定，本案并不符合生方公司向常荣公司发起警告而产生的确认不侵权之诉的受理条件，常荣公司擅自扩大确认不侵权时间，并无任何依据，是常荣公司提起的恶意诉讼。

（2）本案纠纷已经通过行政途径处理，本案受理不符合一事不再理的原则，且生方公司向工商总局的投诉期间是 2007 年和 2010 年 8 月，即便进行本案审理，也应该针对这两个时间段的常荣公司产品是否侵犯生方公司商业秘密展开，而不应当涉及其他时间段。

（3）常荣公司在诉前，通过不法手段获得了生方公司国科知鉴字第46号鉴定报告，已构成商业秘密侵权。

生方公司向法院提交了下列证据：

（1）国家工商行政管理总局反垄断和反不正当竞争执法局出具的［2012］21号函及关于对钱某良以及常州常荣电器有限公司行政查处情况的征询函各1份，证明生方公司向工商部门投诉常荣公司侵犯其商业秘密的事实及工商部门对该投诉的处理尚未终结。

（2）［2009］浙知终字第68号民事裁定书1份，证明［2006］甬民四重字第1号民事判决书已经生效。

（3）致国家工商管理总局反垄断与反不正当竞争局请求函复印件1份，证明生方公司向工商部门投诉的时间和事实。

（4）国科知鉴字［2007］46号鉴定报告书1份，证明常荣公司侵犯生方公司的商业秘密。

常荣公司申请法院调取了如下证据：

（1）2012年3月8日，该院前往宁波市公安局进行了调查，调取了关于生方公司举报常荣公司涉嫌侵犯商业秘密犯罪的控告材料及不予立案通知书两份。

（2）2012年3月20日，该院前往常州市工商行政管理局进行了调查，调取了关于生方公司投诉常荣公司侵犯其商业秘密的投诉函、相关证据材料（包括［2004］甬民重字第1号判决书及和解协议复印件各1份）及该局调查材料，并作了调查笔录。

（3）2013年4月7日，该院前往常州市工商行政管理局进行调查并作了调查笔录。

（4）应常荣公司申请，该院委托上海市科技咨询服务中心对涉案相关技术问题进行鉴定，该中心于2015年3月26日出具了沪科技咨询服务中心［2014］鉴字第32号技术鉴定意见，该中心指派了鉴定人员程某鸣、范某、钟某滨、施某雄到庭接受质询。

生方公司申请法院调取了如下证据：

（1）2013年9月3日，该院前往科学技术部知识产权事务中心进行了调查,调取了国科知鉴字[2007]46号鉴定报告书及该书依据的宁波生方横店电器有限公司提交的相关技术资料与说明1套。

(2)2013年9月3日,该院前往中国科学技术咨询服务中心进行了调查,调取了中科咨鉴字[2008]第002号鉴定报告书及该书依据的宁波生方横店电器有限公司提交的相关技术资料与说明1套。

法院依职权调取了如下证据:

(1)2013年4月10日,该院向科学技术部知识产权事务中心寄发调查函要求调取国科知鉴字[2003]06号技术报告鉴定书相关材料。2013年4月,该中心向该院邮寄提供了国科知鉴字[2003]06号技术鉴定报告书及相关材料1套。

(2)2014年4月16日至19日,该院前往珠海凌达压缩机有限公司进行了调查,并制作调查笔录2份、获得被调查人名片2张。

(3)2015年1月29日,该院前往广东美芝制冷设备有限公司进行了调查,并制作调查笔录1份、获得被调查人名片1张。

一审法院审理过程中,委托上海市科技咨询服务中心对涉案相关技术问题进行鉴定,鉴定事项包括:(1)生方公司主张的有关压缩机内置式热保护器五项秘密点技术信息在2010年8月份之前是否为非公知技术信息?上述五项秘密点技术信息至2014年10月31日是否为非公知技术信息?(2)常荣公司提供的有关压缩机内置式热保护器送鉴产品与其提供的技术图纸是否相符?即该公司提供的技术图纸能否制造出上述送鉴产品?(3)常荣公司提供的送鉴产品若与其提供的技术图纸相符,该送鉴产品和相关技术图纸所记载的有关技术信息,与上述宁波生方公司主张的5项秘密点技术信息是否构成相同或实质性相同?

上海市科技咨询服务中心于2015年3月26日出具了沪科技咨询服务中心[2014]鉴字第32号技术鉴定意见。鉴定意见结论为:(1)生方公司主张的五项秘密点技术信息中:①秘密点一"动接点高度的调整工艺"技术信息;秘密点二"双金属片组件的深冲模具冲面的几何特征"技术信息;秘密点四"加热熔丝、双金属片和支架板的几何特征、材质,以及前述几何特征、材质与气体比例"技术信息在2010年8月份之前及至2014年10月31日属于公知技术信息。②秘密点三"零部件之间距离的管理公差"技术信息;秘密点五"动接点与静接点高度的组合"技术信息在2010年8月份之前及至2014年10

月31日为非公知技术信息。(2) 常荣公司提供的送鉴产品与其提供的技术图纸相符；按该公司提供的技术图纸能够制造出与其送鉴产品相符的产品。(3) 常荣公司提供的与送鉴产品相符的技术图纸所记载的相关技术信息，与生方公司主张的五项秘密点中四项（注：生方公司主张的第二项秘密点"双金属片组件的深冲模具冲面的几何特征"无法进行对比）相应的技术信息不相同。该中心指派了鉴定人员程某鸣、范铠、钟某滨、施某雄到庭接受质询。

一审法院认为：

（一）关于常荣公司提起的确认不侵犯知识产权诉讼是否符合受理条件

确认不侵害知识产权诉讼是一项旨在制止权利人不正当利用其知识产权，给他人利益造成损害或具有损害之虞的诉讼制度。一般认为，权利人向他人发出警告或有类似于警告的行为，又未在合理时间内启动司法程序解决纠纷，是确认不侵害权利诉讼的事实前提。本案中生方公司虽未向常荣公司发出过明确的警告信函，但双方之间因商业秘密侵权问题发生过行政投诉，工商行政管理部门受理行政投诉在先但一直未作出行政裁决，可以认为双方之间存在因商业秘密导致的利害冲突以及由此引起的利益不稳定状态。本案常荣公司为避免其利益可能遭致的损害，向人民法院提起确认不侵犯知识产权之诉，符合确认不侵害知识产权诉讼的实质条件，该院依法应当受理。

（二）关于是否能确认常荣公司不侵犯生方公司的相关商业秘密及确认的期间范围界定

1. 关于生方公司主张的商业秘密内容范围的确定

本案审理过程中，在法庭的释明下，生方公司始终未主动明确其主张的技术秘密秘密点的具体范围，且未提交相应技术资料，而是申请法院向原鉴定机构调取国科知鉴字［2007］46号《鉴定报告书》和中科咨鉴字［2008］第002号《技术鉴定报告》的相关基础技术资料。即使在该院委托的技术鉴定过程中，在鉴定人员的询问下亦未明确其主张技术秘密点的具体范围。因此，在商业秘密权利人不主动明确秘密点具体范围的情况下，法院如何对相关秘密点范围予以固定系本案认定的基础。综合本案相关材料，该院认为本案应当以中科咨鉴字［2008］第002号《技术鉴定报告》所明确的秘密点范围，予以固定。

2. 关于常荣公司相关技术信息内容的确定

本案审理过程中，常荣公司向法庭提交了常荣公司空调压缩机内置热保护器产品的技术资料1套。为确认上述技术资料中包含的与生方公司主张的秘密点相关的技术信息系为常荣公司实际使用,该院在鉴定事项中包括了:"常荣公司提供的有关压缩机内置式热保护器送鉴产品与其提供的技术图纸是否相符,即该公司提供的技术图纸能否制造出上述送鉴产品"一项。

3. 关于常荣公司是否侵犯生方公司主张的商业秘密的认定

(1) 关于秘密点一"动接点高度的调整工艺"。根据沪科技咨询服务中心[2014]鉴字第32号《技术鉴定意见》,常荣公司提供的与送鉴产品相符的技术图纸所记载的相关技术信息与生方公司主张的技术秘密点一并不相同,且双方对此未有异议,故可以确认常荣公司并不侵犯生方公司主张的秘密点一。对于生方公司就上述《技术鉴定意见》关于秘密点一非公知性的结论意见的异议,因双方相关技术方案并不相同,已无审查必要,故该院对生方公司相关异议不再审理。

(2) 关于秘密点二"双金属片组件的深冲模具冲面的几何特征"。根据沪科技咨询服务中心[2014]鉴字第32号《技术鉴定意见》,秘密点二技术信息在2010年8月份之前及至2014年10月31日属于公知技术信息,故可以确认常荣公司并不侵犯生方公司主张的秘密点二。对于生方公司认为上述《技术鉴定意见》与中科咨鉴字[2008]第002号《技术鉴定报告》的相关鉴定结论矛盾的异议,该院认为秘密点二非公知性认定的核心在于秘密点二的技术信息是否为其所属领域的相关人员普遍知悉和容易获得。庭审中鉴定人员认为:生方公司主张的秘密点二的技术特征范围为:"一个柱形的模具,其冲面为有缺口的圆形,冲面平面直径8mm,形成为回避接点和焊接片的几何特征。如果将模具的直径扩大,双金属片组件的动作特性虽然会变佳,但是接点和焊接片会挡住深冲工序"。根据相关领域相关人员的经验常识,从经济性和功能性来说,行业普遍采用柱形结构,这个是行业人员普遍知悉的。切割后看双金属片的凹痕就可以判断其冲面为有缺口的几何状,这也是行业人员普遍掌握的。测量双金属片的凹痕尺寸,同时根据行业常识,冲面越大,稳定性越强的原理,可以得出冲面平面直径为8毫米。通过上述的观察,就可以得出该秘密点的几个特征。因为其技术特征描述当中并不包含球面弧形的尺寸,仅包含平面直径,因此通过观察双金属片凹痕及其他零部件结构,即可得出生方公司主张的相关技术信息。切割涉案产品,多数的机械工厂都有相关设备,切割时间只需要15到20分钟,如今的费用大概仅需数百元。

故鉴定机构认为这个技术秘密是无需付出一定代价而容易获得的。该院认为鉴定人员的表述专业而合理，而生方公司并未提供足够理据证明其异议成立，故该院对生方公司上述异议不予采纳。

（3）关于秘密点三"零部件之间距离的管理公差"。根据沪科技咨询服务中心［2014］鉴字第32号《技术鉴定意见》，常荣公司提供的与送鉴产品相符的技术图纸所记载的相关技术信息与生方公司主张的技术秘密点三并不相同，故可以确认常荣公司并不侵犯生方公司主张的秘密点三。对于生方公司认为秘密点三双方技术相同性比对的数据中有部分数值相同，故应当认定相同的意见，该院结合鉴定人员的当庭说明认为生方公司上述异议依据不足，故不予采纳。

（4）关于秘密点四"加热熔丝、双金属片和支架板的几何特征、材质，以及前述几何特征、材质与气体比例"。根据沪科技咨询服务中心［2014］鉴字第32号《技术鉴定意见》，秘密点四技术信息在2010年8月份之前及至2014年10月31日属于公知技术信息，且常荣公司提供的与送鉴产品相符的技术图纸所记载的相关技术信息与生方公司主张的技术秘密点四并不相同，对此结论双方并无异议，故可以确认常荣公司并不侵犯生方公司主张的秘密点四。

（5）关于秘密点五"动接点和静接点的高度的组合"。根据沪科技咨询服务中心［2014］鉴字第32号《技术鉴定意见》，常荣公司提供的与送鉴产品相符的技术图纸所记载的相关技术信息与生方公司主张的技术秘密点五并不相同，且双方对此未有异议，故可以确认常荣公司并不侵犯生方公司主张的秘密点五。

4. 关于确认常荣公司不侵权的期间范围的认定

对于涉案的三个送鉴热保护器产品上的编码（①HPA530110730-8、②HPA530110709-1、③HPA53090420-9）含义，常荣公司主张："HPA530"表示产品型号，而"110730-8""110709-1"的前两位表示生产的年份为2011年，第三、四位表示生产的月份为7月，第五、六位表示当月生产批次号，最后一位表示生产跟工卡序号，"90420-9"的第一位表示生产的年份为2009年，第二、三位表示生产的月份为4月，第四、五位表示当月生产批次号，最后一位表示生产跟工卡序号。生方公司对常荣公司主张的上述事实表示有异议，但未提交任何相反证据予以证明。该院结合相关调查笔录等材料及工业生产的一般常理，认为常荣公司的事实主张合理，该院依法采信，对生方公司的上述异议不予采纳。

综上，一审法院认为常荣公司并未侵犯生方公司的商业秘密，遂判决：（1）确认常荣公司自2009年4月至2011年7月间生产HPA530空调压缩机内置热保护器产品的行为不侵犯生方公司商业秘密。（2）驳回常荣公司的其他诉讼请求。

生方公司不服常州高新技术产业开发区人民法院［2013］新知民初字第92号判决书，向常州市中级人民法院提起上诉，请求二审法院：（1）撤销原审判决；（2）依法改判支持生方公司的全部诉讼请求；（3）判令常荣公司承担一、二审诉讼费用及鉴定费用。事实和理由：（1）法律适用错误。①本案不符合确认不侵权之诉的受理条件，原审法院不应受理本案。②鉴定程序违法、鉴定方法有重大缺陷、鉴定结论与其他证据存在重大矛盾，原审法院未依法要求重新鉴定。a.鉴定机构擅自更改鉴定内容。b.《技术鉴定意见》鉴定过程缺乏依据，鉴定结果与生效判决存在重大矛盾。（2）认定事实不清。即使本案符合受理条件可以进行审理，也应当以本案的事实情况为基础，结合确认不侵权诉讼的审理原则进行。①确认不侵权的时间节点应以上诉人投诉时间为节点。②确认不侵权的审判逻辑存在重大问题。③《技术鉴定意见》存在众多问题、缺乏客观性、公正性。

二审法院审理认为，生方公司上述理由不成立，于2015年11月18日作出二审判决，驳回上诉，维持原判决。

该案生方公司申请再审，江苏省高级人民法院作出［2016］苏民申2949号民事裁定书，驳回生方公司的再审申请。

三、法律条文

《最高人民法院关于审理侵犯专利权纠纷案件应用法律若干问题的解释》（2009年）

第十八条 权利人向他人发出侵犯专利权的警告，被警告人或者利害关系人经书面催告权利人行使诉权，自权利人收到该书面催告之日起一个月内或者自书面催告发出之日起二个月内，权利人不撤回警告也不提起诉讼，被警告人或者利害关系人向人民法院提起请求确认其行为不侵犯专利权的诉讼的，人民法院应当受理。

《最高人民法院关于修改〈民事案件案由规定〉的决定》（法〔2011〕41号）

第五部分

153、确认不侵害知识产权纠纷

（1）确认不侵害专利权纠纷

（2）确认不侵害商标权纠纷

（3）确认不侵害著作权纠纷

四、法理分析——确认不侵犯知识产权诉讼

不侵权之诉的含义。要正确了解确认不侵犯知识产权之诉，首先必须理解确认之诉的内涵。我国《民事诉讼法》将诉分为确认之诉、给付之诉和形成之诉，这实质上是根据当事人诉讼行为的目的和内容不同而进行的分类。所谓确认之诉，是指一方当事人提出的要求法院确认其与对方当事人之间存在或者不存在一定法律关系的请求。按照当事人诉请目的的不同，又可以将确认之诉分为积极的确认之诉和消极的确认之诉。积极的确认之诉，是指当事人请求法院确认与另一方当事人之间存在一定的民事法律关系，如诉请法院确认与对方当事人之间存在收养关系。消极的确认之诉，是指要求法院确认与对方当事人之间不存在某种民事法律关系，如请求法院确认双方之间不存在婚姻关系。所谓给付之诉，是一方当事人向法院提出的判令对方当事人向自己履行一定的民事给付义务的请求，如请求返还财产、支付货款、请求停止侵权等。从历史沿革上看，给付之诉是民事诉讼中最有代表性的形态，也是司法实践中利用率最高的诉讼类型，在民事领域中，当事人之间的民事法律关系一旦依法成立，就会产生相应的民事权利义务关系。因一方当事人不履行相应的法律义务，另一方诉至法院要求判令其履行义务，就构成给付之诉。确认之诉与给付之诉之间存在联系，确认之诉是给付之诉的基础，法院在审理给付之诉时首先要对当事人之间的民事法律关系加以确认，然后在此基础上作出对给付之诉的判决。所谓变更之诉，也称为形成之诉，是指一方当事人请求法院改变或者消灭与另一方当事人之间既有的民事法律关系的请求，如提起解除婚姻关系之诉、解除收养关系之诉等。变更之诉分为实体上的变更之诉和程序上的变更之诉。实体上的变更之诉，是指当事人向法院提出的变更民事法律关系，产生法律效果的请求。如离婚诉讼的当事人要求解除婚姻关系，产生当事人之间因离婚判决而导致婚姻关系消灭的实体法后果。

程序上的变更之诉,是指当事人提出的变更程序法律效果的请求,如再审之诉。

确认不侵权诉讼属于消极的确认之诉,是原告诉请法院确认其与被告间不存在侵权法律关系,即原告之行为不属于侵害被告权利之行为的诉。确认不侵权诉讼本质上属于确认之诉,但审理思路上类似于侵权之诉(给付之诉),在实际审理过程中,法院有意识地以侵权争议为核心问题,并参照侵权案件的思路审理,继而按照侵权之诉案件的地域管辖原则进行。侵权之诉由侵权行为地或被告住所地人民法院管辖,一般确认之诉则由被告住所地人民法院管辖,但确认不侵权之诉,可由涉嫌侵权所在地管辖。如果从当事人尤其是原告的角度审视的话,大多数原告更倾向于发动侵权之诉,因为他可以充分利用侵权行为地中的有利因素来选择对自己更加有利的法院,从而在诉讼的初始阶段保持主动性优势。

确立不侵权之诉的意义。自2002年我国出现第一起请求确认不侵犯知识产权诉讼开始,这类案件逐渐走进人们的视野。《最高人民法院关于审理侵犯专利权纠纷案件应用法律若干问题的解释》(2009年)第18条规定了确认不侵犯专利权的条件,该条规定对其他知识产权不侵权诉讼都具有借鉴意义,最高人民法院《民事案件案由规定》(2011年)增加了确认不侵害知识产权纠纷。知识产权制度不仅保护知识产权人的权益,也保护其他市场竞争主体和社会公众的利益,唯有达到各主体之间的利益平衡,知识产权制度才具有生存和发展的空间。知识产权人向利害关系人发出侵权警告,但在合理的期限内并未采取任何救济手段,在此种情况下利害关系人之行为是否侵权不确定,这势必危害利害关系人现有或潜在的利益。这时利害关系人可以主动向人民法院提起诉讼,请求确认其行为并不构成对权利人知识产权的侵害,取掉悬于其头上的达摩克斯之剑。不同于知识产权侵权诉讼,在知识产权确认不侵权之诉中,涉嫌侵权一方以原告身份出现,与之相应,知识产权权利人则变为被告,从而使诉讼结构发生了质的变化。

国外相关制度的介绍。确认不侵权之诉在英国被称为"无理威胁之诉",英国正式确立确认不侵权之诉制度是1883年出台的《专利、外观设计和商标法案》,在这些救济规定中,对于发出的威胁是善意还是恶意的认定并不重要。如果不设立这些救济规定,有些掌握着一些站不住脚的所谓的"专利权"的无良专利权人,可能会在不打算提起任何诉讼的情况下而发出警告函。英国立法机构对无理威胁的态度是:"允许经营者对竞争的生产商发出提起侵权诉讼的威胁，但不允许经营者对竞争的生产商的客户发出不正当的威胁。"美国首例确认不侵权案发生在1933年，为了解决越来越多的可能起诉到法院的纠纷，美国在1934通过了《联邦确认之诉法案》，该法案只处理程序问题。该法案的初衷是为了解决争议当事人之间的权利在法律上的不确定的状态，限制滥发威胁函的不正当竞争行为，平衡各方当事人的谈判地位。在法国，权利人在对涉嫌侵权人提起诉讼之前可以发送以下两种类型的信函中的一种：一是告知函，二是停止侵权函。对于涉嫌侵权的直接侵权者，发送告知函是必要的。如果该信函以中立的方式起草，将不被认为是可以提起诉讼的。而另一方面，停止侵权函要求收件人停止被控侵权的行为，如果他们不遵守，通常会威胁将对他们采取法律行动。这种威胁可能被认为是不正当竞争或诋毁的行为，可能要承担民事责任，这取决于收函人和信函的具体行文。法国判例法已经表明，对于直接侵权人的警告或威胁函很少被认作是不当行为。其次，代理律师在不正当威胁中的法律责任问题，在不同的国家也有不同的体现。法国的《法国律师道德守则》规定："执业律师在接触对方当事人的时候要避免任何不正当的代理和任何威胁。当执业律师代表他们当事人寄出这样的威胁函时，可以被行业管理机构或法院追究其责任。"[1]律师或代理人在代表客户发送警告函的时候究竟应不应当承担责任，如何承担责任，也是值得我们思考的问题。

我国司法实践的典型案例。对于侵权警告函的内容、发送的对象都应当严谨对待，对破坏竞争秩序的发送警告函的行为，应当被认定为不正当竞争行为，承担法律责任。石家庄双环汽车股份有限公司、本田技研工业株式会社确认不侵害专利权纠纷再审案［2016］最高法民申361号，最高人民法院认为，权利人发送侵权警告维护自身合法权益是其行使民事权利的应有之义，但行使权利应当在合理的范围内。判断侵权警告是正当的维权行为，还是打压竞争对手的不正当竞争行为，应当根据发送侵权警告的具体情况来认定。侵权警告的内容不应空泛和笼统，对于权利人的身份、所主张的权利的有效性、权利的保护范围，以及其他据以判断被警告行为涉嫌构成侵权的必要信息，均应当予以披露。权利人发送侵权警告的目的，在于让被警告者知悉存

---

［1］罗云辉："国外知识产权确认不侵权之诉的分析与借鉴"，载《经济研究导刊》2014年第16期。

在可能侵害他人权利的事实,并自行停止侵权,或与权利人积极沟通、协商解决纠纷,从而使权利人无需再提起侵权之诉寻求公力救济。从侵权警告信的发送对象看,权利人所履行的审慎注意义务也应有所不同。产品制造者作为侵权的源头,通常是权利人进行侵权警告的主要对象。另外,权利人发送侵权警告的对象还可能包括产品的销售商、进口商,或者发明或实用新型产品的使用者等。向这些主体发出侵权警告,容易直接导致制造商无法销售,影响所涉产品的竞争交易秩序。向这些主体发送侵权警告时,对确定被警告行为构成侵权而产生的注意义务要高于向制造者发送侵权警告的情形。其警告所涉信息应当详细、充分,如应披露请求保护的权利的范围、涉嫌侵权的具体信息以及其他与认定侵权和停止侵权相关的必要信息。根据本案原审已查明的事实,本田株式会社在双方分别提起诉讼寻求司法救济后,继续向涉案汽车的经销商发送侵权警告信,并扩大了被警告经销商的范围。而其侵权警告信中仅记载了涉案专利权的名称、涉嫌侵权的产品名称以及受函客户涉嫌侵权的性质,却没有披露其主张构成外观设计相近似的具体理由或进行必要的比对,也没有披露其与双环股份公司均已向法院寻求司法救济等其他有助于经销商客观合理判断是否自行停止被警告行为的事实。由于被警告的经销商作为双环股份公司的交易方,也可能成为本田株式会社涉案专利产品的竞争者或客户群,本田株式会社在向这些经销商发送警告信维护其专利权的同时,其行为在客观上也有打击竞争对手、争取交易对象或者商业机会的作用。因此,二审判决认定本田株式会社2004年1月9日向双环股份公司在全国的十余家经销商发送警告信的行为违反《中华人民共和国反不正当竞争法》第2条的规定,考虑本田株式会社不当发送警告信的情节、被警告经销商的范围,以及给双环股份公司造成了的损失。酌定本田株式会社赔偿双环股份公司经济损失1600万元(含合理维权费用)的判决,有事实依据和法律依据。本田株式会社申请再审的理由不成立。

总结我国司法解释和司法实践,借鉴国外相关规定,对确认不侵犯知识产权之诉的理解和主张应当注意以下方面:第一,确认不侵犯知识产权之诉是为防止知识产权人滥用权利而设置,通常是由于不当发送警告而引起。权利人发送侵权警告是维护自身合法权益、行使民事权利的应有之义,但行使权利应当在合理的范围内。超过必要限度、不以审慎的态度发送警告,将导致不公平竞争。第二,确认不侵权的诉讼请求得到法院支持,并不当然导致被告需承担损害赔偿、消除影响等法律责任，请求人应当同时提起给付之诉，要求对方承担停止侵权、赔偿损失的责任。第三，确认不侵犯知识产权之诉的受理条件。权利人向被警告人发送警告函，或者向行政机关投诉，被警告人书面催告权利人行使权利，权利人在一定的期限内既不撤回警告也不提起诉讼，起诉的条件已经成就。第四，违法不当发送警告导致不正当竞争，造成对方损失，将要承担赔偿损失等的法律责任。一般而言，警告函应当中立并且明确，中立是指措辞，明确是指内容。就内容而言，不应当笼统，对于权利人的身份、所主张的权利的有效性、权利的保护范围，以及其他据以判断被警告行为涉嫌构成侵权的必要信息（对比分析），均应当予以披露。措辞中立是指，警告函仅仅是告知对方存在可能的侵权事实，由其自行判断是停止侵权，还是选择与权利人沟通，而不能以法院裁判书的口吻，要求对方停止侵权并进行威胁。权利人应当谨慎向生产者的客户发送警告函，对于生产者的客户而言，其具有天然的规避风险的倾向，向生产者的客户发送侵权警告函将直接影响生产者的权益，一旦认定为不侵权，将构成不正当竞争。

本节案例中，人民法院认为，生方公司虽未向常荣公司发出过明确的警告信函，但是，2007年8月生方公司向国家工商行政管理总局投诉钱某良、常荣公司侵犯其公司商业秘密。随后，常州市工商行政管理局根据国家工商行政管理总局的交办，派员对常荣公司进行现场调查取证，因生方公司就相同商业秘密侵权纠纷对钱某良等向浙江省宁波市中级人民法院起诉，故国家工商行政管理总局决定中止案件调查。2010年8月，生方公司再次就相同商业秘密向国家工商行政管理总局投诉钱某良、常荣公司侵害其公司商业秘密，常州市工商行政管理局再次对常荣公司现场调查、抽样取证，后因生方公司拒绝在江苏省科技咨询中心进行鉴定，调查工作无法继续下去，常州市工商行政管理局向江苏省工商行政管理局汇报并终止了相关调查工作。自2007年8月工商行政管理机关受理生方公司的投诉并进行实质性调查取证，至常荣公司2013年12月提起确认不侵害知识产权诉讼，双方之间就是否侵犯商业秘密的利害冲突已经持续了6年之久。生方公司所采取向行政机关投诉的行为实质就是对常荣公司的警告，且生方公司的多次投诉已对常荣公司的生产经营产生实际影响，而生方公司始终未就双方争议启动司法程序，且事实上对双方争议的处理有懈怠。因此，常荣公司提起确认不侵犯知识产权之诉符合法律规定。

第六节　被控侵权人合法来源抗辩

——［2014］常知民初字第 152 号

一、法律要点

知识产权被许可人的诉权基于债权获得，在不违背法律禁止性规定的前提下，知识产权人可以通过约定方式赋予被许可人获得诉权。诉权的授予应当明确并具体，不正当竞争禁止权不当然包括在著作权或商标权的许可实施权中，被许可人主张禁止他人实施不正当竞争行为必须有明确的授权和依据。

抗辩或抗辩权是相对请求权而言的，是针对请求权的防御。知识产权侵权诉讼中，合法来源抗辩是相对于知识产权人的请求权而设置的，其法理基础是善意取得制度，是为了维护交易安全，平衡第三人与知识产权人的权益。合法来源抗辩包括主观"不知道"或"不应当知道"要件，以及客观上销售商品具有"合法来源"要件，前者由知识产权人举证，证明被控侵权人"知道"或者"应当知道"，后者由被控侵权人举证，证明侵权商品通过正当、合法的商业渠道购买系合法取得。如果行政管理规范明确要求对知识产权信息进行审查，而第三人没有履行该审查义务，应当认定第三人具有主观过错。

二、案情介绍

2011 年 11 月 7 日，深圳华强数字动漫有限公司（简称华强公司）制作的《熊出没》（104 集）动画片，经由广东省广播电影电视局出具的（粤）动审字［2011］第 044 号《国产电视动画片发行许可证》，在全国发行；2012 年 5 月 22 日、6 月 14 日、9 月 12 日，该局又先后三次为华强公司制作的《熊出没之环球大冒险》动画片出具发行许可证。

2011 年 11 月 21 日，华强公司以职务作品著作权人身份将美术作品"熊大""熊二""光头强"及音乐作品"我还有点小糊涂"等在国家版权局予以著作权登记；2013 年 11 月 6 日，华强公司作为著作权人将美术作品"熊出没 LOGO"在国家版权局予以著作权登记。

2013 年 4 月 24 日，华强公司以制片者身份将动画片《熊出没》（共 104 集）、动画片《熊出没之环球大冒险》（共 104 集）在国家版权局予以著作权登记。

换言之，华强公司依法享有《熊出没》动画片作品以及片中"熊大""熊二""光头强"等动画形象美术作品的全部著作权。该片也深受观众喜爱，荣获诸多奖项，享有很好的社会评价和很高的社会知名度。

江苏源燊动漫产业有限公司（简称源燊公司）成立于2011年6月13日，住所地为江苏省常州市新北区太湖东路9-1号526室，经营范围为动漫动画的形象设计；动漫玩具、动漫玩具用纺织品的研发；以外包形式从事动漫玩具、动漫玩具用纺织品的外包加工；化纤原料、棉纱、电子产品、办公用品、文教用品、旅游用品的销售。

个体工商户戚墅堰区潞城知家乐副食品超市成立于2013年5月23日，经营场所位于戚墅堰区东方西路88号58幢-1层，经营者为被告一徐某辽，经营场所面积3650平方米。

个体工商户慈溪市庵东奇妙电器厂成立于2009年12月3日，经营场所位于慈溪市庵东镇珠江村潘家路8号，经营范围包括家用电器、五金配件、塑料制品制造、加工，经营者为被告二俞某荣。

2013年6月，华强公司将《熊出没》动画片中的动画形象、背景素材、元素名称等授权原告源燊公司在开发、生产和销售毛绒手捂等商品上使用，授权范围为中华人民共和国（不包括港澳台地区）；授权年限为2013年6月1日至2015年7月31日。华强公司还出具授权书，授权原告源燊公司对非法使用《熊出没》《熊出没之环球大冒险》动漫人物形象进行生产、销售指定商品（详见授权书附件所列商品）的侵权行为进行维权查处。该授权书主要内容摘录如下："一、授权区域：授权源燊公司针对国内部分商户侵权销售行为进行维权；授权方式：普通授权许可，即源燊公司在获取维权查处的权利之后，华强公司可在同一区域仍有权授予第三方对指定商品上的侵权行为进行维权查处；授权期限：2013年11月1日至2015年7月31日；被授权方行权方式……二、通过司法行政部门制止侵权，即源燊公司以自己名义通过行政部门或司法行政机关举报或查处的方式追究侵权人的法律责任……三、源燊公司发现第三方存在侵权信息后，在采取任何维权措施前，应首先将该侵权信息书面反馈给华强公司，由华强公司确认侵权，且未委托其他维权机构对该侵权行为采取维权措施时，源燊公司方可自行维权……四、源燊公司因维权所产生的支出及赔偿收取均由源燊公司自行负责承担……"该授权书附件载明：

"'产品名称'为抱枕、手捂、摇马;'产品原理'中'插电型手捂'为手捂中加入液体袋,使用前插电加热液体袋,使用时须断电,以液体袋物理导热取暖。"

华强公司先后出具 2 份书面《说明》,对前述授权书中"司法行政部门"解释为"包括但不限于工商行政管理局、版权局、公安机关、检察院、法院等相关可以查处或受理侵权举报、侵权投诉、侵权案件的所有公权力机关";还就授权原告源燊公司维权的内容解释为"基于动画片中所有角色形象、动画背景素材、LOGO、各类元素名称、动画截图等所有内容进行维权"。

源燊公司经调查发现,徐某辽正在销售俞某荣生产的使用《熊出没》动画片中熊出没 LOGO(背景素材、元素名称等)的毛绒手捂(俗称电暖袋),两者的行为未经源燊公司的许可,严重侵犯了源燊公司享有的复制权、发行权等著作权权利,即使不构成著作权侵权,鉴于《熊出没》动画片及相关形象和元素的知名度,其二者也涉嫌构成不正当竞争。后源燊公司将徐某辽、俞某荣起诉至江苏省常州市中级人民法院。因俞某荣经传票传唤无正当理由拒不到庭参加诉讼,法院依法缺席审理。

源燊公司的诉讼请求为:(1)判令两被告立即停止生产、销售侵权电暖袋产品;(2)判令两被告连带赔偿原告经济损失及合理开支共计人民币 60 000 元;(3)两被告连带承担本案诉讼费用。

为支持其诉讼请求,原告源燊公司向本院提交了如下证据:(1)[2013]深证字第 42691 号公证书,公证内容为广东省广播电影电视局出具的 4 份《国产电视动画片发行许可证》;(2)[2013]深证字第 42726 号公证书,公证内容为中华人民共和国国家版权局(以下简称国家版权局)就"熊大""熊二""光头强"美术作品以及"熊出没"文字作品、"早安大森林""我还有点小糊涂"音乐作品以华强公司作为职务作品著作权人予以登记;(3)[2014]深证字第 91073 号公证书,公证内容为国家版权局就"熊出没 LOGO"美术作品以华强公司作为著作权人予以登记;(4)《熊出没》动画片合法出版物(7DVD)1 份、著作权登记证书 2 份。证据 1~4 用以证明华强公司对《熊出没》《熊出没之环球大冒险》动画片以及动画片中的"熊大""熊二""光头强""熊出没 LOGO"等分别享有著作权。(5)[2013]深证字第 49450 号公证书,公证内容为中共中央宣传部、中共广东省委宣传部等对《熊出没》动画片颁发的获奖证书等;(6)[2014]深证字第 91074 号公证书,公证内容为天下动漫风云榜组委会、中国国际漫画节金龙奖组委会、中国国际动漫节执委会等对动画片《熊出没》《熊出没之环球大冒险》颁发的若干获奖证书；(7)获奖奖杯照片6张，内容为《熊出没》动画片及相关形象等获得的爱奇艺动漫嘉年华、中国少儿观众动漫节、德源杯动漫作品展相关奖项；(8)中华人民共和国国家广播电影电视总局（以下简称广电总局）网站通知及其附件的打印件3份、广东省文化厅网站文件及其附件的打印件1份，内容为《熊出没》动画片获得的相关评价与奖金。证据5~8用以证明《熊出没》动画片和相关动画形象获得了诸多奖项，享有一定的知名度。(9)授权书2份、侵权信息告知函、华强公司出具的"说明"2份，用以证明原告源桑公司得到华强公司授权，可在毛绒手捂上使用《熊出没》《熊出没之环球大冒险》动画中涉及的角色形象、背景素材和元素名称等，并可以自己的名义对相关侵权行为采取相应的法律措施。(10)[2013]常常证民内字第14779号公证书及所附公证实物，用以证明两被告侵权的事实。(11)公证费发票、委托代理合同和代理费发票，用以证明原告为制止侵权支付了相应的合理开支。

被告徐某辽答辩称：(1)其现已无涉案产品可供销售，其行为在原告起诉前就已停止，原告的第一项诉讼请求无事实依据，应予驳回；(2)原告主张6万元经济损失赔偿于法无据；(3)诉讼费用不应由答辩人承担。(4)综上，请求法院驳回原告对其提出的诉讼请求。

为支持其答辩意见，被告徐某辽向本院提交了如下证据：(1)《关于积极响应法院下架奇妙电器、钢昊电暖袋的通知》1份，用以证明被告已于2013年12月12日接到常州市中级人民法院相关案件的传票后，立即将涉案产品停止销售，并及时通知供货商和生产厂家；(2)批发单1份，用以证明被告一从常州市九龙小商品市场建敏五金百货经营部这一合法渠道购入涉案产品；(3)涉案产品的外包装，用以证明被告一对涉案产品的质量进行了审查，尽到了审查义务；(4)被告一经营的个体工商户营业执照、宣传单、销售清单，用以证明被告一经营的超市虽于2013年5月登记成立，但到9月份装修完成后才试营业，距离原告购买涉案产品时间仅隔2个月，共销售了3个涉案产品。

被告俞某荣未作答辩，亦未向一审法院提交证据。

结合当事人的举证、质证及法院审核，一审法院认证如下：

对于原告源桑公司提交的证据1~3、证据5、证据6、证据9~11，因提交了证据原件，法院对其真实性、关联性、合法性均予确认；对于原告源桑公司提交的证据4，因具备合法出版物的特征，法院亦予确认；对于原告源桑公司提交的证据7中"中国少儿观众动漫节"相关奖项以及证据8，法院分别通过河北电视台、广电总局的官方网站予以核实，故予确认。

对于被告徐某辽提交的证据1、证据3、证据4中的营业执照、宣传单，法院认可其真实性，但认为无法达到其证明目的；对于被告徐某辽提交的证据2、证据4中的销售清单，因缺乏其他证据佐证，法院不予确认。

一审法院认为：

1. 原告源桑公司有权以自己的名义提起本案诉讼

根据本案相关著作权登记证书、发行许可证等，可以认定华强公司系以类似摄制电影的方法创作的作品《熊出没》系列动画片及相关美术作品（动漫形象）、音乐作品的著作权人。结合著作权人华强公司对源桑公司的授权，源桑公司可在毛绒手捂商品上使用《熊出没》系列动画中涉及的熊大、熊二、光头强等角色形象、背景素材、元素名称等，并可对国内相应侵权行为，在满足一定条件后以自己的名义通过法院采取维权措施。涉案被控侵权产品购买于2013年11月14日，在源桑公司被授予的可自行维权期限内，且源桑公司依授权书的约定在起诉前将本案被控侵权信息书面告知华强公司，并得到华强公司的确认，故涉案授权书中关于源桑公司起诉的条件已经成就，其可依著作权人之授权就本案以自己的名义提起诉讼。

2. 涉案手捂商品的外观造型不构成对美术作品"熊出没LOGO"著作权的侵犯

涉案手捂商品的外观造型为整体呈横向扁椭圆状的熊掌，熊掌掌心区域标有"熊出没"三个文字，且具备四个脚趾；美术作品"熊出没LOGO"布局结构呈纵向近长方形的熊掌，"熊出没"三个文字占据熊掌掌心大部分区域，且为三个脚趾的熊掌。故一审法院认为，二者的整体形状、脚趾及文字布局存在着可以被客观识别的明显视觉差异，涉案手捂商品的外观造型并不构成对美术作品"熊出没LOGO"的复制，即并未侵犯华强公司对该美术作品的著作权。

3. "熊出没"作为知名作品的名称在相关行业内应受《反不正当竞争法》的保护

《熊出没》动画片始于2011年11月7日即面向全国发行，其同名系列作品《熊出没之环球大冒险》亦于 2012 年 5 月 22 日始陆续在全国发行，即前述以类似摄制电影的方法创作的作品持续在我国文化市场传播。广电总局审定《熊出没》为"2011 年度优秀国产动画片一等奖"并指出全国电视台各频道可予优先安排播出，中共中央宣传部、中共广东省委宣传部于 2012 年表彰《熊出没》动画片在精神文明建设"五个一工程"中获得优秀作品奖，文化部将《熊出没》动画片认定为"2013 重点动漫产品"；另外诸多民间机构组织的年度动漫评选活动中，《熊出没》系列动画片在 2011 年至 2013 年间获得"年度动漫作品""最佳系列动画提名奖""最佳电视动画片奖""我最喜爱的动画片"等诸多奖项，该动画片中的"熊大""熊二""光头强"等动漫形象、配音及主题曲亦被评为"中国十大卡通形象""我最喜爱的动漫配音""我最喜爱的动漫原创歌曲"等。

以上可知，《熊出没》系列动画片经过在我国文化市场上数年持续与广泛地传播，因其自身画面风格、剧情编排、卡通形象、艺术视角等均有独到之处，获得社会各阶层好评及多项殊荣。该以类似摄制电影的方法创作的作品在全国已经具有较高知名度，系为相关公众所熟知的作品。"熊出没"三个文字作为该作品的名称，不仅在该作品传播时予以醒目标注，也成为相关公众称呼该作品的代名词，因此"熊出没"已经具备了其字面含义以外的第二含义，在卡通及其衍生品等行业内相关公众已建立起"熊出没"与该作品之间的特定联系，故"熊出没"作为该作品的名称的知名度在相关行业内已经显著高于其作为野生环境及相关情形下提醒注意的标语的知名度。

系列动画片《熊出没》已经在动漫行业内获得广泛认知和公众效应，权利人将作品的名称、卡通角色、角色称谓等进行商品化时，即体现为其锁定的受众，因对该作品的认可而生的精神利益，在物质化转移后的消费需求。而"熊出没"一词作为知名作品的名称，可以明确直接地指示该作品，将该作品名称附着于相关行业的商品上，可借助该作品对相关公众的吸引力使载体商品蕴含相应的精神价值、增加审美愉悦、吸引消费关注。即，相关公众在相关行业的商品上见到"熊出没"一词，会首先联想到该动画片及其中卡通形象等，相关公众对该动画片的精神好感会使得消费者更乐意购买、接受相关商品或服务。因此，"熊出没"一词可以发挥指引消费者做出消费决定的重要功能，客观上起到区分商品来源的标识作用。

综上，"熊出没"一词经特定地传播使用，其显著性及关联性使其在相关行业内具备了指示来源的标识功能,在不得对抗他人合法的在先权利的前提下,该词汇具备了知识产权的属性而应受法律保护。

4. 被告俞某荣在熊掌造型的手捂商品上使用"熊出没"文字构成不正当竞争

根据被控侵权商品外包装上关于厂商信息的标注,结合被告二俞某荣所成立个体工商户的经营范围,一审法院认定涉案被控侵权商品系由俞某荣生产制造。

因原告源桑公司经授权可以将《熊出没》动画中涉及的各类角色形象、背景素材、元素名称等应用于其生产和销售的手捂商品,涉案被控侵权商品为毛绒插电型手捂,故源桑公司与该手捂的生产者俞某荣、销售者徐某辽存在竞争关系。

经营者在市场经营活动中应当遵循诚实信用和公平竞争的原则,遵守公认的商业道德,当相关行业内的经营者明知某词汇作为作品名称与该作品之间具有较高关联度、知名度的情况下,则不得利用权利人该作品体现的创造性智力劳动所锁定潜在消费者的广度和粘度,来为自己的商品创造本不该有的商业价值或信誉。民事主体创作作品其目的在于拓展文化市场的需要,并基于此获取相应的利益回报,具有知名度和关联性的作品名称可以体现该作品在市场中的经济利益,经营者若欲将该作品从事商品化利用,理当获得权利人许可,否则将攫取本属于相关权利人可以合理预期获得的商业机会。

被告二俞某荣所生产的涉案手捂商品,整体外观呈卡通化的熊掌造型(与动漫产业密切关联),并在醒目的熊掌掌心部位未经许可使用"熊出没"文字,其所使用的文字在字体造型、字间布局等方面均与《熊出没》系列动画片的标题文字一致,该行为意在利用知名作品对相关公众的影响力与亲和力,拉拢青睐该作品的消费者并引起其精神共鸣,为自己带来不当的经营优势。该行为违背了相应商业领域内普遍认知和接受的行为标准,有悖于经济人的商业伦理,违反了诚实信用原则,足以使相关公众误认为该商品的经营者与华强公司具有许可使用等特定联系,具有明显的不正当竞争意图。这种利用他人市场成果的行为有失公平,并且损害了源桑公司等权利人的合法权益,扰乱了社会经济秩序,当属《反不正当竞争法》所禁止。

5. 被告徐某辽所提合法来源抗辩不能成立

被告徐某辽作为涉案手捂商品的销售者,未能提供由供货单位合法签章的供货清单；而且其认可购入不同外观的手捂商品是为了供顾客挑选之需，亦认可在进货时会打开包装查看产品，当其看到该商品上与《熊出没》系列动画片的标题文字一致的知名作品名称时，负有相应的审查该名称是否经过权利人许可的基本注意义务，但其未尽该合理审查义务，主观上存在过失。故本院认为其关于合法来源的抗辩不能成立，其销售行为亦构成不正当竞争行为。

6. 两被告应为各自的过错行为承担相应的民事责任

本判前已评述，被告二的生产行为、被告一的销售行为均构成不正当竞争，并给原告源桑公司造成损害，二被告均应依法承担停止不正当竞争行为、赔偿损失等民事责任。又因二被告的行为不属于分工协作的共同侵权行为，故其应为各自的过错行为各自承担相应的民事责任，原告源桑公司要求二被告承担连带责任的诉讼请求本院不予支持。

因本案未有证据证明原告的损失或者二被告的获利，本院综合考虑《熊出没》系列动画片的知名度和市场价值、不正当竞争行为人的主观过错（被告一为过失、被告二为故意）、行为方式（被告一为销售商、被告二为生产商）、行为人对涉案商品的推广渠道（被告二标注在外包装上的网址）或销售平台、不正当竞争行为可能持续的期间、销售涉案商品的价格等因素依法酌情确定二被告各自应承担的赔偿数额，同时将原告因本案支出的合理费用区分责任为由被告一徐某辽负担 400 元，被告二俞某荣负担 3610 元。

一审法院判决如下：（1）被告徐某辽立即停止销售涉案商品的不正当竞争行为；（2）被告俞某荣立即停止生产、销售涉案商品的不正当竞争行为；（3）被告徐某辽于本判决生效之日起 10 日内赔偿原告江苏源桑动漫产业有限公司经济损失人民币 3500 元（已包括合理费用）；（4）被告俞某荣于本判决生效之日起 10 日内赔偿原告江苏源桑动漫产业有限公司经济损失人民币 30 000 元（已包括合理费用）；（5）驳回原告江苏源桑动漫产业有限公司的其他诉讼请求。

三、法律条文

《商标法》（2013 年）

第六十四条第二款　销售不知道是侵犯注册商标专用权的商品，能证明该商品是自己合法取得并说明提供者的，不承担赔偿责任。

《商标法实施条例》（2014 年）

第七十九条　下列情形属于商标法第六十条规定的能证明该商品是自己合法取得的情形：

（一）有供货单位合法签章的供货清单和货款收据且经查证属实或者供货单位认可的；

（二）有供销双方签订的进货合同且经查证已真实履行的；

（三）有合法进货发票且发票记载事项与涉案商品对应的；

（四）其他能够证明合法取得涉案商品的情形。

《专利法》（2009 年）

第七十条　为生产经营目的使用、许诺销售或者销售不知道是未经专利权人许可而制造并售出的专利侵权产品，能证明该产品合法来源的，不承担赔偿责任。

《最高人民法院关于审理侵犯专利权纠纷案件应用法律若干问题的解释（二）》（2016 年）

第二十五条　为生产经营目的使用、许诺销售或者销售不知道是未经专利权人许可而制造并售出的专利侵权产品，且举证证明该产品合法来源的，对于权利人请求停止上述使用、许诺销售、销售行为的主张，人民法院应予支持，但被诉侵权产品的使用者举证证明其已支付该产品的合理对价的除外。

本条第一款所称不知道，是指实际不知道且不应当知道。

本条第一款所称合法来源，是指通过合法的销售渠道、通常的买卖合同等正常商业方式取得产品。对于合法来源，使用者、许诺销售者或者销售者应当提供符合交易习惯的相关证据。

《著作权法》（2010 年）

第五十三条　复制品的出版者、制作者不能证明其出版、制作有合法授权的，复制品的发行者或者电影作品或者以类似摄制电影的方法创作的作品、计算机软件、录音录像制品的复制品的出租者不能证明其发行、出租的复制品有合法来源的，应当承担法律责任。

四、法理分析

（一）知识产权被许可人的诉权

当民事权益受到侵害时，权益主体借助实体请求权和程序请求权（即诉权）才能获得保护。一般情况下，只有拥有实体请求权的民事权益享有者才可行使诉权。

知识产权被许可人请求权的法律规定。《商标法》第60条规定，针对未经许可实施侵犯注册商标专用权的行为，商标注册人或者利害关系人可以向人民法院起诉，也可以请求工商行政管理部门处理。《专利法》第60条规定，针对未经专利权人许可实施侵犯专利权的行为，专利权人或者利害关系人可以向人民法院起诉，也可以请求管理专利工作的部门处理。《著作权法》第27条规定，许可使用合同和转让合同中著作权人未明确许可、转让的权利，未经著作权人同意，另一方当事人不得行使。《最高人民法院关于审理商标民事纠纷案件适用法律若干问题的解释》第4条规定，利害关系人包括注册商标使用许可合同的被许可人、注册商标财产权利的合法继承人等，独占使用许可合同的被许可人可以向人民法院提起诉讼；排他使用许可合同的被许可人可以和商标注册人共同起诉，也可以在商标注册人不起诉的情况下，自行提起诉讼；普通使用许可合同的被许可人经商标注册人明确授权，可以提起诉讼。

知识产权被许可人请求权的属性。有学者提出把知识产权被许可人的实施权类比于"用益物权"，具有绝对性，权利人可以通过独立诉讼的方式来维护权利。通说认为，知识产权被许可人的诉权来源于许可人与被许可人的约定，诉权约定理论的核心在于诉权由谁行使需由知识产权许可人与被许可人通过合同进行约定，在发生侵权案件时，根据合同决定由哪一方提起诉讼。独占许可中可以约定被许可人不享有诉权，普通许可人也可以约定被许可人享有诉权，只要这种约定不损害国家利益或社会公共利益，不违反国家的强制性法律规定，就应当承认其法律效力。诉权约定在国外立法中有相似规定，如法国《知识产权法典》规定"民事侵权诉讼由知识产权所有人提出。但是，知识产权专用权受益人在合同无相反约定且所有人在催告后未提起诉讼的，得提起诉讼"。

知识产权被许可人诉权的司法保护。集中行使著作权人的著作权并以自己的名义进行相关活动的主体只能是依法登记的著作权集体管理组织，其他主体不能以自己名义起诉，不具有原告资格。在河南有线电视网络集团有限公司与商丘同方恒泰数字电视有限公司侵害广播组织权纠纷一案［2014］豫法知民终字第249号，法院认为，中央电视台是制作中央电视台第3、5、6、

8套电视节目的广播组织权人,并将广播组织权授权给中广影视公司,中广影视公司转授权河南有线公司自2010年起在河南省辖区范围内经营中央电视台第3、5、6、8套电视节目,转授权内容包括在河南省范围内转播中央电视台第3、5、6、8套电视节目、收视费收缴、知识产权与节目版权保护,并且授权河南有线公司以自己的名义要求同方恒泰公司立即停止侵权行为、公开赔礼道歉、消除影响、赔偿经济损失。以上授权经法院核实,真实有效,原告具有诉讼主体资格。在民权县某知识产权代理公司与被告榆林市榆阳区某娱乐会所侵害作品放映权纠纷一案〔2016〕陕08民初105号,法院认为,《著作权集体管理条例》第6条规定:"除依照本条例规定设立的著作权集体管理组织外,任何组织和个人不得从事著作权集体管理活动"。原告并未阐明北京某艺术推广公司已与中国音像著作权集体管理协会签订有合同的事实,中国音像著作权集体管理协会作为著作权集体管理组织是《著作权集体管理条例》确定的行使音像著作权人权利的合法组织,依据上述条例规定,其他任何组织和个人不得从事著作权集体管理活动。民权县某知识产权代理公司是基于与北京某艺术推广公司签订的《音像著作权合同》的约定,对被告提起诉讼的,其起诉行为与上述法律规定相悖,其作为原告主体不适格。重庆索隆音乐文化传播有限公司(简称索隆公司)、珠海市香洲可立方量贩式商行著作权权属、侵权纠纷案〔2018〕粤04民终672号,一审法院认为,索隆公司既不是涉案音乐作品的著作权人,亦非依法设立的著作权集体管理组织,在仅获得"许可他人使用"和"维权"的非实体权利的情况下,无权以自己的名义提起本案诉讼,不是本案适格的诉讼主体。故法院驳回索隆公司的起诉。索隆公司上诉认为,根据《著作权法》第10条第2款、第3款规定,著作权人可以转让或许可他人行使著作财产权,并依照约定或者《著作权法》有关规定获得报酬。这种转让或许可的自由,既是合同法中的契约自由原则在著作权行使当中的直接体现,也是著作权法鼓励作品传播、促进文化发展与繁荣的应有之义。不能因行为人获得多个权利人多个作品的授权,便认定其从事了著作权集体管理活动,否则著作权人依照《著作权法》第10条规定所享有的对著作财产权的依法授权与转让及获得相应对价的权利将被不合理地限制。二审法院认为,《著作权法》第10条规定的著作权人的许可、全部或者部分转让相关权利,与《著作权集体管理条例》第2条、第6条著作权集体管理组织行使权利并不相悖,即权利人可以许可、全部或部分转让相关权利,但集中行使权利人的有关权利并以自己的名义进行相关活动的主体只能是著作权集体管理组织。本案中，索隆公司仅获得了原权利人天浩公司的授权，但并非依法设立的著作权集体管理组织，不能对外从事著作权集体管理活动，故其不能以自己的名义提起本案诉讼。二审法院驳回上诉，维持原裁定。

本节案例中，华强公司与源桑公司签订了授权书，许可源桑公司行使特定作品的著作权，且进入诉讼中，华强公司先后出具两份书面说明，对前述授权书中"司法行政部门"解释为"包括但不限于工商行政管理局、版权局、公安机关、检察院、法院等相关可以查处或受理侵权举报、侵权投诉、侵权案件的所有公权力机关"；还就授权原告源桑公司维权的内容解释为"基于动画片中所有角色形象、动画背景素材、LOGO、各类元素名称、动画截图等所有内容进行维权"。上述授权与《著作权集体管理条例》相关规定并不冲突，但笔者以为，上述授权内容还是有些欠缺，本案是针对不正当竞争行为进行的维权，授权书中仅有针对版权侵权的维权授权是不够的，需要进一步明确和补充。

（二）合法来源抗辩

合法来源抗辩的含义。抗辩权是妨碍他人行使其权利，尤其是拒绝请求权人行使请求权的对抗权。知识产权法律中，合法来源抗辩是针对知识产权人的请求权而言的。众所周知，知识产权为绝对权，因侵犯知识产权而承担民事责任的方式有停止侵权、赔偿损失等。当他人侵犯知识产权时，法律为了保护知识产权人的合法权益，赋予知识产权人以知识产权请求权，从而为知识产权人提供法律救济。知识产权人享有的知识产权请求权包括绝对权请求权和相对权请求权。其中，知识产权人要求侵权人停止侵权，为绝对权请求权，该请求权的行使不以侵权人主观上有过错为要件。知识产权人要求侵权人赔偿损失，该请求权为相对权请求权，该请求权的行使必须以侵权人主观上有过错为要件。如侵权人主观上无过错，其不应承担赔偿损失的民事责任。知识产权相对权请求权是由知识产权损害赔偿的债权性质所决定的。知识产权人行使绝对权请求权的目的是使侵权人承担停止侵权的民事责任，知识产权人行使相对权请求权的目的是使侵权人承担赔偿损失的民事责任，从而使知识产权人获得法律救济。关于合法来源抗辩，我国《商标法》《专利法》和《著作权法》都有相应规定，尽管《反不正当竞争法》中没有明确规定合法来源抗辩，但对知识产权法律体系而言，其原理和机制是一致的，合法来源抗辩在不正当竞争中同样适用。

合法来源抗辩的法理基础。首先，民法中善意取得制度是合法来源抗辩的理论基础。之所以确立这个制度，主要在于保护交易安全和交易秩序，在权衡所有权利益和善意第三人利益基础上所作出的立法选择。知识产权有别于传统物权，交换价值的体现决定于依附在载体上的智慧成果和标识，但该交换价值的实现通常离不开物质载体，商品流通环节依然是实现知识产权交易的重要保障。因此，为了保障交易安全和交易秩序，善意取得制度同样适用于知识产权交易。其次，利益均衡原则的考虑。在知识产权商品流通中，生产者、销售者和消费者在知识产权信息的掌握、知识产权超额利润的分享等方面处于不同的地位，因此在责任的承担方面应当有所区分。法理学家博登海默认为，"法律的目的是在个人原则与社会原则之间形成一种平衡"。对知识产权商品生产者而言，其生产的商品是否有侵犯他人版权、专利权、商标权风险以及不正当竞争行为，应当有足够的规避主动权，发生了侵权行为，其责任是第一位的。对于知识产权商品销售者而言，如果其满足了善意取得制度中的善意第三人要件，就不应当承担包括赔偿责任在内的法律责任。对知识产权使用者而言，法律更是通过法定许可、合理使用规定来保障其合法权益，促进知识产权的传播和利用。

域外的相关规定。国际公约的规定，《TRIPS 协定》第 47 条规定："成员方可规定，司法当局有权令侵权人将与侵权产品或服务的生产、销售有牵连的第三方的身份及其销售渠道告知权利所有人，除非这种授权与侵权的危害程度不成比例。"也就是说，《TRIPS 协定》对侵权产品的销售者并不要求其承担赔偿责任，销售者在法律上的义务仅仅只是把生产或销售侵权产品的侵权人身份和销售者购买侵权产品的证据告知司法机关即可。该国际条约没有专门对侵权产品销售者的主观过错作出规定，也没有对销售者的赔偿责任作出规定。我国知识产权法律体系中，关于侵权产品销售者合法来源抗辩制度属于我国立法的创造。实际上给市场主体课以更高的主观注意义务，要求市场主体在购买产品时必须时刻审查商品是否构成侵犯知识产权，否则有可能承担赔偿责任。日本的《反不正当竞争法》将"因交易取得商业秘密的人（以其不知且非因重大过失不知商业秘密是不正当披露，或者该商业秘密已经存在不正当获取行为或不正当披露行为为限）在其因交易取得的范围内，使用该商业秘密的行为和披露商业秘密的行为"作为适用不正当竞争的除外。

日本法强调交易保护，如果善意第三人的商业秘密是通过正当交易得来的，则可以使用或披露。而且在确定第三人之"善意"的时间标准上，日本采用了"即时性"原则，也就是说，按照日本法律，善意第三人只需在取得商业秘密时为善意即可，在使用中是否为善意则在非所问，即使他以后获悉了其前手（第二人）的权利瑕疵，也不影响其善意的成立。美国1939年《侵权法重述》第758节规定：行为人从第三人获得他人商业秘密，没有注意到其属商业秘密且第三人的披露违反了对他人的义务，则对接到通知之前的披露和使用，对他人不承担法律责任，对接到通知之后的披露和使用，对他人承担法律责任，除非在此之前其已善意支付了商业秘密的对价，或已相当地改变了其状态致使其承担法律责任失去公平。所谓状态的改变是指在接受通知之前，对使用商业秘密进行了投资，如改建工厂、购买设备等。美国《统一商业秘密法》第2条（b）放弃了美国1939年《侵权法重述》在字面上给予所有善意支付对价的第三人以绝对豁免的原则，而是认为，法院可以通过比较受侵害者的利益和善意第三人的利益，作出限制第三人未来（接到权利人通知之后）使用信息的裁定。美国法在处理商业秘密善意取得的问题上，采取了一种平衡商业秘密所有人和善意第三人（代表着交易安全）之间利益的合理方式，更多的是考虑到具体个案中双方权利义务的平衡以及社会经济活动的效率。

我国司法实践的典型案例。（1）合法来源抗辩应当符合一定的条件。宁夏正洋物产进出口有限公司与宁夏福民蔬菜脱水集团有限公司侵犯商业秘密纠纷案［2007］民三终字第1号，最高人民法院认为，宁夏福民蔬菜脱水集团有限公司（简称福民公司）聘用马某东和刘某时知道其曾为宁夏正洋物产进出口有限公司（简称正洋公司）职工，并掌握该公司的经营信息，故其在尚无充分客户信息来源的情况下成交大量外销业务时，应具有注意义务，履行必要的审查职责。但福民公司对马某东、刘某的行为未进行询问或审查，更未采取进一步措施制止，主观上存在过错。故福民公司对马某东、刘某二人披露和使用正洋公司商业秘密的不正当竞争行为应当承担民事赔偿责任。成都华西电子机械研究所有限责任公司与成都益能达高能电池工程有限责任公司、成都信达实业股份有限公司侵犯商业秘密纠纷案［2005］川民终字第237号，成都电池厂系成都信达实业股份有限公司（简称信达公司）前身，与成都华西电子机械研究所有限责任公司（简称华西研究所）签订《委托开发合同》，约定华西研究所受托完成的 LR6 技术成果（设备图纸和技术资料）属双方共有，未经双方同意不得单方面向第三方转让。二审法院认为，信达公司作为 LR6 技术的共有人之一，违反合同约定，单方将该技术转让给成都益能达高能电池工程有限责任公司（简称益能达公司），并移交了相关技术图纸和资料。益能达公司设立时周某兴、信达公司分别持有该公司 53.33% 和 40% 的股份，而信达公司又委派程某华到益能达公司行使股东权利。周某兴系该 LR6 技术的主要研究人员，程某华作为原成都电池厂的法定代表人时曾与华西研究所签订了《委托开发合同》，结合两人在信达公司向益能达公司移交 LR6 技术图纸的清单上作为接收人签字的行为，应认定益能达公司应当知晓 LR6 技术为华西研究所与信达公司共有。因此，尽管益能达公司取得 LR6 技术时以实物的方式支付了转让费，但益能达公司受让该技术秘密并非善意第三人，即益能达公司系以不正当手段获取了 LR6 技术，应认定信达公司与益能达公司签订的《技术转让合同》无效，益能达公司的受让行为依法不受法律保护。绥芬河市巴里赞姆酒业有限公司与伊春市小兴安岭珍稀食用菌有限责任公司侵害商标权纠纷一案中［2014］民提字第 44 号，人民法院认为，伊春市小兴安岭珍稀食用菌有限责任公司在与乌苏里斯克公司合作和销售商品的过程中，已经知晓涉案三个商标被巴里赞姆公司注册、巴里赞姆公司与乌苏里斯克公司之间存在商标争议，结合巴里赞姆公司提交的录音资料等证据，小兴安岭公司的行为不符合作为销售商"主观上不知道"销售的系侵权商品这一要件的要求。关于客观要素"合法来源"，实则是指销售商商品的"合法来源"。销售商合法来源抗辩的证据分为四类：单据类、经销证书类、案外人证据类以及其他。上述证据应当形成完整的证据链，并综合判定。（2）行为人违反行政管理法律规定义务，且与侵权行为具有密切关系的，合法来源抗辩不成立。广东星外星公司与福州家乐福公司、福州天腾韵公司侵害作品发行权纠纷案［2014］闽民终字第 239 号，二审法院认为，关于音像制品销售商合法来源抗辩成立与否，除了我国《著作权法》规定之外，还应当考虑现有法律法规关于音像制品市场管理的一些特殊规定。我国相关法律法规对音像制品的复制发行实行较为严格的市场准入制度，音像制品的销售商在被许可经营此类业务前须经有关部门的资质审查，故其理应对侵权复制品具有较强的鉴别能力。该案中，被控侵权音像制品属于进口音像制品，但却未按照行政法规的要求，标注合法出版的进口音像制品所应标识的著作权合同登记号及主管部门批准文号,且存在遗漏相关著作权利人的信息、音像制品信息标注不规范、不齐全以及同一张《罗志祥有我在》音乐专辑却有不同 ISRC 编码号等问题,这些均属于非法音像制品出版物的重要特征。由于被控侵权音像制品缺乏法律法规所规定的必备内容和形式要求,应认定发行者家乐福公司、天腾韵公司疏于履行审查注意义务,主观上具有过错,合法来源的抗辩理由不能成立,应承担相应的侵权责任。

综上,根据我国法律规定,总结司法审判经验,借鉴国外相关规定,知识产权法律中对合法来源抗辩的理解和认定应注意以下几点:第一,抗辩权是相对于请求权而言的,是针对请求权的防御权。知识产权侵权诉讼中,合法来源抗辩是相对于知识产权人的请求权而设置的。第二,抗辩权的法理基础是善意取得制度。为了维护交易安全,降低交易成本,保障市场经济的有序运转,平衡第三人与知识产权人的权益,赋予第三人合法来源抗辩就具有了正当性。第三,合法来源抗辩成立的条件。采取主客观相结合的标准:即主观要件和客观要件相结合,主观要件是指第三人的主观心理状态,客观要件是指第三人的行为。关于主观要件"不知道"的理解,包括不可能知道和应知而没有合理理由知道。"不知道"从性质上属于消极事实,根据民事诉讼法的举证责任分配理论,主张消极事实存在的一方是不负举证责任的。因此,通常由知识产权人对第三人主观"明知"或"应知"进行举证。第四,行政管理法规对判定主观过错的影响。这里需要考虑行政管理法规规范的对象和内容,如果规范的内容直接关系到知识产权的信息,而第三人没有履行对该信息的审查义务,应当认定为具有主观过错。第五,不正当竞争法对合法来源抗辩的适用。合法来源抗辩的理论基础具有一定的普适性,适用于一般的侵权抗辩中,其适用条件应当一致。

本节案例中,销售者是基于手捂商品的外观组织货源,应当知道外观对商品销售的影响及意义,《熊出没》是具有一定影响的动画作品的主题名称,销售者应当审查该使用是否经过权利人许可,其没有审查具有主观过错。同时,其进货手续不齐全,无法证明其进货渠道的正当性,属于"应知而未知"。

第五章
涉外展会知识产权保护

第一节 常州市菲思特国际贸易有限公司 CES 遭遇记

国际消费类电子产品展览会（简称CES），每年一月在世界著名赌城拉斯维加斯举办，是世界上最大、影响最为广泛的消费类电子技术年展，也是全球最大的消费技术产业盛会。2016年CES于1月6日至9日举行，美国联邦法警于1月7日搜查了参展商常州市菲思特国际贸易有限公司（下称简称菲思特）的展台，并基于涉嫌侵犯硅谷创业公司Future Motion专利权的原因没收了这家公司展台内的独轮自平衡滑板车Trotter、标语和其他一些宣传材料等物品。查抄人员带着小拖车来到现场，并向菲思特公司工作人员出具了一叠取证材料。美国联邦执法人员同时向菲思特颁发有效期为4天的"临时限制令"，该"临时限制令"限制菲思特在1月6日至9日CES举办期间展销涉嫌侵权的产品等行为。

Future Motion公司的创始人多尔克森则表示，他们的独轮滑板产品早在2014年CES展会上就曾对外展示过，并在过去半年中为产品申请了两项相关的国际和美国联邦专利。菲思特的独轮平衡车与他们在2014年CES上发布的独轮滑板产品非常相似。2015年12月，Future Motion向菲思特发出信函，要求该公司停止销售该产品；CES开展前，他们继续要求菲思特不要参展，但均没有得到回复。Future Motion公司向拉斯维加斯的联邦地区法院提出了申请，在进行了7分钟的电话听证后，美国地区法官签署了"临时限制令"，查抄菲思特的产品并要求其停止销售。

据生产涉案独轮自平衡滑板车Trotter的常州千代车业有限公司（简称千代车业）总经理陆某清介绍，他们是2014年8月开始独立开发的独轮电动平衡车项目,并在原型设计、内部结构、电机配置、车轮规格、外形模具等方面进行了自行研发。2015年2月,企业申请了6项国内专利,当年8月已获批外观、结构等专利5项,2015年年底他们的产品开始申请国际专利,但尚在受理之中。受到这一事件的影响,千代车业的产品在阿里巴巴的销售被强制下架,网上结算被中止,生产也已停止。

陆某清同时说明,虽然Trotter牌独轮电子滑板平衡车目前尚未通过美国的PCT申请,但他们参展之前也进行了该产品国际专利的检索,并没有发现相似度很高的同类型专利。因公司相关人员在2016年1月1日已经到达美国为CES提前做准备,对于美方公司所提信函并不知情。事发后才找到信函,其美国寄出时间为2015年12月28日。

对比了中美两家企业的产品,Future Motion是光胎,Trotter是花纹胎,这两者已经占了整个设计面的最大部分了,外观设计有显著的区别。

对此,菲思特和千代车业决定采取维权行动,并在美国聘请了5名专业律师组团积极应对,企业将于2016年1月29号向美国法院递交抗辩材料,并参加之后的案前听证会,来维护自身的权益和尊严。菲思特聘请的美国律师已完成了对产品的拆解,虽然律师方面认为并不存在侵权行为,但最终结论仍然要等法庭判决。Future Motion公司的律师在看到菲思特和千代车业提交的材料后,原本向法院提出延期至2016年2月12日开庭,但却在美国时间2月4号下午向法院递交了撤诉的请求,这等于说菲思特和千代车业赢了这场官司。

据了解,当时全球市场上,只有中美两家企业在销售独轮电动平衡车,该产品与美国Future Motion公司产品有竞争,虽然产品并没有正式销售,但在阿里巴巴网站上显示的批发价格为550美元,这与美国公司相关产品1499美元的售价差距甚远。菲思特总经理说:"如果我们在美销售,加上各种运输关税成本,终端销售价格会在一千美元左右。美国方面之所以这么做,其目的就是阻止我们参加展会。事发后导致产品在阿里巴巴上下架,使得美国之外的其他国际市场销售也受到影响。"

由于临时禁令对菲思特和千代车业造成损失巨大,两公司期望受托律师就对方公司申请法院颁布禁令行为进行追偿,但道路显然并不平坦。

该案例给我们的启迪有以下方面:(1)产品出口前检索科技文献,进行风险评估。(2)注重研发,先于产品发布,提前专利布局。(3)慎重选择应对策略，争取海外市场。欧洲市场展会，直接没收产品的较少，大部分企业选择低头妥协，本案当事人是面对美国市场主动应诉的第三个企业，信心建立在对产品进行研发的基础上。（4）聘请专业律师，注重研发过程中的证据收集，包括竞争对手申请专利中的文献资料的收集。

第二节　部分国家展会知识产权保护规制措施

表1　美国展会主要知识产权保护措施

保护措施	介绍
海关措施	权利人可以将其商标和版权在海关备案，海关在检查进口物品时可以自行认定相关物品是否侵权并决定禁止进口或扣押。对于没有备案的联邦注册商标和版权，海关也可以根据相关法律处置其仿冒物品。侵权物品被扣押后，如果得不到权利人的书面许可，将被没收并销毁。 　　专利权无备案程序，但海关会依据排除令阻止专利侵权物品入境。对于涉嫌商标或版权犯罪的物品，美国海关的移民与海关执法局有权扣押，相关刑事程序由美国司法部在犯罪行为地的联邦检察官启动。 　　中国赴美参展的物品如果涉嫌侵权，有可能在入境时被海关截留，导致无法出现在展会。对于已经进入美国的侵权展品，可能被禁止展出。
临时禁令	美国的临时限制令和初步禁令均是在法院尚未对案件实体问题作出裁决前的救济措施，可以统称为"临时禁令"。"临时限制令"适用于诉前，以有效制止即将发生的侵权，"初步禁令"适用于诉讼程序启动后至判决之前发布，以阻止被告采取特定的行为。 　　签发条件：法院签发临时禁令要考虑四个因素：（1）申请人实体法上胜诉的可能性有多大；（2）如果拒绝签发临时禁令，申请人是否会遭受不可弥补的损害；（3）如果不签发禁令，对申请人的损害是否大于相对人因签发禁令而遭受的损害；（4）是否影响公共利益。如果对这四项因素评估的结果显示有利于申请人，法官则可在当天就签发临时禁令。 　　签发程序：通常法院在发放临时限制令前会通知相对人，如果临时限制令的签发没有事先通知相对人，获得临时限制令的申请人必须继续申请初步禁令，法院应尽快对初步禁令申请进行听证。经过听审，法官会决定是撤销临时限制令还是颁布初步禁令。如果申请人没有继续申请初步禁令或起诉，则法院会撤销临时限制令。在单方签发临时限制令的情形下，颁发临时限制令2天（可规定更短时间）后，相对人可申请撤销或变更临时限制令，法庭对此尽快进行听证并作出裁决。初步禁令必须通知相对人且经过庭审程序。申请初步禁令时必须提供担保，但如果相对人提供了相应的反担保，则可以不实行禁令；对于初步禁令可提出上诉。

第五章　涉外展会知识产权保护

续表

保护措施	介绍
扣押	在诉讼开始或进行过程中，为了保证证据不会灭失或转移，或申请人胜诉的判决得以顺利执行，法院可以采取相应的措施，如扣押物品、冻结账户、拘留涉案人员等，具体类型由法院所在地的州法律所决定。 州法院审理的案件可以在诉前执行相关措施，但联邦法院审理的案件必须在诉讼提起后才能执行该措施。 扣押的执行由美国执法官执行，申请人的律师提供协助，扣押证据可由申请人律师保管，但应确保不受到任何的破坏。
惩罚性赔偿	惩罚性损害赔偿是法院为了惩罚恶意的侵权人，可以要求侵权人向专利权人支付2~3倍的损害赔偿。 惩罚性损害赔偿的条件：（1）侵权人是否故意复制他人的技术路线；（2）当侵权人知道他人的专利权存在时，是否采取了相应的措施，并且是否有证据表明侵权人相信自己不会侵权；（3）侵权人在诉讼过程中，是否真切地配合了法庭的证据调查，主观意图的认定中，法庭享有很大的自由裁量权。
证据调查	《美国联邦民事诉讼规则》对于在证据调查程序中不配合对方调查要求的一方当事人规定了严厉的惩罚措施。该法规定，对于在证据调查程序中不配合的一方当事人，法官有权命令其向对方支付相应的费用，包括向法院提交申请的律师费等。如仍然不按照法院的命令行事，则以《美国联邦民事诉讼规则》的规定，该当事人可能被判藐视法庭罪，甚至有可能直接被判决败诉。在美国专利侵权案件实务中，只要对方提出证据调查要求，当事人均应当全力配合。 证据调查程序中，如果一方当事人被要求提供的资料涉及自身的营业秘密、技术秘密，则可以请求法院颁发"保护令"，以拒绝向对方当事人提供这些资料。即使在特殊情况下向对方提供这些材料，当事人也可以要求以特别的方式提供。比如，只能由该案件的委托律师来检视、披露的文件必须密封，且只能在法官指示下可以开启。

表2　德国展会主要知识产权保护措施

保护措施	介绍
海关措施	海关对涉嫌侵权的展品予以扣押是常用的知识产权保护措施，扣押地点包括海港、航空港、国际展会等。权利人可在展会前或展会中向海关申请予以扣押，例外情况下海关可在申请前或在申请获得批准前采取行动，一般需以银行担保等方式提供预先财产担保。 执行条件：权利人提出申请，相关知识产权有效，海关怀疑侵权。海关也可自行决定扣押有重大侵权嫌疑的货物。

续表

保护措施	介绍
	后续：被扣押人应及时提出异议，书面表明不同意销毁涉嫌侵权的产品。有10日的异议或上诉期限；后续法律程序是民事诉讼；如不提异议则永久扣押。
临时禁令	为避免申请人无法弥补的损失，法院根据申请人申请而签发的禁止侵权人实施一定行为的强制令。 申请条件：（1）案件具有紧迫性，避免给申请人带来不可弥补的损害。（2）申请人需要提交宣誓声明。（3）案件本身法律关系比较简单明了，可以由法院以简略的临时禁令程序进行处理，而无需进行口审。 签发条件：技术简单、专利权有效、显而易见的侵权、案件紧急。申请人知道侵权行为之日起1个月内提出临时禁令的申请，法院会推定紧急要件成立。 签发程序：法院在收到请求后，一般会在48小时内作出裁决，针对展会的案件可能更迅速。法院通常不会开庭审理，也不听取被申请人的申辩。法院以裁定的方式决定，而不是以判决书的方式，不需要写事实和理由。法院如果颁发临时禁令，会直接通知申请人，但不会告知被申请人。由申请人在法警的协助下把禁令送达被申请人，且必须在1个月内送达，逾期不送达法院将会取消该禁令。 禁令内容：（1）要求停止侵权，比如停止展出侵权照片，撤销相关宣传材料、海报和广告等，停止侵权产品的销售并召回已经投放市场的产品。（2）要求披露信息，比如通知产品来源，推销渠道，生产、订购、销售数量，为以后索要损害赔偿做准备。（3）有时候申请人还会申请查封和扣押侵权产品，被申请人会被要求将侵权产品交给强制执行人。参展商可以通过向法院提交保证金，避免参展产品外的其他财物被扣押，从而减少损失。 禁令效力：被申请人收到临时禁令后必须无条件立即执行，如果拒不执行，申请人可请求警方协助，或者请求法院下令处理罚款或者监禁，最高可达50万欧元。一般签署临时禁令三四周后，被申请人还会收到收尾函，即承认临时禁令的规定，确认侵权成立。如果没有抗辩或者拒绝出庭，会导致直接败诉。企业产品再次进入德国时会被扣押。而且申请人的权利将延伸至欧盟成员国，没有主张权利的被申请人的产品可能再难打入德国甚至欧洲市场。 异议及诉讼：参展商可以在1个月内就临时禁令向法院提出异议，法院收到异议申请后必须开庭，但只接受实际可得的证据，不认可无法证实的口头陈述和不能到庭的证人证言。如果被申请人认可侵权行为，可在提出异议的同时签署停止侵权声明，通过及时行动证明申请人的临时禁令是多余的，应当由申请人承担临时禁令的费用。法院作出裁决，败诉方可以提起上诉。

续表

保护措施	介绍
	被申请人也可以向法院要求对方限期提起诉讼，通过诉讼使法院听取双方意见并作出有约束力的判决。如果法院认为临时禁令是无理的，或者申请人没有及时提起诉讼导致临时禁令被取消，被申请人有权通过诉讼要求申请人赔偿损失，损失包括由于执行临时禁令而停止生产、停止供货、修改广告等产生的费用。所以，被申请人最好对临时禁令提出异议，如果不提将失去提出损害赔偿的权利。
警告函	权利人诉前向侵权方发出警告函要求停止侵权，警告函中可随附一份保证承诺书，要求侵权方作出不再侵权的承诺。权利人在诉前没有向被告发出警告函，必须支付全部诉讼费用。 警告函主要内容：对具体侵权行为的描述；要求停止侵权行为的具体法律依据，哪些行为构成了侵权以及停止侵权的声明，声明一般有惩罚性条款。答复期限一般从1~2小时到1个星期。 警告函效力：被告一旦签署了停止侵权声明，就等于与对方签了合同，事后发现没有侵权行为，也必须执行合同。如果被警告者认为警告函不合理，标的值定得太高，或者惩罚性条款要求的数额太高，被警告人可以要求将它们降低到合理的范围。警告函的约束力还包括如果被警告人再次出现侵权行为，应当支付惩罚性违约金。如果在警告函上签字，则表明严重侵犯专利权的威胁已经解除，警告人不能再申请诉前临时禁令。 警告函救济：如果警告函要求不合理，则被警告人不必进行答复，但可以设法同对方进行合理交涉，避免官司。可以向法院提交保护的请求，避免法院基于一面之词作出决定。在这种情况下，决不能签停止侵权的声明。 如果因为不合理地发送警告函，使被警告者遭受损失，被警告者可以要求进行损害赔偿。但是如果被警告人对不合理的临时禁令不提出异议，或者也不提出限期诉讼的请求，那么被警告人将失去要求损害赔偿的权利。被警告人也可以提出反警告。
警察扣押	警察扣押发生于展会期间。 执行条件：合理的初步怀疑、存在故意的知识产权侵权行为、权利是有效的。有3个月的异议或上诉期限；警察扣押的后续程序是刑事诉讼，法律效果是结案或确定赔偿金。

表3 法国展会主要知识产权保护措施

保护措施	介绍
海关措施	由权利人申请或海关依职权执行。 由权利人申请时，如海关人员发现物品是假冒的，最多可将物品扣留10个工作日，通知权利人并向其披露有限的信息，以便权利人确定物品是否属假冒从而可以在海关扣押物品的10日内向法院起诉，否则海关会将货物归还。 依职权执行时，则会通知权利人及检察官，权利人可在接到通知起3日内向海关申报权利，否则海关会归还货物；如果物品明显是假冒的，并且没收的数量非常有限，则海关人员可以主动销毁这些产品。
临时禁令	专利侵权诉讼受理法院的院长，可依紧急诉讼程序临时禁止被告继续进行被指控的侵权行为并判逾期罚款，或者判令被告为继续其行为提供担保以赔偿专利权人的损失。 签发条件：（1）已向法院提起针对侵权的诉讼；（2）原告在很短时间内提起侵权诉讼。例如，2~3个月的时间（绝对不能超过6个月）可以认为是短时间；（3）专利已被授权；（4）对侵权行为作出迅速评估的理由充分。法院在审理完所有的纷争后，如果认定专利侵权，可以命令嫌疑侵权人针对损害赔偿提供金钱担保，以代替临时禁令。在禁止侵权行为继续的临时禁令中，可以附加未来可能裁定被指控行为为侵权的报复性惩罚细则。 非必要条件：法院可以依据被告的请求命令原告提供金钱担保。
查封	查封是获得侵权行为必要信息唯一有效的方法，权利人可以向侵权行为所在地的法院提出查封请求。 查封请求满足形式上的要求，审判长就不可以拒绝发布查封禁令。但是，审判长可以仅进行记述上的查封，还可以命令请求人给予一定的担保。 查封命令发布之后，执行官可以在鉴定人和警察官的帮助下对指定的场所进行搜查。执行官进行嫌疑侵权手段或者产品的记述，并且可以对观摩资料、产品、技术资料以及商业资料进行查封。记述通常在鉴定人的帮助下进行，也可以进行拍照摄影。最后由执行官制成查封报告书，其副本会给被查封当事人一份。 如果权利人自查封日起15日之内没有提起诉讼，查封自动无效，被查封的当事人可以行使损害赔偿请求权。
警告函	警告函必须明示专利权的具体保护范围和专利权人的要求。 如果向嫌疑侵权人的顾客大范围送呈警告书，有可能被视为不正当竞争行为。 对于销售和使用嫌疑侵权产品的被告而言，其没有义务提出表明已经知道产品的制造或者进口构成侵权的证据。权利人向仅进行侵权产品的销售或者使用的当事人送呈警告书，能够针对收到警告书之日以后全部的侵权行为从该当事人那里获取损害赔偿金。

续表

保护措施	介绍
	涉嫌侵权人在答复书，应力求对哪个专利权利要求构成侵权、涉及怎样的侵权行为的质疑作出更加详细的说明，这样还可以争取更多的应对时间。

表4 英国展会主要知识产权保护措施

保护措施	介绍
临时禁令	当侵权人违背禁令一意孤行时，它附带产生一个蔑视法庭的制裁，这样实际上就赋予权利人一个额外的救济措施，而适用蔑视法庭制裁的前提是侵权人被发现不按照禁令的要求行事。 权利人有必要说明招致不可恢复的伤害的盖然性很高，法院在预备听证中，通常仅基于书面证据对临时禁令请求进行判断。在被告胜诉的场合中，原告需对被告造成的伤害进行反向保证。 通过主张权利人并没有受到不可恢复程度的伤害，被告能够对临时禁令的给予进行抗辩。被告可以对临时禁令上诉，或者可以向授权临时禁令的法官申请取消禁令。
冻结令	冻结令防止被告在诉讼程序中处置其财产，可以在诉讼程序开始之前或者审判结束之后。如果权利人有意寻求冻结令，只要诉讼程序一旦启动，冻结申请就会立即被批准，以此来阻止假冒者转移财产。
搜查和扣押令	公务人员负责执行，当事人及其律师可以到场，但是只能以观察员的身份在场，可查找、复制和转移与诉讼有关的材料。这样一项命令对于保全证据是非常有效的工具，特别是诉讼一旦开展，假冒者不太可能遵守文件保存的一般规则。 搜查令签发条件：权利人必须使得法庭信服，存在一个极强的事由需要被告回答，被告的行为会对权利人造成非常严重的潜在或实际的损害，且有充分证据表明，被告拥有的有罪证据可能会在请求以通知的形式作出前被销毁。通常会在3~4天颁发令状。
第三方披露令	要求第三方（不是诉讼当事人），向索赔人披露某些与案件有关的文件或资料，一般是要求被告的银行披露被告在该银行的交易记录、银行流水等，一般会要求银行不得告知被告，以防财产转移。它只有在保障公正且必要时，法院才会许可。

第三节 企业境外参展知识产权指引

一、宗旨

为提高常州企业境外参展知识产权预警和纠纷应对能力，避免侵犯他人知识产权，维护自身合法权益，促进常州知识产权工作迈上新台阶，结合常州实际情况，制定本指引。

二、适用

本指引仅供常州企业参加境外展会时参考，具体规定及执行条件以当地法律为准。

三、术语和定义

（一）知识产权

科学技术、文学艺术等领域中，发明者、创造者等对自己的创造性劳动成果以及商业标识所依法享有的专有权，其范围包括专利、商标、版权及其相关权、集成电路布图设计、地理标识、植物新品种、商业秘密、遗传资源以及传统知识等。

（二）警告函

权利人认为市场上他人行为侵害了自己的合法权益，而以警告函、律师函等方式向侵权人或其交易相对人等发出警告的行为。如果向嫌疑侵权人及其交易相对人不当发送警告函或律师函，有可能构成不正当竞争行为。

（三）禁令

法院为了及时制止正在实施或即将实施的侵害权利人权利的行为，根据当事人的申请而发布的一种禁止或限制行为人某种行为的强制命令。

（四）参展商

是指在展览期间利用固定的展位直接进行有关商品、服务等信息交流的特定群体，是展览会的主体之一。

（五）参展组织方

组织常州企业参加境外展会的单位。

四、参展商知识产权机构与职责

（一）机构

（1）参展商应设立知识产权工作机构并或配备专业的工作人员，还可以组建知识产权法律顾问团队，该团队建议由中国专业律师与展会所在地专业律师共同组成。

（2）参展商应明确负责境外参展知识产权工作的第一责任人。

（二）职责

（1）制定和完善境外参展知识产权工作制度。

（2）建立与研发、生产、销售、服务等相关部门的沟通渠道，及时获取与知识产权密切相关的技术和市场信息，建立健全相关文档的制作、获取和保存制度。

（3）开展各类展会知识产权情报收集与分析工作，对展会过程中可能发生的知识产权问题进行分析，展前邀请专业的知识产权机构出具评议报告。

（4）开展展前准备、展中应对和展后处理工作，制定知识产权风险应对方案。

五、展前准备

（一）风险评估

（1）根据展会举办地法律和权属状况，对展台设计、宣传手册、标语、说明书、现场演示用软件、背景音乐等作品进行版权检索，对涉嫌侵权的资料进行风险评估。

（2）根据展会举办地法律和权属状况，对参展产品、包装及宣传材料中使用的商业标识进行注册商标或驰名商标的检索，对涉嫌侵权的商业标识进行风险评估。

（3）根据展会举办地法律和权属状况，对参展产品的外观设计、参展产品或其部件进行专利检索，对涉嫌侵权的外观设计专利、实用新型专利和发明专利进行风险评估。

（4）根据展会举办地法律，对参展产品及材料进行其他知识产权检索，对涉嫌侵权的对象进行风险评估。

（5）根据风险评估结果，依据展会举办地法律，及时采取相应对策。

(二) 风险防范

(1) 国内知识产权注册。参展商应当对展品及资料等含有的智慧成果和商业标识,及时在国内申请注册知识产权。

(2) 展会举办地知识产权注册。参展商根据商业因素或竞争因素,依据展会举办地所在国法律,对展品及资料等含有的智慧成果和商业标识,及时在参会举办地注册知识产权。参展商也可通过许可获得展会举办地知识产权实施权。

(3) 知识产权备案。参展商对在展会举办地获得保护的知识产权,参展前向展会举办地的海关进行知识产权备案。

(4) 展品及资料调整。根据知识产权评议报告,对涉嫌侵犯他人知识产权的展品及资料进行调整,避免落入他人知识产权的保护范围而被控侵权。

(5) 专利无效宣告申请。参展商可以主动请求宣告竞争对手的专利无效,以求获取对抗筹码,或获取交叉许可。

(三) 资料准备

(1) 身份证明文件。包括组织机构代码证、法人营业执照副本、法定代表人身份证明、授权委托书等,均需加盖公司印章。

(2) 权属证明文件。包括但不限于专利证书、专利登记簿最新版、商标注册证书和版权登记证明,以及知识产权许可合同等。

(3) 生效法律文书。包括与参展信息有关的专利、商标、版权等知识产权纠纷的法院裁判文书、调解书、和解协议书以及仲裁裁决文书等。

(4) 竞争对手信息。竞争对手与参展产品相关的知识产权文书,包括但不限于该相关知识产权已经被展会所在地国家机关宣告无效的法律文书和法院生效裁判法律文书,以及参展商能够证明相关知识产权无效的证明材料等。

(5) 展会举办地所在国法律规范。展会所在国知识产权保护官方规范性文件,包括但不限于与知识产权相关的法律法规、司法判例等。

(6) 翻译和公证文书。包括但不限于对在展会所在地国家域外形成的证据材料,参展商按照展会所在地国家法律制作的翻译、公证文书。

六、展中应对

(一) 被控侵权应对

(1) 警告函处理:①警告函审查。签发人是否具备签发资格,是否为知识产权权利人、被许可人,或者其代理人;警告函的内容是否明确,是否对侵权行为进行了描述,是否有明确的法律依据。②警告函回应。如内容属实,与权利人沟通协调,尽量和解;如内容不属实,可拒绝签署,同时提出反警告,并向法官或海关书面请求保护;不合理警告函造成参展商损失的,参展商提出异议或反警告的,可以要求损害赔偿。

(2)执法处理:①执法配合。执法人员根据临时禁令扣押或没收展品,参展商应配合执法人员的工作,获取、保存执法文件以及扣押或没收清单。②执法救济。依据执法地法律向相关部门提出执法异议、申诉、上诉等,提交不侵权证据。

(3)应对策略:①程序异议。包括原告不具有提起诉讼的资格、受理案件的法院无管辖权,或者超过诉讼时效等。②指控抗辩。包括专利有效性抗辩、没有落入权利保护范围、先用权抗辩和许可实施抗辩,以及惩罚性损害赔偿抗辩等。③舆论引导。参展商应及时披露相关信息,有效引导媒体报道,减少负面影响。④外力借助。参展商应及时向展会主办方、商务部派驻展会的知识产权工作站或者驻外机构和地方政府有关部门(如常州市商务局、常州市知识产权局等)寻求维权援助,也应向行业协会、产业联盟反映情况,寻求支持。

(二)遭受侵权应对

(1)分析评估:①权利评估。就遭受其他参展商侵犯的知识产权的有效性和稳定性,自主或委托专业咨询机构、律师进行分析评估。②侵权评估。就权利客体与侵权展品的技术特征或其他要素的关系,自主或委托专业咨询机构、律师进行对比并分析评估。③策略评估。根据权利评估和侵权评估的结果,评估和选择处理的策略与手段。

(2)材料准备:①侵权证据。对其他参展商实施侵权行为的证据,如侵权实物或样品、销售记录、销售发票、侵权产品广告手册、网络信息、证人证言等,根据展会所在地法律,委托有资质的律师及时取证。②权属证据。参展商依据展会所在地法律享有知识产权的权属证据。请参照本指引权属证明文件所述。③当事人信息。侵权人主体信息、权利人主体信息,以及权利人授权委托书等。④投诉或起诉文书。包括权利人信息、侵权人信息等主体信息,侵权行为描述,具体诉求等。

(3)采取措施:①发警告函。向侵权参展商发送明确的警告函,指出对方存在的具体侵权事实,要求其停止侵权的具体法律依据,哪些行为构成了对专利权的侵权以及停止侵权的声明。②订立协议。对方表达协商解决争议的意愿,双方沟通协商,达成一致意见的,订立书面协议。③申请禁令。依据展会所在地法律,向法院提出诸如颁发临时禁令等规制措施的申请。④申请扣押。依据展会所在地法律,向有关司法机关或警察等行政部门提出诸如扣押侵权人相关产品的执法申请。⑤提起诉讼。依据展会所在地法律,凭借侵权证据和知识产权权属证据,向有管辖权法院提起诉讼。

七、展后处理

(1) 被控侵权继续跟进:①不侵权处理。确认侵权不成立,实属对方滥用权利,参展商应在诉讼时效内向当地法院提起诉讼,要求撤销临时禁令、赔偿损失,并向当地海关等部门要回被扣押的展品。②侵权处理。确认侵权成立,参展商应积极与权利人及时和解,争取获得授权,也可在符合条件时,提起无效诉讼等反制措施,为将来在当地参展和开辟市场扫清障碍。

(2) 总结提升:①吸取教训。及时总结境外参展的经验和教训,加强知识产权风险预警和管控能力,提升企业知识产权问题的处理能力。②借鉴经验。借鉴其他企业境外参展知识产权风险处理的经验,制定适合本企业的处理方案。③及时反馈。及时、主动向相关管理部门反映展会的知识产权信息,相关职能部门应信息共享,并对案件进行跟踪研究,及时制定相应政策。

八、第三方应对机制

(1) 评议机制。参展组织方、行业协会或知识产权维权援助机构等第三方,对参展商的参展产品进行知识产权评议,并向参展商出具有参考性的评议报告,尽力避免涉嫌侵权的产品参展。

(2) 应急机制。参展组织方、行业协会或知识产权维权援助机构等第三方,协助参展商企业建立应对展会知识产权纠纷的应急机制,针对参展商开展展会举办地知识产权法律、展会知识产权保护措施的培训和宣传活动,使参展商掌握应对展会知识产权纠纷的方法,或组建应急服务团队,实现资源共享,降低维权成本,建立信息分享机制。

第四节　境外参展专利侵权风险防范与应对策略

境外参展是企业向国外客户推介和展示新产品的窗口，通过参加境外展会，企业不仅可以享受推介新产品带来的荣耀，还可能得到实实在在的实惠——贸易订单。与此同时，企业也要承担展品可能陷入侵权纠纷特别是专利侵权纠纷的风险。

企业是展品的所有者，理所当然是专利侵权防范及应对的主体，但迫于维权成本的压力，面对侵权指控，他们常常是无奈放弃。政府及其职能部门可运用行政指导手段，引导企业积极应诉，帮助企业提升境外专利侵权风险防范与应对的能力。

课题组从企业内部制度完善和政府外部政策优化两个方面提出解决问题的策略建议：

（一）企业以创新为主导，强化境外专利注册，建立境外展品专利评议机制和纠纷应急机制

知识产权就好比一张网，当竞争对手已在海关（或展会）撒下织好的知识产权大网准备随时捕捞时，参展商却毫无警觉地带着展品一头扎进去，唯一的结局就是成为竞争对手的战利品。

就专利侵权风险的防范与应对而言，专利始终是企业工作围绕的对象，创新是解决一切问题的根本，一方面是织网，即注册专利权；另一方面是找漏洞，即如何合法合理规避竞争对手专利权利要求保护的范围。

1. 强化境外专利注册

专业说法，就是进行境外专利布局。关于这一点，企业需要注意几个问题：

首先，企业需要考虑专利布局的区域或国家。这取决于商业因素或竞争因素，企业产品潜在的客户或竞争对手在哪些区域或国家，企业就要到这些地方去注册专利。

其次，企业需要考虑如何进行专利布局。为此，企业需要委托专业的专利代理机构，分析目标国家或区域的专利注册制度，确认专利注册的策略，是进攻型还是防御型。

最后，企业需要注重商标等知识产权的注册。参展产品展示的不仅包括

新技术、新设计，还包括其他多种信息，比如商业标识等，而商标侵权纠纷也很常见。

当然，在境外专利布局方面，专利布局联盟是比较好的形式，可降低研发成本和布局成本，非研发型企业还可以考虑通过国内企业的授权获得境外专利的实施权。

2. 建立境外展品专利评议机制

所谓专利评议机制，是指运用情报分析手段，对目标市场的专利或目标专利进行综合分析、论证、评估技术活动的侵权风险、技术创新的路径，为政府和企事业单位开展科技经济活动提供咨询参考。专利评价、专利导航，有异曲同工之处，都离不开对专利信息的分析和运用。

首先，企业应当全面建立专利评议机制。由于新技术、新产品不断涌现，企业需及时更新产品的专利数据库，并把专利评议工作贯穿于产品的整个生命周期。产品的研发决策需依赖于专利评议，产品的技术路线需依赖于专利评议，产品的销售推广更要依赖于专利评议。专利评议工作做得好，可以避免无效投资，降低侵权风险。

其次，企业对境外展品应当进行专利跟踪评议。专利文献数据是动态的，而所有专利评议都是基于静态的数据。因此，有针对性地、即时跟踪目标展会竞争对手的专利信息，分析、比对、评估展品的专利侵权风险，可以做到防患于未然。

3. 建立风险应对机制

境外参展企业应当建立一套应对专利侵权危机的机制，企业决策层应当兼任应急工作组的负责人，应急工作组的人员包括企业内部人员，也可借助外部力量，人员构成包括法律、技术、市场及翻译人员，确保信息畅通，及时应对。

面对专利侵权纠纷，在积极配合境外执法机构工作的基础上，企业应冷静面对，并做好几件事：

一是评估专利侵权概率。面对专利权人的侵权指控，工作组应对比、分析前期做出的专利评议报告，拾遗补阙，评估专利侵权可能性或权利人胜诉可能性。

二是选择应对策略。如果专利权人的主张具有相对充分的事实和法律依据，应当主动与专利权人协商，取得专利许可，化解矛盾；如果专利权人的主张没有事实和法律依据，应当积极应诉，并争取政府的支持。

（二）政府以政策来引导，加强人才培养和资金支持，加强信息沟通和交流，增强企业维权信心和维权能力

企业陷入境外专利纠纷，政府可借助行政政策，利用行政指导手段，引导企业积极面对和有效应对。具体而言，职能部门从以下三个方面可以有所作为：

1. 构建人才培养和协同服务机制，提升企业维权能力

企业境外专利注册和专利评价工作的开展，以及后期专利侵权纠纷的处理，专业性都非常强，需要专门性人才参与。

尽管境外专利注册及侵权诉讼只能聘请所在国的执业人员，但企业如能聘用一些能够与境外诉讼服务人员沟通无阻的本国服务人员参与处理纠纷，准备工作将会更充分，纠纷处理也会更得心应手。

在国内，能够熟练掌握一门外语、精通专利法律制度并具有理工专业素养的高层次专利法律人员非常稀缺，常州地区更少。为了应对日益增长的涉外专利纠纷，职能部门可以通过两个渠道解决这个问题：

第一，选拔培养专利服务高层次人才。市知识产权局、市商务局、市司法局等职能部门，可以通过合作的方式开展这项工作。人才培养中应当注意：一是要明确培养目标，合理设定培养计划；二是要确定培养对象的基本条件，公开公平公正选拔；三是确保培养模式的灵活性和开放性，可以与国外高校、服务机构联合培养，短期班2~3个月，中长期班1~2年。

通过政府主导形式培养高层次法律人才，仅仅是解燃眉之急，并不是解决人才稀缺的根本之道。政府还可以通过资助或奖励的形式，鼓励国内执业律师获得国外律师或专利代理人资格证书。对整个执业群体而言，这将是一个信号，可积极引导执业群体不断进行知识更新，提升自身业务水平和专业服务能力。

第二，组建专利法律服务协同团队。针对专利服务高端人才的欠缺，政府可以通过组建团队的形式进行弥补。人员组成方面，兼顾具有专利代理资格和（或）律师执业资格，精通一门外语和（或）具有一定理工素养的法律服务人员，以及特定领域的技术人员。

服务模式方面，可通过专项服务和个案服务形式相结合。所谓专项服务，是指为境外参展企业提供专利评价服务，所谓个案服务，是指为已经陷入专

利纠纷的企业提供决策依据、指导和协调服务。

服务渠道方面，政府可通过财政资金购买服务团的服务。为确保工作的成效，可以先选择某类展会或某些行业推进，再根据实施效果进行评估和调整。政策推进的过程中，要充分尊重企业的自主选择权，维护公平公正的行政管理理念和要求。

2. 构建资金资助和统筹机制，增强企业维权信心

境外专利纠纷维权成本高，具体体现在金钱和时间两个方面，这两者甚至直接决定涉案企业应对纠纷的策略。

目前各级政府不同职能部门都有针对境外专利维权方面的补贴，数额不等。相对而言，资助方式单一，资助功能单一，建议从以下方面进行提升。

第一，统筹政府资助类型和资助总额，优化资助功能。政府对专利资助资金的管理和使用应当统筹兼顾，根据知识产权工作特点和需求，在围绕知识产权创造、管理、运用和保护等环节的基础上，结合地区知识产权事业发展现状，重点资助知识产权工作的薄弱环节，同时发挥市场竞争机制和评价机制在资金使用中的作用。

具体而言可从以下几个方面展开：一是明确本地区知识产权工作重点和难点，制定资金使用年度计划，确保资金使用的针对性。就现阶段而言，高附加值专利的形成是培育重点，境外展会等专利侵权纠纷的维权是资助难点；二是对各级各类资助项目和类型进行科学评估，资助项目该合并的合并，形成合力，确保资金使用的有效性。政府职能部门在其职权范围内，可对资助项目的条件、模式、比例、时间等要素进行分析和调整；三是探索资助+服务相结合的模式，吸引保险企业、融资企业及其他知识产权服务企业提供创新型服务项目，与企业共担风险、共享收益。

第二，挖掘专利保险制度，拓展境外资助方式。合理设置"境外展会专利侵权险"险种，既符合知识产权与金融相融合的理念，也能帮助企业分担境外专利侵权风险，提高企业应对境外专利侵权风险的能力。根据课题组访谈数据，涉案的中小型企业基于维权资金的匮乏，对该险种表现出较大的热情。

该险种的推进，应当注意几个方面的问题：一是保险费率的确定。在遵循一般保险费率确定原则的基础上，考虑境外专利侵权风险的特点，建议组织保险专家和专利法律专家进行充分论证。二是展品投保的条件。"境外展会

专利侵权险"险种推广阶段，对投保人不设定条件，境外参展的企业均可以申请，但对投保的展品应当明确基本条件，投保人应当出具由专利法律专家出具的展品专利评价报告，对不具有新颖性的展品不接受投保。三是保险费的合理分担。适当让企业分担保险费，是把险种推向市场的必要条件，企业愿意分担保险费，险种才具有市场化的基础和价值。四是理赔的程序和条件。当纠纷发生时，应从投保人角度考虑，尽量简化理赔的条件，一定条件下可以实行先行赔付的模式，解除投保人后顾之忧。

3. 构建涉外展会信息共享平台，发挥资源优势

为了确保企业顺利参展，职能部门需要及时发布境外展会主办地的专利法律制度（特别是临时保护措施），专利服务和维权援助机构名录，中国使领馆联系方式等。在此基础上，还要做好具体案件跟踪研究和经验分享。

第一，完善境外专利案件信息提交机制，加强对专利案件的跟踪研究。市商务局是组织企业参加境外展会的主要职能机构，参与处理参展企业和展会主办方之间的沟通和协调事务，能够及时掌握参展企业专利纠纷的信息。尽管如此，涉外展会很多，企业的自主选择权很大，不通过商务局参加各类境外展会的现象也很普遍，此时很难及时掌握有关信息。

一是实行企业境外参展备案制。对自行参与境外展会的企业，可引导企业进行简单备案，以便职能部门能随时监控参展信息。

为了确保政府信息采集全面，也可以把是否及时备案作为政府资金资助的条件之一。当然，商务局也可以与海关配合，企业参展的信息通常会在出关环节体现出来。

二是建立境外专利纠纷案件信息提交机制。发生境外展会专利纠纷的企业，应当在第一时间把信息提交给市商务局，市商务局把该信息与市知识产权局分享。市知识产权局立即跟踪案件，帮助企业提供各类信息和服务，并对案件进行跟踪研究。

第二，培育知识产权公益宣传和咨询服务平台，深度分享知识和经验。建议以常州大学知识产权研究中心和常州市知识产权维权援助中心为基础，集高校、研究机构、行政、司法及企事业单位知识产权之人才，以开放的、多元的形式与企业分享政策法规、行业资讯，快速响应企业知识产权需求，解决企业知识产权问题，打造本地区知名知识产权公益宣传和咨询服务平台。

一是建立知识产权人才库。在遵循以公益服务为主旨的前提下，要广泛

吸收知识产权人才，包括不同部门、不同专业、不同行业和不同地区。

二是开展宣传和咨询服务活动。在以企业需求为主旨的前提下，或以开发区、园区为服务对象，或以行业协会为对象，通过主题讲座+沙龙等形式，与企业分享知识和经验，为企业提供贴心服务。

三是典型疑难案件专题研讨。针对本地区发生的复杂的、疑难的知识产权案件，或国内发生的典型案件，邀请省内外知名学者和专家参与，形成具有一定指导价值的解决方案。

境外专利侵权纠纷风险防范与应对是一个系统工程，企业是主角，政府是配角，只有相互理解、相互支持，并扮演好各自的角色，企业产品才能畅通无阻地走出去。